明代私家律学研究

李守良 著

创于1897
商务印书馆
The Commercial Press

目　录

导　论

一、　中国古代律学的内涵

关于律学的内涵与外延,长期以来学界存在着不同的认识,归纳起来,大致有这样几种代表性看法:法学说、律学法学说、律学说以及先秦法家法学—汉以后律学说。① 律学的内涵与外延,与诸学者讨论的中国古代律学与法学的关系有关,两者虽然关系较密切,但差异明显。

沈家本坚持完全法学说,其在《法学盛衰说》中将律学、法学混用,未加区分。② 陈顾远在《中国法制史概要》中则认为:"中国法学,似以所谓法家者流,承其正统,实则概言之耳,法家之能否独立,姑置不论;而从事律学者不必限于法家,则为定谳。"③陈说外延仍较宽。张友渔在《中国大百科全书·法学》中对律学下了较为严格的定义:

> (从汉代起,在法学领域中出现了通常所说的"律学")即依据儒家学说对以律为主的成文法进行讲习、注释的法学。他不仅从

① 张中秋:《论传统中国的律学——兼论传统中国法学的难生》,《河南省政法管理干部学院学报》2007 年第 1 期。

② [清]沈家本:《寄簃文存》卷三《法学盛衰说》,载《历代刑法考》,邓经元、骈宇骞点校,中华书局 1985 年版,第 2143 页。

③ 陈顾远:《中国法制史概要》,商务印书馆 2011 年版,第 37 页。

文字上、逻辑上对律文进行解释,也阐述某些法理,如关于礼与法的关系,对刑罚的宽与严,肉刑的存与废,"律""令""例"等的运用,刑名的变迁以及听讼、理狱等。①

俞荣根等人认为:"律学是研究中国古代法典的篇章结构、体例,各种法律形式及其相互关系,法律的原则和制度,特别是对法律的概念、名词、术语和法律条文含义进行注解与阐释的一门科学。"②张晋藩认为,律学是中国古代注释国家律典之学,旨在阐明立法之本源与流变,剖解律文之难点与疑点,诠释法律术语与概念,以便于司法者准确地适用法律。徐忠明对张晋藩的界定作出高度评价:"这一界定简洁明了,但却内容丰富,非大手笔难以出之。这表明了,经由10余年的思考,张先生对于传统律学的把握,可谓全局在胸。只有这样,才能写出如此言简意赅的定义。"③徐忠明还针对张晋藩的界定总结了三个特点。

> 一是揭示了律学的性质,是研究"国家律典之学";二是揭示了律学的研究方法,是"注释";三是揭示了律学的研究范围和目的指向,是对于律典之本源与流变、难点与疑点、术语与概念,以及司法者准确地适用法律。必须承认,这一对于律学的界定,不但在逻辑上非常严谨,并且巧妙地避免了传统中国的律学与法学之间的纠缠,而将律学的内涵与外延讲得清清楚楚。④

---

① 《中国大百科全书·法学》,中国大百科全书出版社1984年版,第5页。
② 俞荣根、龙大轩、吕志兴:《中国传统法学述论——基于国学视角》,北京大学出版社2005年版,第143页。
③ 徐忠明:《困境与出路:回望清代律学研究——以张晋藩先生的律学论著为中心》,《学术研究》2010年第9期。
④ 徐忠明:《困境与出路:回望清代律学研究——以张晋藩先生的律学论著为中心》,《学术研究》2010年第9期。

徐忠明在对张晋藩的律学定义进行评价时,还提出了一点自己的看法:

　　如果能将"以便于司法者准确地适用法律"中的"以便于"改为"以及",或许更好。理由如下:其一,用"以便于"只能表达律典注释对于司法官员准确适用法律的价值,但却未能涵盖在司法实践中产生的法律知识。其二,为了确保定义与内容之间的逻辑一贯,用"以及"也优于"以便于"。因为这篇论文后面叙述的内容,并非仅仅局限于律典注释,而是包括了司法实践的各类文本,所以用"以及"来表示律典注释与司法实践文本的并列关系,应该更加妥当。其三,把产生于司法实践中的法律文本也视作律典与律典注释,显然不够准确。据此,为了避免可能产生的歧义,改为"以及"很有必要。①

在参考张晋藩的见解和徐忠明意见的基础上,可将"律学"界定为中国古代注释国家律典之学,旨在阐明立法之本源与流变,诠释法律术语与概念,剖解律文之难点与疑点,以便加深律文理解与完善法律实践。

虽律学为中国古代注释国家律典之学,但因注释的形式及目标等的差异,学界对律学的研究对象也有差别。张晋藩除了将律学界定为"狭义律学",还认为"官箴书""幕友工作指南"及案例汇编也是律学的一部分。徐忠明认为律学应该包括三个层面:第一,狭义的律学是指"中国古代注释国家律典之学"。第二,广义的律学,则包括律典注释、

---

①　徐忠明:《困境与出路:回望清代律学研究——以张晋藩先生的律学论著为中心》,《学术研究》2010 年第 9 期。

司法官员和幕友工作指南、司法检验手册,以及几乎被所有研究传统中国律学的学者所忽略的"讼师秘本"之学。第三,传统中国的法学,除了涵盖"广义律学",还应囊括先秦以降所有研究法律的学问,甚至包括与法律密切相关的某些具有法律意义的"经"和"礼"在内。这是为了解决"广义律学"仍然难以涵盖的困扰,而给出的关于"传统中国法学"的初步界定。①

中国传统律学通过阐释律意,辨析律文,探讨了律例之间的关系,条文与法意的内在联系,以及立法与用法、定罪与量刑、司法与社会、法律与道德、释法与尊经、执法与吏治、法源与演变等方面的问题。② 律学是法律文本与司法实践的桥梁,是传统法律与司法实践的结合点,正如武树臣所言,律学"一方面扩充了法,一方面解决了由于成文法条的抽象性,具体案件的多样性所带来的'危机'。它是为着解决具体司法问题而产生和发展的。律学作为一种专业知识或技能,构成了司法者正确适用法条的主观条件"③。注律家在注解律文时阐述自己的见解。律学通过对制定法的精致而简明的疏解,不仅阐发律意,还强调在司法实践中的应用,通过对制定法内容及其适用的研究,解决制定法的应用问题。律学的"致用"的实践性,具有较强的功利性价值取向。"律学着眼于实用,这是它的长处,也是统治者对注律解律家们的要求。但律学又始终是着眼于实用,缺乏进行理论上的概括,这个长处又变为短处。"④

① 徐忠明:《困境与出路:回望清代律学研究——以张晋藩先生的律学论著为中心》,《学术研究》2010年第9期。
② 张晋藩:《清代律学及其转型》(上),《中国法学》1995年第3期。
③ 武树臣:《中国古代的法学、律学、吏学和谳学》,《中央政法管理干部学院学报》1996年第5期。
④ 张晋藩:《清代律学及其转型》(上),《中国法学》1995年第3期。

二、 明代私家律学研究概况

何勤华在《律学考》中收录31篇论文,其在"后记"中写道:"本书收录的31篇论文,基本上涵盖了近一百年来海内外研究律学的全部作品。"①此说值得商榷,因其对"律学"进行了狭义解释。徐忠明在《困境与出路:回望清代律学研究——以张晋藩先生的律学论著为中心》一文中,对古代律学的研究,从六个方面进行总结:其一,律学的历史脉络、基本特点与盛衰原因;其二,律学的断代研究;其三,律学的文献考证;其四,律学家之思想研究;其五,律学的学派研究;其六,律学的法理学和解释学研究。② 依照徐忠明的划分,律学内容更加丰富。按照徐忠明的解释,本论著为律学的断代研究。不过,明代私家律学的断代研究还牵涉到其发展脉络、基本特点、兴盛原因、版本考证、律学家的思想、注律家的派别及律学解释学研究等侧面,几乎涉及了徐忠明所列举的每一个方面。徐忠明对古代律学研究的总结,为作者提供了研究思路。

(一) 明代律学的整体性研究

罗昶在《明代律学研究》中对明代三个阶段律学代表作的注释方法、注释特点和注释成就做了介绍和研究。③ 马韶青在其博士学位论文《明代注释律学研究》中从明代注释律学发展的原因、展现的成就及明代注释律学在阐发罪名、刑名上的发展展开论述④,并在此基础上出

① 何勤华编:《律学考》,商务印书馆2004年版,第596—597页。
② 徐忠明:《困境与出路:回望清代律学研究——以张晋藩先生的律学论著为中心》,《学术研究》2010年第9期。
③ 罗昶:《明代律学研究》,北京大学法学院博士学位论文,1997年。
④ 马韶青:《明代注释律学研究》,中国社会科学院研究生院博士学位论文,2007年。

版了《明代注释律学研究》著作①。何勤华在《中国法学史》(第二卷)中,从八个方面介绍了明代"法学"发展的整体状况。② 相关研究多为通论性的介绍,在深度和广度上还有进一步挖掘的空间。

(二) 明代律学发展阶段的研究

罗昶将明代律学的发展阶段划分为洪武—宣德、正统—正德及嘉靖—崇祯三个时期。罗昶的划分依据:洪武—宣德时期的律学注释是以《大明律》为底本进行的,律学以律典的注释成果为主;正统—正德时期,律学的重心从原来的注释《大明律》转移到处理律例关系上,从原来单纯的律注转到律注附例;嘉靖—崇祯为明代律学发展的晚期,是明代律学的总结与繁荣时期,无论律典注释还是律例关系理论都十分丰富且达到全面成熟。③ 马韶青大体认可了罗昶的分期,介绍了各时期的重要律学著作,但没有进一步论述各时期注释律学的阶段性发展状况与所展现的时代特点。④

(三) 明代律学发展原因的研究

马韶青在《论明代注释律学的新发展及其原因》一文中从四个方面论述明代注释律学新发展的原因:1. 司法实践的迫切需要;2. 明代注律者的身份决定了私家注律的兴盛;3. 律例关系理论的形成为释律注例提供了指导思想;4. 统治者注重讲读律令和普及法律教育。⑤ 罗昶在《明代律学研究》中没有专文论及明代律学发展的原因,总结行文

---

① 马韶青:《明代注释律学研究》,中国社会科学出版社 2019 年版。
② 何勤华:《中国法学史》(第二卷),法律出版社 2006 年版。
③ 罗昶:《明代律学研究》,北京大学法学院博士学位论文,1997 年,第 16 页。
④ 马韶青:《明代注释律学研究》,中国社会科学出版社 2019 年版,第 108—128 页。
⑤ 马韶青:《论明代注释律学的新发展及其原因》,《柳州师专学报》2010 年第 4 期。

可归结为:1.《大明律》法条不变,而社会关系日益多变,许多复杂的新问题有待解决,这给了明代律学者更大的注释与解释的余地,刺激了明代律学的活跃与兴盛。① 2.《大明律》"讲读律令"条的设置是明初律学勃兴的因素。② 3. 明代律例关系的理论与实践是明代律学发展的原因。③ 还有些学者对明代私家律学的某部作品成书的原因进行考证。如张伯元在《应槚撰〈大明律释义〉之动因考》一文中介绍了应槚写作《大明律释义》是为了维护"律"的权威和"例"的严肃性,指导司法实践,主张法律解释统一。④

(四) 明代私家律学著作对清代立法的影响研究

清代著名律学家薛允升在《唐明律合编》中将唐律与明律进行了对比分析⑤,郑秦在《顺治三年律考》《康熙现行则例考》《雍正三年律考》及《乾隆五年律考》中亦有所涉猎⑥,苏亦工在《明清律典与条例》中的《清律的颁布与实施》也有所介绍⑦,日本学者泷川正次郎、滋贺秀三及岛田正郎等也有所研究。⑧

对于明清私家律学著作对清代立法的影响,学界关注甚微。瞿同

---

① 罗昶:《明代律学研究》,北京大学法学院博士学位论文,1997 年,第 18 页。
② 罗昶:《明代律学研究》,北京大学法学院博士学位论文,1997 年,第 20 页。
③ 罗昶:《明代律学研究》,北京大学法学院博士学位论文,1997 年,第 41 页。
④ 张伯元:《应槚撰〈大明律释义〉之动因考》,载《律注文献丛考》,社会科学文献出版社 2009 年版,第 239—251 页。
⑤ 〔清〕薛允升:《唐明律合编》,怀效锋、李鸣点校,法律出版社 1999 年版。
⑥ 郑秦:《清代法律制度研究》,中国政法大学出版社 2000 年版,第 1—72 页。
⑦ 苏亦工:《明清律典与条例》,中国政法大学出版社 2000 年版,第 110—126 页。
⑧ 〔日〕泷川正次郎:《清律之成立》,《法曹杂志》第六卷第四号,1939 年,后载《支那法史研究》,有斐阁 1940 年版,1979 年严南堂再版;〔日〕滋贺秀三:《清代之法制》,载〔日〕坂野正高等编:《近代中国研究入门》,1974 年东京大学出版会刊;〔日〕岛田正郎:《清律之成立》,载刘俊文主编:《日本学者研究中国史论著选译》第八卷《法律制度》,姚荣涛、徐世虹译,中华书局 1992 年版。

祖的《清律的继承和变化》①与郑定、闵冬芳的《论清代对明代条例的继承与发展》②在论述清代律例渊源时没有考虑到明清律学的影响。杨昂的《略论清例对明例之继受》③和高学强的《论清律对明律的继承和发展》④言明《律例笺释》等明代律学是清律的渊源之一，具体状况则未深究。明清私家律学对清代立法的影响形式多样，前贤对此有所研究与总结。何敏在《清代注释律学研究》⑤《从清代私家注律看传统注释律学的实用价值》⑥中认为清代律学对清代立法影响表现在纂为法条和律注两方面。闵冬芳在《〈大清律辑注〉研究》中对《大清律集解》和《大清律例》采自《大清律辑注》的情况进行了形式等方面的研究。⑦ 相关研究关注到清代律学对立法形式等方面的影响，但未关注明代律学对清代法典的律注及律例合编等方面的重要影响。相关研究为本论著的写作提供了思路，但还不够深入，有必要进行更深的细致研究。

（五）明代私家律学文献的介绍与考证

1. 明代律学文献的介绍

王重民在《中国善本书提要》与《中国善本书提要补编》中对《大明律集解》（王楠编集）、《律解辩疑》、《大明律例附解》（陈省刊）、《大明律疏附例》和《律条疏议》等私家律著的作者、版本、所征引的私家律著等问题有所介绍。⑧ 何勤华在《中国法学史》中依据《明史·艺文二》

---

① 瞿同祖：《清律的继承和变化》，《历史研究》1980 年第 4 期。

② 郑定、闵冬芳：《论清代对明代条例的继承与发展》，《法学家》2000 年第 6 期。

③ 杨昂：《略论清例对明例之继受》，《华南理工大学学报》2004 年第 3 期。

④ 高学强：《论清律对明律的继承和发展》，《长安大学学报》2006 年第 2 期。

⑤ 何敏：《清代注释律学研究》，中国政法大学法学院博士学位论文，1994 年。

⑥ 何敏：《从清代私家注律看传统注释律学的实用价值》，《法学》1997 年第 5 期。

⑦ 闵冬芳：《〈大清律辑注〉研究》，社会科学文献出版社 2013 年版。

⑧ 王重民：《中国善本书提要》，上海古籍出版社 1983 年版；王重民：《中国善本书提要补编》，北京图书馆出版社 1991 年版。

及孙祖基、张伟仁等人的介绍辑录出明代的律学著作 101 部。① 据本
论著的统计，其中属于明代私家律学著作的有 40 余部。何勤华还对
《律解辩疑》等私家律著的作者、版本、结构及内容等方面有所介
绍。② 罗昶在《明代律学研究》中亦涉及 40 余部明代私家律学著作的
作者、馆藏，部分著作还涉及结构与内容。张伯元在《〈明史·艺文志〉
"刑法类"书目考异》中对《律解辩疑》等 12 部私家律著从作者、版本及
成书年代等方面进行了介绍。③ 张培华在《中国明代历史文献》中从作
者、版本、出处等方面以列表的形式辑录多部明代法律文献④，其中，
《大明律简要》《大明律白文》⑤为本论著所未能收集到的。刘笃才在
《〈法缀〉——一份可贵的明代法律文献目录》⑥、张伯元在《明代司法
解释的指导书——〈大明刑书金鉴〉》⑦中分别对相关私家律著进行了
介绍。

　　张伟仁在《中国法制史书目》中介绍了《律解辩疑》等藏于台湾地
区的 28 部私家律学著作的作者、初版及内容。⑧ 黄彰健在《明代律例
刊本抄本知见书目》中介绍了大量的明代私家律著及其版本与馆
藏地。⑨

---

① 何勤华：《中国法学史》（第二卷），第 235 页。
② 何勤华：《中国法学史》（第二卷），第 243—303 页。
③ 张伯元：《〈明史·艺文志〉"刑法类"书目考异》，载《律注文献丛考》，第 282—
299 页。
④ 张培华：《中国明代历史文献》，学林出版社 1999 年版，第 16—19 页。
⑤ 张培华：《中国明代历史文献》，第 17 页。
⑥ 刘笃才：《〈法缀〉——一份可贵的明代法律文献目录》，载何勤华编：《律学考》，
第 362—369 页。
⑦ 张伯元：《明代司法解释的指导书——〈大明刑书金鉴〉》，载《律注文献丛考》，第
172—179 页。
⑧ 张伟仁主编：《中国法制史书目》，"中央研究院"历史语言研究所 1976 年版，第
14—29 页。
⑨ 黄彰健编著：《明代律例汇编》（上），"中央研究院"历史语言研究所 1979 年版，第
115—123 页。

徐世虹在《日本内阁文库及其所藏明律书籍》一文中介绍了内阁文库所藏的《大明律附例注解》等 10 部明代私家律著的作者、结构和内容等。① 严绍璗在《日藏汉籍善本书录》(上册)中对藏于日本的明代私家律著的作者、结构、所藏地等进行了简要介绍。②

2. 明代私家律学文献考证

学者除介绍明代私家律学著作外,还对部分私家律著进行了考辨,主要有以下作品:

杨一凡在《明代稀见法律典籍版本考略》一文中,对收录于《中国珍稀法律典籍集成》乙编的《律解辩疑》《大明律直解》《大明律疏附例》等 22 种明代稀见法律典籍的版本进行了考述。③ 杨一凡在《十二种明代判例判牍版本述略》一文中对《新镌官板律例临民宝镜》等私家律著的版本进行了考辨。④ 张伯元在《〈律解辩疑〉所引"疏议"、"释文"校读记》一文中认为国图本《律解辩疑》不是洪武原刻,而是天顺五年(1461 年)之后的重编本。⑤ 张伯元在《〈律解辩疑〉版刻考》一文中,从作者、版本、体例乃至律文及其引注内容等方面进行考释,认为国图本《律解辩疑》并非洪武原刻,而是明代中后期的重编重刻本。⑥

张伯元在《张楷〈律条疏议〉考》一文中考证了该书的名称和版本,总结了三个特点,并分析了该书所开创的"谨详律意"注律方法。该文

① 徐世虹:《日本内阁文库及其所藏明律书籍》,载韩延龙主编:《法律史论集》(第三卷),法律出版社 2001 年版,第 561—568 页。

② 严绍璗编著:《日藏汉籍善本书录》(上册),中华书局 2007 年版,第 680—687 页。

③ 杨一凡:《明代稀见法律典籍版本考略》,载杨一凡主编:《中国法制史考证》甲编第六卷《历代法制考·明代法制考》,中国社会科学出版社 2003 年版,第 343—366 页。

④ 杨一凡:《十二种明代判例判牍版本述略》,载张伯元主编:《法律文献整理与研究》,北京大学出版社 2005 年版,第 164—177 页。

⑤ 张伯元:《〈律解辩疑〉所引"疏议"、"释文"校读记》,载《律注文献丛考》,第 161—171 页。

⑥ 张伯元:《〈律解辩疑〉版刻考》,《上海师范大学学报(哲学社会科学版)》2008 年第 5 期。

还从强化明律的绝对权威与影响明代乃至清初法律解释书的写作两个
方面论述了该书的影响。① 张伯元在《〈大明律例〉考略》一文中,对
《大明律例(附解)》的现存刊本、体例、背景、内容等进行介绍与考证,
并重点分析了王藻本的"按语",认为其是集体智慧的结晶,是明代法
学研究的集大成者。② 张伯元在《〈大明律集解附例〉"集解"考》一文
中梳理了"集解"所引用的私家律著,总结了"集解"的四个显著特点:
运用结构分析法,层次清楚,使读者一目了然;集中明代前期、中期的注
律经验,采用集解的方法,熔各家律注之优长于一炉;容许不同的意见
存在;注重法律解释的综合性、一致性。③

　　张伯元在《陆柬〈读律管见〉辑考》一文中,考证了律注文献中所涉
及的《管见》内容及《管见》中所涉律注文献,认为该书着重探讨法律术
语解释的准确性及其法理内涵,注重法律解释的完整性,注意到如何处
理人伦道德与法律乃至政治权力的关系问题,并对"例""会典"予以
关注。④

　　黄彰健撰写《律解辩疑、大明律直解及明律集解附例三书所载明
律之比较研究》,考证三书律文的承继与变动,作出了可贵的学术贡
献。⑤ 日本学者对明代私家律学也有研究,如花村美树《大明律直解
考》对《大明律直解》进行了系统考证。⑥

---

　　① 张伯元:《张楷〈律条疏议〉考》,载《律注文献丛考》,第 186—204 页。
　　② 张伯元:《〈大明律例〉考略》,载《律注文献丛考》,第 252—266 页。
　　③ 张伯元:《〈大明律集解附例〉"集解"考》,载《律注文献丛考》,第 267—281 页。
　　④ 张伯元:《陆柬〈读律管见〉辑考》,载《律注文献丛考》,第 205—238 页。
　　⑤ 黄彰健:《律解辩疑、大明律直解及明律集解附例三书所载明律之比较研究》,载
中华书局编辑部编:《"中研院"历史语言研究所集刊论文类编》(历史编·明清卷),中华
书局 2009 年版,第 2755—2774 页。
　　⑥ 〔日〕花村美树:《大明律直解考》(1、2),《法学协会杂志》第 54 卷第 1、2 号,1936 年。

三、 明代私家律学研究的内容

明代律学承唐代律学之余绪,在宋元律学衰微后重新兴起,并逐渐走向繁荣。明代有丰富司法经验的私家注律家基于自己对法律的理解及其司法经验注释《大明律》。明代私家律著留存至今的有 50 余部,存目有 40 余部。学界虽对明代律学进行了细致研究,但缺少对明代 50 余部私家律著的整体探讨,对 40 余部存目更没有关注。基于此,详细考察这 90 余部明代私家律著,不仅可以了解私家律学著作的内容、书目、作者、版本、成书时间及承继关系,还可订正史籍的错漏,并展现明代私家律学乃至明代律学的整体发展状况。对明代私家律学著作全面地收集与考证,是研究明代私家律学的基础。明代私家律学是明代律学的最重要组成部分,弄清明代私家律学的内容与发展状况,不仅有助于全面了解明代律学,而且对于探明清代律学及清代立法、司法的学术渊源有重要意义。

在全面了解明代私家律学的基础上,考察明代私家律学的注释体例与方式、注释方法和注释流派,还可阐释明代私家律学的注释风格、特点及所取得的成就与存留的缺憾。通过对明代私家注律家的考察,可以全面了解私家注律家的籍贯、出身、律学素养、仕宦经历、写作目的,并进一步探寻私家注律家与私家律学著作间的互动,借此反映明代的社会问题。

通过对私家律著记载的司法问题的考察,可以了解司法实践中问刑官基于理解的错误而误判,以及问刑官基于陈规陋习,或不愿承担责任,或为了获得好处而故意错判的情况,从而反映明代司法状况;还可通过私家律著探讨明代律例的制定、执行与变通发展,展现明代的立法状况。

通过对明清律学及明代立法的细致梳理与比较,不仅可全面了解明代立法对明代私家律著吸纳的情况与方式,而且能全面阐释清代吸纳明代私家律著编纂法典时的得失等问题。

对明代私家律学的全面研究,可阐明明代私家律学的内容及发展,展现其在中国古代律学中的地位与价值。相关研究既为中国法制史学、历史学、文献学等学术研究提供了相对可靠、便于入手的典籍文本和参考成果,也为当代中国的法律提供了内在的历史资源,且对今天法学方法论等方面的学术研究和法治建设均具有借鉴意义。

第一章　明代私家律学的繁盛

　　着眼于实用的中国古代律学绵延两千余年,自成体系,且达到了较高的学术水平。传统律学发展的形态及其所取得的成就,是衡量中国古代法制文明的重要尺度。明代律学在宋元律学衰微后重新兴起,并在明代中后期逐渐繁荣,清代律学是在学习与承继明代律学的基础上繁荣起来的,因此,明代律学具有承前启后的重要地位。在明代,《大明律》制定后,官方极少作统一解释。明初,官方为了法律宣传曾编著《律令直解》,其内容多为《大明律·户律》等内容的简要节录,未做充分疏解。在万历年间,舒化曾领衔纂集《大明律附例》,此为明代官方律学最重要的代表。《大明律附例》用"集解"的方式,对《大明律》中疑难之律进行选择性解释,解释不够全面、具体。除以上两部官方律学著作外,明代官方几乎未对《大明律》作进一步阐释。明代私家律学则著述宏富,成果丰硕。围绕《大明律》疏解的私家律著,据本论著考释,有90余部,其中不乏《律例笺释》《读律琐言》等律学名篇巨著。从此侧面言之,明代私家律学是明代律学最重要的组成部分,明代律学的繁荣实际上主要指明代私家律学的繁荣。本章主要从明代以前私家律学的发展进程、明代私家律学的阶段性发展和明代私家律学兴盛的原因等方面展开分析。

第一节 明代以前私家律学的发展进程

律学随着政治的变动、经济的发展、文化及学术氛围的改变而有不同的关注点,因而律学的发展具有明显的阶段性、时代性特征。

关于中国古代律学的发展历程,怀效锋曾言:"它发轫于商鞅变法,兴起于汉,繁荣于魏晋,成熟于唐,衰微于宋元,复兴于明,至清而终结。"①这就是律学发展的大体历程,是针对官方律学与私家律学的总体论断。在诸如秦、唐等朝代,官方律学独盛,私家律学式微;而在诸如明清等朝代,则私家律学繁盛,官方律学衰微。古代私家律学的发展与官方律学的发展经常不一致,甚至在唐代以后两者往往背道而驰。兹将明代以前私家律学发展状况分述之。

先秦律学乃是"刑名"与"法术"相结合的刑名律学,是中国古代律学的雏形。②此时期以春秋时期郑国的邓析为先驱。邓析私创竹刑,这是对郑国法律的私家解释。

秦时法家理论占据上风,实行学术专制,学法令者"以吏为师",私家学律已无可能。汉建立后,随着儒学地位的上升,律学日益受到儒学的浸润,律学家用儒家思想注律,开始了礼、律的初步结合。在汉代,学术环境较宽松,律学开始转向私授,注律以私家为主。律学知识多通过父子相传、子孙相继,并以聚徒讲授的形式得以延续不衰。这就是所谓"汉来治律有家,子孙并世其业,聚徒讲授,至数百人"③的盛

---

① 怀效锋:《中国传统律学述要》,《华东政法学院学报》1998 年创刊号。
② 胡旭晟、罗昶:《试论中国律学传统》,《浙江社会科学》2000 年第 4 期。
③ [梁]萧子显等:《南齐书》卷二十八《崔祖思传》,中华书局 1972 年版,第 519 页。

况。关于汉代私家律学著述,《后汉书·陈宠传》曾言:"律有三家,其说各异。"①《晋书·刑法志》则言:"叔孙宣、郭令卿、马融、郑玄诸儒章句十有余家,家数十万言。"②汉代私家律学异常发达。

魏晋南北朝是中国历史上的大动荡、大分裂时期,朝代更迭频繁,每一朝代都进行大规模立法,法律诠释之风日盛,律学逐渐摆脱经学的附庸地位,成为一门独立的学问,这是律学发展史上的飞跃。律学对经学的摆脱,使律文更关注其经世致用的特点。魏晋南北朝时期,官方注律得到重视,私家解律异常繁荣。如《泰始律》是晋文帝司马昭在泰始四年(268年)任命贾充、郑冲、羊祜、杜预等制定的,律成后,又命杜预、张斐等注释律文,与法典同具法律效力,颁于天下行用。因此《泰始律》又有"张杜律"之称。在魏晋南北朝时期,律学名家辈出,如陈群、刘劭、钟繇家族、王朗、贾充、张斐、杜预、封氏家族之徒。律学著述丰富,虽已不存于世,但赖正史之《艺文志》《经籍志》可窥见一斑。如《隋书》有:杜预《律本》二十一卷,张斐《汉晋律序注》一卷、《杂律解》二十一卷。③

唐代律学突出的成就是《唐律疏议》的编纂。《唐律疏议》在法律解释的准确与严密上达到了前所未有的高度,是宋元明清法律解释所不能企及的。作为唐代官方律学代表的《律疏》,是古代一部集大成的律学著作。它是在众多律学家的共同努力下,采用限制解释、扩大解释、逻辑解释、问答解释、类推解释等多样的注释方法,以永徽律文为纲,逐条疏解,阐发律意,自此以后,"自是断狱者皆引疏分析之"④。唐律因《律疏》而光彩夺目,《律疏》亦因唐律而声名远播,并对后世产生

---

① ［南朝·宋］范晔:《后汉书》卷七十六《陈宠传》,中华书局1965年版,第1554页。
② ［唐］房玄龄等:《晋书》卷三十《刑法志》,中华书局1974年版,第923页。
③ ［唐］魏徵等:《隋书》卷三十三《经籍志二》,中华书局1973年版,第972页。
④ ［后晋］刘昫:《旧唐书》卷五十《刑法志》,中华书局1975年版,第2141页。

深远的影响。《唐律疏议》的经典解释导致了唐代私家律学的衰微。李守良曾撰《唐代私家律学著述考》一文,在借鉴前贤研究的基础上,辑录唐代私家律学著作共十五种(《张氏注》《宋氏注》《简氏注》《杨书》《曹氏注》《夫书》《唐问答》《附释》《杂律义》《唐律释》《律疏骨梗录》《栗氏注》《唐答》《唐云》《唐律集解》)。① 唐律的私家注解虽数量较多,但影响有限。

宋元时期,虽未能出现像《唐律疏议》这样系统完整的经典法典注释作品,但在私家律学著述方面却成绩斐然。在宋时,以刑统或以"刑法"命名的研究性著作明显增多。比如王键辑《刑书释名》,据何勤华介绍,此书是解释历代刑书(法典)中的刑名以及用刑方法的作品。② 尽管此书十分简略,但对研究中国古代刑法的发展演变,具有重要价值。刘筠编著的《刑法叙略》,以音韵训诂方法解释律文,颇为精当。傅霖撰《刑统赋解》,以歌赋形式串记《宋刑统》条文,使人易读易记,从而有歌诀注律之先例。孙奭在《律附音义》中对七百多个字、词、短语做了注释和解析。除个别用语的注文、解释比较详细外,大部分比较简单。从其对词义的解释情况看,主要是对宋以前历代法学研究成果的吸收和重述。③

律学在元代跌入全面衰落的低谷。元代私家律学著述较少,代表性的著作有:此山贳冶子撰,王元亮重编的《唐律释文》。沈仲纬撰《刑统赋疏》,其主要内容是对《刑统赋解》逐句疏解,以帮助人们进一步理解其原意。④

---

① 参见李守良:《唐代私家律学著述考》,载中国政法大学法律古籍整理研究所编:《中国古代法律文献研究》(第四辑),法律出版社2010年版,第225—243页。
② 何勤华:《中国法学史》(第二卷),第49页。
③ 何勤华:《中国法学史》(第二卷),第45页。
④ 何勤华:《中国法学史》(第二卷),第58页。

第二节　明代私家律学的繁荣

　　明代私家律学是在宋元律学衰微基础上的中兴。按照罗昶的见解,明代律学的发展分为三个时期:洪武—宣德年间律学的勃兴;正统—正德年间律学的发展;嘉靖—崇祯年间律学的繁荣。① 明代官方律学,除了明初的《律令直解》与万历年间舒化领衔纂集的《大明律附例》等有限的官方律著,无更多留存及书目记载;而明代私家律著现存有 50 余部著作及 40 余部存目。无论从数量,还是质量而言,明代私家律学占有绝对优势地位。因之,罗昶对明代律学发展阶段的划分,亦适合明代私家律学的划分,今本论著从之。

一、　洪武—宣德年间私家律学的勃兴

　　洪武至宣德时期是明代律学的初步复兴期。在此期间,私家律学著作不多,约有三部,现存一部,存目两部。洪武年间何广所撰的《律解辩疑》是此时期最重要的代表作。《律解辩疑》在明代律学史上有举足轻重的地位,它不仅是现存最早的明代私家律学著作,而且其所注释的律文乃是洪武十九年(1386 年)前的律文,此为洪武十九年前律文的唯一留存文献,从而显得弥足珍贵。明代私家律学著作所注释的律文除《大明律直引》为洪武二十二年(1389 年)律文外,其余皆为洪武三十年(1397 年)律文。将《律解辩疑》所载明律与洪武二十二年与三十

---

① 罗昶:《明代律学研究》,北京大学法学院博士学位论文,1997 年,第 17—76 页。

年律相比较,可以更加深入了解明律的变化。在永乐年间,以律学见长的法司官员严本曾著《刑统辑义》四卷、《律疑解略》(卷数不详),现已散佚无存。除上述三部外,罗昶在此时期还介绍了张楷的《律条疏议》,此说颇值得商榷。罗昶曾言:"《律条疏议》系(永乐)时张楷所撰。"①考倪谦所作《重刊〈律条疏议〉叙》的记载:"张楷,式之,入官宪台,于法律之学,精究讲明,深所练习,乃于听政之隙,特加论释。"②《律条疏议》乃是张楷入宪台之后所作。张楷在宪台的任职,根据《(成化)宁波府简要志》记载,"由进士除南京监察御史,升陕西金事,由副使拜金都御史"③。今考张楷登永乐二十二年(1424年)进士④,卒于天顺四年(1460年),时年六十三。⑤ 永乐二十二年为永乐年的最后一年,张楷在这一年于听政之暇撰写《律条疏议》的可能性不大。

二、 正统—正德年间私家律学的发展

在正统至正德年间,明代私家律学在前期发展的基础上进一步稳固发展。在此时期,留存于世的重要律学著作有张楷的《律条疏议》等三部,另外,还有《律条撮要》等六部存目。罗昶曾言:"《大明律读法书》(正德)孙存辑。"⑥考《明世宗实录》卷一百三十七"嘉靖十一年四

---

① 罗昶:《明代律学研究》,北京大学法学院博士学位论文,1997年,第21页。
② [明]倪谦:《重刊〈律条疏议〉叙》,载[明]张楷:《律条疏议》卷首,明嘉靖二十三年黄岩符验重刊本,载杨一凡编:《中国律学文献》(第一辑第二册),黑龙江人民出版社2004年版,第5页。
③ [明]黄润玉等纂:《宁波府简要志》卷四,清抄本。
④ [明]雷礼辑:《国朝列卿纪》卷八十,明万历四十六年徐鉴刻本。
⑤ [明]雷礼辑:《国朝列卿纪》卷八十。
⑥ 罗昶:《明代律学研究》,北京大学法学院博士学位论文,1997年,第42页。

月丙申"的记载,《大明律读法书》为孙存在嘉靖时期所撰,不能将其归于正统—正德年间的律学著作。

此时期的代表作为张楷的《律条疏议》。张楷参考《唐律疏议》和《律解辩疑》,采用多种注释方法,以"疏议曰"等形式讲解律意,以"问曰""答曰"等形式,解决疑难问题,从而为问刑官提供参考。张楷还以"谨详律意"的形式,说明《大明律》的立法动机及目的,并进一步总结律文,从而使习律者进一步加深对律文的理解。

此时期另一重要代表作为胡琼的《大明律解附例》。该书是胡琼巡按贵州时为了方便胥吏学习法律而作,并由贵州布政使司刊印。《大明律解附例》采用律文解释后附例的形式编排,此为现存最早的明代律例合编的律学著作,对明代的官方与私家律学著作、明清法典的编纂皆有较大影响,众私家律学著作多采用律例合编的形式编辑。《大明律解附例》对明代的官方律著——舒化领衔纂集的《大明律附例》有较大影响。清代的顺治律、雍正律与乾隆律采用律例合编的体例都受到了明代私家律学的影响,而此开其端者为胡琼的《大明律解附例》。

三、 嘉靖—崇祯时期私家律学的繁荣

明代私家律学在嘉靖至崇祯时期有长足的发展,进入繁荣期。在此时期,围绕《大明律》的私家律学注解有 80 余部,留存于世的有 40 余部。

在嘉靖—崇祯时期,明代私家律学名著频出。除《大明律例》《读律琐言》《律例笺释》《读律私笺》《大明律集说附例》等辑注类律学著作外,还有《三台明律招判正宗》《刑台法律》《昭代王章》《新镌官板律

例临民宝镜》《鼎镌大明律例法司增补刑书据会》《镌大明龙头便读傍训律法全书》等司法应用类著作。另外,还出现了《大明律分类便览》等便览类著作、《新刻读律歌》等歌诀类著作和《新刻大明律图》等图表类著作,但便览类、歌诀类、图表类著作仅有少量存世,与清代相比,仅仅处于雏形阶段。

总体而言,明代私家律学,伴随着明代法律制度的发展,经过众私家注律家的不懈努力,凭借对《大明律》90 余部的注解,终于使明代律学走出宋元律学衰微的谷底,走向了中兴和繁荣,推动了中国律学的进一步发展,并在解释理论和方法上有了进一步创新。明代私家律学在明代律学史乃至中国律学史上有较重要的地位。

第三节　明代私家律学繁荣的原因

明代私家律学的兴起与发展,与明代社会的政治、经济、文化状况及明代司法所要求的法律准确、统一适用等息息相关。本论著拟从以下方面尝试阐释。

一、　统治者注重宣扬与普及法律教育

虽然明代儒家思想的抬头和科举考试科目的狭隘,致使律学(法学)衰落,法律知识(律学)边缘化。[①] 但明代,尤其是明初,还是特别注重对官吏和民众的法律宣传与教育的。在吴王元年(1367 年)十二月,

---

① 　徐忠明:《明清国家的法律宣传:路径与意图》,《法律文化研究》2010 年第 1 期。

朱元璋曾告诫李善长等群臣，"卿等既读书，于律亦不可不通"①。为此，《大明律》还对法律的学习进行规定：

> 凡国家律令，参酌事情轻重，定立罪名，颁行天下，永为遵守。百司官吏务要熟读，讲明律意，剖决事务。每遇年终，在内从察院，在外从分巡御史、提刑按察司官，按治去处考校。若有不能讲解，不晓律意者，初犯罚俸钱一月，再犯笞四十附过，三犯于本衙门递降叙用。其百工技艺、诸色人等，有能熟读讲解，通晓律意者，若犯过失及因人连累致罪，不问轻重，并免一次。其事干谋反、逆叛者，不用此律。若官吏人等，挟诈欺公，妄生异议，擅为更改，变乱成法者，斩。②

明政府将律令的讲读纳入律文，强迫官员等学习法律，否则要受罚。明政府除在法律中规定外，还要求官员、学生、刚中第的进士等认真学习法律。《皇明贡举考》载："成化二年三月奏准，进士俱讲读法律。"③万历二年（1574 年）二月，给事中刘铉奏："监生常课外，宜讲读律令。"④甚至民间子弟还要读律令。《大明会典》记载，洪武二十四年（1391 年），"又令生员熟读《大诰》、律令，岁贡时出题试之，民间习读《大诰》，子弟亦令读律"⑤。明政府通过对官民法律的准确宣讲与教育，增强了他们的法律素养。

---

① 《明太祖实录》卷二十三，"吴元年十二月甲辰"条。
② 怀效锋点校：《大明律》卷三，"讲读律令"，法律出版社 1999 年版，第 36 页。
③ ［明］张朝瑞：《皇明贡举考》卷一《进士读律》，明万历六年刻本。
④ ［明］卢上铭、冯士骅：《辟雍纪事》卷十三，明崇祯刻本。
⑤ ［明］申时行修，［明］赵用贤纂：《大明会典》卷七十八《礼部三十六·学规》，明万历十五年内府刻本。

　　明政府为了使官民更好地学习法律,还注重对官民学习法律的监督,如在都察院出巡时,考察官员宣讲、熟读律令是其重要职责。① 因官员认识到司法官员断案时失轻失重的现象,"此皆原问官员律学未讲,律意未明之故也。况府州县官员多有不晓刑名,不知律意者,遇有刑名事务,多有不能剖决问理,而惟听于主文之人。盖由巡按御史、按察司官按治去处不行考校之故也"②。马文升为此题奏:"通行天下大小衙门并两京部属官吏各置《大明律》一本,朝夕熟读,用心讲解,务晓其意。"③

　　明政府为了更好地进行法律的宣传与教育,明初除了要求家藏《大诰》以便学习,还编辑《律令直解》,将《大明律》"除礼乐、制度、钱粮、选法之外,凡民间所行事宜类聚成编,直解其义,颁之郡县,使民家谕户晓",从而达到"人人通晓则犯法者自少"的目的。④ 在《大明律》颁行后,官方在长时间内未对《大明律》做统一注释,直到万历年间舒化领衔纂集《大明律附例》时才有改观。因明代官方律著偏少,明代官员在研读律例时私家律著是其最重要的参考。明代私家注律家多科举出身,常在刑部、大理寺、都察院三法司和地方按察使司、布政司及州县等任职,有丰富的司法经验,对现实的司法弊端又有清醒的认识,所注之律有很强的针对性,且有较高的理论水平。正是私家律著理论与实践的紧密结合,针对性强,才能被人所接受。吴遵认为,官员"入官之

　　① "讲读律令,仰本府并合属官吏,须要熟读详玩,讲明律意,取依准回报。"[明]佚名:《诸司职掌》之《兵刑工都通大职掌·都察院·出巡》(明刻本),载杨一凡、田涛主编:《中国珍稀法律典籍续编》第三册《明代法律文献(上)》,黑龙江人民出版社2002年版,第330页。
　　② [明]陈九德辑:《皇明名臣经济录》卷十八《刑部工部各衙门·题讲明律意以重民命事》,明嘉靖二十八年刻本。
　　③ [明]陈九德辑:《皇明名臣经济录》卷十八《刑部工部各衙门·题讲明律意以重民命事》。
　　④ 《明太祖实录》卷二十三,"吴元年十二月甲辰"条。

初,先将《大明律》熟读,次将《律条疏议》《行移体式》等书研心讲贯"①。官员常将私家律著作为习律的参考,是否得到明政府的应允呢? 明政府对待私家律著采取非禁止的容忍态度,甚至还予以认可。嘉靖九年(1530 年)八月,南京刑部主事萧樟曾上言:"《大明律》奥旨,未易窥测,《问刑条例》类皆类节去全文,意多未备。当责所司取近时颁布《律条疏议》及《律解附例》诸书,讲求参考,务求归一,然后请自圣裁,著之会典。"②萧樟主张参考私家律著注解明律的建议得到了皇帝的认可。到了嘉靖十年(1531 年),应槚上书认为司刑者应用法律时常出现偏差或错误,跟"律文深奥,例文简略,而各该官司得以随意讲解,任情引用"③有关。针对此种情况,应槚恳请明政府对律例进行统一解释,④但应槚的建议未能得到统治者的回应。既然明政府迟迟不对《大明律》《问刑条例》做统一解释,官员习律时缺少权威参考资料,只好求助于私家律著。不仅官员参读明代私家律著,甚至如应槚、胡琼这些精通律学之人,还自己撰写律学著作,阐述自己的见解,以求为官员习律提供更好的参考资料。为此,明代官衙除刊刻私家律学著作以方便本衙的官员学习律例外,还认可私人书坊刊刻。

　　明代私家注律家的法律解释得到朝廷的认可,是建立在私家律著的内容符合当权者要求的基础上。私家律著必须在其认可的范围内解释,否则就要受到处罚。《明世宗实录》卷一百三十七"嘉靖十一年四月"载:"丙申,湖广荆州府知府孙存上所集刊《大明律读法书》。首大书律文,次特书御制诸书于律有所发明者,次附书钦定条例,次分注细

---

①　[明]吴遵:《初仕录》,《立治篇·读律令》,明崇祯金陵书坊唐氏刻官常政要本。
②　《明世宗实录》卷一百一十六,"嘉靖九年八月戊午"条。
③　[明]应槚:《谳狱稿》卷一《明律例以甦民命以隆圣治疏》,明崇祯抄本。
④　[明]应槚:《谳狱稿》卷一《明律例以甦民命以隆圣治疏》。

书诸家注解与《正德新例》法司见行事件。书进。"孙存所著的《大明律读法书》，以《大明律》为中心，将《大明令》《大诰》《会典》和条例附于相关律文后，阐述自己见解，并参考其他注律家的注解写成。孙存在书中除了录有《(弘治)问刑条例》，还擅自将《正德新例》一并著录，此举犯了朝廷的大忌。世宗皇帝认为《正德新例》与嘉靖即位诏相冲突。因为例上升为法典，必须由皇帝发布制敕，组成修例班子，他们对不同时期的例进行整理，找出一些具有共性的例，然后上奏皇帝，由皇帝制颁，例方生效。而孙存所引用的《正德新例》，则未经过这些法定程序，所以这些例是非法收集的，他由此被治罪，书、板被毁。在明代，只要明代私家注律家所著之律符合朝廷的规定，一般会得到认可，甚至还可刊印、发行，但明代的政治、文化高压政策对私家律学的发展有所影响。高度强化的君主专制政治格局，派生出极端严苛的文化专制政策。一方面将儒学奉为圭臬，要求世人皆尊奉；另一方面，屡兴文字狱，思想狱案屡有发生。明代的学者害怕文化上的迫害，不少学者转向了考据学。明代前期，从事考据者鲜有成绩。自明代中叶后，随着一批考据学者的出现，明代的考据学有了长足发展，并取得了很大成就。虽然明代的考据学成果主要集中在考订儒家经典、伪书及史地等方面，但考据的方法被私家注律家所借鉴，用之解释律例条文，从而成就了诸如《律解辩疑》《律条疏议》《读律琐言》《大明律集说附例》《读律私笺》及《律例笺释》等一大批明代私家律学名著。由于明代的政治、文化高压政策，对私家注律家带来了不小的压力，他们在解律时有所保留，从而不能深入剖析。兹举数例说明：《大明律》卷十八"盗大祀神御物"条规定，盗大祀神祇、御物等物，计赃论罪。计赃虽多，罪止杖一百，流三千里。① 王

① 怀效锋点校：《大明律》卷十八，"盗大祀神御物"，第135—136页。

肯堂认为此律文规定有问题：

> 或谓律言：加者，不得加入于死，止杖一百，流三千里，不知计
> 赃至满贯者，在寻常官物已该绞、斩，而盗大祀物者，计赃虽多，罪
> 止杖一百，流三千里，反轻于寻常官物，恐非律意。况此等斩、绞，
> 今例皆准徒，则加入于死，非真犯也，还拟斩、绞为当。①

　　冯孜对此律文提出了与王肯堂相同的看法。"或谓加罪止杖一
百，流三千里，不入于死，殊不知监守盗满贯俱坐斩、绞，况大祀等物又
非仓库、钱粮所比者耶。"②根据两位注律家的解释，盗寻常官物满贯该
绞、斩，盗大祀神御物满贯只杖一百，流三千里，此语不合律意，应处
绞、斩。
　　《大明律》卷十八"盗马牛畜产"条载：

> 凡盗马、牛、驴、骡、猪、羊、鸡、犬、鹅、鸭者，并计赃，以窃盗论。
> 若盗官畜产者，以常人盗官物论。若盗马、牛而杀者，杖一百，徒三
> 年；驴、骡，杖七十，徒一年半。若计赃重于本罪者，各加盗罪
> 一等。③

按照盗官畜产满八十贯可处绞，加罪之赃虽满贯不入于死。盗官畜产而
杀之，按照加罪原则，即使满贯，也只能处杖一百，流三千里。这样，仅仅

---

　　① ［明］王肯堂：《律例笺释》卷十八，"盗大祀神御物"，东京大学东洋文化研究所藏
万历四十四年王肯堂自序本。
　　② ［明］冯孜：《大明律集说附例》卷六，"盗大祀神御物"，嘉靖二十三年邗江书院重
刊本。
　　③ 怀效锋点校：《大明律》卷十八，"盗马牛畜产"，第142—143页。

盗官畜产满八十贯处绞,而盗官畜而杀之者满八十贯才处流刑,处罚却轻,此乃律文规定失轻重的问题。对于此条律文,除了王肯堂在《律例笺释》卷十八"盗马牛畜产"条略有议论,其他注律家皆熟视无睹。

明律律文的规定还有些不周严之处,但明代私家注律家对此多不言明,或者浅尝辄止,未能深入分析。明代的政治、文化高压政策使众私家注律家不能畅所欲言,带来了较大的负面影响。但明政府在其所容忍的限度内对私家律学著作不禁止的态度,促进了私家律学的发展。

二、 法典体例和内容变化所需

明律和唐律相比,编纂体例有所变化,明律改变唐律十二篇的体例,定为名例和吏、户、礼、兵、刑、工的结构体系。在内容方面,明律有不少变化。《大明律》制定后,朱元璋下诏,要求子子孙孙世代遵守,否则以变乱祖制论罪。这样,社会在变,律不变,用静态的《大明律》规范动态的社会,落后于时代的需要,故明朝只好按照法定程序纂修大量的例作为补充。例乃临事之特例,非世事之长经。常变的例与稳定的律在社会实践中经常出现抵牾,引起了律例适用的问题。为此,明代私家注律家在注律的同时,还将例附于律后,解读律文与律例关系,为习律者阅读律例提供方便,此受到了习律者的追捧,促进了私家律学的发展。正是法典体例与内容的变化为私家注律家注律提供了可能,并成为客观需要。

三、 官吏个人需求及司法实践的需要

明代官员多科举出身,颇通儒家经义,但于法律则多为门外汉。各

级官吏,尤其地方府、州、县、省按察司及中央三法司的官吏随时会面对各种复杂的案件,尽管儒家经义可对官员在处理一些事关伦常的案件时有所帮助,但对于纷繁复杂的案件而言就显得力不从心了。总之,朝廷不仅需要掌握儒家经义的官员,还需要一批有律学素养的官员处理民事、刑事纠纷。为此,官员为了更好地处理日常讼事,认识到"读书读律,终身受用"①的重要性,在平时认真研读法律,努力提高自己的律学素养,才能胜任此项工作。如何乔新在读书的同时还读律,由此能胜任福建按察司副使之职。② 向庭蕙"好读书、读律"③,章本亦曾读律不辍。④ 在法司部门工作的官吏更要精心读律,熟悉律例。例如何应廷在任职南刑曹时,"昼夜读律例不辍"⑤。杨海在刑曹时,"读律不厌"⑥。陈有年在刑部主事任上时,"以读律为业,孜孜讨论其意"⑦。施雨任刑部主事时,"日夜读律书,析其意义"⑧。黄巩任德安府推官、刑部主事时,"清勤读律"⑨。黄承昊任大理寺评事时,"尽心平反,无微不察,精心读律"⑩。王樵任刑部主事时,更是"读律弗辍"⑪。陆稳任

① [明]蔡献臣:《清白堂稿》卷十《与茅吉云比部》,明崇祯刻本。

② [明]何乔新:《椒邱文集》,《外集·赠何君廷秀赴福建按察司副使序》,清文渊阁四库全书本。

③ [明]凌迪知:《万姓统谱》卷一百零六,清文渊阁四库全书本。

④ [明]邵时敏、王心纂修:《(嘉靖)天长县志》卷二《人事志》,明嘉靖二十九年刻本。

⑤ [明]洪朝选:《洪芳洲先生归田稿》卷二《宜山何公应廷尉召北上序》,明刻本。

⑥ [明]胡直:《衡庐精舍藏稿·续稿》卷十一,明万历十二年郭子章刻二十三年庄诚补刻本。

⑦ [明]焦竑辑:《国朝献征录》卷二十五《吏部二·吏部尚书赠太子太保谥恭介陈公有年行状》,明万历四十四年徐象樗曼山馆刻本。

⑧ [明]焦竑辑:《国朝献征录》卷九十九《广东一·广东按察司佥事施公雨行状》。

⑨ [明]焦竑:《皇明人物要考》卷六《文臣拔尤考》,明万历二十三年三衢舒承溪刻本。

⑩ [明]金日升辑:《颂天胪笔》卷十四下《起用》,"黄给谏",明崇祯二年刻本。

⑪ [清]张夏:《洛闽源流录》卷十,清康熙二十一年黄昌衢彝叙堂刻本。

刑部主事时，"昼夜读律"①。正是这些官员平日认真读律，才使他们在以后审断案件时能够正确"剖决事务"。②

　　明代县官为了学好律例，除自己钻研外，还聘请精通律例的学者，一起探讨、学习法律。《初仕要览》载："入官之初，先将《大明律》《见行条例》，公余研穷。仍选善刑名法家一人，朝夕议论。"③《新官轨范》也载："将用刑名律例时时经心参看，遇有疑难事，在于盖书房之内，或后宅便益去处，唤叫通晓刑名人常川讲论，庶得难处之事，不致求人。"④县官聘请精通律例者，与其悉心研读律例，帮其解答疑难，提高自己的律学素养，从而避免求人而受制于人。

　　官员读律，除了阅读《大明律》与《问刑条例》，私家律著是其重要参考。吴遵在《初仕录》中载："入官之初，先将《大明律》熟读，次将《律条疏义》《行移体式》等书研心讲贯。"⑤此外，如雷梦麟的《读律琐言》、彭应弼的《刑书据会》、唐枢的《法缀》等律学著作，都成为司法官吏学习法律知识的重要著作。⑥这些官员在读《大明律》时，会将《律条疏议》等私家律学著作作为参考，从而刺激了明代私家律学的发展。私家律学著作被不少法司、按察司等部门刊刻，说明了私家律著是官吏在学律时的重要参考。

　　①　［清］黄宗羲辑：《明文海存》卷四百五十二，清涵芬楼抄本。
　　②　［明］雷梦麟：《读律琐言》卷三，"讲读律令"，怀效锋、李俊点校，法律出版社2000年版，第95页。
　　③　［明］不著撰者：《初仕要览》，《明律令》，明崇祯金陵书坊唐氏刻官常政要本，载《官箴书集成》编纂委员会编：《官箴书集成》（第二册），黄山书社1997年版，第32页。
　　④　［明］不著撰者：《新官轨范》，明崇祯金陵书坊唐氏刻官常政要本，载《官箴书集成》编纂委员会编：《官箴书集成》（第一册），黄山书社1997年版，第739页。
　　⑤　［明］吴遵：《初仕录》，《立治篇·读律令》。
　　⑥　龚汝富：《明清时期司法官吏的法律教育》，《江西财经大学学报》2007年第5期。

四、 民众法律意识的提高和日趋复杂经济关系的需求

在明代,封建经济继续发展。明代中后期各种经济作物广泛种植,农业发展达到前所未有的水平;手工业部门日渐增多,生产规模日益扩大。随着社会生产力的提高,商品经济空前繁荣,工商业城镇大量兴起。经济的发展,导致经济关系复杂化和社会关系的变动,从而出现更加复杂的社会关系。在明代前期,自然经济在社会经济结构中占主导地位。与之相适应,在弘治前的明代社会,民风淳厚,勤而好礼,处家节俭,人无争斗,鲜知兴讼。明代中叶后商品经济发展,人民价值观念发生变化,社会各阶层逐利成风。如:明末清初,在浙江衢州,"富人无不起家于商者,于是人争驰骛奔走,竞习为商,而商日益众,亦日益饶,近则党里之间,宾朋之际,街谈巷议,无非权子母,征贵贱者矣"①。正是由于社会经济的发展,商人在明代中后期地位越来越重要。人民舍本逐末,弃农趋商,追逐金钱与利益,这是商品经济发展的产物,反过来又冲击传统的自然经济,并由此动摇了封建礼教的根基。孙之骒所记载的"弘治时,世臣富;正德时,内臣富;嘉靖时,商贾富;隆、万时,游侠富。然流寓盛,土著贫矣"②是当时社会情况的真实写照。明代中后期,社会经济的发展带来了民风的变化,民众为了锱铢之利,"兴讼"之风日盛一日。文献对各地健讼的记载比比皆是:"兴化素多讼"③"湖

---

① [清]陈鹏年修,[清]徐之凯等纂:《(康熙)西安县志》卷六《风俗》,清康熙三十八年刻本。
② [清]孙之骒:《二申野录》卷四,清初刻本。
③ [明]邓元锡:《皇明书》卷二十九《循吏传》,明万历三十四年刻本。

（指湖州）俗刁而健讼，好持官府短长"①"江西俗健讼"②等等。在明代中后期，争讼、健讼之风的形成，可以说是民众为了维护自身的权益而争讼，是社会进步的表现，但争讼也带来了较大的负面影响。讼师为了自己的私利，教唆、包揽词讼，累讼不止，使富人致贫，贫人更加生活无依。正是商品经济的发展，世风日下，兴讼不止，民众为了在诉讼中取胜，需要仔细研读律例，明代私家律学著作是其学习法律的重要参考文本，尤其是一些较浅显易懂的私家律著。有些当事人不明律意，只好求助于讼师。讼师为了更好地获利，在诉讼中力争取胜，除了参考讼师秘本，还仔细研读私家律著。问刑官为了应对此种局面，需要提高自己的律学素养，参考私家律著成为必然。总之，正是民众法律意识的提高和日趋复杂的经济关系为明代私家律著的传播提供了广阔空间。

五、　前朝律学发展为明代私家律学的发展奠定基础

明律是在朱元璋的主持下参考唐律而纂修的。据《明太祖实录》记载："上念律令尚有轻重失宜，有乖中典，命儒臣四人同刑部官讲唐律，日写二十条取进，止择其可者从之，其或轻重失宜，则亲为损益，务求至当。"③明律是在唐律的基础上损益而成的。明律的承继与创新，可参看薛允升的《唐明律合编》与沈家本的《明律目笺》，虽薛氏与沈氏基于扬唐抑明之故，评价常失之偏颇，但基本符合史实。《大明律》承

① ［明］范景文：《范文忠集》卷九《行述行状・先君仁元公行述》，清光绪五至十八年定州王氏谦德堂刻畿辅丛书汇印本。
② ［明］过庭训：《本朝分省人物考》卷九十一《河南南阳府・焦宏》，明天启刻本。
③ 《明太祖实录》卷三十四，"洪武元年八月己卯"条。

继于唐律,而唐律之《律疏》,乃是中国古代法律解释的巅峰之作。从何广的《律解辩疑》始,明代私家律学家在解释《大明律》时,无不征引《律疏》。正是有了《唐律疏议》等作为参考,明代私家律著才能达到更高成就。正是众私家注律家的不断努力,明代律学才能在宋元律学衰微后实现中兴。张晋藩在谈到清代律学兴起的原因时曾言:"清代私家注律的发展,还'具有由它的先驱者传给它,而它便由此出发的特定的思想资料作为前提'。"①虽张晋藩所言为清代私家律学兴起的原因,但此结论同样适合于明代。

六、 明代印刷业发展的促进

因长期战乱,明初社会凋敝,书籍的刊刻尚不发达。进入中叶后,封建经济进入繁荣时期,民众对书籍越来越关注,此时造纸技术日益进步②,刊刻、印刷水平不断提高,这降低了书价,促进图书业的繁荣。关于影响书价的因素,胡应麟总结了七条:

> 凡书之直之等差,视其本,视其刻,视其装,视其刷,视其缓急,视其有无。本视其抄刻,抄视其讹正,刻视其精粗,纸视其美恶,装视其工拙,印视其初终,缓急视其时,又视其用,远近视其代,又视其方,合此十者,参伍而错综之,天下文书之值之等定矣。③

---

① 张晋藩:《清代律学及其转型》(上),《中国法学》1995 年第 3 期。
② 在明代中后期,出现了王宗沐的《江西省大志》和宋应星的《天工开物》两部详细介绍造纸技术的书籍,此是明代中后期造纸技术发达的反映。
③ [明]胡应麟:《少室山房笔丛》卷四《甲部·经籍会通四》,清光绪间广雅书局刻民国九年番禺徐绍棨汇编重印广雅书局丛书本。

本论著主要从纸价和刻工价格来看明代图书的价格。对于纸价,台湾成功大学中国文学系王三庆在《明代书肆在小说市场上的经营手法和行销策略》一文中,根据万历十三年(1585 年)重刊的《御制大明律例招拟折狱指南》十八卷首册上栏《钦定时估例》载有的各种商品行市,以及清人叶梦珠在《阅世篇》的记载,得出明初榜纸一百张四十贯,约银半两,平均每张纸钱约银 0.5 分;到崇祯五年(1632 年),竹纸如荆川太史连、古筐将乐纸,叶梦珠幼时七十五张一刀,价银不过二分,每张纸则约 0.03 分不到。后虽涨价,至崇祯末、顺治初,每刀纸七十张,价银一钱五分,平均一张纸约 0.2 分多。以一百张的连史纸印书籍,其费用在崇祯初年以前约值三升白米,末年则值一斗有余。对于刻工价格,王三庆推断,一般刻工每天刻百字,日工资在明初约五分,中叶至末期也在三四分左右①,约可让两口之家每天饭食泡菜勉强过活,或购买二合白米。②

从以上论述可知,明代的纸价及刻书价格较低,促进了明代版刻、印刷业的发展,私家律学著作的刊刻也从中受益。明代官员对私家律学著作非常重视,曾多次刊刻,作为问刑的参考。明代官刻③私家律学著作,主要有两个途径:一为地方府、州、县和布政使等官员刊刻;一为监察等部门刊刻,包括按察司和巡按御史的刊刻。明代官方刊刻的私家律学著作主要有《律条疏议》《大明律解附例》《大明律读法书》《大

---

① 根据万历二十九年(1601 年)刻《方册藏》,每字一百,计写工银四厘,刻工银三分五厘,刻工的日工资略低于写工。

② 参见王三庆:《明代书肆在小说市场上的经营手法和行销策略》,2017 年 12 月 21 日,http://club.xilu.com/wave99/replyview-950484-83673.html。

③ 所谓官刻,系指明朝中央政府的各个部门,地方各省的布政使司、按察使司、分巡道,各府、州、县及其儒学,各地书院,各亲王藩府、各郡王府等主持或出资刻印的书。这些书由于都是各级国家机构主持或是出公帑镌刻的,故统称之为官刻书或官刻本。参见李致忠:《历代刻书考述》,巴蜀书社 1990 年版,第 217 页。

明律释义》《大明律集解》《读律琐言》《律疏附例》《大明律例附解》《法家体要》《大明律例》《大明律附解》《大明律集解附例》等。

　　随着经济的发展及纸张、刻工价格的降低,以盈利为目的的私人书坊印刷范围日益广泛,除前代的经、史、子、集外,本朝的史书、文集、医书、日用便览、私家律著等也大量刊印。因为明代中后期,随着商品经济的发展,经济等纠纷日益增多,南直隶、浙江、江西、福建等健讼之地的百姓时常"兴讼",需要私家律学著作来提高自己"兴讼"的水平,而官员则想通过精究律例提升自己的审断水平。所以,从明代中叶起,福建、江南等地书坊迎合健讼地区民众与官吏重视律书的趋好,大量刊刻、重印明代私家律学著作。有些私家律著还颇受欢迎,流传极快。明代私家律学著作的私刻以南京和福建为中心。胡应麟指出:"余所见当今刻本,苏、常为上,金陵次之,杭又次之。近湖刻、歙刻骤精,遂与苏、常争价。"①胡氏所言,除杭州外,其余为南京及其所辖的南直隶地区。南京地区在明代刻书史上地位显赫。南京地区所刻私家律著主要有:成化七年(1471年)南京史氏重刻张楷的《律条疏议》三十卷;金陵书坊周近泉大有堂重刻《刻御制新颁大明律例注释招拟指南》十八卷;金陵书林周竹潭嘉宾堂刊《大明律例注释祥刑冰鉴》三十卷;师俭堂萧少衢刻熊鸣岐辑《昭代王章》十五卷;明金陵舒氏(名不详)刊《一王法典》二十卷(刊刻时间不详);等等。

　　自唐末,尤其宋代以降,福建是我国的重要刻书中心。福建刻书主要集中在建宁府,建宁府又主要集中在建安、建阳两县。但明代以后,建安书坊衰落,而建阳书坊日益繁荣。福建书坊曾多次刊刻明代私家律著,主要有:福建书坊刊刻《律条疏议》《读律琐言》《读律管见》;福建

----

　　①　[明]胡应麟:《少室山房笔丛》卷四《甲部·经籍会通四》。

刘朝珤安正堂刊印贡举撰《镌大明龙头便读傍训律法全书》十一卷,首一卷(刊刻时间不详);万历二十四年(1596年)乔山堂刊刻焦竑编辑的《新锲翰林标律判学详释》二卷;万历三十五年(1607年)积善堂陈奇泉刊《明律统宗》二十卷,万历四十年(1612年)重刊时改名《全补新例明律统宗》;(建邑)潭阳熊氏种德堂于明万历三十七年(1609年)刻萧近高注释的《刑台法律》;神宗万历三十四年(1606年)福建建邑书林双峰堂余象斗刊刻《三台明律招判正宗》十三卷;明末(建阳)余彰德萃庆堂刊印朱敬循汇辑《大明律例致君奇术》十二卷。

正是由于印刷业的发展,明朝官府和民间书坊多次刊刻私家律著,为明代私家律学的繁荣作出了贡献。

小 结

明代律学在宋元律学式微后借鉴唐宋律学而重新兴起,并在明代中后期逐步走向繁荣。清代律学是在学习与承继明代律学的基础上繁荣起来的,因此,明代律学具有承前启后的重要地位。明代律学的中兴与繁荣是建立在明代私家律学充分发展的基础上的。明代私家律学在洪武—宣德年间勃兴,正统—正德年间进一步发展,嘉靖—崇祯年间走向繁荣。明代私家律学的繁荣,与官方对私家律著的认可、法典体例与内容的变化、民众法律意识的提高和日趋复杂经济关系的需要有紧密关联;与注律家的努力、官吏个人需求及司法实践需要有关;也与前朝(唐代)律学为明代律学奠定坚实的基础及明代印刷业的发展相关。

第二章　明代私家律学著述

　　中国古代律学在明代迎来了中兴，其标志为大量私家律学著作的问世。据统计，存世的明代私家律学著作有 50 余部。除此之外，《明史·艺文志》和《千顷堂书目》等文献中，著录 40 余部私家律学著作书目。留存的私家律著由于多次刊刻、传抄，律著的作者、卷数、书名等颇有出入，《明史·艺文志》《千顷堂书目》等文献著录的私家律学著作张冠李戴、错讹之处较多。针对以上问题，钩沉、爬梳明代私家律学著作及留存书目，对其书名、作者、版本、成书时间及私家律著间的承继关系等问题进行研究显得尤为必要，可整体展现明代私家律学的状况。

　　现学界对明代私家律学著作的介绍和研究成果主要有：罗昶在《明代律学研究》中分期介绍了明代代表性律学文献[1]，而马韶青有相近的研究思路[2]。张伟仁在《中国法制史书目》中，简要介绍了《律解辩疑》《大明律解》《大明律释义》《大明律集解附例》《大明律解附例》《大明律集解》《读律琐言》《大明律例附解》《大明律例》《律例笺解》等存世律著的作者、版本和内容，但多是介绍性论述，对诸史书中错讹之处未能充分关注。[3] 王重民在《中国善本书提要》及《中国善本书提要补编》中所用方法同张书，但仅提到王楠编集的《大明律集解》等几部私

---

[1]　罗昶：《明代律学研究》，北京大学法学院博士学位论文，1997 年。
[2]　马韶青：《明代注释律学研究》，中国社会科学出版社 2019 年版。
[3]　张伟仁主编：《中国法制史书目》，"中央研究院"历史语言研究所 1976 年版。

家律著。① 张伯元在《〈明史·艺文志〉"刑法类"书目考异》中,对《明史·艺文志》中《律解辩疑》《大明律例》《律例笺解》《大明律读法书》《读律管见》《律解附例》等进行介绍和考据②,但仅以《明史·艺文志》所涉猎的部分律著为中心,不够全面。杨一凡在《明代稀见法律典籍版本考略》中,对《律解辩疑》《律条直引》等版本进行了考证。③ 此外,何勤华、田中俊光、大庭修等国内外学者也有相关研究。④ 本论著在前贤研究的基础上做进一步的阐释、考证。

　　明代私家注律家以传统的儒家思想为指导,采用问答解释、历史解释、扩大解释、缩限解释等解释方法,通过考据、集释,或以歌诀、图表等形式注解《大明律》。本论著按照明代律学发展的三阶段的划分,对不同阶段的私家律学著作及书目进行考释,考证律学著作文本、成书时间及承继关系等内容。

第一节　洪武—宣德时期的私家律学著作

　　明初,从社会底层走出来的皇帝朱元璋对元末乱政有清醒的认识。元末法纪废弛,官吏贪贿成风,吏治大坏,导致民生凋敝,农民揭竿而

---

① 王重民:《中国善本书提要》,上海古籍出版社 1983 年版;王重民:《中国善本书提要补编》,北京图书馆出版社 1991 年版。

② 张伯元:《〈明史·艺文志〉"刑法类"书目考异》,载《律注文献丛考》。

③ 杨一凡:《明代稀见法律典籍版本考略》,载杨一凡主编:《中国法制史考证》甲编第六卷《历代法制考·明代法制考》,第 343—366 页。

④ 何勤华:《试论明代中国法学对周边国家的影响》,《比较法研究》2001 年第 1 期;〔日〕田中俊光:《日本江户时代的明律研究》,载《中华法系国际学术研讨会文集》,2006 年;〔日〕高盐博:《东京大学法学部所藏的明律注释书》,孟祥沛译,载何勤华编:《律学考》;〔日〕大庭修:《正德年间以前明清法律典籍的输入》,徐世虹译,载中国政法大学法律古籍整理研究所编:《中国古代法律文献研究》(第二辑),中国政法大学出版社 2004 年版。

起,元政权亡。朱元璋吸取元亡的教训,采用重典治国,重典惩贪。朱元璋认为,吏治清明,非用重典不可。在参考唐律的基础上,朱元璋与李善长、刘惟谦等重臣,经过三十年的反复修订,终于在洪武三十年(1397年)颁示《大明律》于天下。除《大明律》外,还修订了《大诰》等重典,惩治贪腐。朱元璋以"明刑弼教"为原则,以"明礼以导民,定律以绳顽"①为方针,以教化与惩治相结合的办法规范百姓。

为了使官吏、百姓更好地遵纪守法,朱元璋在《大明律》专设"讲读律令"条,敦促官吏认真研读法律,否则会受到处罚。针对百姓不知禁令、误犯刑宪的情况,在府、州、县及乡里普遍设立申明亭,"凡境内人民有犯,书其过名,榜于亭上,使人有所惩戒"②。又将明律中除礼乐、制度、钱粮、选法之外的内容编辑为《律令直解》,从而达到"人人通晓则犯法者自少"③的目的。明政府为了使官民更好地学习《大诰》等法律,还要求"一切官民诸色人等,户户有此一本。若犯笞、杖、徒、流罪名,每减一等;无者每加一等。所在臣民,熟观为戒"④。为了进一步要求官民学习法律,明政府规定:"敢有不敬而不收者,非吾治化之民,迁居化外,永不令归。"⑤为了防止官员等曲解法律,朱元璋还发布了"令子孙守之。群臣有稍议更改,即坐以变乱祖制之罪"⑥的诏令,强化官民知法、守法。

在洪武—宣德时期,私家注律家严本与何广之徒,科举出身,精通

---

①　[清]张廷玉等:《明史》卷九十三《刑法一》,中华书局1974年版,第2284页。

②　《明太祖实录》卷七十二,"洪武五年二月丁未"条。

③　《明太祖实录》卷二十三,"吴元年十二月甲辰"条。

④　《御制大诰》,"颁行大诰第七十四",载刘海年、杨一凡总主编:《中国珍稀法律典籍集成》乙编第一册《洪武法律典籍》,科学出版社1994年版,第93页。

⑤　《御制大诰续编》,"颁行续诰第八十七",载刘海年、杨一凡总主编:《中国珍稀法律典籍集成》乙编第一册《洪武法律典籍》,第166页。

⑥　[清]张廷玉等:《明史》卷九十三《刑法一》,第2279页。

律学,在统治者认可的范围内,注释明律精当。存世的私家律著有何广的考据类律学名著《律解辩疑》,并有严本的《刑统辑义》与《律疑解略》书目留存于世。严著是对律文的节略解释和对律文疑问的解答,现已湮灭无闻。在明初专制、高压的环境下,注律家在注释法律条文时,注重唐明律的比较,还注意字词的考证,不敢更多发挥。

明初律学著作及存目考释于下。

一、《律解辩疑》三十卷

何广撰

过庭训在《本朝分省人物考》言《律解辨疑》为何广撰,不著卷数。① 明人王圻在《续文献通考》却言《律解辩疑》为余姚杨简著②,与王圻同时代稍后的明代目录学家陈第在《世善堂藏书目录》亦有:"《律解辨疑》一卷(小注:杨简)。"③杨简,浙江余姚人,成化二十二年(1486年)举人④,弘治六年(1493年)进士⑤,曾任知府⑥。清人范邦甸在《天一阁书目》中言《律解辨疑》一卷,为"明魏铭撰"。⑦ 魏铭,考诸明书有

---

① ［明］过庭训:《本朝分省人物考》卷二十五《南直隶松江府一·何广》。
② ［明］王圻:《续文献通考》卷一百七十八《经籍考》,明万历三十年松江府刻本。
③ ［明］陈第:《世善堂藏书目录》卷上,清乾隆三十七年至道光三年长塘鲍氏刻知不足斋丛书本。
④ ［清］李卫、嵇曾筠等修,［清］沈翼机、傅王露等纂:《(雍正)浙江通志》卷一百三十六《选举十四》,清光绪二十五年浙江书局重刻本。
⑤ ［明］管大勋修,［明］刘松纂:《(隆庆)临江府志》卷五《官师》,明隆庆六年刻本。
⑥ ［清］李卫、嵇曾筠等修,［清］沈翼机、傅王露等纂:《(雍正)浙江通志》卷一百三十一《选举九》。
⑦ ［清］范邦甸:《天一阁书目》卷二之二《史部》,清嘉庆十三年扬州阮氏元文选楼刻本。

二,一为湖广蒲圻县人,景泰五年(1454年)进士①,成化六年(1470年)任温州府知府②;另为江西建昌人,景泰元年(1450年)中举③,成化年间任高州府知府④,其他事迹不详。至于魏铭,不能确知为哪一个。杨简和魏铭所撰的《律解辩疑》,只有一卷,可能是何广《律解辩疑》三十卷的节略本。

关于《律解辩疑》的书名,《世善堂藏书》将《律解辩疑》的"辩"写为"辨"⑤,《万卷堂书目》⑥《天一阁书目》⑦《千顷堂书目》⑧《明史》⑨同。《国史经籍志》⑩《明一统志》⑪《续文献通考》⑫则为"辩"。何广在《〈律解辩疑〉序》中为"辩",今从之。⑬

《律解辩疑》成书于洪武十九年(1386年),此可从书首洪武丙寅春正月望日松江何广"自序"及书末洪武丙寅春二月邰敬"后序"确知。

关于《律解辩疑》的初版,张伟仁在《中国法制史书目》中认为此书的初版在洪武年间(1368—1398年)刊印,刊印者及刊印年份不详。⑭

---

① [明]俞宪:《明进士登科考》卷六,明嘉靖二十七年俞氏鹡鸣馆刻二十九年增补本。

② [明]曹志遇:《(万历)高州府志》卷四,明万历刻本。

③ [明]林庭㭿修,[明]周广纂:《(嘉靖)江西通志》卷十三《南康府》,明嘉靖三十五年刻本。

④ [清]金铁修,[清]钱元昌纂:《(雍正)广西通志》卷一百一十九,清文渊阁四库全书本。

⑤ [明]陈第:《世善堂藏书目录》卷上。

⑥ [明]朱睦㮮:《万卷堂书目》卷二,清宣统二年上虞罗氏刻玉简斋丛书本。

⑦ [明]范邦甸:《天一阁书目》卷一之一《史部》。

⑧ [明]黄虞稷:《千顷堂书目》卷十,民国二至六年乌程张氏刻适园丛书本。

⑨ [清]张廷玉等:《明史》卷九十七《艺文二》,第2399页。

⑩ [明]焦竑辑:《国史经籍志》卷三《史类》,清道光二十九年至光绪十一年南海伍氏刻粤雅堂丛书汇印本。

⑪ [明]李贤:《大明一统志》卷九《中都》,明弘治十八年建阳慎独斋刻本。

⑫ [明]王圻:《续文献通考》卷一百七十八《经籍考》。

⑬ [明]何广:《〈律解辩疑〉序》,载杨一凡、田涛主编:《中国珍稀法律典籍续编》第四册《明代法律文献(下)》,黑龙江人民出版社2002年版,第3页。

⑭ 张伟仁主编:《中国法制史书目》,第14页。

明人唐枢在其所撰的明代法律史目录学著作《法缀》中认为"此亦成于洪武乙巳年"。① 查洪武朝没有乙巳年,应为"己巳"年(洪武二十二年,1389 年)之误。根据《法缀》的记载,《律解辩疑》应原刊于洪武二十二年,惜初刻本已湮灭无闻。

　关于《律解辩疑》的留存版本,杨一凡主编的《中国珍稀法律典籍续编》所收录的《律解辩疑》点校本为台湾"中央图书馆"藏本。据杨一凡考证,《律解辩疑》只存一刻本,"此刻本原藏于北平图书馆,后曾被美国国会图书馆收藏,再之后又迁至台湾'中央图书馆'。中国国家图书馆所藏《律解辩疑》微缩胶卷,系北京图书馆(即今中国国家图书馆)据该刻本拍摄"②。至于刊刻时间,黄彰健在《明代律例汇编》所附的《明代律例刊本抄本知见书目》中认为国立北平图书馆所藏的为明永乐以后印本,前后不同,不知所依何据。③ 后黄彰健在《律解辩疑、大明律直解及明律集解附例三书所载明律之比较研究》根据《律解辩疑》书首何广的"自序"、郯敬的"后序"以及书中"照刷文卷罚俸例"后所提到的"太祖高皇帝",④认为国立北平图书馆所藏本不是洪武朝印本,而是

---

① ［明］唐枢:《法缀》,明嘉靖万历间刻本,载杨一凡编:《中国律学文献》(第一辑第四册),黑龙江人民出版社 2004 年版,第 693 页。

② 杨一凡:《明代稀见法律典籍版本考略》,载杨一凡主编:《中国法制史考证》甲编第六卷《历代法制考·明代法制考》,第 347 页。

③ 黄彰健:《明代律例汇编》(上),《明代律例刊本抄本知见书目》,第 25 页。

④ 黄彰健依国立北平图书馆所藏《律解辩疑》"照刷文卷罚俸例"的记载:"刑书之来尚矣。……太祖高皇帝龙飞淮甸,肇造区夏,特命刑部尚书刘惟谦,取诸律之协于中者,目条具以闻。宸翰亲为裁正,颁布天下,为万世法。……某尝伏读,潜心讲解,欲求其义而未能。常念忝属秋官,专于棘寺,有年于兹,而衰老及之,非惟无益于时,抑且愧于职;是用讲明律之疑难,粗得一二,萃为一篇,题曰《律解辩疑》。实所以遵奉讲明律条之意,非敢自以为当,与诸同志共商榷之。"黄彰健:《律解辩疑、大明律直解及明律集解附例三书所载明律之比较研究》,载中华书局编辑部编:《"中研院"历史语言研究所集刊论文类编》(历史编·明清卷),第 2756 页。此条记载了"太祖高皇帝",从中知北平图书馆所藏 (转下页)

建文朝或永乐朝的印本。① 根据明人杨枢的记载，《律解辨疑》为副使何广著。② 查《明太宗实录》卷三十一"永乐二年五月戊申"条记载，何广在永乐二年（1404 年）五月才任陕西按察副使。杨枢所见《律解辨疑》的刻本，为天顺二年（1458 年）后的刻本。张伯元在《〈律解辩疑〉所引"疏议"、"释文"校读记》中，根据"照刷文卷罚俸例"后类似序的文字，得出"此无名序不可能写于洪武之当朝。……或许无名氏正是《辨疑》的重编者"之观点。③ 张伯元还根据《律解辩疑》所引"疏议"文字 6 则、"释文"文字 4 则等，得出"现在所见国图本《辩疑》并不是洪武原刻，而是天顺五年之后的重编本"④的结论。

　　《律解辩疑》所依据的《大明律》为洪武十九年（1386 年）前的律文，此乃唯一仅存版本。将《律解辩疑》同《大明律直解》所引的洪武二十二年（1389 年）律文相对照，多有不同。《律解辩疑》与洪武三十年（1397 年）律亦不相同。可将不同时期明政府修订的律文进行比较，

（接上页）《律解辩疑》绝对不是洪武朝印本。另外，根据此条所记，写此书时何广已"衰老"，但考本书末洪武丙寅（十九年）春二月邵敬《〈律解辩疑〉后序》所言："俾施政受法者，举□松江何公名儒，书通律意，由近臣任江西新□□□。未仕之暇，于我圣朝律内，潜心玩味，深究其理，参之于《疏议》，疑者而解之，惑者而□释之，为别□，名曰《律解辩疑》。"［明］何广：《律解辩疑》，载杨一凡、田涛主编：《中国珍稀法律典籍续编》第四册《明代法律文献（下）》，第 296 页。从记载看，其在江西任上于闲暇时著录此书。何广在江西任职后升任湖广参议，《大明一统志》卷九曰："何广，上海人，洪武中以明经，被选知任丘县，卓有惠政，邑称循良。升江西金事，再升湖广参议，所至皆著能声，清廉寡欲，纤泽不染，在风宪有激扬名，在籓垣得方岳体，尝著《律解辨疑》。"何广江西任职乃第二职任，后升湖广参议，此时年龄应不高，此又是疑问之一。参见［明］过庭训：《本朝分省人物考》卷二十五《南直隶松江府一》。

　　①　黄彰健：《律解辩疑、大明律直解及明律集解附例三书所载明律之比较研究》，载中华书局编辑部编：《"中研院"历史语言研究所集刊论文类编》（历史编·明清卷），第 2755—2774 页。

　　②　［明］杨枢：《淞故述》，清嘉庆间南汇吴氏听彝堂刻艺海珠尘本。

　　③　张伯元：《〈律解辩疑〉所引"疏议"、"释文"校读记》，载《律注文献丛考》，第 171 页。

　　④　张伯元：《〈律解辩疑〉所引"疏议"、"释文"校读记》，载《律注文献丛考》，第 171 页。

考察明律律文的变迁。总之,《律解辩疑》作为明代早期的一部律学著作,对我们了解明初的法律及法律的运作和法学研究有重要的史料价值。

二、《刑统辑义》四卷

严本撰

《刑统辑义》,今未见传本。在《宝文堂书目》中有《刑统赋辑义》,不著卷数。① 明人毛宪在《毗陵人品记》中则为《刑统辑义》②,唐枢亦称《刑统辑义》③,今从此名。焦竑在《国朝献征录》中记载:"复以历代刑书惟在《刑统》,傅霖虽括韵语,然辞约义博,注者弗一,乃裒诸家言,附以己见,著《刑统赋辑义》四卷,藏以俟时。"④万斯同在《明史》中参考《国朝献征录》的说法:"严本,字志道,江阴人。少通群籍,以历代刑书惟《刑统》为善,傅霖《刑统赋》辞约义博,注者非一,乃著《辑义》四卷。"⑤张廷玉《明史》与万斯同《明史》记载相类似。⑥ 从以上记载看,《刑统辑义》为辑略《刑统赋》,再加严本本人见解而成。考明人唐枢撰《法缀》的记载:

> 三代下,法律至唐独精,故本朝之律于唐为不甚远。国初,江阴严氏本,攻律学。因唐所定《刑统》,为《辑义》,又为《辨例》。

① ［明］晁瑮:《宝文堂书目》卷下,明抄本。
② ［明］毛宪撰、［明］吴亮增补:《毗陵人品记》卷六,明万历刻本。
③ ［明］唐枢:《法缀》,载杨一凡编:《中国律学文献》(第一辑第四册),第698页。
④ ［明］焦竑辑:《国朝献征录》卷六十八《大理寺》。
⑤ ［清］万斯同:《明史》卷二百零八《严本传》,清抄本。
⑥ "严本,字志道,江阴人。少通群籍,习法律,以傅霖《刑统赋》辞约义博,注者非一,乃著《辑义》四卷。"［清］张廷玉等:《明史》卷一百五十《虞谦传附严本传》,第4169页。

《辑义》所以著同;《辨例》所以议异,可谓精矣。然本朝之律之精,
其取舍之义,取之而非以从也,舍之而非以背也。缘民情顺世宜,
有所定于我而无以见于其唐也,又立体例十有一条,以著参互异同
之本,则亦不可谓不握其机。①

从记载可知,《刑统辑义》为唐律与明律的比较著作。况明人言明事,
并且《法缀》本身就是一部介绍明代律学著作的法律目录学著作,当为
可信。

三、《律疑解略》

严本撰

《律疑解略》,今未传世。《毗陵人品记》②《从野堂存稿》记载《律
疑解略》为严本所作。③《本朝分省人物考》记载:"严本,字志道,号蒿
庵,江阴人。永乐癸巳,何澄荐以职,堪风宪,征至南京。仁宗在青宫监
国事,命吏部尚书疑公义,试《理人策》一篇,复举律疑数条为问,随问
敷答。同试者,皆授郡邑职,独拜刑部主事。"④《(道光)江阴县志》记
载:"国朝律令未有注疏,亦儒者之欠事,因取律令中疑难者讲求立法
之意,著为《律疑解略》一编。"⑤根据这些记载,严本精通法律,针对明

① [明]唐枢:《法缀》,载杨一凡编:《中国律学文献》(第一辑第四册),第698—
699页。
② [明]毛宪撰,[明]吴亮增补:《毗陵人品记》卷六。
③ [明]缪昌期:《从野堂存稿》卷五,清光绪二十一至三十三年武进盛氏恩惠斋刻常
州先哲遗书汇印本。
④ [明]过庭训:《本朝分省人物考》卷二十七《南直隶常州府一·严本》。
⑤ [清]陈延恩修,[清]李兆洛纂:《(道光)江阴县志》卷二十五《艺文二》,清道光二
十年刻本。

律中的疑难问题,撰写了《律疑解略》。

第二节　正统—正德时期的私家律学著作

正统—正德时期历86年。在此时期,皇帝多昏聩,宦官又专权。官吏的选任常掌握在王振、刘瑾等大宦官手中,吏治腐败,问刑官断案能力低下,冤案迭出。此时期,社会矛盾尖锐,发生了邓茂七、叶宗留起义与流民的暴动。此时期以不变的静态法律规范动态的社会造成了诸多问题。针对新情况、新问题,明政府通过修例来应对。随着例的大量出现,在具体的司法实践过程中出现了律、例如何适用的问题。

正统—正德时期是明代私家律学的发展时期,存世的律学著作有3部:张楷在天顺年间撰成《律条疏议》,正德年间有《大明律讲解》(佚名)和胡琼的《大明律解附例》。另外,还有6部存目留存:张楷在天顺年间撰成《律条撮要》;徐舟在成化年间撰《律法详明》;成化至弘治时期有《会定见行律》(佚名);陈廷珪编辑《大明律分类条目》;杨简编辑《(大明律)集解》;曾思敬著《律学解颐》。

在正统—正德时期,诸如《律条疏议》《大明律解附例》《(大明律)集解》等"集解"类律学著作出现并占有主要地位。《律条疏议》在参考《唐律疏议》《律解辩疑》等著作的基础上,分段疏解律文,并通过问答等解释方法,对律有疑问,或者社会上出现的新问题进行疏解,并在律文后以"谨详律意"的形式对注律的动机、指导思想等进一步阐释,从而加深了习律者对律文深意的理解。针对此时期律例适用的问题,胡琼在巡按贵阳时著《大明律解附例》,在律文注解后附例。《大明律解附例》乃是现存最早的律例合编私家律学著作,此后明代私家律著多采用此体例。此体例对万历年间舒化领衔纂集的《大明律附例》有重要影响。律例合编的体例还对清代顺治律、雍正律与乾隆律的编纂有重要借鉴价值。在此时期还出现了诸如《大明律分类条目》形式的律目、律文节略本，摘取《大明律》中经常应用的部分律文，分类编辑，节选各诸家的注解，汇编成简易的便于阅读的读本。

兹录正统—正德时期私家律著，并考释之。

一、《律条疏议》三十卷

张楷撰

《律条疏议》书名多出，卷数不一。或为《律条疏义》，或为《大明律解》，或为《疏议》，或为《明律疏议》，或为《大明律疏议》。卷数有一卷、十卷、十二卷和三十卷之分。

该书《明史》无载。《世善堂藏书目录》有："《律条疏议》一卷（小注：张楷）。"[1]《续文献通考》载：张楷撰《律条疏议》，不言卷数。[2]《天一阁书目》载"《律条疏议》十卷，成化三年钱塘倪谦序南京吏民重刊"[3]，无撰者。《平津馆鉴藏书籍记》有："《律条疏议》三十卷。"[4]以上俱言《律条疏议》。《宝文堂书目》中为《律条疏义》，无撰者与卷数。[5] 唐枢在《法缀》中著录为《大明律疏议》。[6] 明人李贤在《古穰集》

---

① ［明］陈第：《世善堂藏书目录》卷上。
② ［明］王圻：《续文献通考》卷一百七十七《经籍考》。
③ ［明］范邦甸：《天一阁书目》卷二之二《史部》。
④ ［清］孙星衍：《平津馆鉴藏书籍记》卷二，清光绪会稽章氏刻式训堂丛书本。
⑤ ［明］晁瑮：《宝文堂书目》卷下。
⑥ ［明］唐枢：《法缀》，载杨一凡编：《中国律学文献》（第一辑第四册），第700页。

中著录为《大明律解》,不言卷数。①《千顷堂书目》言"张楷《大明律解》□□卷"②,《明史》也言"张楷《大明律解》十二卷"③。沈家本在《律疏附例跋》中提到《大明律解》:

> 《明律》之以疏名者,天一阁书目又有《律条疏议》(原目十卷。新目作《疏义》存卷一至三十),成化二年刊本,亦无撰人姓名。孙渊如《唐律疏议跋》称家藏有张楷《明律疏议》,不言卷数。《明志》载张楷《大明律解》十二卷。"疏""解"之名异。但孙氏因《唐律疏议》而及《明律疏议》,又系自藏之本,其名必不误,恐《明志》或有误。④

黄彰健言:"《大明律解》当即《律条疏议》一书于重刊时更名。"⑤因张楷的《大明律解》未能流传于世,黄彰健在猜测的基础上得出结论,此结论应该合乎史实。可能的情况是李贤见到或听到张楷《律条疏议》的重刻本,改名为《大明律解》,李贤在《古穰集》中就以《大明律解》的书名录之。清人黄虞稷可能根据李贤的记载而录于《千顷堂书目》中,《明史·艺文志》又抄录于《千顷堂书目》,沿袭《大明律解》之名。今所采用的书名是根据明嘉靖二十三年(1544 年)黄岩符验重刊本所用书

---

① ［明］李贤:《古穰集》卷十三《中宪大夫南京都察院右佥都御史张公神道碑铭》,清文渊阁四库全书补配清文津阁四库全书本。

② ［明］黄虞稷:《千顷堂书目》卷十。

③ ［清］张廷玉等:《明史》卷九十七《艺文二》,第 2399 页。

④ ［清］沈家本:《寄簃文存》卷七《律疏附例跋》,载《历代刑法考》,第 2265—2266 页。

⑤ 黄彰健:《明代律例汇编》(上),《明代律例刊本抄本知见书目》,第 115 页。罗昶认为《律条疏议》与《大明律解》为张楷所撰的两部书。参见罗昶:《明代律学研究》,北京大学法学院博士学位论文,1997 年,第 21 页。

名《律条疏议》。

　　至于《律条疏议》的版本，倪谦在《重刊〈律条疏议〉叙》中载："金宪宋儒宗鲁尝为板行于世矣。江浦县知县王迪……虑其传之未广，乃捐俸倩工重刻。……嘉靖甲辰（二十三年，公元1544年）春正月望掌南京陕西道事南京福建道监察御史黄岩符验重梓。"①从序文知，金宪宋宗鲁曾刊刻、王迪重刻②、嘉靖二十三年黄岩符验在王迪重刻本基础上重刻。从倪谦在《重刊〈律条疏议〉叙》中的记载可知，金宪宋宗鲁所刻为原刻本，此为天顺五年（1461年）本。③ 在上海图书馆所藏的《律条疏议》三十卷，六册。卷首有江西按察司副使张銮序，此序写于天顺五年三月，该版本为天顺五年本。王迪刻本为成化三年（1467年）本。《天一阁书目》载"《律条疏议》十卷，成化三年钱塘倪谦序南京吏民重刊"④，即为成化三年版本。倪谦在《重刊〈律条疏议〉叙》中记为江浦县知县王迪捐俸重刻，考江浦县属于南直隶应天府，《天一阁书目》所言南京吏民重刊可能指的是王迪捐俸由南京吏民重刊。《律条疏议》在成化七年（1471年）还有刻本。黄彰健在《明代律例汇编》中载："《律条疏议》三十卷，存十一至十七，二十二至三十。明张楷撰。国立北平图书馆藏明成化七年荆门守俞诰重刊本。"⑤中国国家图书馆藏《律条疏议》残本，现存十六卷，三册。此应为黄彰健所言版本。在此残本中，有张銮、周麟成化七年序。周麟序曰：

　　　　《律条疏议》都宪四明张楷著，剖析详明，有裨治道。入官之

---

　　① ［明］倪谦：《重刊〈律条疏议〉叙》，载［明］张楷：《律条疏议》卷首，明嘉靖二十三年黄岩符验重刊本，载杨一凡编：《中国律学文献》（第一辑第二册），第7—12页。

　　② 所刻为成化三年本。

　　③ 此时为张楷卒后一年，见《明英宗实录》卷三百二十一，"天顺四年十一月己卯"条。

　　④ ［明］范邦甸：《天一阁书目》卷二之二《史部》。

　　⑤ 黄彰健：《明代律例汇编》（上），《明代律例刊本抄本知见书目》，第115页。

> 初得而览之，了然无疑。荆门守秀水俞诰得之，惜其传之弗广，
> 敬捐俸重寿诸梓，与四方共之。其嘉惠方来之意至矣，得者宜
> 宝焉。

此序未言及内容与所据版本。根据此书的内容可知，该书应不是原刻本的翻刻。王重民在《中国善本书提要补编》中言成化七年，秀水知县俞诰翻刻宋宗鲁天顺五年刻本。① 王氏之言，错误有二，重刻者俞诰非秀水知县，而是秀水籍荆门守。王氏认为此刻本翻刻自宋宗鲁天顺五年刻本，但根据中国国家图书馆成化七年俞诰刊本，不能得出此结论。在成化七年，还有一刻本，名为《大明律疏义》。杜信孚在《明代版刻综录》中根据《南京图书馆善本书草目》有《大明律疏义》三十一卷，明成化七年南京承恩寺对住史刊②，此为坊刻本。称《大明律疏义》者，"又见日本《法律论丛》所引，称此本三十卷，为'成化七年南京史氏重刻本，欠卷十八、十九。台湾"中央图书馆"藏本'。成化七年，即公元1471 年"③。此版本又见黄彰健《明代律例刊本抄本知见书目》。黄氏还认为《大明律疏义》内容与《律条疏议》全同，④此观点得到了张伯元的认可。⑤

对于嘉靖二十三年（1544 年）本，张伟仁在《中国法制史书目》中列有《律条疏议》三十卷，三册。世宗嘉靖二十三年符验据成化三年王迪本重刻⑥，"中央研究院"历史语言研究所傅斯年图书馆所藏的为

---

①　王重民：《中国善本书提要补编》，第 55 页。
②　杜信孚纂辑：《明代版刻综录》卷三，江苏广陵古籍刻印社 1983 年版，第 32 页。
③　转引自张伯元：《张楷〈律条疏议〉考》，载《律注文献丛考》，第 187 页。
④　黄彰健：《明代律例汇编》（上），《明代律例刊本抄本知见书目》，第 115 页。
⑤　张伯元：《张楷〈律条疏议〉考》，载《律注文献丛考》，第 187 页。
⑥　张伟仁主编：《中国法制史书目》，第 15 页。

1974 年日本东京高桥写真株式会社据日本尊经阁文库藏本缩影印行本①,《中国律学文献》(第一辑第二、三册)收录的影印本为此版本。

此外,明人周弘祖所撰的《古今书刻》记载,江西按察司曾刊刻《律条疏议》,不知据何本刊刻。② 另外还有坊间刻本、抄本等。

二、《律条撮要》

张楷撰

明代目录学家晁瑮在《宝文堂书目》中有《律条撮要》,无撰者与卷数。③ 黄虞稷在《千顷堂书目》中有"张楷《大明律解》□□卷,又《律条撮要》□□卷"④,万斯同《明史》同。⑤ 李贤在《古穰集》中言《律条撮要》,不言卷数⑥,而雷礼在《国朝列卿纪》中称为《大明律条撮要》。⑦ 关于《律条撮要》的内容,黄彰健言:"《律条撮要》疑即《律条疏议》,卷首所附《律条罪名图》,于重刊时更名。"⑧唐枢在《法缀》中介绍此书时言:"此亦张公楷所集,又《疏议》之所润珠。若后律疑问答,亦每有生意,玩则得之。"⑨根据唐枢所载,黄彰健的猜测是值得商榷的。

---

① 这一点得到了大庭修的认可。《尊经阁文库汉籍分类目录》所收录的《律条疏议》为嘉靖版。参见〔日〕大庭修:《正德年间以前明清法律典籍的输入》,徐世虹译,载中国政法大学法律古籍整理研究所编:《中国古代法律文献研究》(第二辑),第 265 页。

② [明]周弘祖:《古今书刻》(上编),载《百川书志·古今书刻》,古典文学出版社1957 年版,第 351 页。

③ [明]晁瑮:《宝文堂书目》卷下。

④ [明]黄虞稷:《千顷堂书目》卷十。

⑤ [清]万斯同:《明史》卷一百三十四《艺文志二》,清抄本。

⑥ [明]李贤:《古穰集》卷十三《中宪大夫南京都察院右金都御史张公神道碑铭》。

⑦ [明]雷礼辑:《国朝列卿纪》卷八十《南京都察院左右金都御史行实》。

⑧ 黄彰健:《明代律例汇编》(上),《明代律例刊本抄本知见书目》,第 115 页。

⑨ [明]唐枢:《法缀》之"律条撮要"条,载杨一凡编:《中国律学文献》(第一辑第四册),第 702 页。

三、《律法详明》

徐舟撰

《千顷堂书目》卷十载"徐舟:《律法详明》"①,万斯同《明史》同。②

《律法详明》无存。该书成书年代,可通过作者徐舟大体推测之。《千顷堂书目》记载徐舟:"字楫之,曹县人。成化□□进士,兵部侍郎。"③《万姓统谱》有更详细的记载:

> 徐舟,字楫之,曹州永丰人。中天顺壬午乡试,成化丙戌进士。初授行人,奉命湖广、河南公务,前此使臣在外略有馈遗,循行以为故事,舟独一芥不取。拜监察御史,论谏必中事理,未尝讦以为直。巡抚陕西时,有千户王圯者,为仇家所诬,坐极刑,累年不伸,舟至即得其情。④

管律在《(嘉靖)宁夏新志》中记载:"(徐舟)监察御史,山东曹州人,成化十四年来决囚。"⑤根据徐舟入仕时间及任官情况主要集中在成化年间,那么,其著《律法详明》大体在此时间段。

---

① ［明］黄虞稷:《千顷堂书目》卷十。
② ［清］万斯同:《明史》卷一百三十四《艺文志二》。
③ ［明］黄虞稷:《千顷堂书目》卷八。
④ ［明］凌迪知:《万姓统谱》卷七。
⑤ ［明］杨守礼修,［明］管律纂:《(嘉靖)宁夏新志》卷二《朝使》,明嘉靖十九年刻本。

四、《会定见行律》一百零八条

佚名撰

《昭代典则》记载，成化十五年（1479 年）闰十月，南院右都御史王恕奏言：

> 近在京书坊刊行《大明律》后，有《会定见行律》一百八条，不知何时会定者。在内法官老于刑名者，必不依此比附，但恐流传四方，未免有误新进之士。略举其《兵律》"多支廪给"条及《刑律》"骂制使及本管长官"条，皆轻重失伦，不可行于天下，乞以其极毁之。至是，法司会议，宜以恕言。通行内外法官，自后断罪悉依《大明律》，并奏准见行事例，敢有再称会定律条比拟出入人罪者，以故出入人罪论。仍行书坊，即将所刻本烧毁。违者，并治以罪。从之。①

北京书坊刻《大明律》后，附入《会定见行律》一百零八条。《会定见行律》在《兵律》《刑律》等有关律条解释上比附有出入，导致失轻失重。南京都察院右都御史王恕奏言之，经法司会议讨论，并奉皇帝批准，毁书、毁版。

明人王圻在《续文献通考》中亦言及此事，但时间误记为"宣德十五年闰十月"②，而清人张英在《渊鉴类函》中犯了同样的错误。③ 沈家

---

① ［明］黄光升：《昭代典则》卷二十《宪宗》，明万历二十八年周日校万卷楼刻本。
② ［明］王圻：《续文献通考》卷一百六十八《刑考》。
③ ［清］张英：《渊鉴类函》卷一百四十七《政术部二十六》，清文渊阁四库全书本。

本在《历代刑法考》中对《会定见行律》作了按语："既非奏定之律,何以刻入官书,相率遵用,殊不可解,或别有缘因,不便形诸奏牍欤。"①对沈家本的疑问,可以这样认为,即《会定见行律》乃是私家律学著作,坊刻时附于《大明律》后,但水平不高,出现了一些错误,而且所用之书名,犯了朝廷大忌,最后被焚书毁版。

五、《大明律分类条目》四卷

陈廷琏撰

明代藏书家朱睦㮮在《万卷堂书目》中载:《大明律分类条目》,四卷。②《千顷堂书目》有"陈廷琏《大明律分类条目》四卷"③,《明史》记载同。④《国史经籍志》有:"《大明律分类条目》四卷(小注:陈廷琏)。"⑤在明初叶盛的《菉竹堂稿》中也为《大明律分类条目》。⑥ 叶盛在《书〈大明律分类条目〉后》中记载:"此书出高皇帝所命治教之心,至夫令有刻本在大同,但为妄人,节改何广《〈律解辨疑〉序》实之,于首宜去之。"⑦今以此为据,定书名为《大明律分类条目》。

《大明律分类条目》无存。至于其成书时间,可从作者陈廷琏大略推知。《楚纪》记载:陈廷琏,字宗器,攸县人,成化二年(1466年)进士⑧,成

①　[清]沈家本:《历代刑法考》律令九《会定见行律》,第 1137 页。
②　[明]朱睦㮮:《万卷堂书目》卷二。
③　[明]黄虞稷:《千顷堂书目》卷十。
④　[清]张廷玉等:《明史》卷九十七《艺文二》,第 2399 页。
⑤　[明]焦竑辑:《国史经籍志》卷三《史类》。
⑥　[明]叶盛:《菉竹堂稿》卷八,稿本补配清抄本。
⑦　[明]叶盛:《菉竹堂稿》卷八。
⑧　[明]廖道南:《楚纪》卷四十二《考履内纪后篇》,明嘉靖二十五年何城李桂刻本。

化中任徐州知州①,后迁南京刑部员外郎,在成化二十一(1485 年)②至
二十三年(1487 年)③曾任延平知府,在弘治元年(1488 年)改任江西广
信知府。④ 从其任官经历看,主要集中在宪宗成化至孝宗弘治年间,
《大明律分类条目》可能成书于此时。

六、《集解》

杨简撰

陈省辑刻的《〈大明律例附解〉后序》中提道:"余姚杨简氏《集
解》……有互相发明补所未备者。"⑤根据陈省所言,余姚杨简撰《集
解》。王圻在《续文献通考》中曾言《律解辩疑》为余姚杨简著⑥,与王
圻同时代稍后的明代目录学家陈第在《世善堂藏书目录》中亦有:
"《律解辨疑》一卷(小注:杨简)。"⑦但两者所言是否同一人,还有待
考证。

杨简,浙江余姚人,成化二十二年(1486 年)举人⑧,弘治六年

---

① 《明宪宗实录》卷一百一十七,"成化九年六月癸未"条。
② [明]陈能修,[明]郑庆云、辛绍佐纂:《(嘉靖)延平府志》,《官师志》卷二,明嘉靖刻本。
③ [明]陈能修,[明]郑庆云、辛绍佐纂:《(嘉靖)延平府志》,《公署志》卷一。
④ [明]陈能修,[明]郑庆云、辛绍佐纂:《(嘉靖)延平府志》,《官师志》卷二。
⑤ [清]薛允升:《唐明律合编》之[明]陈省:《恭书律例附解后》,民国十一年徐世昌退耕堂刻本。
⑥ [明]王圻:《续文献通考》卷一百七十八《经籍考》。
⑦ [明]陈第:《世善堂藏书目录》卷上。
⑧ [清]李卫、嵇曾筠等修,[清]沈翼机、傅王露等纂:《(雍正)浙江通志》卷一百三十一《选举九》。

（1470 年）进士①，曾任知县②、知府③。从材料看，杨简生活于成化、弘治前后，则《集解》亦可能在此时期完成。

七、《大明律讲解》三十卷

辑者不详

《大明律讲解》，三十卷，无序，原刊印者及刊印年份不详。《中国律学文献》（第一辑第四册）收录了佚名撰，朝鲜光武七年（1903 年）法部奉旨印颁的活字印本。日本尊经阁文库所藏也为此刻本。在台湾"中央图书馆"藏一部，据黄彰健介绍，此刊本末题"庚午初夏，箕营新刊"。④ 据其考证，庚午应为明武宗正德五年（1510 年）。本书在参考《辩疑》（主要参考书）和《解颐》《律条疏议》等诸家注解的基础上，阐述自己的见解。

八、《律学解颐》一卷

曾思敬撰

该书未存于世。

《万卷堂书目》载"《律学解颐》一册"，不著撰人。⑤《（正德）建昌

---

①　[明]张朝瑞：《皇明贡举考》卷五。
②　[明]管大勋修，[明]刘松纂：《（隆庆）临江府志》卷五《官师》。
③　[清]李卫、嵇曾筠等修，[清]沈翼机、傅王露等纂：《（雍正）浙江通志》卷一百三十一《选举九》。
④　黄彰健：《明代律例汇编》（上），《〈明代律例汇编〉序》，第 19 页。
⑤　[明]朱睦㮮：《万卷堂书目》卷二。

府志》记载：《律学解颐》为曾思敬著。①《（正德）建昌府志》刊刻于正德十二年（1517 年），则《律学解颐》成书于正德十二年前。《律学解颐》乃明代私家律学著作中的上乘之作，常被其他律学著作所征引。譬如《大明律直引》中就多次引用。在《职制》"滥设官吏"条引《解颐》进行解释："律中有'规避''窥避'二字不同者，因初颁之律为'窥避'，续降之时为'规避'，不知因何而改，不敢妄议也。"②在《职制》"奸党"条引《解颐》："奸者，奸回之律；党者，朋党之人。"③在《职制》"交结近侍官员"、《户律》"男女婚姻"、《刑律》"造妖书妖言"条等多有引用。

《（道光）济南府志》载："曾思敬，德州人，以子清封御史。"④其他事迹待考。

九、《大明律解附例》三十卷

胡琼撰

胡琼撰《大明律解附例》三十卷，《明史》及众目录学著作多不载。成书于嘉靖年间的《法缀》曾言：《律条附例》，胡琼撰。⑤ 沈家本在《历代刑法考》中言：天一阁藏胡琼《律解附例》四卷⑥，为残本。中

---

① ［明］夏良胜纂修；《（正德）建昌府志》卷八《典籍》，明正德十二年刻本。
② 《大明律直引》卷二，"滥设官吏"，载杨一凡编：《中国律学文献》（第三辑第一册），黑龙江人民出版社 2006 年版，第 109 页。
③ 《大明律直引》卷二，"奸党"，载杨一凡编：《中国律学文献》（第三辑第一册），第 119 页。
④ ［清］王赠芳、王镇修，［清］成瓘、冷烜纂：《（道光）济南府志》卷四十一《选举三》，清道光二十年刻本。
⑤ ［明］唐枢：《法缀》之"律条附例"条，载杨一凡编：《中国律学文献》（第一辑第四册），第 709 页。
⑥ ［清］沈家本：《历代刑法考》律令九《明志刑法类所录书》，第 1154 页。

国国家图书馆藏有《大明律集解》(书内题作《律解附例》)三十卷,监察御史臣胡琼集解。国图本的《大明律集解》就是《法缀》所言的《律条附例》。

在中国国家图书馆藏胡琼集解的《大明律集解》,书末有正德十六年(1521年)作者《〈律解附例〉序》和同年云南巡抚何孟春所作之《书九峰胡侍御〈律解〉后》。此书刊刻于正德十六年,应当无疑问,但此书何时撰成,我们还要考证胡琼的生平。胡琼,《明史》有传:"字国华,南平人。正德六年(1511年)进士。由慈溪知县入为御史。历按贵州、浙江有声。哭谏,受杖卒。"①《大明律解附例》是胡琼巡按贵州时为方便胥吏传写讲读律令而写成的。② 据《西园闻见录》记载,胡琼于正德十三年(1518年)巡按贵州。③ 又据《明世宗实录》记载,正德十六年胡琼仍为巡按。④ 又据正德十六年仲春作者《〈律解附例〉序》和同年十一月云南巡抚何孟春所作之《书九峰胡侍御〈律解〉后》知,此书是在正德十三年至正德十六年写成。

明代律书,律与例合刊,这是现存最早的一部,此书除弘治十三年(1500年)《问刑条例》外,还混编弘治十三年至正德年间的例,与世宗颁发即位诏相违背。根据何孟春所作《书九峰胡侍御〈律解〉后》考察,此跋写于正德十六年十一月,世宗即位诏已颁发,从常理判断,胡琼在世宗即位诏颁发后,不会将弘治十三年《问刑条例》和以后的例相混杂编排,不加区别地列入其书中。一种可能的解释是,在世宗即位诏颁发后,此书已经写成、刊刻,不能改动,从而造成弘治十三年后及至正德年间的例混编的情况。

---

①　[清]张廷玉等:《明史》卷一百九十二《胡琼传》,第5101页。
②　[明]胡琼:《〈律解附例〉序》,载《大明律解附例》,明正德十六年刻本。
③　[明]张萱:《西园闻见录》卷一百零六《杂编》,民国二十九年哈佛燕京学社印本。
④　《明世宗实录》卷九,"正德十六年十二月丙申"条。

关于《大明律解附例》的版本,根据《古今书刻》可知,贵州布政司于贵阳初刻,题名为《律解附例》。① 张伟仁在《中国法制史书目》中有胡琼撰《大明律解附例》,为日本尊经阁文库藏本。此刻本在书前有明武宗正德十六年(1521年)郴州何孟春所作之《书九峰胡侍御〈律解〉后》。② 黄彰健在《明代律例汇编》言:"《大明律》三十卷。明监察御史胡琼集解。日本尊经阁文库藏明世宗正德十六年胡氏贵阳刊本。"③两者书名有异。笔者在中国国家图书馆所见的微缩胶卷,题名为《大明律集解》,明胡琼撰,正德十六年刻本,但作者的《〈律解附例〉序》和何孟春所作的《书九峰胡侍御〈律解〉后》附在书末,此则日本尊经阁文库藏本与中国国家图书馆藏本有所不同。

此书多次刊刻。从书名多变的情况看,应是重刻时更名。此书在初刻后,有多次改动、翻刻。所改动的内容,多集中在"例",从《法缀》之"律条附例"条确知:

> 是集胡侍御琼为之。既易观检,且能著详意义,于法家颇称便。但成于正德末年,而嘉靖后续补例不及载。然事每兴,于所不足,是时,司刑者渐有流,而为假借,为罗织。故正士每加情,其间亦孰知纪胲愈明,而可假、可织,反资祛筐者之计哉! 时作者无虑十数家。④

从《法缀》记载可知,到嘉靖、万历年间,对《大明律解附例》重修者达到

---

① [明]周弘祖:《古今书刻》(上编),载《百川书志·古今书刻》,第392页。
② 张伟仁主编:《中国法制史书目》,第17页。
③ 黄彰健:《明代律例汇编》(上),《明代律例刊本抄本知见书目》,第117页。
④ [明]唐枢:《法缀》之"律条附例"条,载杨一凡编:《中国律学文献》(第一辑第四册),第709—710页。

十余家,而胡效才为此书注解十余家中的一家。《百川书志》有:《大明律解附例》三十一卷,御史胡琼、胡效才集解。① 据《(光绪)重修安徽通志》言:"胡效才,字用甫,桐城人。嘉靖乙丑(八年,1529 年)进士。"②此书是胡琼集解,而由胡效才于嘉靖年间增附。胡效才增附本卷一卷端题"巡按浙江监察御史臣胡琼集解,巡按河南监察御史臣胡效才增附"。查《明世宗实录》卷一百"嘉靖八年四月己卯"条和卷一百一十三"嘉靖九年五月癸卯"条知:胡效才在嘉靖八年至九年为巡按河南监察御史,则此书应在此时期增附。此书存于日本蓬左文库,为明嘉靖刊本,书名改为《大明律》。③ 又据《日藏汉籍善本书录》载:在尊经阁文库有藏,共八册。并言蓬左文库藏本为四册。④

第三节　嘉靖—崇祯时期的私家律学著作

嘉靖—万历时期,皇帝常疏于朝政,宦官仍在专权,但内阁的权力增大,形成了与宦官对抗的力量。此时期内阁内部的争斗异常激烈,从而导致了内阁首辅专权的弊端。此时期官吏贪腐日趋严重,吏治更加腐败。在嘉靖—万历时期,内乱不断,外乱频出,财政日益贫乏,出现了严重的经济危机。此时,封建经济继续发展,新的生产关系出现。所有这些,都需要对《大明律》及《问刑条例》进行解释,以求律例更好地适用于社会。在思想文化上,致力于改良社会的东林党人,反对空谈性

---

①　[明]高儒:《百川书志》卷五《史》,载《百川书志·古今书刻》,第 75 页。

②　[清]吴坤修、沈葆桢修,[清]何绍基、杨沂孙纂:《(光绪)安徽通志》卷二百三十四《人物志》,清光绪四年刻本。

③　黄彰健:《明代律例汇编》(上),《明代律例刊本抄本知见书目》,第 117 页。

④　严绍璗编著:《日藏汉籍善本书录》(上册),第 680 页。

命,主张经世致用。明代私家律学深受经世致用的学风的影响。这一时期强调实用的司法应用派著作大量出现,从而对问刑官审断案件起到指导作用。

在嘉靖—万历时期,除了辑注类、司法应用类私家律著大量存世,还出现了便览类、歌诀类、图表类私家律著①,其对清代律著有重要影响,但其数量比清代逊色。本论著大体按照时间与类别排列,录而考释之。

一、《读律肤见》

陈器撰

此书未存于世。《(雍正)浙江通志》载:"《读律肤见》(《台州府志》陈器著)。"②《读律肤见》可能是作者读律所记录的心得,作者自谦为"肤见"。

陈器,正德甲戌(九年,1514年)进士,初仕于嘉靖朝不远,其注律约在嘉靖年间。

二、《大明律直引》

辑者不详

《天一阁书目》记载:"《大明律直引》五卷(明洪武三十年御

---

①　部分私家律著及部分存目无成书时间、作者等信息的记载,但赖其律例合编的体例、所征引的文献与明代目录学著作的成书年代可大体确定这些私家律著应成书于嘉靖—万历年间,在此也一并著录。

②　[清]李卫、嵇曾筠等修,[清]沈翼机、傅王露等纂:《(雍正)浙江通志》二百四十四《经籍四》。

制序）。"①

《中国律学文献》(第三辑第一册)影印的《大明律直引》,卷首有洪武三十年(1397 年)五月《御制大明律直引序》②和刘惟谦《进大明律表》。卷一至卷七题为《大明律直引增注比附条例释意假如》,卷八题为《大明律直引为政规模节要比互假如论》。《大明律直引》卷一至卷七除载《大明律》外,还将《问刑条例》和相应注释附于有关律条后。《大明律直引》没有将《(弘治)问刑条例》与后续增的例加以区分,但将某例附于某律之后,这与《律疏附例》不同。据杨一凡考证:

> 与现见的明代《问刑条例》勘对,可知《大明律直引》所附条例,系弘治《问刑条例》和弘治十三年(1500 年)后续定的例、比附律条混编而成。其中名例律附续定例 4 条,吏律附比附律条 1 条,户律附续定例 5 条、比附律条 2 条,礼律附比附律条 1 条,兵律附续定例 4 条、比附律条 1 条,刑律附续定例 19 条、比附律条 36 条,工律附续定例 3 条。总共附续定例 35 条,附比附律条 41 条。这76 条法律,是研究明代比附律条和弘治《问刑条例》颁行后刑事法律制定情况的宝贵资料。③

此书成书时间和版本,明人沈一贯在《喙鸣诗文集》中曾记载:"(洪武)三十年而有《大明律直引》。直引者,攫摭《大诰》诸条次之

---

① ［明］范邦甸:《天一阁书目》卷二之二《史部》。
② 《御制大明律直引序》,实为《御制大明律序》的误刻。
③ 杨一凡:《明代中后期重要条例版本略述》,《法学研究》1994 年第 3 期。

律,以为世守者也。"①按照《大明律直引》所征引的例来看,沈一贯的记载是错误的。张伟仁在《中国法制史书目》中言日本尊经阁文库藏本为"明丙戌年原刊,刊印者及刊印确年不详"②。《中国律学文献》(第三辑第一册)收录的为日本尊经阁文库藏本,杨一凡认为此为嘉靖丙戌(五年,1526 年)本,"该书字体稚拙,舛错疏漏遍布全书,疑为民间书坊刻本"③。此外,根据《古今书刻》的记载,太医院还曾刊刻《大明律直引》④,惜未留存。

三、《大明律读法书》三十卷

孙存撰

《国史经籍志》载"《大明读律法书》□□卷(小注:孙存)"⑤,卷数佚。《明史》记载为"孙存《大明律读法书》三十卷"⑥,《千顷堂书目》同⑦,而《石匮书》则为十卷⑧。

该书初刻于嘉靖十一年(1532 年),未留存于世。

《大明律读法书》内容,根据《明世宗实录》的记载:

> 丙申,湖广荆州府知府孙存上所集刊《大明律读法书》。首大

---

①　[明]沈一贯:《喙鸣文集》卷六《论·法行》,明末刻本。
②　张伟仁主编:《中国法制史书目》,第 25 页。
③　杨一凡:《明代稀见法律典籍版本考略》,载杨一凡主编:《中国法制史考证》甲编第六卷《历代法考·明代法制考》,第 356 页。
④　[明]周弘祖:《古今书刻》(上编),载《百川书志·古今书刻》,第 326 页。
⑤　[明]焦竑辑:《国史经籍志》卷三《史类》。
⑥　[明]张廷玉等:《明史》卷九十七《艺文二》,第 2399 页。
⑦　[明]黄虞稷:《千顷堂书目》卷十。
⑧　[明]张岱:《石匮书》卷三十七《艺文志》,稿本补配清抄本。

书律文,次特书御制诸书于律有所发明者,次附书钦定条例,次分注细书诸家注解与《正德新例》法司见行事件。书进。①

万历年间,张萱在《西园闻见录》中有更详细的记载:

> 孙方伯存……于是更取律之全文,大书于前。凡御制诸书,若《大明令》、《大诰》三篇及《会典》,于律有互相发者,特书。次之,钦准条例分类附书。又次之,诸家注解节取其要,与《正德新例》法司见行诸比可备参考者,皆细书分注,为三十卷。题曰:《大明律读法》。以上自为序,其略云:"《大明律读法》者,读《大明律法》也。"……其书虽未公行,至今司刑者窃以为便。②

该书所记的《正德新例》为未经制颁之例,皇帝由此治罪孙存。该内容在《国朝典汇》中有记载:"上以《大明律》乃圣祖钦定,孙存等乃敢擅自增释,辄行刊刻,以紊成典,诏下都察院参看,乃逮存。同知李章、通判吴望、推官朱薜等下巡按御史问,书、板毁之。"③

从上述材料可知:孙存以《大明律》为中心,将《大明令》《大诰》《会典》和条例附于相关内容后,并参考其他注律家的注解写成。世宗皇帝认为,《大明律》为圣祖亲定,孙存在注律时擅自将《正德新例》等

---

① 《明世宗实录》卷一百三十七,"嘉靖十一年四月丙申"条。
② [明]张萱:《西园闻见录》卷八十四《刑部一》。与此有相似记载的还有明人焦竑的《国朝献征录》(卷九十二《河南一》)著录:"凡御制诸书,若《大明令》、《大诰》三编及《会典》于律有互相发者,特书。次之,钦准条例分类附书。又次之,诸家注解节取其要,与《正德新例》法司见行诸比可备参考者,皆细书分注。为三十卷,题曰:《大明律读法》。以上自为序,其略云:'《大明律读法》者,读《大明律法》也。'"清人万斯同《明史》卷一百二十六记载:"(嘉靖十一年四月)初,嘉靖间,荆州知府孙存集刊《大明律读法》,兼诸家注解与《正德新例》法司见行事件。上之,帝览之,弗悦也。命罪之,而毁其板。"
③ [明]徐学聚:《国朝典汇》卷一百八十一《刑部三》,明天启四年徐与参刻本。

著录,这与嘉靖即位诏相冲突。因为例上升为法典,必须由皇帝发布制敕,组成修例班子,对不同时期的例进行整理,找出一些具有共性的例,然后上奏皇帝,由皇帝制颁,例才生效。孙存所引用的《正德新例》,则未经此程序,所以这些例是非法收集的,孙存由此被治罪,书、板被毁。该书虽不能公开发行,但其在当时并未绝迹,直到万历年间仍私下流传。张萱在万历年间撰写的《西园闻见录》曾记载:"其书虽未公行,至今司刑者窃以为便。"①从张萱的记载看,《大明律读法书》曾私下流传,还得到问刑者的认可,如范永銮将此书改为《大明律》后重刊。

至于范永銮重刊该书的时间,可通过《大明律》卷一卷端"江西等处承宣布政使司左参政今升河南按察使范永銮重刊"②考释。考《明世宗实录》卷一百五十二"嘉靖十二年七月乙巳"条记载:"升江西左参政范永銮为河南按察使。"从《明世宗实录》等文献的记载看,因《大明律读法书》为官方所禁止,私藏是违法行为,故私藏是有一定风险的,这影响了此书的刊刻和传播,导致《大明律读法书》原刻本未能留存于世。该书因精当的解释,得到普遍的认可。范永銮在嘉靖十二年(1533年)后以更改书名、隐匿作者及适度修改的方式将该书重刊于江西官署,此后得以流传。

范永銮所刻的《大明律》三十卷,卷首有《大明律读法凡例》,现将《大明律读法凡例》照录:

　　　　此书以《大明律》为主而附以见行条例,俱备录全文,一字不

①　[明]张萱:《西园闻见录》卷八十四《刑部一》。
②　[明]范永銮重刊:《大明律》卷一,嘉靖年间刻本,载《续修四库全书》编委会编:《续修四库全书》(第862册),上海古籍出版社2002年版,第382页。

刊其旧。本例或误附者、重出者，俱改正。

凡国朝御制如《大诰》等书，凡有关于刑名者俱引载律条之后，互相发明，仍以本书名冠之。

正德新例虽奉诏停止，中间有题行于弘治十八年以前者，以后续例亦有可以遵行不悖者，今俱小书分注于各条之下，以备参酌。其新旧例之重出当互见者，亦注其后，曰某例见某条下，总曰：附考。

嘉靖元年以后法司所议，我皇上所定，著于令甲者，皆大书于弘治条例之后，表曰：嘉靖新例。

凡解律诸书，人所易晓者，不复重出，惟隐奥难知者，各采择简明数语，随律分注，标曰：集解。①

从《大明律读法凡例》记载看，其和《西园闻见录》的记载大体相同。②

沈家本见到的范永銮所刻《大明律》，是董绶金郎中在日本购买而转卖于沈家本的。③　范氏认为：

卷首载"大明律读法"，凡例内称，分注弘治后续例及新旧例之当互见者曰"附考"，采解律诸书简明数语曰"集解"，录嘉靖元年以后所议定之例曰"嘉靖新例"。又载引用书目有《皇明祖训大诰》《大明令》《卧碑》《宪纲》《会典》诸书。核诸各卷中，体例、书名一一符合。每类目录之前列"江西等处承宣布政使左参政今升河南按察使臣范永銮重刊"二行。是此书刊于江西官署，为范重

①　［明］范永銮刻：《大明律》"凡例"，载《续修四库全书》（第862册），第381页。
②　［明］张萱：《西园闻见录》卷八十四《刑部一》。
③　［清］沈家本：《寄簃文存》卷七《范永銮重刊大明律跋》，载《历代刑法考》，第2261页。

刊之本,而非范自著之书也。①

沈氏进一步说明,此书不是范永銮著。

> 《明史·艺文志》载范永銮《大明律例》三十卷,孙存《大明律
> 读法书》三十卷,分为二书,似范别一著书之人。然此书衔名之下
> 既自署曰重刊,其为旧有此书而非范所自著毫无疑义。若范果有
> 自著之书,何必重刊他人之书,恐《明志》误也。惟此书中不见孙
> 存之名,殊不可解。明人刊书,最无义例,况为官署刊行者,重刊他
> 人之书而不署他人之名,此种习气恐不能免。②

不仅《明史》将两书分列,《千顷堂书目》也如此。③ 在此,沈氏只言此
书不是范永銮所撰,但在《寄簃文存》卷七《律疏附例跋》中曾言:"明
人刻书,卤莽灭裂,如《大明律读法》为孙存所撰,而范永銮刻本不著
孙存之名,此其比也。"④明确说明范永銮所刻的《大明律》就是孙存的
《大明律读法书》,黄彰健也同意沈氏的观点。⑤ 以下将众律著所引的
《大明律读法书》27 条与范永銮重刊的《大明律》进行对照来印证(见
表 2-1)。

---

① 〔清〕沈家本:《寄簃文存》卷七《范永銮重刊大明律跋》,载《历代刑法考》,第
2261—2262 页。
② 〔清〕沈家本:《寄簃文存》卷七《范永銮重刊大明律跋》,载《历代刑法考》,第
2262 页。
③ 〔明〕黄虞稷:《千顷堂书目》卷十。
④ 〔清〕沈家本:《寄簃文存》卷七《律疏附例跋》,载《历代刑法考》,第 2266 页。
⑤ 黄彰健:《明代律例汇编》(上),《〈明代律例汇编〉序》,第 24 页。

表 2—1　范永銮重刊《大明律》与其他律学著作所辑《大明律读法》书》内容对照表

	目录	范书之内容①	其他律学著作所引《读法》内容	出处	对照
1	卷一"犯罪得累减"	"缺员及裁减者，照全如数递减，不作设者，添设数。"（第395页）	"《管见》曰：按《读法》，缺员及裁减者，照全如数递减；添设者，不作数。"②	《大明律例》卷一"犯罪得累减"	同
2	卷一"杀害军人"	"抵数只终本身，以后后据就军户勾补。处死，各据所犯本律，此是杀无罪者。若有些小罪过，便不抵充。"（第410页）	"《管见》曰：按《读法》，此谓杀无罪者。若有罪者，便不抵充。"（第222页）	《大明律例》卷一"杀害军人"	相似
3	卷一"犯罪共逃"	"谋反，逆叛，缌麻以上，亲捕送者，仍依捕首律论。"（第407页）	引《读法》："谋反，逆叛，缌麻以上，亲捕送，依捕首律论。"	光绪三十四年刻《明律集解附例》卷一《名例律》"犯罪共逃"	同

① 范永銮重刊：《大明律》，载《续修四库全书》（第862册）。

② 张伯元：《陆東〈读律管见〉辑考》，第221页。以下所征引的《大明律例》，是张伯元《陆東〈读律管见〉辑考》中附录的《大明律例》隆庆刻本和万历六年王藻刻本。张伯元在辑录《读律管见》时，《读律管见》还征引了《读法》，本论著将其辑出。以下未作特别说明者，《大明律例》就是张伯元《陆東〈读律管见〉辑考》中所辑录的。

（续表）

	目录	范书之内容	其他律学著作所引《读法》内容	出处	对照
4	卷三"事应奏不奏"	"朦胧奏准未行者,以奏事不实行论。有规避及得财者,以不枉法论。因而动事曲法,以枉法从重论。"（第436页）	"《管见》曰:按《读法》朦胧奏准未行者,以奏事不实行论。有规避及得财者,以不枉法论。因而动事曲法,以枉法从重论。"（第223页）	《大明律例》卷三"事应奏不奏"	同
5	卷五"盗卖田宅"	"次节言强占,比首节情重,故不以亩数定罪。前之田宅不言强占,后之山场等不言侵占,亦互见之。有犯则互比,上诸可也。"（第456页）	"《管见》曰:……《读法》谓两节互见之,有犯当互比是也。"（第224—225页）	《大明律例》卷五"盗卖田宅"	意思似,后对前加以概括。
6	卷八"匿税"	"旧制,府州县城门外各置引帖。如有客商物货收验人城,先吊引帖照验与引不合货物,如见在货物号引不合者送问。若不吊引,是匿税也。"（第480页）	"《管见》曰:按《读法》旧制,府州城门外各置引帖。如有客商物货人城,先吊引帖照验与引不合客商物货收验。如见在货物号引不合者送同。若不吊引,是匿税也。"（第227页）	《大明律例》卷八"匿税"	同,只是个别字不同。前之府州县,后为府州。
7	卷十三"直行御道"	"在外海门龙亭已设,仪仗亦准直行御道律科。"（第501页）	"《管见》曰:按《读法》,在外衙门陈设龙亭仪仗有犯者,当依此科断是已。"（第227页）	《大明律例》卷十四"直行御道"	意思似

（续表）

	目录	范书之内容	其他律学著作所引《读法》内容	出处	对照
8	卷十四"从征违期"	"故自伤残之人或笃废收赎，勾壮下起发。"（第508页）	"《管见》曰：按《读法》，故自伤残疾（成）废笃疾者，依律收赎。勾壮丁起发。"（第228页）	《大明律例》卷十四"从征违期"	意思似
9	卷十四"从征违期"	"伤残之人或成废，笃者，依律收赎，勾壮下起发。"（第508页）	引《读法》："若伤残至不堪出征，仍选本户壮丁充补，令其出征。"①	《读例存疑》卷二十一"从征违期"	意思似
10	卷十四"激变良民"	"若不曾失陷城池或激变军人反叛者，比依守御官兵无力致有反叛律，杖一百，追夺，发边远充军。上请。"（第513页）	"《管见》曰：按《读法》，若不曾失陷城池或激变军人反叛者，比依守御官抚驭无方致有所部军反叛律，杖一百，追夺，发边远充军，可备引用。"（第228页）	《大明律例》卷十四"激变良民"	同，后错一字，漏一字。
11	卷十六"私借官畜产"	"雇赁钱不得过其本价；借官畜者论。在场公然牵去者，依常人盗论。"（第529页）	"《管见》曰：按《读法》，借官钱不得过其本价，借官畜物死，依毁弃官物论。在场公然牵去者，依常人盗论。"（第229页）	《大明律例》卷十六"私借官畜产"	似

---

① 胡星桥、邓又天主编：《读例存疑点注》，中国人民公安大学出版社1994年版，第332页。

（续表）

	目录	范书之内容	其他律学著作所引《读法》内容	出处	对照
12	卷八"盗园陵树木"	"此是皇家陵寝也。伐而未驮去依盗已未论。"（第542页）	"《管见》曰：若已伐而未驮载者，《读法》以盗论是已。"（第230页）	《大明律例》卷十八"盗园陵树木"	似
13	卷十八"夜无故杀人家"	"有故夜人，不曾扬声以过失杀伤论。"（第553页）	"《管见》曰：按《读法》，有故而入人，不曾扬声以致杀伤者，依过失杀伤论。可从。"（第231页）	《大明律例》卷十八"夜无故杀人家"	意思似，后对前展开。
14	卷十九《刑律二·人命》"谋杀人"	"下手之人。"（第555页）	引《读法》对"加功"之解释为"下手之人"。	《大明律集说附例》卷六《刑律·人命》"谋杀"条	同
15	卷十九"谋杀人"	"加功还是助力下手之人。若在场丁望、喝采，盖推通、恐吓，只作同谋，'功'字照'杀'字看，谋者不必亲杀，致命则下手者。若以丁望、推通俱坐绞矣，此旧说之误也。"（第555页）	"《管见》曰：按《读法》，加功还是助力下手之人。若在场丁望、喝采、推通、恐吓，只作同谋，盖'功'字照'杀'字看，谋者不必亲杀，致命则下手加功者。若以丁望等项俱作加功，则恐百十人俱坐绞矣。此意明切可守。"（第231页）	《大明律例》卷十九"谋杀人"	意思似

（续表）

	目录	范书之内容	其他律学著作所引《读法》内容	出处	对照
16	卷十九"杀死奸夫"	"妻自杀夫，奸夫果知情，只作奸论。奸夫奔走而逐杀之，止同不应；已离奸所奔走而拘捕，依本夫之外拘捕及亲属得捕捉，不以凡人论。惟外人非应捕者，方以凡论。"（第556页）	"《管见》曰：律止言奸夫。自杀其夫，奸夫不知情，绞。然亦有奸妇自以别故杀夫，奸夫实不知情者，妇有正律，凌迟处死；奸夫但拟奸罪可也。若奸夫奔走而逐杀之，同不应；奸夫奔走而拘捕，依本夫外同居及亲属皆得捕捉；惟外人非应捕者，可以凡人论。此议出《读法》，可补律之未备。"（第232页）	《大明律例》卷十九"杀死奸夫"	意恐似
17	卷十九"杀一家三人"	"一家同居不限工人籍之同异，及奴仆、雇工人俱是。若不同居，果系父子，兄弟至亲亦是。……若将通一家三人先后杀死，则通论。……若本谋杀三人，而行者杀三人；不行之人造意者斩。非造意者减行者一等论。仍从临时注意杀三人者为首。"（第557页）	"《管见》曰：按《读法》，三人若不同居，果系父子，兄弟至亲亦是。又曰，若将一家三人先后杀死，则通论。若本谋杀三人，而行者杀三人；不行之人造意者，斩。非造意者减行者一等论，仍从临时注意杀三人者为首。可从。"（第232页）	《大明律例》卷十九"杀一家三人"	同。后对前节录。

（续表）

	目录	范书之内容	其他律学著作所引《读法》内容	出处	对照
18	卷十九"杀一家三人"	"若不同居,果系父子,兄弟亲至尊父是。……若将一家三人先后杀死,则通论。"（第557页）	"《管见》曰:按《读法》,'三人若不同居,果系父子,兄弟亲至尊父是。'又曰:'若将一家三人先后杀死,则通论。'"（法律出版社1999年版,第479页）	《唐律合编》卷十八"杀一家三人"条	同。后对前节录。
19	卷十九"戏杀误杀过失杀伤人"	"谓误杀卑幼至尊长,谋至尊卑幼,或误至尊,平人,俱以尊长论,若制使等项亦然。"（第559页）	引《读法》:"谓误杀卑幼及尊长,谋杀至尊长,谋杀尊卑幼,俱以尊长论,若制使等项亦然。"	《大明律集说附例》卷六《刑律·人命》"戏杀误杀过失杀伤人"条	同。个别字不同。
20	卷十九"弓箭伤人"条	"伤亲属尊长亦谓依凡人,名例所谓犯时不知也。"（第561页）	引《读法》:"谓若所伤系亲属,须依名例律,本应重罪而应轻犯时不知不应依凡人论,本坐从本法。"	《大明律集说附例》卷六《刑律·人命》"弓箭伤人"	后对前展开。
21	卷二十三"因公擅科敛"	"钱粮赏赐,如军粮,布花之类未散擅克,罪坐监守盗;已散复盗,罪坐此律。"（第587页）	"《管见》曰:按《读法》,钱粮赏赐,如军粮,布花之类未散擅克,罪坐监守盗;已散复盗,罪坐此律。"（第234页）	《大明律例》卷二十三"因公擅科敛"	同
22	卷二十"诈伪制书"	"将用印空纸虚捏他人文书,买嘱铺兵递送至各文书律。"（第589页）	说明"盗印"时曰:"将用印空纸铺捏他人文书,买嘱铺兵递送至害人,依投匿名文律。"	《大明律集说附例》卷七《刑律·诈伪》"诈伪制书"	同,个别字不同。

（续表）

	目录	范书之内容	其他律学著作所引《读法》内容	出处	对照
23	卷二十五"居丧及僧道犯奸"	"僧道无度牒者以凡论,仍尽私度律还俗。"（第597页）	《管见》曰:《读法》谓僧道无度牒者以凡论,仍尽私度律还俗。"（第235页）	《大明律例》卷二十五"居丧及僧道犯奸"	同
24	卷二十六《刑律·杂犯》"失火"条	"失火,不同伤人与致命,不论常人亲属,只杖一百,以其出于不意也。"（第600页）	引《读法》:"致伤人命,不论常人、亲属,只杖一百,以其出于不意也。"（第236页）	《大明律集说附例》卷八《刑律·杂犯·失火》	意思似。前言"伤人与致命",后言"致伤人命"。
25	卷二十七"罪人拘捕"	"不拘捕者不加等。"（第602页）	《管见》曰:"惟《集解》皆谓不拘捕者不加等"。（第236页）	《大明律例》卷二十七"罪人拘捕"	同
26	卷二十七"罪人拒捕"	"逃走不拒捕者不加等"（第602页）	"惟《会解》《读法》皆谓不拘捕者不加等"。（法律出版社1999年版,第756页）	薛允升《唐明律合编》卷二十八"罪人拒捕"	同
27	卷二十八"断罪引律令"	《读法》无解释（第619页）	《读法》所载:"本朝禁刑仍有正五月九日,闰月上下弦日,二十四气雨未霁,天未明,大祭享日。嘉靖四十五年题准,闰月不禁矣。"（第237页）	《大明律例》卷二十八"断罪引律令"	异

　　以上私家律学著作中所辑录 27 条《读法》的内容,与范永銮重刊的《大明律》相比较,绝大多数相同。还有一些意思相似,表述稍有不同,此乃其他私家律学著作间接引用,只是表达此意思,所以记录稍异。只有一条,即《大明律例》卷二十八"断罪引律令"所引用的《读法》内容,在范书中未见著录。考整部范刻《大明律》之"集解",皆无《大明律例》所载之此种说明性的记载,此与整个范刻《大明律》之"集解"风格不合。从此方面看,《大明律例》可能张冠李戴了。总之,根据以上比较,加之沈家本与黄彰健的判断,范氏所刻《大明律》就是孙存的《大明律读法书》。

四、《大明律释义》三十卷

应槚撰

　　明代目录学家晁瑮在《宝文堂书目》中言"《大明律释义》",不著卷数和撰人。① 明人徐象梅在《两浙名贤录》中同。② 万斯同《明史》载:应槚《大明律释义》三十卷,《谳狱程》,不著卷数。③《明史》亦有:"应槚《大明律释义》三十卷。"④

　　应槚针对问刑者用法错误的情况,曾提请朝廷将律与例统一注解。应槚曾上疏,请求官府对律文统一解释,但其意见未被采纳。⑤ 既然朝廷不肯统一注释律例,应槚自著《大明律释义》。《大明律释义》的写作目的,可从卷末作者"识"中了解。

---

① ［明］晁瑮:《宝文堂书目》卷下。
② ［明］徐象梅:《两浙名贤录》卷二十九《吏治》,明天启三年光碧堂刻本。
③ ［明］万斯同:《明史》卷一百三十四《艺文志二》。
④ ［明］张廷玉等:《明史》卷九十七《艺文二》,第 2399 页。
⑤ ［明］应槚:《谳狱稿》卷一《明律例以甦民命以隆圣治疏》。

　　　　　棣自丁亥备员法曹,幸无多事,而素性褊狭,不善应酬,乃得暇

　　日,究心于律文。每有所得,随条附记,积久成帙。大率本之《疏

　　义》《直引》诸书而参之以己意而已。迨后奉命录囚江南与历典诸

　　各郡,虽亦得力于此,然卒困于簿书,而此集弃已久矣。往岁过都

　　下,间有知此集欲得之者,因归而观之。窃谓一得之愚,或可少为

　　治狱之助。故于校士之暇,命工汇次誊写成书,以俟诸君子裁

　　正焉。①

应棣,性格偏狭,不善交流与应酬,所作所为常与世俗不合。但其久历
刑部,曾任刑部主事和刑部郎中,又久在地方任职,有丰富的司法实践
经验。他从嘉靖丁亥年(六年,1527 年)起已开始研究律文,经过十余
年的积累,在嘉靖二十二年(1543 年)六月在湖广提学副使任上终于完
成。② 与明代其他注释书不同的是,该书只引《大诰》,未附条例。《大
明律释义》没有注明其他注释书,但该书卷末作者"识"中曾言:"大率
本之《疏议》《直引》诸书而参之以己意而已。"通篇都以"释义"对律文
进行阐述。

　　《大明律释义》初刻于嘉靖二十二年(1543 年),未见传世。《中国
律学文献》(第二辑第一、二册)收录了嘉靖二十八年(1549 年)济南知
府李迁校正重刻本。日本尊经阁文库所藏为此版本。《续修四库全
书》第 863 册收录的为上海图书馆所藏的嘉靖三十一年(1552 年)广东
布政使司刻本。

---

　　①　[明]应棣:《大明律释义》卷末作者"识",明嘉靖二十八年济南知府李迁重刻本,
载杨一凡编:《中国律学文献》(第二辑第二册),黑龙江人民出版社 2005 年版,第 523 页。
　　②　[明]应棣:《大明律释义》卷末作者"识",载杨一凡编:《中国律学文献》(第二辑
第二册),第 524 页。

五、《注大明律例》二十卷

林兆珂撰

《明史》有林兆珂《注大明律例》二十卷①,万斯同《明史》同②。清人李清馥在《闽中理学渊源考》中载,林兆珂《注律例》二十卷③,当指《注大明律例》。

林兆珂,据《闽中理学渊源考》记载:字孟鸣,莆田人,万历二年(1574年)进士。历任蒙城知县、国子监助教、国子监博士、刑部主事、刑部员外郎、刑部尚书、廉州太守等职。从其经历看,主要生活在万历年间,其撰写《注大明律例》大约在此期间。④

该书未见留存。

六、《大明律例》三十一卷

汪宗元重刻

笔者未睹此书。据张伟仁的《中国法制史书目》记载,汪宗元辑《大明律例》三十一卷,书后有世宗嘉靖三十三年(1554年)潘恩跋。同年江西布政使司刊印。此书藏于"中央研究院"历史语言研究所傅斯年图书馆。⑤ 另据黄彰健介绍:此本为嘉靖三十三年江西布政使汪宗

①　[清]张廷玉等:《明史》卷九十七《艺文二》,第 2399 页。
②　[清]万斯同:《明史》卷一百三十四《艺文志二》。
③　[清]李清馥:《闽中理学渊源考》卷五十六,清文渊阁四库全书本。
④　[清]李清馥:《闽中理学渊源考》卷五十六。
⑤　张伟仁主编:《中国法制史书目》,第 18 页。

元、潘恩重刊本。① 据黄彰健考证:汪宗元在嘉靖三十三年重刊《大明律例》时,所用例为《(嘉靖)问刑条例》。黄氏征引汪氏重刊本《大明律例》的"凡例","此书以《大明律》为主,而附以见行条例。俱备录全文,一字不改。其旧本例或误附者、重出者,俱改正"。② 黄氏根据《大明律例》的内容对"凡例"作了评价:"汪本所附例的确未有重出的。他认为旧本例或误附,而他所附的例却未尊重单刻本原有次序。单刻本名例律既已注明某条应附某例,而汪本所附即与单刻本不合。"③据黄彰健介绍:汪宗元重刻本《大明律例》将邗江书院《大明律例附解》所附的《律解附例》《直引增例》《读法附考增例》及《备考新例》取消,这是较蓬左文库本、松坡图书馆本、日本东京大学东方文化研究本、象山书舍重刊本《大明律例附解》科学、进步的地方。④

七、《大明律例》三十卷

陈省刻

王重民在《中国善本书体要补编》中曾介绍陈省在隆庆年间刊刻《大明律例》。王氏将书名定为《大明律例附解》,有三十卷,附录一卷,十四册,藏于北平图书馆。王氏介绍:

> 原题:"巡按湖广监察御史臣陈省校梓。"……是书有隆度元
> 年陈省所撰后序,犹题"巡按湖广监察御史",殆以始纂于湖广任

---

① 黄彰健:《明代律例汇编》(上),《明代律例刊本抄本知见书目》,第119页。
② 黄彰健:《明代律例汇编》(上),《〈明代律例汇编〉序》,第33页。
③ 黄彰健:《明代律例汇编》(上),《〈明代律例汇编〉序》,第33页。
④ 黄彰健:《明代律例汇编》(上),《〈明代律例汇编〉序》,第34页。

内,而刻成于隆庆元年欤? 后序有云:"二百年来,臣下往往以文古而衍解之,不啻十数家。丰城雷梦麟氏乃会萃诸家解,研思而融释之,著成《读律琐言》,议狱者多尚其说。省按湖南,检覆案牍,失者常什八九,深病夫粗心浮见者之祸斯民甚矣! 及取内本律重校刊之,列圣典例,凡可辅律者,咸以类别。分注《琐言》于次,而余姚杨简氏《集解》,遂昌应槚氏《释义》,祥符陆柬氏《管见》,于《琐言》有相互发明,补所未备者,采而附之。贻诸有司,使读而绎思焉。以求刑罚之中,弼盛世之教,仰副皇祖列圣慎刑重民命之心,而省执宪一方之责,庶其少塞焉。"《附录》自《律例类抄》至《题奏之式》,凡十一种,皆律家实用之书。卷内有"澹静堂记""殷礼在斯堂"等印记。①

据黄彰健介绍:国立北平图书馆藏隆庆元年(1567年)巡按湖广监察御史陈省校刊本《大明律例》三十卷。该书引了《读律琐言》《大明律释义》《读律管见》和杨简的《集解》,还收录了"续题事例"。②

八、《大明律例》三十卷

王藻重刊

据黄彰健介绍:国立北平图书馆藏万历(七年或八年)③巡按山东监察御史王藻重刊《大明律例》三十卷。王重民介绍了王藻重刊的《大明律例》。王氏将书名定为《大明律例附解》,共三十卷,附录一卷,十

---

① 王重民:《中国善本书体要补编》,第54页。
② 黄彰健:《明代律例汇编》(上),《〈明代律例汇编〉序》,第35页。
③ 张伯元在《陆柬〈读律管见〉辑考》中认为在万历六年(1578年)王藻校刻《大明律例》,载《律注文献丛考》,第206页。

册,明万历间刻本,藏于北平图书馆。王氏将其与陈省刊本作了比较:

> 《御殿序》文后题"巡按山东监察御史臣王藻重刊"。……按此本与陈省本当同出一源,观其书题相同,附录相同,[此本仅十种,少"有禄无禄人"。]是其明证。惟陈本所附雷梦麟等,此本无应槚《释义》,而多《辩疑》《疏议》《直引》三种,不知何者为原有,何者为王藻所增? 而"例"有万历间《续题事例》,则可断定为王藻所增者。此本开端有"巡按山东监察御史印",犹是原刻初印,为可宝也。①

　　杨一凡在介绍王藻重刻本《大明律例》时指出律文后以小字辑录《读律琐言》《律条疏议》《读律管见》《大明律直引》等明代律学名著对律文的诠释及编者的按语。黄彰健将此本同陈省刊本作了比较。黄氏言:该书行款与陈省刊本相同,征引了《读律琐言》《大明律释义》《读律管见》和杨简的《集解》,只是增加了嘉靖四十一年(1562年)以后至万历六年(1578年)所定例。② 黄彰健和王重民对陈省刊本和王藻重刊本进行比较,结论稍异,即对《大明律释义》等的引用两者观点不同。而张伯元在《陆柬〈读律管见〉辑考》中认为:王藻本《大明律例》与梁口刻本大致相同,惟律条后多加大段"按"语。③

---

①　王重民:《中国善本书体要补编》,第54页。
②　黄彰健:《明代律例汇编》(上),《〈明代律例汇编〉序》,第35—36页。
③　张伯元:《陆柬〈读律管见〉辑考》,载《律注文献丛考》,第207页。

九、《大明律例》三十卷

梁许撰

中国国家图书馆藏明万历元年(1573 年)梁许的《大明律例》三十卷,附《律例类抄》一卷,6 册。9 行 20 字,白口,四周单边。存二十七卷(卷一,卷五至卷三十)和《律例类抄》。

此为陈省本之辑刻,又与王藻本基本相同。

十、《大明律例注释祥刑冰鉴》
(书内题作《大明律例祥刑冰鉴》)三十卷

周某辑

笔者未睹此书,据张伟仁《中国法制史书目》介绍:初版为八册,三十卷。[1] 书前有明神宗万历二十七年(1599 年)董裕序[2]。明允注释,同年南都嘉宾堂刊印。在日本《内阁文库藏明代稀书》中有《大明律例注释祥刑冰鉴》三十卷,首一卷,为明人周某注释,明万历二十七年嘉宾堂刊,八册。此与张伟仁所依据版本相同,一为明允注释,一为周某注释,著者不同。黄彰健在《明代律例刊本抄本知见书目》所据同一版本,亦言周某撰。[3] 杜信孚在《明代版刻综录》卷六载:"《大明律例注释祥刑冰鉴》(明周萃辑)明万历二十七年金陵书林周竹潭嘉宾堂

---

① 张伟仁主编:《中国法制史书目》,第 23—24 页。

② 《日藏汉籍善本书录》据此认为此书为董裕撰,误。参见严绍璗编著:《日藏汉籍善本书录》(上册),第 683 页。

③ 黄彰健:《明代律例汇编》(上),《明代律例刊本抄本知见书目》,第 121 页。

刊。"①不知杜氏所言何据。

　　周莘,据《(雍正)四川通志》卷九上记载:"字正宇,合江人,万历中举,于乡任云南保山令,擢知滕越州,俱以清廉者,致政归里,德望益高,屡举乡饮正宾,年九十以寿终。"②遍检文献,未能确定其曾注释该书。

十一、《大明律例添释旁注》三十卷

徐昌祚辑

　　明代诸文献未见著录。据张伟仁《中国法制史书目》记载,此书初版为"二十册,三十卷。无序。明刊本,刊印者及刊印年份不详"。③ 该书内容,曾引《律条疏议》《法家要览》《祥刑冰鉴》《律例便览》《袖珍律例》《镌大明龙头便读傍训律法全书》《律解附例》等私家释本。对于书名的由来,此书凡例中有所记载:

> "律文简奥"故将"小字添释,间于律文行内,又连文并释,……使读者不待思索,而辞旨显然"。凡引律科罪,于应分首从者,于律下亦一一注明。于同罪、罪同,应如何科罪,亦一一明注,使人不必再检查"名例律"所记。此均系此书可取之处。④

　　关于版本,据《日藏汉籍善本书录》载:日本内阁文库、尊经阁文库有藏,为万历刊本。内阁文库藏此同一刊本两部,一部为原系昌平坂学

---

　　①　杜信孚纂辑:《明代版刻综录》卷六(第6册),第10页。
　　②　[清]田秀栗、邓林修,[清]华国清、施泽久纂:《(光绪)泸州直隶州志·人物下》,清光绪八年刻本。
　　③　张伟仁主编:《中国法制史书目》,第27页。
　　④　转引自黄彰健:《明代律例汇编》(上),《〈明代律例汇编〉序》,第48页。

问所藏,共二十册;一部为原系枫山官库旧藏,共四册;尊经阁文库藏本,原系江户时代加贺藩主前田纲纪等旧藏,共四册。① 广东省立中山图书馆藏有《大明律例添释旁注》,明徐昌祚辑,明翁愈祥校。此为残本,存二十七卷(一至二十七),中国国家图书馆据此版本制成缩微胶片。

　　辑者徐昌祚,《四库全书总目》记载:"昌祚,字伯昌,常熟人。"②根据《文选楼藏书记》的记载:徐昌祚曾为刑部郎中,撰《燕山丛录》九卷③,辑《大明律例添释旁注》,又编辑《(新锲订补释注)萧曹遗笔》四卷。④

十二、《大明律附例》

佚名编

　　中国国家图书馆藏佚名编《大明律附例》,刻本,存卷一至卷四,共四卷。卷一、卷四有缺页。此书上下两栏,此本曾征引《刑书据会》,可能是现存明律明刊本中最晚的本子。

十三、《大明律例附解》十二卷

不著撰人

　　《大明律例附解》,《明史》及诸书目类文献未见记载。周弘祖在

---

　　① 严绍璗编著:《日藏汉籍善本书录》(上册),第 681 页。
　　② [清]纪昀:《四库全书总目》卷一百四十四《子部五十四》,清乾隆五十四年武英殿刻本。
　　③ [清]阮元:《文选楼藏书记》卷二,清越缦堂抄本。
　　④ 严绍璗编著:《日藏汉籍善本书录》(上册),第 686 页。

《古今书刻》中记载:福建书坊曾刊刻《律例附解》。① 《大明律例附解》
初版无存,现存有六个重刻本。

(一) 邗江书院重刊本

嘉靖二十三年(1544 年)邗江书院重刊本《大明律例附解》,存卷
二、卷三及卷末附录。日本东京大学东洋文化研究所有藏。清人杨守
敬在《日本访书志》卷六曾言及此刻本:

> 《大明律例附解》十二卷,邗江书院刊本。首载洪武七年刘惟
> 谦表,次洪武十八年《御制大诰》,次十九年《大诰》续编、三编,次
> 二十年《大诰武臣》序,次嘉靖二十九年十二月二日刑部尚书顾祥
> 等《重修问刑条例题稿》,据洪武律,并为十二卷,而加疏解者,自
> 弘治十三年至嘉靖二十九年《问刑条例》皆附加载,亦可以考见有
> 明一代刑法之制矣。②

(二) 蓬左文库本

《大明律例附解》,十二卷,日本蓬左文库藏明嘉靖刊本。此本卷
一卷端题"邗江书院重刊"。所附条例已易为"重修条例",即嘉靖《问
刑条例》。③

(三) 东京大学本

《大明律例附解》,十二卷,附"招拟假如"十五卷,不著撰人。日本

---

① ［明］周弘祖:《古今书刻》(上编),载《百川书志·古今书刻》,第 366 页。
② ［清］杨守敬:《日本访书志》卷六,清光绪二十三年邻苏园刻本。
③ 黄彰健:《明代律例汇编》(上),《明代律例刊本抄本知见书目》,第 118 页。

东京大学东洋文化研究所藏明嘉靖刊本。此书卷一卷端题"邗江书院原版重刊"。所附条例亦为嘉靖《问刑条例》。①

（四）松坡图书馆本

《大明律例附解》，十二卷，不著撰人，北平松坡图书馆藏嘉靖刊本。在美国哈佛燕京图书馆藏有此书微卷。此书卷一卷端题"邗江书院原版重刊"，此据蓬左文库本重刊。②

（五）池阳秋浦杜氏象山书舍本

《大明律例附解》，十二卷，不著撰人，日本内阁文库藏明嘉靖池阳秋浦杜氏象山书舍重刊本。③

据黄彰健介绍：其书于律后所附"重修条例"后，即附《读法附考增例》《律解附例》《附录直引增例》及《备考增例》。《律解附例》所载与胡琼集解所附"例"相同；《直引增例》与《大明律直引》所载《问刑条例》相同；而所谓《读法附考增例》则当引自孙存《大明律读法书》。孙书所收《问刑条例》应为《弘治问刑条例》。④

此藏本严绍璗亦有介绍：

> 内阁文库藏本，原系清人顾嗣立、中国赴日华人冯六、日本昌平坂学问所等旧藏。卷朱有附纸三叶，系仁孝天皇文政十三年（1830 年）日本长崎港唐通事冯六之后人冯璞向昌平学献书时的题识文，文曰："《明律附解》一函六本一十二卷，谨进呈。臣璞窃

---

① 黄彰健：《明代律例汇编》（上），《明代律例刊本抄本知见书目》，第 118 页。
② 黄彰健：《明代律例汇编》（上），《明代律例刊本抄本知见书目》，第 118 页。
③ 黄彰健：《明代律例汇编》（上），《明代律例刊本抄本知见书目》，第 119 页。
④ 黄彰健：《明代律例汇编》（上），《〈明代律例汇编〉序》，第 24 页。

按,……世宗复命刑部尚书顾应祥等重修条例,附录旧例。嘉靖二十有九年书成,奏进。是为《大明律附解》,为卷一十有二,为条四百六十。比附《律条金科一诚赋》《为政规模节要论》,附写本格式,新奏准时,估折钞则例断指南补遗附焉。此本系清顾嗣立旧藏,印记俨存,更无容疑。"①

又据严绍璗介绍:池阳秋浦杜氏象山书舍重刊本《大明律例附解》为官撰②,误。

(六) 明末龙冈龚邦录刊本

《大明律例附解》十二卷,附录不分卷,《日藏汉籍善本书录》记载:嘉靖二十九年(1550 年)官撰,明末龙冈龚邦录刊本,共十二册,关西大学综合图书馆内藤文库藏本(原内藤湖南等旧藏)。严绍璗有按语:"每半页有界九行,行十九字左右。白口,左右双边。"③据日本《舶载书目》载,《大明律例附解》十三本,十一卷,内别首二卷,合十四卷。第五页的反面题"太朱龙冈龚初录重刊"。④

据黄彰健介绍,《大明律例附解》共存五个不同的本子⑤,其中四个本子的内容及行款一样。这四个本子的不同之处仅为:蓬左文库本卷一第一页题"邗江书院重刊";松坡图书馆本(美国哈佛燕京图书馆藏有该本微缩胶卷)题"邗江书院原本重刊";日本东京大学东方文化

---

① 严绍璗编著:《日藏汉籍善本书录》(上册),第 682 页。
② 严绍璗编著:《日藏汉籍善本书录》(上册),第 683 页。
③ 严绍璗编著:《日藏汉籍善本书录》(上册),第 683 页。
④ 〔日〕大庭修:《正德年间以前明清法律典籍的输入》,徐世虹译,载中国政法大学法律古籍整理研究所编:《中国古代法律文献研究》(第二辑),第 254 页。根据译者注,由于著者是照录原文,故文中的错讹字未作订正。"龚初录"应为"龚邦录"。
⑤ 黄氏未睹明末龙冈龚邦录刊本。

研究所藏本题"邗江书院原版重刊",而内阁文库藏本则题"池阳秋浦象山书舍重刊"。松坡图书馆本、东京大学本卷首据《大明律读法》附有"在外纳赎诸例横图",并注明为知府孙存编。该图为蓬左文库本和象山书舍本所无。日本东京大学东洋文化研究所还藏有明嘉靖二十三年(1544年)邗江书院重刻本《大明律例附解》卷二、卷三残页,及该书卷末附录。该本行款与上述四本相同,不同之处在于:上述四本所附例为《重修问刑条例》(即《嘉靖问刑条例》),而此本所附例为《弘治问刑条例》。此本刻于嘉靖二十三年,此时所行用的例为《弘治问刑条例》,在嘉靖二十九年(1550年)《重修问刑条例》颁布后,邗江书院据嘉靖二十三年原本重刊,将《弘治问刑条例》替换为《嘉靖重修条例》。从此看,此本是其他四本的底本。①

十四、《大明律解》八卷

辑者不详,陈遇文刻

据黄彰健介绍,日本尊经阁文库有藏本。书首有万历二十一年(1593年)九月巡按南直隶御史陈遇文序,书末有同年月苏州知府卢大顺跋。此书在此年刊刻。陈氏序文言:

> 自来解律者,互有扺牾。……即最著如《管见》《琐言》等集,梗概近是。究其奥义,亦其骍驳未粹。法家稍稍讳言之,一切疏请厘革不用,于是上下益交相眩。余刻律解,与夫世之行法君子共之。②

---

① 黄彰健:《明代律例汇编》(上),《〈明代律例汇编〉序》,第24—25页。
② 黄彰健:《明代律例汇编》(上),第44页。

从文献记载可知,陈遇文是刊刻者,而非著者。张伟仁在《中国法制史书目》中言陈遇文著,误。① 严绍璗在《日藏汉籍善本书录》中言《大明律解》为陈遇文编辑②,亦误。

据张伟仁《中国法制史书目》介绍:

> 书内大致依明律门目,各门作一总解,不细分条款。(并未刊载律文,更无例文。)总解之后或有"按"或有"补遗"以明未尽之义。如倘有疑难,则更加以"议",用假设之案情说明条文之适用。

张伟仁还介绍:"本书内容全部被收入明神宗万历三十八年(1610年)之《明律集解附例》中为其'纂注'。仅少数字句稍有出入。该书后经沈家本于清德宗光绪三十四年(1908年)重刊。"③根据张伟仁的介绍,《大明律解》被万历三十八年高举所刻的《明律集解附例》之"纂注"几乎全部吸收。黄彰健也有相似观点,并言"《大明律解》所载'补遗',在高举刊本中改称'备考',文句亦完全相同"④。

十五、《大明律附解》三十卷

陈遇文发刻

张伟仁在《中国法制史书目》中未著录此书。据黄彰健言:"《大明律附解》三十卷,明巡按江西监察御史陈遇文发刻。日本尊经阁文库

---

① 张伟仁主编:《中国法制史书目》,第23页。
② 严绍璗编著:《日藏汉籍善本书录》(上册),第683页。
③ 张伟仁主编:《中国法制史书目》,第23页。
④ 黄彰健:《明代律例汇编》(上),《〈明代律例汇编〉序》,第45页。

藏明万历二十年刊本。"①陈遇文在"序"中言:"万历壬辰(二十年,
1592 年)岁,余受命按江南,虑属吏之或蹈前弊,爰取《律解》梓子,通
行颁布,俾常目在之,不谬于律。""万历壬辰,余受命按江西,爰取律
解刻之。"通过陈遇文所作序文,确知此书是为巡按御史陈遇文发刻,
并非陈氏所著。此书的成书年代,早于郑汝璧的《大明律解附例》
(万历二十二年,1594 年),衷贞吉的《大明律解附例》(万历二十四年,
1596 年),郑继芳订正、高举发刻的《大明律集解附例》(万历三十八年,
1610 年)。

在国内,吉林大学图书馆藏有此书。该书为残本,存二十二卷(一
至十七卷、二十二至二十六卷),附录一卷。

十六、《律疏附例》

辑者不详,李邦珍刻

《万卷堂书目》载"《律疏附例》八册"②,《天一阁书目》有"《律疏
附例》八卷"③,将册数误为卷数。沈家本在《寄簃文存》中对此书有所
介绍:"《大明律疏附例》三十卷,附录一卷,补遗一卷,不著撰人姓名。
隆庆二年重刊本。"④此书为八册。王重民在《中国善本书提要补编》中
载:《大明律疏附例》三十卷,附录一卷,八册,藏于北图。⑤ 张伟仁在
《中国法制史书目》中对此作了印证。此书题名《大明律》,书内另题作

---

① 黄彰健:《明代律例汇编》(上),《明代律例刊本抄本知见书目》,第 120 页。
② [明]朱睦㮮:《万卷堂书目》卷二。
③ [清]范邦甸:《天一阁书目》卷二之二《史部》。
④ [清]沈家本:《寄簃文存》卷七《律疏附例跋》,载《历代刑法考》,第 2265 页。
⑤ 王重民:《中国善本书提要补编》,第 54 页。

《律疏附例》,藏于台湾"中央图书馆"。此书初版八册,三十卷,附录一卷。①

该书编辑者,沈家本认为非出一人之手②,王重民认为著者为"嘉靖间人"③。杨一凡根据该书所载例及《新例补遗》,认为该书成书于嘉靖二十四年(1545 年)后。据杨一凡在《大明律疏附例所载续例附考及新例》中讨论:

> 其所附《问刑条例》,与单刻本(弘治)《问刑条例》例文文句相同。……《续例》系弘治十三年(1500 年)颁行《问刑条例》以后至弘治十八年(1505 年)明孝宗死以前陆续制定的条例。此外,从吏律"官吏给由"条所附例下注有"正德五年(1510 年)九月吏部题准"看,亦有少数例为明武宗正德年间所定。其所附《新例》,均注明为嘉靖某年所定,最晚者制定于嘉靖二十二年(1543 年)四月。据此推测,《大明律疏附例》一书应写于明嘉靖二十二年(1543 年)后不久。又,此书末所附《新例补遗》的例,有嘉靖二十四年(1545 年)十月所定者,而此书原刊本系河南巡抚李邦珍于嘉靖二十九年(1550 年)中进士、初筮仕时即已购得,所以,增补《新例》和刊刻此书的时间当是嘉靖二十四年(1545 年)后不久。④

至于刊刻者,沈家本在《寄簃文存》卷七《律疏附例跋》中对此有所

---

① 张伟仁主编:《中国法制史书目》,第 20 页。
② [清]沈家本:《寄簃文存》卷七《律疏附例跋》,载《历代刑法考》,第 2265—2266 页。
③ 王重民:《中国善本书提要补编》,第 55 页。
④ 杨一凡、曲英杰主编:《中国珍稀法律典籍集成》乙编第二册《明代条例》,科学出版社 1994 年,"点校说明",第 8—9 页。

讨论：

> 前有河南巡抚李札文云："《律疏附例》，不知出自何所？亦无刊订姓氏。中间引经断狱，剖析精透，至于充类至义之尽，尤发前人所未发，诚老吏之断案，法家之蓍龟也。"是隆庆时已不知撰人姓名，李巡抚者，不知何人，亦未加考订也。[①]

该书卷端有隆庆二年（1568 年）钦差巡抚河南等处地方都察院右佥都御史李重刊告示一道。[②] 告示中称：

> 本院自筮仕时，购得《律疏附例》一部，不知出自何所，亦无刊订姓氏。中间引经断狱，剖析精透，至于充类至义之尽，尤发前人所未发，诚老吏之断案，法家之蓍龟也。开卷有益，谳狱宜明，为此案仰本府官吏，照依案验内事理，即将发去抄誊《律疏附例》一部，再加校正，动支官银，责令高手匠役，翻刊成书，送院以凭分发所属掌印官。

王重民考《河南通志》，在隆庆间官巡抚都御史者，李姓仅有李邦珍一人。邦珍字同川，肥城人，嘉靖二十九年（1550 年）进士，当即其人。黄彰健在《明代律例汇编》中也言："隆庆二年（1568 年）九月，河南府知府遵依河南巡抚李邦珍之命而将该书重刊。"[③]

《律疏附例》将某例附于某律之后，与《大明律直引》、胡琼《大明律

---

① ［清］沈家本：《寄簃文存》卷七《律疏附例跋》，载《历代刑法考》，第 2265—2266 页。

② 王重民：《中国善本书提要补编》，第 54 页。

③ 黄彰健：《明代律例汇编》（上），《〈明代律例汇编〉序》，第 13 页。

解附例》所附例不同。《律疏附例》为了不违背世宗即位诏,将《(弘治)问刑条例》之后可供参考者,录入"续例附考",并加小字注,予以说明。黄彰健曾用较大篇幅制作《大明律疏附例》、胡琼《大明律集解》及《大明律直引》三书所载《问刑条例》附律异同表,可参看之。

十七、《大明律例附疏》三十卷

辑者不详,孙旬发刊

日本东京大学东洋文化研究所藏明万历十三年(1585 年)十月江西监察御史孙旬发刊本。据黄彰健介绍:

> 此本缺卷一。此本系据隆庆二年重刊本《大明律疏附例》重刊,而卷首"纳赎例图"则改依万历十三年舒化所进呈《大明律附例》新刻本。此本律文及所附问刑条例均已改依舒化《大明律附例》,惟对明律之解释则一仍隆庆二年重刊本《大明律疏附例》之旧。①

十八、《大明律》三十卷

辑者不详,北京刑部街陈氏刻本

中国国家图书馆藏有《大明律》三十卷,另有《为政规模节要论》一卷、《刑名启蒙心妙总集》一卷、《新奏准时估折钞则例》一卷、《会定运砖运灰等项做工则例》一卷。明北京刑部街陈氏刻本(此本为黑底白

---

① 黄彰健:《明代律例汇编》(上),《〈明代律例汇编〉序》,第 43—44 页。

字）。此书第一本封面题作《律条便览直引》,第一卷卷首下题"刑部街
陈氏校正总集",第二十九卷题为《律例全集直引》。本书先录律文,再
引各家的解释,如《律条直引》《解颐》《辩疑》《疏议》《释义》《直引》
等,尤其是引《直引》居多,并列有少量的例。

十九、《大明律集解》

王楠集解

张伟仁在《中国法制史书目》中有载。日本内阁文库藏本,初版为
四册,三十卷。书前有明太祖洪武七年(1374 年)大明律原纂者刘惟谦
等奏章及洪武三十年(1397 年)大明律御序。世宗嘉靖年间河南布政
使司衙门重刊,刊印年份不详。①

王重民在《中国善本书提要》中记载:美国国会图书馆藏有此书。
此书原题:"巡按河南监察御史臣王楠编集。"②按《兰台法鉴录》记载:
"王楠,字子梁。山东德州人。嘉靖二十三年进士,二十六年由行人选
四川道御史,巡按河南,升平阳府知府、陕西副史,致仕。"③考《河南通
志·职官志》:"楠,山东文登人。"④又考《陕西通志·职官志》:"楠,山
东文登人。嘉靖四十一年分巡河西道。"⑤一为德州人,一为文登人,不
知孰是。《大明律集解》卷末题:"河南等处承宣布政使司左布政使曾

---

　　①　张伟仁主编:《中国法制史书目》,第 19 页。
　　②　王重民:《中国善本书提要》,第 179 页。
　　③　[明]何出光撰,[明]喻思恂续:《兰台法鉴录》卷十六《嘉靖朝》,明崇祯四年续
刻本。
　　④　[明]邹守愚修,[明]李濂纂:《河南通志》卷四十五《职官志》,明嘉靖三十四年
刻本。
　　⑤　[明]赵廷瑞修,[明]马理、吕柟纂:《陕西通志》卷四十《职官志》,明嘉靖二十一
年刻本。

钧,右布政使高世彦校正,东通吏臣徐登瀛,西通吏臣谢志仁誊录,令史臣陈添祐督工重刊。"考《明史》记载:"屡迁河南左布政使,(嘉靖)三十一年以右副都御史总理河道。"①又据《明世宗实录》卷三百九十二"嘉靖三十一年十二月壬子"条,曾钧以都御史治理河道。考上述记载,此书刻于嘉靖二十六年(1547 年)至三十一年(1552 年)间。

据黄彰健考证,此书对明律所作之注完全抄袭胡琼的《大明律解附例》之"集解",而删去了胡书之例。② 王楠删去胡琼《大明律解附例》中的例,可能是考虑到当时嘉靖二十九年(1550 年)问刑条例未能成书,胡著所附"例"将弘治十三年(1500 年)之后的例混入了《(弘治)问刑条例》,这与世宗即位诏相抵触,故删去。

二十、《法家裒集》

潘智辑录,陈永补辑

《天一阁书目》记载《法家裒集》一册,不著撰人。③《千顷堂书目》言,苏祐《法家裒集》一卷④,万斯同《明史》同⑤。《文选楼藏书记》记载,"《法家裒集》一册,明苏祐辑,抄本","是书节录律例,本潘志所辑,补缀成编"。⑥《续通志》有:"《法家裒集》(小注:无卷数,明陈永辑)。"⑦以上作者记载各异。其实,在《法家裒集》前,嘉靖二十七年(1548 年)苏祐所作《〈法家裒集〉题解》中已明确记载为潘智手录,陈

---

①　[清]张廷玉等:《明史》卷二百零三《曾钧传》,第 5376 页。

②　黄彰健:《明代律例汇编》(上),《〈明代律例汇编〉序》,第 20 页。

③　[清]范邦甸:《天一阁书目》卷一之一。

④　[明]黄虞稷:《千顷堂书目》卷十。

⑤　[清]万斯同:《明史》卷一百三十四《艺文志二》。

⑥　[清]阮元:《文选楼藏书记》卷四。

⑦　[清]嵇璜纂:《续通志》卷一百六十《艺文略五》,清光绪八年浙江书局刻本。

永补辑,苏祐仅仅作题解而已。①《千顷堂书目》、万斯同《明史》、《文选楼藏书记》因之张冠李戴。《四库全书总目》在介绍此书时用了《题解》的介绍,并对此书作了评价:

> 不著撰人名氏,明苏祐题辞称:从史陈永以是集见曰司台司籍潘智手录,因命补缀,付之梓。则是编永所辑定矣。书中设为问答,剖析异同,颇得明慎之意。其论"拒殴追摄人",并"罪人拒捕"二条,与《唐律疏义》相合,疑其尝见唐律也。②

《法家裒集》不是对明律的整体性介绍,而是专题性介绍,分为总服歌、六赃课法、妇人纳钞歌、例分十六字歌、律难引用、招拟指南、律颐断法、法家秘诀等专题。

《法家裒集》现存嘉靖三十年(1551 年)唐尧臣刻本。《中国律学文献》(第一辑第四册)所收录的为此版本。周中孚在《郑堂读书记》中还记载有明钱唐胡氏校刊本,惜未见留存。③

二十一、《读律琐言》三十卷

雷梦麟撰

《千顷堂书目》载:"雷梦麟《读律琐言》二十卷。"④万斯同《明史》

---

① [明]潘智辑录,[明]陈永补辑:《法家裒集》,明嘉靖三十年唐尧臣刻本,载杨一凡编:《中国律学文献》(第一辑第四册),第 526 页。

② [清]纪昀:《四库全书总目》卷一百零一《子部十一》。

③ [清]周中孚:《郑堂读书记》卷三十九《子部三》,丛书集成初编本,商务印书馆 1939 年版,第 602 页。

④ [明]黄虞稷:《千顷堂书目》卷十。

言：“雷梦麟《读律琐言》□十卷。”①《明史》言：“雷梦麟《读律琐言》三十卷。”②《天一阁书目》载“《读律琐言》七卷”③，卷数误。《续文献通考》不言卷数④，《世善堂藏书目录》误为雷梦麐撰，卷数误为二卷。⑤

根据怀效锋点校的《读律琐言》可知，现在所见的刻本有二：

> 其一为明嘉靖三十六年（1557 年）庐州府知府汪克用刻本（简称汪刻本），另一种为明嘉靖四十二年（1563 年）徽州府歙县知县熊秉元重刻本（简称熊刻本）。汪刻本时间较早。从其刻版编排相同，许多误刻亦同之情形推断，极可能是熊秉元重刊之时所依照之底本。⑥

熊刻本较汪刻本后出，可订正汪本的错误。况且，歙刻质量本身较高⑦，也是熊刻本较好的重要原因。另据《古今书刻》的记载，福建书坊曾刊刻《读律琐言》，但未留存于世。⑧

中国国家图书馆善本室和日本东京大学法学部图书室所藏为汪刻本，台湾地区保存的为熊刻本。杨一凡在《中国律学文献》（第四辑第二、三册）中收录了熊刻本。从《千顷堂书目》卷十和万斯同《明史》卷一百三十四知刑部员外郎雷梦麟著《读律琐言》，考《明世宗实录》卷四

---

① ［清］万斯同：《明史》卷一百三十四《艺文志二》。
② ［清］张廷玉等：《明史》卷九十七《艺文二》，第 2399 页。
③ ［清］范邦甸：《天一阁书目》卷二之二《史部》。
④ ［明］王圻：《续文献通考》卷一百七十七《经籍考》。
⑤ ［明］陈第：《世善堂藏书目录》卷上。
⑥ ［明］雷梦麟：《读律琐言》，“点校说明”，第 2—3 页。
⑦ 胡应麟指出：“余所见当今宋本，苏、常为上，金陵次之，杭又次之。近湖刻、歙刻骤精，遂与苏、常争价。”［明］胡应麟：《少室山房笔丛》卷四《甲部·经籍会通四》。
⑧ ［明］周弘祖：《古今书刻》（上编），载《百川书志·古今书刻》，第 366 页。

百三十"嘉靖三十四年十二月壬子"条记载,雷梦麟于嘉靖三十四年
(1555年)十二月以刑部员外郎身份恤刑江西。嘉靖三十六年(1557
年)庐州府知府汪克用曾刊刻之,则其成书大约在嘉靖三十四年至三
十六年间。但《天一阁书目》卷二之二《史部》言"《读律琐言》七卷(小
注:明嘉靖丁亥庐州知府汪克用刊)"①,嘉靖丁亥为嘉靖六年(1527
年),《天一阁书目》在时间上出错。

二十二、《读律管见》

陆柬撰

《续文献通考》中有《读律管见》,不著卷数和撰人。②《世善堂藏
书目录》中有陆柬《读律管见》二卷。③《千顷堂书目》言祥符人陆东著
《读律管见》,不言卷数④,且将"柬"误写为"东",万斯同《明史》亦
误。⑤ 沈家本在《历代刑法考》中误为礼部尚书陈诜(清人)所作。⑥

关于《读律管见》成书的时间,张伯元在《陆柬〈读律管见〉辑考》中
根据《管见》中所涉律注文献将其写作年代大致确定在"嘉靖三十六年
(1557年)之后,隆庆元年(1567年)之前"。⑦

关于《读律管见》的版本,据《古今书刻》记载,福建书坊曾刊刻《读
律管见》⑧,但未留存。张伯元在《陆柬〈读律管见〉辑考》中,根据工藻

① ［清］范邦甸:《天一阁书目》卷二之二《史部》。
② ［明］王圻:《续文献通考》卷一百七十七《经籍考》。
③ ［明］陈第:《世善堂藏书目录》卷上。
④ ［明］黄虞稷:《千顷堂书目》卷十。
⑤ ［清］万斯同:《明史》卷一百三十四《艺文志二》。
⑥ ［清］沈家本:《历代刑法考》律令九《明志刑法类所录书》,第1154页。
⑦ 张伯元:《陆柬〈读律管见〉辑考》,载《律注文献丛考》,第209页。
⑧ ［明］周弘祖:《古今书刻》(上编),载《百川书志·古今书刻》,第366页。

本《大明律例》和陈省刊刻的《律例附解》等所引《管见》的内容,辑出88条。① 大庭修介绍德川吉宗订购的明律书籍中有《大明律管见》一书,他认为:"《大明律管见》未能查到,或为附刻于律文后的陆柬《读律管见》。"②

二十三、《读律管窥》

应廷育撰

《千顷堂书目》有"应廷育《读律管窥》□□卷"③,万斯同《明史》不载卷数④,张廷玉《明史》载为十二卷。⑤ 据《(雍正)浙江通志》的记载,应廷育曾著有《读律》⑥,此可能是《读律管窥》的略称。

《读律管窥》未存于世,亦不知刊刻状况。成书的大体时间,可从作者生平考之。应廷育,据万斯同《明史》记载:字仁卿,永康人,嘉靖二年(1523年)进士,福建按察司金事。⑦ 应廷育历任于南刑部和知州⑧等职。嘉靖年间长达四十五年,而应廷育在嘉靖二年中进士,则其主要任官、活动时间当在嘉靖年间。那么,《读律管窥》应在嘉靖年间写成。

---

① 张伯元:《陆柬〈读律管见〉辑考》,载《律注文献丛考》,第205—238页。
② 〔日〕大庭修:《江户时代中国典籍流播日本之研究》,戚印平等译,杭州大学出版社1998年版,第203页。
③ 〔明〕黄虞稷:《千顷堂书目》卷十。
④ 〔清〕万斯同:《明史》卷一百三十四《艺文志二》。
⑤ 〔清〕张廷玉:《明史》卷九十七《艺文二》,第2399页。
⑥ 〔清〕李卫、嵇曾筠等修,〔清〕沈翼机、傅王露等纂:《(雍正)浙江通志》卷一百八十一《文苑四》。
⑦ 〔清〕万斯同:《明史》卷一百三十四《艺文志二》。
⑧ 〔清〕李卫、嵇曾筠等修,〔清〕沈翼机、傅王露等纂:《(雍正)浙江通志》卷一百八十一《文苑四》。

二十四、《法缀》一卷

唐枢撰

《八千卷楼书目》有："《政问录》一卷，附《法缀》一卷，明唐枢撰，刊本。"①《国史经籍志》有唐枢《木钟台集》三十二卷。②《法缀》是唐枢《木钟台集》中的一种。《木钟台集》，根据《中国丛书综目》，有清咸丰六年（1856年）清刻本，藏在中国科学院图书馆、北京大学图书馆、浙江图书馆。另外，在北京大学图书馆还有明代抄本，一函四册，内有《法缀》在内的15种著作，此抄本在王重民的《中国善本书提要》中得到确认。杨一凡在《中国律学文献》（第一辑第四册）中所收录的为嘉靖万历间刻本。

《法缀》是读书札记，不是关于《大明律》的注释著作，而是介绍明代法律文献的目录学著作。此札记以法律文献的书名为目，介绍了47部明代法律，其中有不少私家律学著作，主要有《大明律直引》《律解辩疑》《大明律疏议》《律条撮要》《法家袞集》《律条附例》《读律琐言》《刑统辑义》等。唐枢对明代法律文献的介绍，不仅能使我们确知明人对私家律著的评价，更能让我们了解诸如《刑统辑义》等未留存于世的明代律学文献，故其价值值得学术界重视。

二十五、《法家体要》

包大夫辑

《法家体要》为二卷，二册，明嘉靖间刻本，有嘉靖四十四年（1565

---

① ［清］丁仁：《八千卷楼书目》卷九《史部》，民国十二年排印本。
② ［明］焦竑辑：《国史经籍志》卷五《集类》。

年)韩君恩的序。据张伟仁《中国法制史书目》介绍:该书阐述明代自太祖洪武(1368—1398年)至世宗嘉靖(1522—1566年)约二百年间断狱所根据的律例及犯罪勘验的程序与方法。① 中国国家图书馆藏该刻本。

至于该书作者,王重民根据嘉靖四十四年(1565年)韩君恩序和同年陈庆跋推测:

> 按韩君恩序云:"佥宪汾阳王君以是帙请阅之,乃仪制嘉禾包大夫在西曹时手录也。录有二:首著《律例摘解》,直指简要,多发前人之未明。次集《勘断条格》,旁搜博采,备极人情之变状。末引《断狱师模》,稽古准今,允惟贤哲之景行。因嘱总宪永丰陈君订而刻之。帙二册,凡二名,难辑为编,因总名曰《法家体要》云。"考嘉禾包氏,以包节为最著,祖鼎,弟孝,亦有名,群书所记,未有官仪制者。然节曾祖俊赠南京礼部郎中,则鼎与节,必有一人曾官礼部矣!疑是书为包鼎所辑,盖节官东昌推官时,传其本于鲁,君恩得之,因属陈庆梓行也。鼎成化戊戌进士,官至池州知府。②

《(道光)济南府志》还记载山东按察司藏版《法家体要》,为陈廉宪庆刻③,惜未存于世。

---

① 张伟仁主编:《中国法制史书目》,第318页。
② 王重民:《中国善本书提要》,《子部·法家类》,第241页。
③ [清]王赠芳、王镇修,[清]成瓘、冷烜纂:《(道光)济南府志》卷七十二《经籍》。

二十六、《律解附例》

王之垣领衔编辑

《国史经籍志》有"《律解附例》八卷"①,不著撰人。《明史》有:"王之垣《律解附例》八卷。"②《千顷堂书目》载:"《律解附例》八卷。(小注:隆庆五年三月刑科给事中王之恒奏请编辑。)"③《千顷堂书目》的"恒"字乃"垣"字之误写。根据《千顷堂书目》的记载,《明史》将王之垣作为著者,亦误。《天一阁书目》有《律解附例》四卷,小注为"明刑部尚书刘惟谦表上"④,此为明显误写。

根据《明穆宗实录》的记载:

> 刑科给事中王之垣等言:"律解不一,理官所执互殊,请以大明律诸家注解,折衷之论,纂辑成书,参以续定事例,列附条例之后,刊布中外,以明法守。仍乞申饬中外百司及今科进士,各熟读讲求。"刑部覆奏,从之。⑤

王之垣奏请编辑,刑部因之覆奏皇帝,并得到了皇帝的认可。既然刑部上奏编纂律解,则此任务可能落到王之垣头上,由其领衔编辑,参考众私家律著撰成。

---

① [明]焦竑辑:《国史经籍志》卷三《史类》。
② [清]张廷玉等:《明史》卷九十七《艺文二》,第2399页。
③ [明]黄虞稷:《千顷堂书目》卷十。《千顷堂书目》记错时间,此见于《明穆宗实录》卷五十六"隆庆五年四月辛亥"条的记载。
④ [清]范邦甸:《天一阁书目》卷二之二《史部》。
⑤ 《明穆宗实录》卷五十六,"隆庆五年四月辛亥"条。

《(雍正)浙江通志》卷二百四十四中引用《金华县新志》,认为《律解附例》为钱学孔著。① 今考察《浙江通志》卷一百六十一的记载,此记载是以《金华府志》的内容介绍钱学孔的。钱学孔,字以时,金华人,嘉靖二年(1523年)进士,历任推官、御史、大理少卿、佥都御史等职。考《明穆宗实录》卷五十六"隆庆五年四月辛亥"的记载,刑科给事中王之垣奏请、刑部覆奏编辑《律解附例》,应该很快组织编写,但钱学孔在嘉靖年间为官,该《律解附例》不是钱学孔所撰。

二十七、《大明律解附例》三十卷

郑汝璧撰

《千顷堂书目》记载,"郑汝璧《大明律解》□□卷"②,不著卷数。万斯同《明史》同。③《(道光)济南府志》载:《明律附例》,郑中丞汝璧著,山东按察司藏版。④ 万历二十二年(1594年)⑤,郑汝璧以都察院右佥都御史身份巡抚山东⑥。从诸记载可知,都察院右佥都御史郑汝璧可能曾命人编辑律学著作,后由山东按察司版刻。即在律学著作编辑中,郑汝璧应为领衔者,未必具体参与,故在涉及郑汝璧的诸多文献记载中,其编辑律学著作仅此数条记录。

《大明律解附例》的版刻,据《日藏汉籍善本书录》载:《大明律解附例》三十卷,首一卷,明郑汝璧等撰,明万历二十二年刊本,共十册,原

---

① [清]李卫、嵇曾筠等修,[清]沈翼机、傅王露等纂:《(雍正)浙江通志》卷二百四十四《经籍四》。

② [明]黄虞稷:《千顷堂书目》卷十。

③ [清]万斯同:《明史》卷一百三十四《艺文志二》。

④ [清]王赠芳、王镇修,[清]成瓘、冷烜纂:《(道光)济南府志》卷七十二。

⑤ [明]郑大郁编:《经国雄略》之《屯政考》卷二,明隆武潭阳王介爵观社刻本。

⑥ [明]徐象梅:《两浙名贤录》卷二十《经济》。

为枫山官库藏,现存于内阁文库。① 此刻本应为山东按察司刻本。黄彰健所见版本为日本内阁文库藏万历二十二年刊本。

　　此本"目录"后题:"巡抚山东都御史前刑部郎中郑汝璧纂注。"其所载"纂注""备考"文句与陈遇文所刻《大明律解》完全相同。此本已将《大明律附例》新刻本《续附问刑条例》,散附于有关律条之后,并增附新题例。②

根据黄彰健的研究,此版本翻刻了陈遇文所刻的《大明律解》,只是将《续附问刑条例》分散在各律条之后。

二十八、《大明律集解附例》三十卷

高举发刻

　　《澹生堂藏书目》记载:"《大明律集解附例》十册,三十卷,高举辑。"③万斯同《明史》言"高举,《大明律集解附例》三十卷"④,《明史》同。⑤ 三书俱言高举撰写或辑录《大明律集解附例》三十卷。在《大明律集解附例》目录后署巡按浙江等处都察院右佥都御史高举发刻,巡按浙江监察御史郑继方、韩俊、张谓任订正,浙江布政司左布政使洪启睿等布政司官员7人和浙江按察使司按察使窦子偁等按察司官员4人

---

① 严绍璗编著:《日藏汉籍善本书录》(上册),第682页。
② 黄彰健:《明代律例汇编》(上),《〈明代律例汇编〉序》,第46页。
③ [明]祁承爜:《澹生堂藏书目》卷五《史类》,清光绪十三年至十九年会稽徐氏铸学斋刻绍兴先正遗书本。
④ [清]万斯同:《明史》卷一百三十四《艺文志二》。
⑤ [清]张廷玉等:《明史》卷九十七《艺文二》,第2399页。

校。《大明律集解附例》在万历三十八年（1610 年）由高举发刻。高举为刊刻者，非著者，《明史》等诸文献记载显然有误。罗昶将《大明律集解附例》误为舒化等奉诏所纂修的《大明律附例》。①

《大明律集解附例》是对《大明律》律文进行"纂注"，并附有相关条例以及相关备考的一部由地方官府刊刻的《大明律》注释书。台湾学生书局 1970 年出版的《明代史籍汇刊》第 12 册收录了该书，据明万历间浙江官刊本影印本，三十卷，题为纂者不详。此书前有明太祖洪武三十年（1397 年）《御制大明律序》。神宗万历年间浙江官府刊印，此本应为高举刻本。在光绪三十四年（1908 年）修订法律馆重刊依据的版本为桐乡沈氏所藏的高举刻本，中国国家图书馆介绍该版本时误为高举等纂。

据黄彰健研究，此本与衷贞吉刻本全同，只是增附了后来的新定例。此本收有万历三十五年（1607 年）正月新颁条例。此本"纂注""备考"均抄陈遇文所刻《大明律解》。②

二十九、《大明律集说附例》九卷

冯孜著，刘大文编

《传是楼书目》记载"《大明律集说》"，不著卷数和撰人，亦未标明册数。③ 此书在张伟仁的《中国法制史书目》中未见著录。《大明律集说附例》前有刘大文所作《刊〈大明律集说〉序》，又有万历二十年（1592年）王明的《〈大明律集说〉序》，高举所撰《刻〈大明律集说〉序》，以及

①　罗昶：《明代律学研究》，北京大学法学院博士学位论文，1997 年，第 62—63 页。
②　黄彰健：《明代律例汇编》（上），《〈明代律例汇编〉序》，第 50 页。
③　［清］徐乾学藏：《传是楼书目》卷二《史部》，清道光八年味经书屋抄本。

万历十九年(1591年)赵寿祖所写的《〈大明律集说〉叙》,书后有万历十九年王德光所作的《〈律例集说〉后序》。从各人的序来看,冯孜所著书应为《大明律集说》,刘大文于万历十九年刊行时附以《问刑条例》,并于书名下加了"附例"二字。

日本东京大学东洋文化研究所藏万历十九年刊本,此原为仁井田升旧藏。书内题作《大明律集说附例》,共九卷,桐乡原泉人冯孜著,刘大文编,王德光校。书前刘大文所作的《刊〈大明律集说〉序》中言,此书为冯孜为比部(刑部)郎时撰成。此又得到王之猷在万历辛卯年(十九年,1591年)前后所撰《新刻〈大明律集说〉序》的印证:

> 冯原泉先生在司寇署中拮据九年成此书,寔三尺之紫阳也,奈何未付之梓?人行于世,安能家喻户晓之。历二十年,始得吾乡刘廷评以录囚江北,出之箧中,遂梓于行部。①

王之猷撰写序文时为万历十九年左右,此书写成后曾放置二十年,则此书大约成书于隆庆年间。而冯孜用九年时间撰成此书,则此书自嘉靖末年始写,冯孜在隆庆二年(1568年)戊辰科中进士后入刑部,又继续写作,写成于刑部任上。

三十、《大明律解附例》三十卷

衷贞吉等辑

笔者未睹此书,据黄彰健介绍:此书为日本尊经阁文库藏明万历二

---

① 王之猷:《新刻〈大明律集说〉序》,载冯孜:《大明律集说附例》。

十四年(1596年)刊本。该书目录后题:"都察院掌院事左都御史衷贞吉,协理院事左副都御史张养蒙,协理院事左佥都御史郭惟贤同纂注。"根据黄彰健的研究:"此本内容与郑汝璧刊本全同,仅卷首《大明律集解名例》记服制等第,系据陈遇文刊本增,为郑汝璧刊本所无。此本纂注亦抄陈遇文《大明律解》。"①根据黄氏的比较研究,衷贞吉等纂注的《大明律解附例》乃是翻刻了郑汝璧的《大明律解附例》,纂注抄自陈遇文的《大明律解》。

据《日藏汉籍善本书录》记载:在日本除尊经阁文库藏本有二十二册,在东京大学东洋文库也有藏,共十五册。东京大学藏本为残本,卷七至卷十、卷十四至卷十七缺,实存二十二卷。②

三十一、《琐言摘附》一卷

胡文焕编

《郑堂读书记》有:

> 《琐言摘附》一卷(原刊本)。明胡文焕编(文焕,字德甫,钱塘人)。按:明《雷梦麟》有《读律琐言》三十卷,内有附录数卷,德甫以其所附,如原行赎罪则例,见《明志》,徙限内老疾收赎则例、官司故失出入人罪、增轻减重例、奏时行估则例、服制题奏之式、行移之式、招议之式,凡此数端,更要览中之要者也。因摘出而另梓之。大都意取简便,易于省览耳。前有万历癸巳自序。③

---

① 黄彰健:《明代律例汇编》(上),《〈明代律例汇编〉序》,第47页。
② 严绍璗编著:《日藏汉籍善本书录》(上册),第680—681页。
③ [清]周中孚:《郑堂读书记》卷三十一《史部十七》,民国吴兴刘氏嘉业堂刻吴兴丛书本。

从记载可知,胡文焕的《琐言摘附》是对雷梦麟的《读律琐言》后所附录的例、式内容,加以简化、改易,只取其意,以方便观览。该书前有万历癸巳(二十一年,1593年)自序。此书编成当在此年。

三十二、《新刻大明律图》一卷

胡文焕编辑

此存于明人胡文焕编的《格致丛书》中,为明万历胡氏文会堂刻本。此《格致丛书》版本在中国国家图书馆、北京大学图书馆有藏。

三十三、《新刻读律歌》一卷

胡文焕编辑

此存于明人胡文焕编的《格致丛书》中。明万历胡氏文会堂刻本。该书藏于中国国家图书馆、北京大学图书馆。

三十四、《大明律例致君奇术》十二卷

朱敬循汇辑

《千顷堂书目》有《补注大明律例致君奇术》十二卷①,万斯同《明史》载:《补注大明律例致君奇术》十二卷(不知撰人)。②

该书在东京大学东洋文化研究所有藏。题为《精注大明律例致君奇术》,考中官叔理朱敬循汇辑,大理丞见修冯仲寅同校,为明末余彰

---

① ［明］黄虞稷:《千顷堂书目》卷十。
② ［清］万斯同:《明史》卷一百三十四《艺文志二》。

德萃庆堂刊印,书前有刑部给事罗栋序。考《明神宗实录》"万历二十四年十月戊寅"条记载,罗栋任刑科给事中在万历二十年(1592年)四月,则此书应撰成于万历二十年四月后。黄彰健据舒化新刻本《大明律附例》和郑汝璧刊本《大明律解附例》与《大明律例致君奇术》所载例进行比较,得出此书的刊行或在郑书之前。《大明律例致君奇术》有多款例文同《嘉靖问刑条例》。该书为坊刻本,例文多误。① 根据《明神宗实录》的记载和黄彰健的研究,《大明律例致君奇术》约刊刻于万历二十年(1592年)至二十二年(1594年)间。

据《日藏汉籍善本书录》记载:内阁文库藏本,共六册;尊经阁文库藏本,共八册;东京大学藏本,共六册。②

三十五、《读律私笺》二十四卷

王樵撰

《国史经籍志》载:"《读律私笺》二十四卷(王樵)。"③《澹生堂藏书目》记载为《读律私笺》十册,廿四卷,王樵撰。④《千顷堂书目》著录"王樵《读律私笺》二十四卷"⑤,《明史》同⑥。

中国国家图书馆藏万历二十三年(1595年)王樵序本《读律私笺》,该书是其子王肯堂撰写《律例笺释》的底本。

---

① 黄彰健:《明代律例汇编》(上),《明代律例刊本抄本知见书目》,第45—46页。
② 严绍璗编著:《日藏汉籍善本书录》(上册),第683—684页。
③ [明]焦竑辑:《国史经籍志》卷三《史类》。
④ [明]祁承爜:《澹生堂藏书目》卷五《史类》。
⑤ [明]黄虞稷:《千顷堂书目》卷十。
⑥ [清]张廷玉等:《明史》卷九十七《艺文二》,第2399页。

三十六、《律例笺释》三十卷

王肯堂撰

《律例笺释》书名不一。书名主要有《律例笺解》《律例笺释》《明律笺释》《大明律附例笺释》《王肯堂笺释》《王仪部先生笺释》等。

《千顷堂书目》载"王肯堂《律例笺解》三十卷"①,《明史》同②。《广治平略》为《律例笺释》③,万斯同《明史》亦言之④。《舶载书目》记录:《明律附例》十六本三十卷,别首卷一卷,慎刑说一卷。在第一页正面有:王樵私笺,肯堂集释。表题云《律例笺释》,本衙藏版。⑤日本内阁文库藏本为《明律笺释》三十卷,十二册,王樵私笺、王肯堂集释。⑥国内所藏一般称为《大明律附例笺释》,有的称为《王仪部先生笺释》,而上海社会科学院图书馆所藏题名为《王肯堂笺释》,只有在刻本的第一面才题名为《律例笺释》。

《律例笺释》是王肯堂在其父《读律私笺》的基础上,自万历三十八年(1610 年)十月至三十九年(1611 年)三月完成初稿,后又修改,在万历四十年(1612 年)最终完成的。⑦王肯堂撰写《律例笺释》的目的,在其自序中已言明。因《读律私笺》在传播过程中,"坊刻讹不可读",且

---

① 　［明］黄虞稷:《千顷堂书目》卷十。
② 　［清］张廷玉等:《明史》卷九十七《艺文二》,第 2399 页。
③ 　［清］蔡方炳:《广治平略》卷三十七《刑制篇》,清康熙三年刻本。
④ 　［清］万斯同:《明史》卷一百二十六《刑法志上》。
⑤ 　参见［日］大庭修:《正德年间以前明清法律典籍的输入》,徐世虹译,载中国政法大学法律古籍整理研究所编:《中国古代法律文献研究》(第二辑),第 250 页。
⑥ 　［日］浅井虎夫:《中国法典编纂沿革史》,陈重民译,李孝猛点校,中国政法大学出版社 2007 年版,第 218 页。
⑦ 　参见［明］王肯堂:《律例笺释》,"自序"。

"他家注释不得律意者多"①，故王肯堂重新编著。关于重编的方法，王肯堂在"自序"中已言："乃集诸家之说，舍短取长，足《私笺》之所未备，以及见行条例俱详为之释，而《会典》诸书有资互考者附焉。"②这在万斯同《明史》中得到了印证：

> 万历中，有给事中奏请将律注参酌考订者，部议恐深文之吏任注释，而背律文不从。后礼部郎王肯堂，本父右都御史樵之《私笺》，成《律例笺释》一书。改正诸家注，复补注条例以及见行事例，自后法家皆用之。③

王肯堂以其父《读律私笺》为底本，参考《会典》等书，汇集《大明律》诸家的解释，取长补短，补《读律私笺》的不足，并对诸家的观点作出评价。对于例文，乃用了神宗万历十三年(1585年)舒化等所修纂的现行条例，《律例笺释》共录用条例452条，附于各律条之后，并对例进行详细注释。

　　在国外，《律例笺释》主要留存于日本。据《日藏汉籍善本书录》载，在日本主要存四部：宫内厅书陵部藏本，附《慎刑说》一卷，共十六册；内阁文库藏本，共十二册；东京大学藏本，附《慎刑说》一卷④；关西大学藏本，附《慎刑说》一卷，封面题为王宇恭(泰)先生著《律例笺释》，本衙藏版，共十册。⑤ 东京大学、关西大学藏本乃是同一刻本。此藏本可能是《商舶载来书目》所记载的，东山天皇元禄十二年(1699年)中

---

　　① 参见[明]王肯堂：《律例笺释》，"自序"。
　　② 参见[明]王肯堂：《律例笺释》，"自序"。
　　③ [清]万斯同：《明史》卷一百二十六《刑法志上》。
　　④ 笔者所藏版本，为日本东京大学东洋文化研究所藏万历四十四年(1616年)王肯堂序本，题名为《律例笺释》，书内各卷题名为《大明律附例》。
　　⑤ 严绍璗编著：《日藏汉籍善本书录》(上册)，第681页。

国商船"古字号"抵达日本曾载《肯堂笺释》一部十册。对于宫内厅书陵部所藏本,可能是《商舶载来书目》所记载的,中御门天皇正德元年(1711 年)中国商船"多字号"抵日所载的《大明律附例》一部十六册。①

《律例笺释》在中国存五套,分别藏在中国国家图书馆、北京大学图书馆、上海社会科学院图书馆和浙江图书馆,还有清抄本一套,现保存于中国国家图书馆。另有清顾鼎重编,清康熙三十年(1691 年)顾鼎刻本,题名《王仪部先生笺释》,内题为《王肯堂笺释》。关于改名的原因,顾鼎重编《王肯堂笺释》扉页上记载:

> 笺释为王宇泰先生述作之书。肯堂,其名也。板书不存,遗书罕见。今得原书重编,而付之剞劂。因举世爱读此书,故不敢讳先生之名,即标于表面,阅是编者其恕余之妄,而鉴余之心幸矣。②

此版本分别保存在中国国家图书馆、北京大学图书馆、中国人民大学图书馆、中国科学院图书馆、上海社会科学院图书馆等处。

仔细比较两刻本,有较大不同。《王仪部先生笺释》未录律文,并对《律例笺释》的解释做了诸多改动。

三十七、《新锲翰林标律判学详释》二卷

焦竑编辑

《明史》及诸明清目录学著作未著录。

---

① 严绍璗编著:《日藏汉籍善本书录》(上册),第 681 页。
② [明]王肯堂:《王仪部先生笺释》,载杨一凡编:《中国律学文献》(第二辑第三册),黑龙江人民出版社 2005 年版,第 5 页。

《日藏汉籍善本书录》载:明万历二十四年(1596年)乔山堂刊本,共一册,内阁文库藏。① 该书分上下栏。上栏内容为吏科、户科、礼科、兵科、刑科、工律、名例等七类律文,下栏内容为历史相关文献及注释。该书卷首为"标律判学序",次目录,正文卷端题:太史漪园焦竑重校,书林玉田刘经梓行,卷末有"万历丙申岁书林乔山堂绣梓"刻书牌记。

三十八、《大明律》三十一卷

都察院修,应朝卿校增

中国国家图书馆藏《大明律》三十一卷,目录一卷,《律例类抄》一卷。明万历二十九年(1601年)扬州刻本,共八册。

第一册封面题为《大明律例附释》,万历丙申年(二十四年,1596年)都察院修,辛丑年(二十九年,1601年)两淮察院校增。本书最后题为:万历辛丑秋巡盐两淮监察御史臣应朝卿校增,扬州府知府臣杨洵同校。黄彰健据实录考证,应朝卿校增在万历二十八年(1600年),②其可能未睹中国国家图书馆藏本。

《日藏汉籍善本书录》载:东京大学东洋文化研究所藏的《大明律》为残本,存二十二卷(五至十二卷缺)。明永乐年间中书省御史台官撰③,应朝卿增校,明万历三十七年(1609年)董汉儒校刊。④ 据黄彰健介绍:在日本东京大学东洋文化研究所藏明万历三十七年湖广按察司管司事右布政使董汉儒等校刊本《大明律》三十一卷,缺卷首、目录及

---

①　严绍璗编著:《日藏汉籍善本书录》(上册),第686页。
②　黄彰健:《明代律例汇编》(上),《〈明代律例汇编〉序》,第49页。
③　根据国图本《大明律》第一册封面的记载,此为万历二十四年都察院修,非明代永乐年间中书省御史台官撰。
④　严绍璗编著:《日藏汉籍善本书录》(上册),第680页。

卷六至十二。此本卷一第一页第二行题："巡按直隶监察御史臣应朝
卿校增。"①

在国内，中山大学图书馆藏有此刊本，为足本。

根据以上介绍，应朝卿在万历辛丑年（二十九年，1601 年）秋任巡
盐两淮监察御史时校增。查《明神宗实录》卷三百四十八"万历二十八
年六月丙子"条和卷三百四十九"万历二十八年七月辛亥"条，应朝卿
在万历二十八年（1600 年）时巡按直隶，在万历二十九年（1601 年）时
为巡盐两淮监察御史，并在这一年的秋天，此书已经校增完毕。可将万
历二十九年及三十七年两刻本细致比对，考证其律文解释与例文的
变化。

三十九、《律学集议渊海》

佚名撰

何勤华在《明代律学的珍稀之作——佚名著〈律学集议渊海〉简
介》一文中，通过举例介绍《律学集议渊海》的版本、结构体系和内容，
根据该书对《琐言》《集解》《管见》《辩疑》《裒集》等的引用推测该书的
作者和成书年代，认为"该书作者应当是一位对律学有很深研究、手中
掌握各家律学著作的律学家；同时，从其对犯罪自首实务等方面知识的
熟悉程度，也可推断作者曾从事过审案实践工作"，推测该书成书于万
历二十二年（1594 年）与三十年（1602 年）之间。②

---

① 黄彰健：《明代律例汇编》（上），《〈明代律例汇编〉序》，第 49 页。
② 何勤华：《明代律学的珍稀之作——佚名著〈律学集议渊海〉简介》，《法学》2000
年第 2 期。

四十、《三台明律招判正宗》

余员注招，叶仅示判

《三台明律招判正宗》，书内题作《新刻御颁新例三台明律招判正宗》。该书卷一有：大同宣府开平卫，方山人余员注招，江西赣州府定南县典史，鲁斋人叶仅示判。本书就明律例条文假设案情，从而模拟招由，并加以论判。

该书在神宗万历三十四年（1606 年）由福建建邑书林双峰堂余象斗刊刻。吉林省图书馆藏有该刻本残卷，存卷十二《洗冤录》、十三《无宪录》二卷，分上下两栏，上十二行九字，白口。下十行十九字，黑口。四周双边。上海图书馆藏该刻本残卷，存一卷（名例律、首一卷），图书馆将作者误为明舒化等辑。

该刻本传到日本。据日本《舶载书目》载：《三台明律招判正宗律》，八本。方山余员注招，鲁齐叶仅示判，文台全泉斗梓行。[①]　在东京大学东洋文化研究所和日本内阁文库有藏，为足本。

四十一、《明律统宗》

佚名辑

笔者未睹此书，据张伟仁在《中国法制史书目》中介绍：本书初版为四册，二十卷。另有首卷上、首卷下。日本尊经阁文库藏明神宗万历

---

①　〔日〕大庭修：《正德年间以前明清法律典籍的输入》，徐世虹译，载中国政法大学法律古籍整理研究所编：《中国古代法律文献研究》（第二辑），第 252 页。根据译者注，由于著者是照录原文，故文中的错讹字未作订正。此处错误有二："鲁齐"应为"鲁斋"；"全泉斗"为"余象斗"。

三十五年(1607 年)积善堂陈奇泉刊本缩影印行。①

《明律统宗》在征引律文后,附有《释义》《琐言》以及条例、重修条例、问刑条例、法家申拟、附录新例、附录读法增例、附录疏议、附录管见、附录考条、备考新例等项,以阐释律文。诸律后又附增补新例。

四十二、《全补新例明律统宗》

佚名辑

黄彰健言《全补新例明律统宗》为万历四十年(1612 年)建邑积善堂陈奇泉重刊本。② 该书辑录明律及其注释,曾引用了《释义》《疏义》《琐言》《管见》等私家律学著作。该书收有"条例""重修条例",而所谓"全补新例"则指万历十三年(1585 年)所定《万历问刑条例》。"条例""重修条例"刊附于有关律条后,而《万历问刑条例》则补刊于每卷之末。黄彰健言:

> 该书写作时代大概甚早。可能由于嘉靖二十九年《重修问刑条例》刊布,书坊为适应需要,遂请人将该书修订,将《重修条例》斟酌收入,而修订结果乃错误百出;其后因《万历问刑条例》颁布,遂又加以增补,而所补《万历问刑条例》亦不完备。这是书坊刊本,有这种错误,不必深责。③

《明律统宗》为明神宗万历三十五年(1607 年)积善堂陈奇泉刊

---

① 张伟仁主编:《中国法制史书目》,第 26 页。
② 黄彰健:《明代律例汇编》(上),《明代律例刊本抄本知见书目》,第 121 页。
③ 黄彰健:《明代律例汇编》(上),《〈明代律例汇编〉序》,第 37 页。

本,而《全补新例明律统宗》为万历四十年(1612 年)建邑积善堂陈奇泉重刊本。《全补新例明律统宗》是积善堂陈奇泉在万历四十年对万历三十五年《明律统宗》的重刊,书名有改动。

四十三、《新刻明律统宗为政便览》十八卷

陈孙贤编

《尊经阁文库汉籍分类目录》有《新刻明律统宗为政便览》十八卷,《宋提洗冤录》,《无冤录》三卷,明陈孙贤,明万历版,八册。① 《日藏汉籍善本目录》亦载:《(新刻)明律统宗为政便览》十八卷,宋提刑《洗冤录》一卷、宋提刑《无冤录》三卷,明人陈孙贤编辑,共八册,为尊经阁文库藏本。② 两者记录都为尊经阁文库藏本。

陈孙贤,生平待考。

四十四、《刑台法律》

沈应文校正,萧近高注释,曹于汴参考

《刑台法律》,书内题作《鼎镌六科奏准御制新颁分类注释刑台法律》。万历年间坊刻本,中国国家图书馆有藏。1990 年,中国书店影印出版,收入《海王邨古籍丛刊》中。

该书为十八卷,目录一卷,首一卷,副一卷,附一卷。书前有巡按福

---

① 参见〔日〕大庭修:《正德年间以前明清法律典籍的输入》,徐世虹译,载中国政法大学法律古籍整理研究所编:《中国古代法律文献研究》(第二辑),第 265 页。根据译者注,由于著者是照录原文,故文中的错讹字未作订正。"宋提洗冤录"应该为"宋提刑洗冤录"。

② 严绍璗编著:《日藏汉籍善本书录》(上册),第 685 页。

建监察御史徐鉴序。该书卷一卷端题写:"刑部尚书雷门沈应文校正、刑科都九生萧近高注释、具予曹于汴参考、谭阳熊氏种德堂绣梓。"

根据《明神宗实录》的记载,万历三十四年(1606年)二月,曹于汴补任刑部右给事中①,万历三十五(1607年)年七月,萧近高升任刑科都给事中②,万历三十六(1608年)年八月,沈应文升任刑部尚书。③ 徐鉴写序时任巡按福建监察御史,考《明神宗实录》,万历四十一年(1613年)二月,"命广西道御史徐鉴巡按福建"。④ 从记载看,《刑台法律》刻于万历四十一年后,由谭阳熊氏种德堂刊刻。

四十五、《昭代王章》五卷

熊鸣岐辑

在中国国家图书馆有师俭堂萧少衢刊刻的《鼎镌钦颁辨疑律例昭代王章》,有五卷,首一卷,在卷一卷端下栏题写刑科给事中熊鸣岐分辑,刑部主政钱士晋正讹,刑曹案牍杜时会督刊。上栏为三法司鲁同亨、李志、沈大节款释。在第二卷卷首增加了闽建书林萧世熙依绣,下四卷同。从此知,是"师俭堂"的重刻本。《日藏汉籍善本书录》介绍,日本宫内厅书陵部藏本与国图本同⑤,《玄览堂丛书》(初辑)也以此刻本影印。⑥

① 《明神宗实录》卷四百一十八,"万历三十四年二月壬戌"条。
② 《明神宗实录》卷四百三十六,"万历三十五年七月庚戌"条。
③ 《明神宗实录》卷四百四十九,"万历三十六年八月己未"条。
④ 《明神宗实录》卷五百零五,"万历四十一年二月丁未"条。
⑤ 严绍璗编著:《日藏汉籍善本书录》(上册),第686页。
⑥ 台湾"中央图书馆"辑:《玄览堂丛书》(初辑第十六、十七册),1981年台北市正中书局重印本。

《千顷堂书目》载"熊鸣岐《昭代王章》十五卷"①,《明史》同②,此应为另一版本。《传是楼书目》有"《昭代王章》四卷(明熊鸣岐)"③的记载,说明该书在明代还有另一版本,但两个版本未留存于世。

四十六、《大明律附例注解》三十卷

姚思仁撰

《澹生堂藏书目》记载《大明律附例注解》三十卷,四册,舒化等辑。④ 作者记载有误。据《(雍正)浙江通志》卷二百四十四记载:"《律例解》(小注:《秀水县志》姚思仁著)。"⑤《律例解》可能是《大明律附例注解》的略写。

《大明律附例注解》撰成的时间,清人盛枫在《嘉禾征献录》有载,此书写于姚思仁为祖父丁忧期间。⑥ 这一时间在其任江西道监察御史之前。此书题名为"大理寺左少卿姚思仁注释",考《明神宗实录》卷四百四十八"万历三十六年七月丙申"条记载,姚思仁在万历三十六年(1608年)七月升为大理寺左少卿,又据《明神宗实录》卷五百四十二"万历四十四年二月戊午"条记载,姚思仁由大理寺少卿升为应天府府尹。从实录记载看,《大明律附例注解》成书、刊刻于万历三十六年(1608年)至万历四十四年(1616年)间。

关于版本,张伟仁在《中国法制史书目》中言:《大明律附例注解》,

---

① [明]黄虞稷:《千顷堂书目》卷十。
② [清]张廷玉等:《明史》卷九十七《艺文二》,第 2399 页。
③ [清]徐乾学藏:《传是楼书目》卷二《史部》。
④ [明]祁承爜:《澹生堂藏书目》卷五《史类》。
⑤ [清]李卫、嵇曾筠等修,[清]沈翼机、傅王露等纂:《(雍正)浙江通志》卷二百四十四《经籍四》。
⑥ [清]盛枫:《嘉禾征献录》卷十一,民国二十五年嘉兴金氏刻槜李丛书本。

明刊本,刊印者及刊印年份不详。①

　　国外藏本:据《日藏汉籍善本书录》记载,在内阁文库、尊经阁文库有藏。② 国内藏本:在北京大学图书馆与华东师范大学图书馆有藏。北京大学所藏本后编入《北京大学图书馆藏善本丛书》之《明清史料丛编》。③

　　对于姚思仁的注律方法,沈家本在《明律目笺一》"断罪无正条"中提道:"姚思仁,万历癸未(十一年,1583 年)进士,仕至工部尚书。尝以律文简而意晦,乃用小字释其下。"④姚著在律文中添小注,使小注可与律文连读。此种注释方法,对顺治三年律影响较大。

四十七、《律例析微》二十卷

黄承昊撰

　　明人金日升在《颂天胪笔》中记载,黄承昊著有《律例析微》,不言卷数。⑤《(雍正)浙江通志》依据《秀水县志》言黄承昊著《律例析微》二十卷。⑥《嘉禾征献录》记载:"承昊,字履素,万历己酉(三十七年,1609 年)应天举人,丙辰(四十四年,1616 年)进士,起家大理右评事,著《律例析微》《读律参疑》《律例互考》三书。"⑦此书未留存于世。

---

　　① 张伟仁主编:《中国法制史书目》,第 21 页。

　　② 严绍璗编著:《日藏汉籍善本书录》(上册),第 681 页。

　　③ 宋祥瑞主编:《北京大学图书馆藏善本丛书》之《明清史料丛编》,北京大学出版社1993 年版。

　　④ [清]沈家本:《明律目笺一》,"断罪无正条",载《历代刑法考》,第 1816 页。

　　⑤ [明]金日升辑:《颂天胪笔》卷十四下《起用》,"黄给谏"。

　　⑥ [清]李卫、嵇曾筠等修,[清]沈翼机、傅王露等纂:《(雍正)浙江通志》卷二百四十四《经籍四》。

　　⑦ [清]盛枫:《嘉禾征献录》卷二。

四十八、《读律参疑》二卷

黄承昊撰

《传是楼书目》载:"《读律参疑》(小注:二卷,明黄承昊),一本。"①在《嘉禾征献录》卷二"承昊"条亦言之,但未言卷数。② 此书未留存于世。

四十九、《律例互考》

黄承昊撰

此仅见于《嘉禾征献录》卷二的记载③,此书未留存于世。

五十、《镌大明龙头便读傍训律法全书》十一卷

贡举撰

《镌大明龙头便读傍训律法全书》,据明万历十三年(1585 年)舒化等纂修的《大明律附例》所作,在律例条文旁边加注解,以求方便阅读,故名"便读傍训"。

《镌大明龙头便读傍训律法全书》十一卷,首一卷,明四川资阳贡举撰,书前有明任甲第序,年份不详。该书为明福建安正堂刘朝珰刊印,刊印年份不详。在此书第一页题为《全补傍训便读龙头律法全

---

① ［清］徐乾学藏:《传是楼书目》卷二《史部》。
② ［清］盛枫:《嘉禾征献录》卷二。
③ ［清］盛枫:《嘉禾征献录》卷二。

书》，在每卷题为《镌大明龙头便读傍训律法全书》。

据《尊经阁文库汉籍分类目录》介绍：《镌大明龙头便读傍训律法全书》，十一卷，明贡举，明版，八册①，明福建安正堂刘朝琯版本，东京大学东洋文化研究所、日本内阁文库藏该版本。

贡举，生平不详，待考。

五十一、《新刊便读律例附注龙头主意详览》八卷

贡举撰

据《尊经阁文库汉籍分类目录》记载：《新刊便读律例附注龙头主意详览》，八卷，明贡举，明版，六册。②《日藏汉籍善本书录》有相似介绍。③

五十二、《刻御制新颁大明律例注释招拟指南》十八卷

佚名撰

诸明书未见记载。该书现存三个版本。

（一）金陵书坊周近泉大有堂刻本

中国国家图书馆藏《刻御制新颁大明律例注释招拟折狱指南》十八卷，首一卷。此为残卷，缺卷三，为明金陵书坊周近泉大有堂刻本。

①　〔日〕大庭修：《正德年间以前明清法律典籍的输入》，徐世虹译，载中国政法大学法律古籍整理研究所编：《中国古代法律文献研究》（第二辑），第265页。

②　〔日〕大庭修：《正德年间以前明清法律典籍的输入》，徐世虹译，载中国政法大学法律古籍整理研究所编：《中国古代法律文献研究》（第二辑），第265—266页。

③　严绍璗编著：《日藏汉籍善本书录》（上册），第685页。

上海图书馆、杭州市图书馆藏此残本。

（二）叶氏作德堂刊本

据黄彰健介绍，在日本蓬左文库有万历中叶氏作德堂刊本，题名为《刻御制新颁大明律例注释招拟折狱指南》，共十八卷。此书卷二首《折狱指南引》说该书系"本堂编"，则此书大概为书林叶氏作德堂编。[①] 据《日藏汉籍善本书录》载：《（刻御制新颁）大明律例注释招拟析（折）狱指南》十八卷，附卷一卷，附图一卷，首卷一卷，图卷一卷，《重修问刑条例题稿》一卷。编著者为明人，不著姓名。为万历十七（1589年）叶氏作德堂刊本。严绍璗有按语："此本版面分上下两栏。上栏每半叶有界十四行，行七字。白口，四周单边。下栏每半叶有界十行，行二十字。细黑口，间有白口，四周单边。注文皆小字双行。"[②]

该刊本在阳明文库有藏，二十册；东京大学文学部汉籍中心藏本卷四缺，且卷三有缺页，共二十册；蓬左文库藏本，附卷、附图、首卷、图卷、题稿皆缺，共七卷。[③]

（三）庆应义塾大学藏本

《日藏汉籍善本书录》另有《（锲御制新颁）大明律例注释析（折）拟指南》，原为十八卷，缺卷一，首图一卷，明人不著姓名，明末刊本，共十四册，为庆应义塾大学附属图书馆藏本。严绍璗有按语："每半叶有界而行数不定，每行约二十字左右，注文小字双行。白口，左右双边。""是书用问答之体，为官吏运用《大明律》作实务之详尽说明。书中多

---

①　黄彰健：《明代律例汇编》（上），《〈明代律例汇编〉序》，第50页。
②　严绍璗编著：《日藏汉籍善本书录》（上册），第684页。
③　严绍璗编著：《日藏汉籍善本书录》（上册），第684页。

采用江苏地方以漕运、钱粮为主的古文书。"①根据严绍璗的介绍,此刊本与叶氏作德堂刊本不同。严氏言,书中多采用江苏地方以漕运、钱粮为主的古文书,而此书作者可能在江苏任官。

五十三、《阐律》一卷

欧阳东凤撰

该书无存。《千顷堂书目》有"欧阳东凤《阐律》一卷"②,万斯同《明史》③、张廷玉《明史》同④。三书都将其列入刑法类,但内容待考。

欧阳东凤,据万斯同《明史》记载:字千仞,潜江人,家贫,万历十七年(1589 年)进士,除兴化知县,后任南京刑部主事、颍州兵备副使、山西副使等职。⑤ 从其经历看,欧阳东凤主要生活在万历年间,则《阐律》极可能在此期间撰成。

五十四、《鼎镌刑宪校纂律例正宗法家心诀》三卷

沈鼎新撰

诸史籍未见记载。

该书为明万历四十五年(1617 年)有丽春馆刻本,吉林大学图书馆有藏。为上下两栏:上十六行,十三字;下十一行,十八字;白口,四周单边。

---

① 严绍璗编著:《日藏汉籍善本书录》(上册),第 684 页。
② [明]黄虞稷:《千顷堂书目》卷十。
③ [清]万斯同:《明史》卷一百三十四《艺文志二》。
④ [清]张廷玉等:《明史》卷九十七《艺文二》,第 2399 页。
⑤ [清]万斯同:《明史》卷三百二十九《欧阳东凤传》。

沈鼎新,事迹待考。

五十五、《鼎镌大明律例法司增补刑书据会》

彭应弼辑

《千顷堂书目》载"舒化《问刑条例》七卷,又《刑书会据》三十卷"①,《明史》同②。辑者误为舒化撰,《明史·艺文志》沿自《千顷堂书目》,未能细致考证,从而延续了《千顷堂书目》的错误。

《鼎镌大明律例法司增补刑书据会》成书的时间,从《名例律》"徒流迁徙地方"条末,附新例"崇祯十一年正月十四日令"一款可知,此书当在崇祯十一年(1638年)后刊刻。

中国国家图书馆藏《鼎镌大明律例法司增补刑书据会》十二卷,首三卷,十二册,彭应弼撰,书首有南京太常寺卿江陵傅作雨及工部郎中莆阳卢廷选序。张伟仁在《中国法制史书目》中介绍:内阁文库本《刑书据会》(书面题作《明律刑书据会》,书内另题作《重镌大明律法司增补刑书据会》),为彭应弼辑。该书在解读《大明律》时,还辑录了大量与司法工作有关的典章,初版有十册,十二卷。书前有明傅作雨及卢廷选序。明刊本,刊印者及刊印年份不详。③ 内阁文库本和国图本在册数上不一致。

辑者彭应弼,明人,生平不详。

①　[明]黄虞稷:《千顷堂书目》卷十。
②　[清]张廷玉等:《明史》卷九十七《艺文二》,第2399页。
③　张伟仁主编:《中国法制史书目》,第22页。

五十六、《新刻官板律例临民宝镜》十六卷

苏茂相辑

《千顷堂书目》有"苏茂相《临民宝镜》十六卷"①,《明史》同②。

关于此书的刻本,从书名"官板"看,官方曾刊刻之。但此刻本未见留存。现留存者,主要有明书林少吾张钟福刊本、明书林金闾振业堂刊本和明福建刘朝琯安正书院刊本。

中国国家图书馆、南京图书馆、中国社会科学院法学研究所图书馆藏书林金闾振业堂刻本,十卷、首三卷、末三卷,十八册。在书前有崇祯岁次壬申(五年,1632 年)潘世良序。此本卷一题"刑部太子太傅尚书、石水苏茂相辑,大理寺卿虞廷潘世良校,理刑推官太征郭必昌订,后学仰源郭万春注"。孔庆明、宋国范以此版本整理《新镌官板律例临民宝镜》。③

在日本,据《日藏汉籍善本书录》介绍:《(新刻)大明律例临民宝镜》十卷,首三卷,尾三卷,目一卷,书前有明崇祯五年(1632 年)序。该书为苏茂相撰,郭万春注。崇祯年间(1628—1644 年)张钟福刊本,在宫内厅书陵部、内阁文库、尊经阁文库有藏。日本宫内厅藏本为十二册;内阁文库藏同一刊本两部,一为八册,一为十二册;尊经阁文库藏本为十册。④

《日藏汉籍善本书录》还介绍:《(新刻官板)律例临民宝镜》十三

---

① [明]黄虞稷:《千顷堂书目》卷十。
② [清]张廷玉等:《明史》卷九十七《艺文二》,第 2399 页。
③ [明]苏茂相辑:《新刻官板律例临民宝镜》,孔庆明、宋国范整理,载杨一凡主编:《历代珍稀司法文献》(第六册、第七册),社会科学文献出版社 2012 年版。
④ 严绍璗编著:《日藏汉籍善本书录》(上册),第 684 页。

卷,首三卷,末三卷,为明贡举①撰,明万历年间(1573—1620 年)闽中刘朝琯安正书院刊本,共十四册,东京大学东洋文化研究所有藏。②

据《明熹宗实录》载:苏茂相天启五年(1625 年)任南京刑部右侍郎。③《闽中理学渊源考》记载苏茂相任南京刑部右侍郎的时间与之相同,并言其在天启七年(1627 年)任刑部尚书,于崇祯元年(1628 年)卸任。④ 据《明熹宗实录》的记载,苏茂相于天启七年八月加太子太保⑤,则此书最早完成于天启七年。

五十七、《提刑通要》一卷

贺万祚撰

该书未见留存。《澹生堂藏书目》载:《提刑通要》一册,一卷,贺万祚。

据《(康熙)江西通志》载:"贺万祚,嘉兴人,进士,崇祯二年(1629 年)任。"⑥据《(雍正)广西通志》记载:"贺万祚,秀水人,进士,天启间任,分守浔州。"⑦从上述两条材料记载看,贺万祚在天启、崇祯年间任职,生活于明晚期,则《提刑通要》为明代晚期著作。

---

① 此处言贡举撰,错。
② 严绍璗编著:《日藏汉籍善本书录》(上册),第 685 页。
③ 《明熹宗实录》卷五十七,"天启五年八月丙申"条。
④ [清]李清馥:《闽中理学渊源考》卷七十七。
⑤ 《明熹宗实录》卷六十二,"天启七年八月乙未"条。
⑥ [清]谢旻等监修,[清]陶成等编纂:《(康熙)江西通志》卷四十七,四库全书本。
⑦ [清]金铁修,[清]钱元昌纂:《(雍正)广西通志》卷五十三。

五十八、《读律源头》《辅律详节》

蔡懋德撰

诸明书未见记载。清人谭瑄在《续刑法叙略》中记载：

> 崇祯时蔡懋德患谳狱者都不知律意，乃精注明律。又有《读
> 律源头》，如明明德，格物絜矩。及去所去，辟去骄泰。并《周易》
> 《尚书》等经籍中刑语，以冠于先。又有《辅律详节》，如《大诰》
> 《条例》之类，以续于后。此二书者，诚足与明律相符而行也。①

五十九、《袖珍律例》

佚名撰

此见于《大明律例添释旁注》所征引律著，则此书大约成于万历
年间。②

六十、《律例便览》

佚名撰

此见于《大明律例添释旁注》所征引律著，则此书大约成于万历
年间。③

---

① ［清］蔡方炳：《广治平略》卷三十七《刑制篇》。
② 张伟仁主编：《中国法制史书目》，"大明律例添释旁注"条，第27页。
③ 张伟仁主编：《中国法制史书目》，"大明律例添释旁注"条，第27页。

第四节　不详年代的私家律学著作

由于年代久远,史籍记载阙如,有些律学著作,不能确定成书的大体年代,亦不能确定著者姓名,无法按照时间断代分类,兹分录于下:

一、《律例备考》

佚名

《宝文堂书目》有"《律例备考》"①,不著撰人和卷数。从书名上看,是对律例的考证。

二、《大明律分类便览》

佚名

《大明律分类便览》仅出现在《月鹿堂文集》卷二《〈大明律分类便览〉序》中,其他无考。序中言:"五刑亦称象刑焉! 易之妙,在于错综;律之妙,在于以、准、皆、各、其、及、即、若。有能以读易之法读律,而又能以学律之法学易,其惟圣人乎! 其惟圣人乎!"②从记载看,此书论述了律中以、准、皆、各、其、及、即、若八字等内容,并进行分类,以方便阅读。此是明代便览类私家律学著作。

---

① ［明］晁瑮:《宝文堂书目》卷下。
② ［明］张师绎:《月鹿堂文集》卷二,清道光六年蝶花楼刻本。

三、《大明律比例》一卷

佚名

《天一阁书目》载:"《大明律比例》一卷(绵纸乌丝格抄本),不著撰人名氏。"①其他史籍无载。

四、《一王法典》

佚名

《一王法典》书内题为《锲六科奏准御制新颁一王令典法律》,不著撰人。

笔者未睹此书,据张伟仁介绍:本书初版为五册,二十卷。(内首卷、次卷各一卷,下分十八卷。)日本尊经阁文库藏明金陵舒氏(名不详)刊本(刊印年份不详)。书前有明司寇爽鸠氏(名不详)重校叙,写作年份不详。卷首有明太祖洪武七年(1374年)刘惟谦等所上进《大明律表》、世宗嘉靖二十九年(1550年)顾应祥等所作《重修问刑条例题稿》及同年所奉颁行该条例之御旨。本书辑录了《大明律》和《问刑条例》,并加了各种注释。②

---

① ［清］范邦甸:《天一阁书目》卷二之二《史部》。
② 张伟仁主编:《中国法制史书目》,第24—25页。

五、《刑书会典》十八卷

佚名

《千顷堂书目》著录"《刑书会典》十八卷"①,不著撰人,万斯同《明史》同。②《传是楼书目》记载为《刑书会典》十八卷,七本。③

六、《律条罪名图》

佚名

《宝文堂书目》载"《律条罪名图》"④,不著撰人和卷数。其他史籍无载。从书名上看,《律条罪名图》是将明律的罪名以图表的形式罗列,为读者提供方便。该书是明代图表类私家律学著作。

七、《律书策要》

佚名

《宝文堂书目》云"《律书策要》"⑤,不著撰人和卷数。其他史籍无载。从书名看,此乃是对明律的部分内容,择其要点展开讨论,非系统注释。其他待考。

---

① ［明］黄虞稷:《千顷堂书目》卷十。
② ［清］万斯同:《明史》卷一百三十四《艺文志二》。
③ ［清］徐乾学藏:《传是楼书目》卷二《史部》。
④ ［明］晁瑮:《宝文堂书目》卷下。
⑤ ［明］晁瑮:《宝文堂书目》卷下。

八、《读律一得》

佚名

《宝文堂书目》著录"《读律一得》"①,不著撰人和卷数。其他史籍无载。从书名上看,其是著者读律的心得与体会。

九、《新刊刑学集成》

佚名

诸史籍无载。笔者所藏为日本东京大学东洋文化研究所藏本,为(莆)珠川林处楠纂集、味吾林光前同辑。该书存三至八卷,刊印年份不详。

林处楠、林光前事迹待考。

十、《大明刑书金鉴》

佚名

诸史籍无载。中国国家图书馆藏《人明刑书金鉴》一册六卷,抄本,为残本。封面有"明抄本,黄裳装成自赎"和黄裳印。此本为黄裳1949年在上海购得。此本所留存的为《户律》的田宅、婚姻、仓库、课程、钱债和市廛六部分。

据张伯元记载,上海图书馆藏不分卷《大明刑书金鉴》,正楷书写,

---

① [明]晁瑮:《宝文堂书目》卷下。

共四册,残本。中间缺《礼律》《兵律》和《户律》的一部分。上图本《大明刑书金鉴》首列律目、篇目,在篇目下加有小注。以下是律文,在律文下加有著者"辨议",其间有些部分再加有"贴法"。全书末尾附有《金科一诚赋》等材料。① 根据张伯元的比对,上图本与国图本为同一抄本。将两残本互校、补充显得尤为必要。

十一、《新镌注释法门便览公庭约束》

孚惠堂编集

诸明书未见记载,中国国家图书馆有藏。该书题为孚惠堂编集。此书为残本,存四卷(一至四)。

十二、《大明律续集》

佚名

笔者未睹此书。据黄彰健介绍,日本东京大学东洋文化研究所藏,为残本,存二十三至四十三页。②

十三、《刻大明律齐世金科》

佚名

明刻本,存于中国国家图书馆。

---

① 张伯元:《明代司法解释的指导书——〈大明刑书金鉴〉》,载《律注文献丛考》,第173页。

② 黄彰健:《明代律例汇编》(上),《明代律例刊本抄本知见书目》,第119页。

十四、《重增释义大明律》七卷

佚名

天一阁文物保管所有藏。该书为明鳌峰堂刻本,十二行,廿五字,黑口,左右双边。

十五、《新刻京本大明律法增补招拟直引大全》

佚名

明刻本,存于山东省图书馆。该刻本为残卷,存四卷(五至八),十一行,四十二字。大黑口,四周单边。

十六、《大明律简要》

佚名

张培华在《中国明代历史文献》中根据《脉望馆书目·史》的记载,辑出《大明律简要》一本。①

十七、《大明律白文》

佚名

张培华在《中国明代历史文献》中根据《行人司重刻书目》的记载,

---

① 张培华:《中国明代历史文献》,第17页。

辑出《大明律白文》私家律著。①

小　结

本论著通过对 90 余部存世的明代私家律学著作及存目的考证,考释书名、作者、版本与内容,并对诸书不一致、错讹之处进行考订、补正。通过对书名的考证,可以了解明代律学的内容及状况,也可订正文献的错讹,防止以讹传讹。在明代诸文献中,对著者的记载纷繁复杂,错误百出。更有甚者,很多文献将著者姓名抄错、刊错,这都给我们带来不小的困难。考证这些著者,其实意义重大,通过著者所著之律,真实反映著者所处时代的法律。否则,会出现张冠李戴之事,不能真正反映当时的法律。对明代私家律著版本的考证,更有重要意义。通过对版本的考证,尤其是对初版的考证,能大体确定私家律著的抄、刊时间,可以确定私家律著所反映的法律状况和时代背景。譬如,笔者对《律解辩疑》版本的考证,就很能说明问题。

本论著在借鉴前贤成果的基础上,以《大明律》为中心,全面考察50 余部存世的明代私家律学著作及 40 余部存目的状况,力求全面了解明代私家律学的内容、发展、承继与变化。

通过对明代私家律学著作的全面考述,在法制史领域,有不少学者在征引明代的私家律学文献时,往往依据《千顷堂书目》《明史·艺文志》等文献,对其中的错误多不加考证,以讹传讹。因此,本论著用了较大篇幅,对明代私家律著的书名进行考证,订正诸书记载的错误。本

---

① 　张培华:《中国明代历史文献》,第 17 页。

论著还对私家律著的著者、辑者进行了考辨。若《律解辩疑》刊刻于洪武十九年(1386年),那么它所引用的《大明律》只能是洪武十九年以前的。而我们现在所见的明代私家律著,除《律解辩疑》和《大明律直解》(依据洪武二十二年律),都是以洪武三十年律为底本。那么通过《律解辩疑》可了解洪武十九年前的《大明律》,还可将《律解辩疑》所载洪武十九年前的明律跟洪武二十二年、三十年的明律对比,从中考辨《大明律》的变化,这对研究明初的法律及《大明律》的变迁有重大意义。如果我们所见的《律解辩疑》重刊于天顺年间,那么,《律解辩疑》反映的《大明律》就不一定为洪武十九年前的,因为这些重刊者可能篡改了部分内容。还有,通过弄清版本、著者及私家律著中各派互相征引关系,可以从中了解私家律著间相互的传承和影响,并从中发现明代律著在注释的技术、方法等方面的发展和变化。

正是通过对明代私家律学的系统考释,可对明代的私家律学有清晰的理解,可更全面地反映明代私家律著的真实状况,展示明代律学的昌盛与发达。

第三章　明代私家注律家①

　　明代律学在宋元律学衰微后重新兴起，并在中后期走向繁荣。明代律学以私家律学为盛。明代官方律学仅有《律令直解》《大明律集解附例》等数部，而私家律学有 90 余部。明代律学的繁荣是私家注律家集体努力的结晶。私家注律家大多没有显赫的声名，有姓名可考的近 50 人中，《明史》有传者仅严本、胡琼、唐枢、朱敬循、王樵、王肯堂、焦竑、蔡懋德等 8 人。明代律学，尤其是私家律学，在众多官卑位微的私家注律家集体努力下，著述宏富，才使明代律学改变宋元律学式微的状况，走向中兴。研究明代私家律学，就不得不探究私家注律家。通过对明代私家注律家的地域分布、出身、仕宦、律学知识来源与律学素养、注律目的等方面的论述，可全面了解明代私家注律家群体。

第一节　私家注律家的地域分布

　　明代私家律学的发达离不开注律家的努力，而私家注律家的成长环境对其以后注律产生重要影响。通过对注律家的祖居地和出生地等地域分布的考察，从中分析明代私家律学著作与地域的关系。虽然明

---

① 参看李守良：《明代私家注律家管见》，载中国政法大学法律古籍整理研究所编：《中国古代法律文献研究》（第十辑），社会科学文献出版社 2016 年版，第 302—327 页。

代私家律学著作与注律家的地域分布间未必有必然的联系,但是注律家在仕宦前所生活地域的社会风气,人们对待诉讼的态度,对他们会产生影响,而且有些私家注律家在仕宦前就通晓法律,不能不说受到了当地的健讼风气的影响。

本论著收集到明代私家律著 90 余部,其中 50 余部留存于世。有些律著不知撰者,即使留名,却未能考证出著者的祖居地或出生地等情况。本论著就所能考证出著者地域分布的 52 部私家律著的 41 位作者进行系统探析。相关信息如下表 3-1:

表 3-1　明代私家注律家籍贯、出身表

作者	著作	籍贯	出身
何广	《律解辩疑》	上海①(南直隶松江府)	洪武中举明经②
胡效才	《大明律解附例》,御史胡琼、胡效才集解	桐城③(南直隶安庆府)	嘉靖八年进士④
王樵	《读律私笺》	金坛⑤(南直隶镇江府)	嘉靖二十六年进士⑥
徐昌祚	《大明律例添释旁注》	常熟⑦(南直隶常州府)	不详

----

① ［明］陈威修,［明］顾清纂:《(正德)松江府志》(明正德七年刻本)卷二十九言:"何广,字公远,华亭人,后迁上海。"何广祖籍华亭,后迁居上海。
② ［明］过庭训:《本朝分省人物考》卷二十五《南直隶松江府一》。
③ ［清］吴坤修、沈葆桢修,［清］何绍基、杨沂孙纂:《(光绪)安徽通志》卷二百三十四《人物志》。
④ ［清］吴坤修、沈葆桢修,［清］何绍基、杨沂孙纂:《(光绪)安徽通志》卷二百三十四《人物志》。
⑤ ［清］张廷玉等:《明史》卷二百二十一《王樵传》,第 5817 页。
⑥ ［清］张廷玉等:《明史》卷二百二十一《王樵传》,第 5817—5818 页。
⑦ ［清］纪昀:《四库全书总目》卷一百四十四《子部五十四》。

（续表）

作者	著作	籍贯	出身
蔡懋德	《读律源头》《辅律详节》	南直隶昆山①	万历四十七年进士②
严本	《刑统辑义》《律疑解略》	江阴③（南直隶常州府）	永乐十一年荐举④
孙存	《大明律读法书》	南直隶滁州⑤	正德九年进士⑥
王肯堂	《律例笺解》	金坛⑦（南直隶镇江府）	万历十七年进士⑧
焦竑	《新锲翰林标律判学详释》	江宁⑨（南直隶应天府）	万历十七年殿试第一⑩
胡文焕	《琐言摘附》《新刻读律歌》	杭州⑪（浙江杭州府）	荐举⑫
张楷	《律条疏议》《律条撮要》	宁波府慈溪县⑬（浙江）	永乐二十二年进士⑭

---

①　［清］查继佐：《罪惟录》卷九上《抗运诸臣传》，民国二十四至二十五年上海商务印书馆四部丛刊三编景稿本。

②　［清］查继佐：《罪惟录》卷九上《抗运诸臣传》。

③　［清］张廷玉等：《明史》卷一百五十《虞谦传附严本传》，第4169页。

④　［清］张廷玉等：《明史》卷一百五十《虞谦传附严本传》，第4169页。

⑤　［明］俞汝楫编：《礼部志稿》卷四十三《历官表》，清文渊阁四库全书本。

⑥　［明］俞汝楫编：《礼部志稿》卷四十三《历官表》。

⑦　［清］张廷玉等：《明史》卷二百二十一《王樵传》，第5818页。肯堂为王樵子，籍贯当与父同。

⑧　［清］张廷玉等：《明史》卷二百二十一《王樵传》，第5818页。

⑨　［清］张廷玉等：《明史》卷二百八十八《焦竑传》，第7392页。

⑩　［清］张廷玉等：《明史》卷二百八十八《焦竑传》，第7392页。

⑪　［明］张元忭：《（万历）绍兴府志》卷三十《选举志一》，"荐辟"，明万历十五年刻本。

⑫　［明］张元忭：《（万历）绍兴府志》卷三十《选举志一》，"荐辟"。

⑬　［明］雷礼辑：《国朝列卿纪》卷八十。

⑭　［明］雷礼辑：《国朝列卿纪》卷八十。

（续表）

作者	著作	籍贯	出身
应槚	《大明律释义》	遂昌县(浙江处州府)①	嘉靖五年进士②
陈器	《读律肤见》	临海县③(浙江台州府)	正德九年进士④
冯孜	《大明律集说附例》	桐乡县⑤(浙江嘉兴府)	隆庆二年进士⑥
姚思仁	《大明律附例注解》	秀水县⑦(浙江嘉兴府)	万历十一年进士⑧
杨简	《大明律集解》	余姚⑨(浙江绍兴府)	进士⑩
应廷育	《读律管窥》	永康县⑪(浙江金华府)	嘉靖二年进士⑫
唐枢	《法缀》	归安⑬(浙江湖州府)	嘉靖五年进士⑭
应朝卿	《大明律(校增)》	仙居⑮(浙江台州府)	万历十七年进士⑯
黄承昊	《律例析微》《读律参疑》《律例互考》	秀水县⑰(浙江嘉兴府)	万历四十四年进士⑱

---

① ［明］雷礼辑：《国朝列卿纪》卷一百零七。
② ［明］张朝瑞：《皇明贡举考》卷六。凌迪知《万姓统谱》卷五十七言嘉靖己丑中第，查嘉靖年表，嘉靖时期无己丑年，错。
③ ［明］张朝瑞：《皇明贡举考》卷六。
④ ［明］张朝瑞：《皇明贡举考》卷六。
⑤ ［明］张朝瑞：《皇明贡举考》卷八。
⑥ ［明］张朝瑞：《皇明贡举考》卷八。
⑦ ［明］张朝瑞：《皇明贡举考》卷九。
⑧ ［明］张朝瑞：《皇明贡举考》卷九。
⑨ ［明］管大勋修，［明］刘松纂：《(隆庆)临江府志》卷五。
⑩ ［明］管大勋修，［明］刘松纂：《(隆庆)临江府志》卷五。
⑪ ［明］张朝瑞：《皇明贡举考》卷六。
⑫ ［明］张朝瑞：《皇明贡举考》卷六。
⑬ ［明］凌迪知：《万姓统谱》卷四十九。
⑭ ［明］凌迪知：《万姓统谱》卷四十九。
⑮ ［清］李卫、嵇曾筠等修，［清］沈翼机、傅王露等纂：《(雍正)浙江通志》卷一百六十一。
⑯ ［清］鄂尔泰：《(乾隆)贵州通志》卷之十九《秩官》，清乾隆六年刻嘉庆修补本。
⑰ ［明］金日升辑：《颂天胪笔》卷十四下《起用》，"黄给谏"。
⑱ ［明］金日升辑：《颂天胪笔》卷十四下《起用》，"黄给谏"。

（续表）

作者	著作	籍贯	出身
贺万祚	《提刑通要》	嘉兴府人①（浙江）	万历三十一年举人，三十八年进士②
徐舟	《律法详明》	曹州永丰③（山东兖州府）	天顺六年乡试，成化二年进士④
曾思敬	《律学解颐》	德州⑤（山东济南府）	不详
陈廷琏	《大明律分类条目》	攸县⑥（湖广长沙府）	成化二年进士⑦
朱敬循	《大明律例致君奇术》	绍兴府山阴县⑧（浙江）	万历二十年进士⑨
王楠	《大明律集解》	山东⑩	嘉靖二十三年进士⑪
欧阳东凤	《阐律》	潜江⑫（湖北承天府）	万历十七年进士⑬
包大夫	《法家体要》	嘉禾⑭（湖广衡州府）	不详

---

① ［清］李卫、嵇曾筠等修，［清］沈翼机、傅王露等纂的《（雍正）浙江通志》卷二百五十一言其为嘉兴人，卷一百四十则又言其为海盐人。［清］金𬭎修，［清］钱元昌纂的《（雍正）广西通志》卷五十三则言其为秀水人。从上述记载可知，有嘉兴、秀水、海盐之分。在明代，秀水和海盐曾隶属于嘉兴，具体是秀水还是海盐，待考。

② ［清］李卫、嵇曾筠等修，［清］沈翼机、傅王露等纂：《（雍正）浙江通志》卷一百四十。

③ ［明］凌迪知：《万姓统谱》卷七。

④ ［明］凌迪知：《万姓统谱》卷七。

⑤ ［清］王赠芳、王镇修，［清］成瓘、冷烜纂：《（道光）济南府志》卷四十一。

⑥ ［明］廖道南：《楚纪》卷四十二《考履内纪后篇》。

⑦ ［明］廖道南：《楚纪》卷四十二《考履内纪后篇》。

⑧ ［明］俞汝楫编：《礼部志稿》卷四十二《历官表》。

⑨ ［明］俞汝楫编：《礼部志稿》卷四十二《历官表》。

⑩ 王楠，一为文登人，一为德州人，不知孰是。参见王重民：《中国善本书提要》，第179—180页。

⑪ 按《兰台法鉴录》卷十六记载："王楠，字子梁。山东德州人。嘉靖二十三年进士，二十六年由行人选四川道御史，巡按河南，升平阳知府，陕西副史，致仕。"

⑫ ［清］万斯同：《明史》卷三百二十九《欧阳东凤传》。

⑬ ［清］万斯同：《明史》卷三百二十九《欧阳东凤传》。

⑭ 明嘉靖间刻本《法家体要》，有嘉靖四十四年韩君恩的序，云："金宪汾阳王君以是帙请阅之，乃仪制嘉禾包大夫在西曹时手录也。"

（续表）

作者	著作	籍贯	出身
胡琼	《大明律解附例》	南平县①（福建延平府）	正德六年进士②
苏茂相	《新刻官板律例临民宝镜》	晋江③（福建泉州府）	万历二十年进士④
萧近高	《刑台法律》	庐陵⑤（江西吉安府）	万历二十三年进士⑥
雷梦麟	《读律琐言》	进贤⑦（江西南昌府）	嘉靖二十三年进士⑧
余员注招，叶侃示判	《三台明律招判正宗》	大同宣府开平卫、方山人余员；江西赣州府定南县典史、鲁斋人叶侃	不详
林兆珂	《注大明律例》	莆田⑨（福建兴化府）	万历二年进士⑩
林处楠纂集，林光前同辑	《新刊刑学集成》	莆田（福建兴化府）	不详
熊鸣岐	《昭代王章》	丰城⑪（江西南昌府）	万历三十五年进士⑫
衷贞吉	《大明律解附例》⑬	南昌⑭（江西南昌府）	嘉靖十四年进士⑮

---

① ［明］过庭训：《本朝分省人物考》卷七十三。
② ［明］过庭训：《本朝分省人物考》卷七十三。
③ ［清］董天工：《武夷山志》卷十七，清乾隆刻本。
④ ［清］董天工：《武夷山志》卷十七。
⑤ ［清］万斯同：《明史》卷三百五十。
⑥ ［清］万斯同：《明史》卷三百五十。
⑦ 凌迪知《万姓统谱》卷十七记载其为进贤人，张朝瑞《皇明贡举考》卷七，谢旻等监修、陶成等编纂的《（康熙）江西通志》卷六十九，章履仁《姓史人物考》卷一同；王圻的《续文献通考》卷一百七十八《经籍考》，黄虞稷的《千顷堂书目》卷十，万斯同的《明史》卷百二十四则为丰城人。
⑧ ［明］凌迪知：《万姓统谱》卷十七。
⑨ ［明］张朝瑞：《皇明贡举考》卷八。
⑩ ［明］张朝瑞：《皇明贡举考》卷八。
⑪ ［清］谢旻等监修，［清］陶成等编纂：《（康熙）江西通志》卷五十五。
⑫ ［清］谢旻等监修，［清］陶成等编纂：《（康熙）江西通志》卷五十五。
⑬ 都察院掌院事左都御史衷贞吉，协理院事左副都御史张养蒙，协理院事左佥都御史郭惟贤共同纂注《大明律解附例》三十卷。
⑭ ［明］雷礼辑：《国朝列卿纪》卷二十九。
⑮ ［明］雷礼辑：《国朝列卿纪》卷二十九。

（续表）

作者	著作	籍贯	出身
陆束	《读律管见》	祥符县①（河南开封府）	嘉靖二十九年进士②
梁许	《大明律例》	孟津县③（河南河南府）	隆庆二年进士④
周某	《大明律例注释祥刑冰鉴》	不详	不详
贡举	《新刊便读律例附注龙头主意详览》《镌大明龙头便读傍训律法全书》	不详	不详
陈永、潘智	《法家衷集》	不详	不详⑤
沈鼎新	《鼎镌刑宪校纂律例正宗法家心诀》	不详	不详
郑汝璧	《大明律解附例》	不详	不详
彭应弼	《鼎镌大明律例法司增补刑书据会》	不详	不详
陈孙贤	《新刻明律统宗为政便览》	不详	不详

　　根据上述统计,明代私家注律家能考证出籍贯者中,南直隶9人,浙江13人,江西5人,山东3人,福建5人,湖广3人,河南2人,山西1人。明代私家注律家地域分布呈现出较明显的不平衡性,主要集中在三类地区。第一类:南直隶和浙江,共有22人,占53.7%;第二类为江

---

　　① ［明］曹金:《（万历）开封府志》卷十二,明万历十三年刻本。
　　② ［明］曹金:《（万历）开封府志》卷十二。
　　③ ［明］张朝瑞:《皇明贡举考》卷八。
　　④ ［明］张朝瑞:《皇明贡举考》卷八。
　　⑤ 据《法家衷集》前《〈法家衷集〉题解》记载可知:由司台司潘智辑录,后由从史陈永补辑,而苏佑仅仅作了题解。潘智任职于司台司,但不能确定何职,而从史陈永科举中第的可能性不大。

西、山东、福建和湖广,共有 16 人,占 39%;第三类为河南和山西,共有 3 人,只占 7.3%。

从统计结果看,明代私家注律家群体的分布呈现出东南为盛的区域特点,且以浙江和南直隶尤盛。此结果的形成,原因是多方面的,其中,地方的健讼习俗对其应有深刻影响。比如:浙江在历史上是著名的健讼地区①,南直隶所辖地区亦为健讼之地②,福建亦如此③。"江西最健讼"④,其中以南昌府、赣州府闻名,而最健讼者是吉安府。⑤《读律琐言》的作者雷梦麟、《大明律解附例》的纂注者衷贞吉、《三台明律招判正宗》的示判者叶伋、《刑台法律》的作者萧近高均来自上述地区。

多数私家注律家生活在刁滑、健讼难治之地,讼累不断,累年不决。既然有讼累,法律的解读和理解就成为必然,只有如此,才能在诉讼中处于有利地位。即:在讼累地区,法律有存在的土壤,这为众注律家从小接触律例提供了可能和方便。比如:孙存之父在健讼之地福建建宁府任推官,为了更好地审断案件,"老吏论难律意,率至夜分"⑥。孙存自幼耳濡目染,对其理解法律起到了很好的作用。在长成入仕后,孙存看到司法中累讼不决的弊端和官吏、讼师弄法的危害,根据自己在法司部门中所见、所闻及所积累的大量司法经验,加之自己潜心研究律例,深谙律条适用技巧,对《大明律》进行系统注释,撰写《大明律读法书》,

① "浙俗健讼。"[明]焦竑辑:《国朝献征录》卷五十《工部一·资政大夫工部尚书黄涯郭公朝宾墓志铭》。

② "苏人健讼,尝告连数百人。"[明]王直:《抑庵文后集》卷二十六《都御史陈公墓表》,清文渊阁四库全书本。

③ 自宋代始"闽俗健讼"。[明]陈道修,[明]黄仲昭纂:《(弘治)八闽通志》卷三十六,《秩官》,明弘治刻本。

④ [明]崔铣:《洹词》卷十五《南京光禄寺卿张公墓志铭》,明嘉靖三十三年周镐池州刻本。

⑤ [明]过庭训:《本朝分省人物考》卷十一《南直隶应天府一》。

⑥ [明]焦竑辑:《国朝献征录》卷九十二《河南一·河南左布政使孙公存行状》。

赞同或批驳其他观点,阐述自己的见解。当然,有些私家注律家从小未必生活在健讼之地,或者由于父祖任官时随父祖一起迁往,或者因贫困而迁徙。本论著考察过明代私家注律家的身世,大部分人的父祖未见任官,则其自小随父之任官而迁徙的情况不普遍,仅见两例:

何广祖籍陕西华亭①,后迁去上海,何广为此还自称"松江人"。② 松江人何广常随任官的兄长在外地生活。据其后人何良俊记载,何广之兄雷州公何讷轩因精通法律在元至正中任雷州判官,长何广三十多岁,何广随兄一起生活。何讷轩教授其弟何广学习法律知识,并且何广《律解辩疑》的撰写也是其兄授意的。③ 何广虽精通法律,但未受到出生地松江府健讼风气的影响。孙存亦有此种情况存在。孙存为南直隶滁州人④,从小随父建宁公在福建生活,并在此时接触了法律知识。⑤ 还有,注律家因父祖从商等随从其父祖而离开原籍的情况,虽没有文献记载,但不能排除此种可能。即使有,在当时的农业社会,此种情况应该不普遍。严本,祖籍昆山⑥,在八岁时父母双亡,后过继给嘉定戚氏姑家⑦,离开原来生活之地。故严本的出生地非其长期生活之地。

---

① ［明］何良俊:《何翰林集》卷二十四《行状·先府君讷轩先生行状》,明嘉靖四十四年何氏香严精舍刻本。

② 李贤纂《大明一统志》卷九言:何广为上海人。凌迪知在《万姓统谱》卷三十四采用了《大明一统志》的记载。至于何广为华亭人,还是上海人,《(正德)松江府志》卷二十九已经说明:"何广,字公远,华亭人,后迁上海。"明何广祖籍华亭,后迁居上海。这一点也在《〈律解辩疑〉序》中得到了验证,何广自称"松江人"。

③ ［明］何良俊:《何翰林集》卷二十四《行状·先府君讷轩先生行状》,明嘉靖四十四年何氏香严精舍刻本。

④ ［明］俞汝楫编:《礼部志稿》卷四十三《历官表》。

⑤ "(孙存)幼从其父建宁公学于闽,见建宁公与老吏论难律意,率至夜分,知读律之难。"张萱:《西园闻见录》卷八十四。

⑥ 一说为江阴人。［清］张廷玉等:《明史》卷一百五十《虞谦传附严本传》,第4169页。

⑦ ［明］焦竑辑:《国朝献征录》卷六十八《大理寺·大理寺左寺正严公本传》。

　　总之,大多数私家注律家从小生活在健讼之地,对其有潜移默化的影响,在其以后的仕宦中,对律例的理解及从小的经历都可能使其对律例产生兴趣,并通过注律提出自己的见解,借此改正前人的错误。通过以上分析,明代私家律学著作成书受到注律家地域分布的重要影响。

第二节　私家注律家的出身

　　考察明代私家注律家的出身,可从中探知此群体的知识背景与素养,展现其时代特点,探析其出身与私家律学著作的联系。

　　明代私家注律家的出身,本论著做过统计,见表3-1。从表中可以知,明代私家注律家多科举及第。在明代私家注律家有姓名可考的49人中,除14人不能确定是否有功名外①,其余的35人中,明经1人,2人荐举入仕,32人中进士。明代私家注律家科举及第的比例是相当高的。明代的私家注律家,其实是官僚注律家,他们以个人的身份著书立说,阐发律意,表达自己对明代律例的见解。律例,乃专门之学,没有深厚功底,断不能系统注释,且《大明律》深奥难懂,注释不易,没有扎实功底,不能完成此艰巨任务。明律承唐宋之余绪,乃礼法结合之结果。科举出身者,精于礼经,能理解法律的精髓,才能更好地注律。明代私家注律家,在明代初、中期,几乎所有的私家注律家有功名。其所著之

---

　　①　在这14人中,徐昌祚可能是有功名的,据《明神宗实录》卷四百六十二载,徐昌祚官刑部郎中。《大明律例注释祥刑冰鉴》的作者,周某,据《明代版刻综录》卷六为周莘辑。据《(雍正)四川通志》卷九上载:"周莘,字正宇,合江人,万历中举人,任云南保山令,后知滕越州。俱以清廉著,致仕归里,德望益高,屡举乡饮正宾,寿九十卒。崇祀乡贤。"两人因缺乏直接的证据证明他们取得了功名,暂且将他们归入"不详"之列。

律,如《律解辩疑》《律条疏议》《大明律释义》《大明律解附例》《大明律读法书》等,都是对《大明律》的整体解读,考据类、辑注类著作较多,此则需要精深的律学功底和良好的教育基础,否则,不能系统、全面地解释《大明律》。在明代后期,非科举出身的私家注律家渐渐增多。嘉靖至万历时期,虽不少有功名的私家注律家撰写了诸如《读律琐言》《律例笺释》等系统性、全面性的辑注类私家律学名著,但更多的为诸如《三台明律招判正宗》《刑台法律》等律例合编的司法应用性著作。此类著作大多只抄录前人的解释,作者更关注的是司法应用的规则、行文体式等形式性和程序性内容。

到明代后期,私家注律家之声名日渐式微,非科举出身者增多,不能考证出著者的私家律著也大量增加。私家律学著作的编者、辑者渐多,而著者、撰者渐少。私家律学著作之著、撰,需有精深之律学素养和扎实的经学基础,否则不能完成此艰巨工作。辑、编私家律著则相对简单,更多的是对前人著作的汇集编排,此项工作,对作者素质的要求相对较低,非科举出身者能胜任此项工作。从此侧面看,私家律学著作与注律家出身之间的关系密切。不同类别的私家律学著作,对注律家之律学素养、经学基础的要求是不同的。

第三节　私家注律家的律学素养

明代官员多科举出身,不重视律例,从而造成儒生多究心于经义与礼学,弃律学,律学遂沦为小道。儒生入仕后,多不明律例,在以后的仕宦中,甚需幕宾辅佐,否则在审断案件中冤案迭出,被上司所诃,甚至丢官送命。私家注律家同一般诵读经书的科举入仕人员不同,他们虽大多精读经书入仕,但其在从政之暇,潜心研读、注解《大明律》,借鉴他家之经验,究其错讹,查其缺漏,补其未备,成其事业。

明代私家注律家律学素养的养成,是通过何种途径? 律学素养又如何? 笔者试阐释之。

一、 私家注律家学习律例的途径

(一) 潜心自学

律学乃专门之学,若不专攻,颇难精通,至于注律则更艰难。注律家怀着一颗热忱之心,潜心学习,精通律例,才有能力注释《大明律》。比如:何广在未入仕时,已开始潜心研究法律。《云间志略》曾记载:"公未贵时最究心于律,常以为士君子读万卷而不读律者,往往有之,于是著《律解辨疑》一书。"①邵敬在《〈律解辩疑〉后序》中言:"(何广)未仕之暇,于我圣朝律内,潜心玩味,深究其理,参之于《疏议》,疑者而解之,惑者而□释之,为别□,名曰《律解辩疑》。"②何广在《〈律解辩疑〉序》中亦言:"广(日常读律,玩味采摘疑难)之句,申之以律疏,解其(义拟,然未敢擅注于律。对款)分条,编成别集,名曰《律解辩疑》。"③从以上记载看,何广之所以能著《律解辩疑》,乃是其日常读律、深究疑难、潜心研究的结果。

王樵在刑部主事任时"日读律弗辍"④,日日发愤读律,潜心研读。

① [明]何三畏:《云间志略》卷七《人物·先宪使公远公传》,明天启刻本。
② [明]邵敬:《〈律解辩疑〉后序》,载杨一凡、田涛主编:《中国珍稀法律典籍续编》第四册《明代法律文献(下)》,第296页。
③ [明]何广:《〈律解辩疑〉序》,载杨一凡、田涛主编:《中国珍稀法律典籍续编》第四册《明代法律文献(下)》,第3页。
④ [清]高龙光修,[清]朱霖纂:《(乾隆)镇江府志》卷十八,清乾隆十五年增刻本。

对于其发愤读律的原因，王肯堂在《律例笺释》"自序"中已言明："先少保恭简公为比部郎时，尝因鞫狱引拟不当，为尚书所诃，发愤读律，是以有《私笺》之作。"①王樵在刑部任职时，因鞫狱引拟不当而受尚书诃斥，由此发愤读律，才有了《读律私笺》之作。

黄承昊"初任大理寺评事，尽心平反，无微不察，精心读律"②。黄承昊任大理寺评事时还能精心读律，且其能任大理寺评事之职，是大理少卿冯公进一步考选后认可并授受的。③ 从文献记载可知，黄承昊在任大理寺评事前，已对律例有很好的研究，其初任大理寺评事之职，乃是针对其专长而授予的。黄承昊时时发愤读律，为其以后著《律例析微》二十卷、《读律参疑》二卷、《律例互考》打下了扎实基础。

严本自小学习法律。④《本朝分省人物考》曾记载：

　　（严本）永乐癸巳，何澄荐以职，堪风宪，征至南京。仁宗在青宫监国事，命吏部尚书疑公义，试《理人策》一篇，复举律疑数条为问，随问敷答。同试者，皆授郡邑职，独拜刑部主事。⑤

严本本为布衣，父母早亡，少贫寒。严本在被荐举前已精通律例。⑥ 在永乐年间，何澄荐举时，仁宗命吏部尚书试疑难之律数条，随问随答，颇

---

① ［明］王肯堂：《律例笺释》，"自序"。
② ［明］金日升辑：《颂天胪笔》卷十四下《起用》，"黄给谏"。
③ "适关中，冯公为大理少卿，署寺篆题复考选，公遂得选授。"［明］金日升辑：《颂天胪笔》卷十四下《起用》，"黄给谏"。
④ "严本，字志道，江阴人，少通群籍，习法律。"［清］张廷玉等：《明史》卷一百五十《虞谦传附严本传》，第4169页。
⑤ ［明］过庭训：《本朝分省人物考》卷二十七《南直隶常州府一·严本》。
⑥ 《从野堂存稿》卷五《传·严寺正传》记载："公少治刑书，前后两任皆刑官，以习文法吏事有名。"

为熟练、流畅,若无扎实的功底,断不可能有如此优异的表现。严本在入仕之前已经对法律有精深研究,才能对所问疑难问题对答如流,从而在其他人都任职于地方时,凭其对律例的精深掌握才得以在刑部和大理寺任职。[1]

应槚日日潜心读律,努力提高自己的律学素养。应槚在《大明律释义》卷末"识"中曾言:"日究心于律文,每有所得,随条附记,积久成帙。大率本之《疏义》《直引》诸书,而参之以己意而已。"[2]应槚日日读律,并且对其体会随时记录,日久成篇。可以说,《大明律释义》的成书乃是应槚平日潜心研究律例的结果。

冯孜认真读律、注律。王之猷在《新刻〈大明律集说〉序》中已言明:"冯原泉先生在司寇署中,拮据九年成此书,寔三尺之紫阳也。"冯孜在刑部任职时,潜心研究律例,并结合自己或本衙所处理的案件,用了九年时间写成《大明律集说附例》。该书解释精当,批驳有力有据,是明代私家律学的精品。张楷"入官宪台,于法律之学精究讲明,深所练习,乃于听政之隙特加论释"[3]。张楷于听政之暇,精究法律,潜心研究,并结合自己在宪台任职的实际经验,才撰成《律条疏议》这一私家律学名著。

通过以上分析,私家注律家认真研究法律,有的乃兴趣所在,在其未仕与入仕之暇,潜心研究,比如何广、严本之徒;有的则因在司法部门任职,于闲暇之时,结合自己的司法经验,悉心研读,才撰成其著作。众私家注律家通过日常读律,渐渐提高自己的律学素养,从而有能力去注

---

① 《从野堂存稿》卷五《传·严寺正传》记载:"洪熙初,以刑部尚书金公纯、大理卿虞公谦荐,迁大理寺左评事。"

② 〔明〕应槚:《大明律释义》之卷末作者"识",载杨一凡编:《中国律学文献》(第二辑第二册),第523页。

③ 〔明〕张楷:《律条疏议》之倪谦《重刊〈律条疏议〉叙》,载杨一凡编:《中国律学文献》(第一辑第二册),第5—6页。

释法律。

（二）他人之教授

众私家注律家除了自己认真学习法律,还常得到别人的教诲,从他人处得到学习的机会,从而更有利于其掌握律例,尽快促成律学素养的养成。何广后人曾记载:"雷州公有弟广,少雷州公三十余岁,实父事雷州公,雷州公教以法家之学,后亦以精核校练知名。……(广)有所著《律解辩疑》行于世,即雷州公所授意也。"①何广从其兄雷州公学习法律,后经过何广自己的努力和其兄的指导,精通律学。在何广著《律解辩疑》时,还得到其兄雷州公的指导和建议。孙存"幼从其父建宁公学于闽,见建宁公与老吏论难律意,率至夜分,知读律之难,及仕,又承其详刑守官之教"。②孙存之父建宁公在福建建宁府任推官时③,为了更好地审断案件,常和熟悉律例并深谙司法的老成持重的下属讨论律例及案件,从而使孙存知道学律的困难。孙存之父与属吏讨论时,孙存耳闻目染,加之其父的教导与熏陶,从而对明代律例有所了解。孙存对法律的入门应是从此开始的。孙存以后在法司部门工作时,还得到了其他司法官的教导,使其对法律有了更深理解。私家注律家通过他人的教诲,加之自己的努力,使他们的律学素养有所提高。

（三）法司部门之熏染与影响

众多私家注律家多在司法、风宪部门工作,对司法中的弊端多有耳

---

① ［明］何良俊:《何翰林集》卷二十四《行状·先府君讷轩先生行状》。
② ［明］张萱:《西园闻见录》卷八十四。
③ ［明］焦竑辑:《国朝献征录》卷九十二《河南一·河南左布政使孙公存行状》。

闻,私家注律家对这些弊端有所了解后,针对律例规定与司法适用冲突和矛盾的情况,在平时学习、研读时更加关注。私家注律家在以后注律时,针对司法适用的状况选择性注释,从而增强私家律学著作的适用性。比如黄承昊"初任大理寺评事,尽心平反,无微不察,精心读律,著有《律例析微》"①。而张楷"入官宪台,于法律之学,精究讲明,深所练习,乃于听政之隙特加论释"②。从以上记载看,众私家注律家正是在法司部门任职,经常处理司法案件,从而在实践中对律例有更深入理解,为其以后注律打下坚实的基础。

二、 私家注律家之律学素养

私家注律家注释《大明律》,著述宏富,成果丰硕。注律家能胜任这项注律之能事,必有精深之律学功底,否则无法完成此专业性极强的工作。那么,私家注律家的律学素养如何呢? 我们可从以下材料观之。

何广,"博学多识,尤精于律学"③。"广(日常读律,玩味采摘疑难)之句,申之以律疏,解其(义拟,然未敢擅注于律。对款)分条,编成别集,名曰《律解辩疑》。"④郤敬在《〈律解辩疑〉后序》中言:"未仕之暇,于我圣朝律内,潜心玩味,深究其理,参之于《疏议》,疑者而解之,惑者而□释之,为别□,名曰《律解辩疑》。"⑤通过以卜材料知,何广平

---

① [明]金日升辑:《颂天胪笔》卷十四下《起用》,"黄给谏"。
② [明]张楷:《律条疏议》之倪谦《重刊〈律条疏议〉叙》,载杨一凡编:《中国律学文献》(第一辑第二册),第5—6页。
③ [明]施沛:《南京都察院志》卷三十九《人物三》,明天启三年刻本。
④ [明]何广:《〈律解辩疑〉序》,载杨一凡、田涛主编:《中国珍稀法律典籍续编》第四册《明代法律文献(下)》,第3页。
⑤ [明]郤敬:《〈律解辩疑〉后序》,载杨一凡、田涛主编:《中国珍稀法律典籍续编》第四册《明代法律文献(下)》,第296页。

时注意研读法律,才能精通律学,并在听政之余,对《大明律》进行考据性注释。张楷"入官宪台,于法律之学精究讲明,深所练习"①。张楷精究法律,在职任内还时时应用法律,其法律的素养应该很高。而严本"少通群籍,习法律"②,律学起家③,精究法律④。因其精于律学,才以布衣入仕,并在刑部任职。⑤ 王樵"日读律弗辍"⑥,"精于律"⑦。

　　总之,私家注律家通过潜心自学、他人传授,或者在法司等部门所见、所闻等途径,并加之自己的努力,才能精究律学,从而为其注释律例打下扎实基础。

第四节　私家注律家的仕宦经历

一、私家注律家初授任官情况

　　因史料阙如,明代众私家注律家初授官情况仅收集到 21 人,仅就此分析之:

---

　　① ［明］张楷:《律条疏议》之倪谦《重刊〈律条疏议〉叙》,载杨一凡编:《中国律学文献》(第一辑第二册),第5—6 页。
　　② "(严本)少通群籍,习法律。"［清］张廷玉等:《明史》卷一百五十《虞谦传附严本传》,第 4169 页。
　　③ ［清］穆彰阿修,［清］潘锡恩纂:《(嘉庆)大清一统志》卷八十八,民国二十三至二十四年上海商务印书馆四部丛刊续编景旧抄本。
　　④ ［清］穆彰阿修,［清］潘锡恩纂:《(嘉庆)大清一统志》卷八十八《常州府三》。
　　⑤ "严本,字志道,号蒿庵,江阴人。永乐癸巳,何澄荐以职,堪风宪,征至南京。仁宗在青宫监国事,命吏部尚书疑公义,试《理人策》一篇,复举律疑数条为问,随问敷答。同试者,皆授郡邑职,独拜刑部主事。"［明］过庭训:《本朝分省人物考》卷二十七《南直隶常州府一》。
　　⑥ ［清］高龙光修,［清］朱霖纂:《(乾隆)镇江府志》卷十八。
　　⑦ ［清］万斯同:《明史》卷三百一十八《王樵传》。

在这 21 人中,严本、应槚、唐枢、郑汝璧、袁贞吉任刑部主事,应廷
育任职于南刑部,黄承昊任大理寺评事,在中央法司部门任职之人占了
三分之一。陈器任淮安推官,蔡懋德任杭州推官,此为省按察司所属,
是按察司派出地方推究案件。此 9 人在法司部门任职,比例还是相当
高的。朝廷是基于何种考虑呢? 是偶然巧合,还是他们有专业特长?
其实,朝廷对官员的任职,还是看其专长,尽量使其专长得以发挥。比
如:严本,"永乐十一年以荐征,试以疑律,敷析明畅,授刑部主事"①,此
情况得到了《国朝献征录》的确认。② 从记载看,严本初授刑部主事,是
看中了他精通律学的特长。黄承昊因其专业特长而初授大理评事。
《颂天胪笔》曾记载:"适关中,冯公为大理少卿,署寺篆题复考选,公遂
得选授。"③黄承昊任大理寺评事之职,是大理少卿亲自选任,没有律学
专长很难被选中,黄承昊的确胜任此职,《颂天胪笔》记载:"初任大理
寺评事,尽心平反,无微不察。"④总之,此 9 人在中央和地方法司部门
任职,多因精通法律之故。

在 21 人中,还有 5 人在地方任职。何广初授江西某县知县,胡琼
初授慈溪知县,应朝卿初授建安县令,陈廷琏初授知府,雷梦麟初授无
为知州。在明代,对府州县而言,地方官兼理司法。《明史》记载,知县
的重要工作就是"听狱讼"⑤,知府"平狱讼"也是其重要职责。⑥ 对他
们而言,审断案件是其重要职责之一,是衡量其称职与否的重要标志。
在地方任职,也能展现律学之长。

其他人在中央的户部、礼部、翰林院等处工作。这些人之职任,与

① ［清］张廷玉等:《明史》卷一百五十《虞谦传附严本传》,第 4169 页。
② ［明］焦竑辑:《国朝献征录》卷六十八《大理寺》。
③ ［明］金日升辑:《颂天胪笔》卷十四下《起用》,"黄给谏"。
④ ［明］金日升辑:《颂天胪笔》卷十四下《起用》,"黄给谏"。
⑤ ［清］张廷玉等:《明史》卷七十五《职官四》,第 1850 页。
⑥ ［清］张廷玉等:《明史》卷七十五《职官四》,第 1849 页。

法律关系不够密切,但 21 人初授职,其中有 14 人跟法律密切相关,此比例还是相当高的。

二、 私家注律家注律时之任职

明代私家注律家多科举出身,其撰、辑律著时有些在职任上,对其注律时之任官考察,则能窥见其注律目的与动机等问题。

(一) 府、州、县及布政使司之任职

能考证出私家注律家在地方职任上注律的并不多。主要有:何广在江西新□□□①任上著《律解辩疑》;孙存在荆州知府②任上著《大明律读法书》;还有大同宣府开平卫、方山人余员注招,江西赣州府定南县典史、鲁斋人叶伋示判的《三台明律招判正宗》。其他待考。从记载看,地方府、州、县官员不是明代私家律学著述的主体。但就所能看到的材料分析,这些作者任职之地多在明代的健讼地区。何广、孙存等官员注律目的在于对司法官员在审断案件时进行指导,或者是为了法律普及而作。何广作为基层的官吏,在任官之前,已熟知明律,③其任官之地乃健讼地区,这就需要地方官员熟知明律,从而在纷繁复杂的地方诉讼中掌握主动权,否则处处被动,狼狈不堪。贵为荆州知府的孙存因何注律呢?《西园闻见录》曾言及,"诸大郡历年久见世所刊《律解附例》多舛,且新故弗别,解亦繁芜"④,才撰《大明律读法书》。从记载

---

① 　[明]何广:《律解辩疑》,载杨一凡、田涛主编:《中国珍稀法律典籍续编》第四册《明代法律文献(下)》,第 296 页。
② 　《明世宗实录》卷一百三十七,"嘉靖十一年四月丙申"条。
③ 　"公未贵时最究心于律。"[明]何三畏:《云间志略》卷七《人物·先宪使公远公传》。
④ 　[明]张萱:《西园闻见录》卷八十四。

看,孙存著书是为了改正《律解附例》等其他注律家解释出现的问题而写,从而更好地为司刑者服务。方山人余员注招,江西赣州府定南县典史叶伋示判的《三台明律招判正宗》更是为了服务于司刑者。其中,此律学著作之示判者乃江西赣州府定南县典史,是基层官吏的属吏,其示判乃是为官员撰写判词提供方便,或者为其他司刑者学习如何写作判词提供参考。总之,在府州县职任上对《大明律》注释的人数不多,可能与其公务繁忙,无暇顾及有关,亦可能与其科举出身,多读礼经而少读律,或与绝大多数府、州、县地方官员无能力对《大明律》注解有关。

(二) 中央、地方监察系统之任职

此职任上注律者较多,是明代私家律著的一个重要来源。比如:正德年间胡琼在监察御史任上著《大明律解附例》三十卷,巡按河南监察御史胡效才在嘉靖年间集解、增附。王楠在巡按河南监察御史任上完成《大明律集解》。熊鸣岐在刑科给事中任上完成《昭代王章》,《刑台法律》是由刑科都给事中萧近高注释的。郑汝璧在巡抚山东都御史任上完成《大明律解附例》三十卷。都察院掌院事左都御史衷贞吉、协理院事左副都御史张养蒙、理院事左佥都御史郭惟贤共同纂注《大明律解附例》三十卷。① 万历二十九年(1601年)两淮察院及巡盐两淮监察御史应朝卿、扬州府知府杨洵校增《大明律》三十一卷。此都是监察系统人员完成的。

对于此群体撰写明律注释书的目的,我们从胡琼的《〈律解附例〉后序》中可窥见一斑。

---

① 黄彰健:《明代律例汇编》(上),《〈明代律例汇编〉序》,第46—47页。

乃今叨按贵阳,见诸司决狱多戾;问之或人曰:"律文深奥,遐
方乏书侩,凡'疏解'之类皆吏胥所未见闻,有携至者,又虐况移情
就律,枉滥实多乎品汇浩繁,艰于传写,欲并刊之,则财用罔周,故
耳。"余曰:"有是哉,用于听政之暇,取诸家之说,折衷之,删繁节
要,略所易知,补其未备,而以条例附焉,名曰:《律解附例》。"盖卷
帙逸兴,《疏议》等而众说略备,将以资遐陬吏胥传写讲读之便,非
敢为大方赘言也。①

御史胡琼撰写《大明律解附例》的目的是为贵州地区司刑者乃至吏胥
学习律例提供参考,从而为其传写、讲读律例提供便利。而胡琼的做
法,得到了贵州布政使司的大力支持,布政使司刊刻了《大明律解附
例》,并在全省推广。

总之,监察机关撰写、辑录律著是为了提高地方官员、属吏的律学
素养。监察机关官员注律跟他们的职责有关。他们在监察机关任职,
平时对司法的监察是其最为重要的任务。他们根据对《大明律》的理
解加之其心得体会而撰写,甚至刊刻,在本部门发放,以提高本部门官
员的律学素养。

(三) 刑部、大理寺审断及复核机关之任职

在此任上注律者较多。王之垣奏请刑部编辑的《律解附例》八卷;
冯孜在刑部用九年时间完成《大明律集说附例》;王樵刑部任职时就开
始写《读律私笺》;大理寺左少卿姚思仁著《大明律附例注解》;《新刻官
板律例临民宝镜》由刑部尚书苏茂相辑,大理寺卿虞廷潘世良校,理刑
推官太征郭必昌订,后学仰源郭万春注;《法家裒集》是由司台司籍潘

---

① [明]胡琼:《大明律解附例》之《〈律解附例〉后序》。

智手录,而由从史陈永补录。他们在大理寺、刑部审断及复核机关任职,有丰富的司法实践经验,所注之律有很强的司法针对性,使律典与司法紧密结合,对本部门的官员律学素养的提高起到了作用。

总体而言,明代私家律学著作的作者,多在地方,尤其是在监察及刑部、大理寺审断及复核机关任上注律,这肯定与其职责有关。

三、 私家注律家仕宦情况

私家注律家在其仕宦经历中,主要有四个出路。

(一)布政使司、府、州、县之任职

任职州、县者,除梁许任职西北,杨简、胡效才、应廷育不能确知外,何广在江西任知县,胡琼任慈溪知县,胡文焕任上虞知县,应朝卿任建安令,王肯堂任海盐县丞、浙江修水县县丞,叶伋任江西赣州府定南县典史,陈廷琏任徐州知州,应廷育任知州。私家注律家多集中在江西、浙江、南直隶等地任职。

任府职者,陈廷琏任福建延平府知府、江西广信府知府,孙存任长沙知府、荆州府知府、浙江处州府知府,应樌任常州知府,熊鸣岐任绍兴府知府。注律家任职集中在福建、江西、湖广、浙江和南直隶等东南健讼地区。

布政使司任职者,熊鸣岐任贵州布政司右参政,雷梦麟任陕西左参政,何广任湖广布政司右参议,孙存任河南右布政使,应樌任山东左右布政使,冯孜任福建左参政、江西右布政使与左布政使、湖广左布政使,衷贞吉任湖广右参政、浙江右布政使、浙江左布政使,王肯堂任福建参议,萧近高任浙江右参政、浙江左布政使,贺万祚任福建布政使司右参

政、江西右布政使,蔡懋德任浙江右参政、河南右布政使。注律家在布政使司任职的主要集中在湖广、福建、浙江、江西等东南健讼地区。

根据上述统计,私家注律家的府、州、县及布政使司之任职多集中在浙江、福建、江西、南直隶和湖广等健讼之地。私家注律家在此地区任职,平常须处理大量案件,这发挥了其专长。

(二) 提刑按察使司之任职

提刑按察使司按察使"掌一省刑名按劾之事。纠官邪,戢奸暴,平狱讼,雪冤抑,以振扬风纪,而澄清其吏治"①。副使、佥事,"分道巡察"②。提刑按察使对狱讼的查察是其重要职责。从提刑按察使司之职责看,主要负责一省之刑名。私家注律家在此职任上主要有何广、张楷、孙存、应槚、雷梦麟、应廷育、梁许、郑汝璧、王樵、萧近高、熊鸣岐、贺万祚、蔡懋德、衷贞吉等。主要集中在江西、湖广、广东、浙江、福建等健讼地区和陕西、河南、山东及云南、广西地区,与府州县任职者相比,范围有所扩大,但仍主要集中在东南地区。这说明了东南健讼地区需按察司官员重点监督,而在北方和边疆地区也有其身影,当权者正是看中了其专业特长。

(三) 中央三法司之任职

私家注律家在刑部任职的主要有严本、应槚、陈器、郑汝璧、熊鸣岐、徐昌祚、冯孜、陈廷珪、雷梦麟、王樵、苏茂相等。从以上记载看,众私家注律家任职于刑部者较多,但任高官者少。

在大理寺任职的私家注律家人数较少,主要有严本、张楷、王樵、姚

---

① ［清］张廷玉等:《明史》卷七十五《职官四》,第 1840 页。
② ［清］张廷玉等:《明史》卷七十五《职官四》,第 1840 页。

思仁等。虽人数较少,但多为高官。在都察院任职的主要有张楷、应槚、郑汝璧、王樵、蔡懋德等。

根据统计,私家注律家在刑部、大理寺、都察院任职较多,这可能是由于他们精通法律,在法司部门工作,更易发挥其特长。

(四)其他部门之任职

私家注律家还在兵部、户部、礼部、太仆寺及鸿胪寺等部门工作,对此不再赘述。

总体而言,通过对私家注律家仕宦的考察,分析出注律家初授官大多发挥了专业所长,注律家多在司法部门工作时注律,其他仕宦经历也往往与其律学专长有关。

第五节　私家注律家的司法实践

明代诸私家注律家精通律学,注释律例,为官员、胥吏及百姓学法、用法提供方便。明代私家注律家还常审理、驳正案件。私家注律家在审理案件时,公正明允,明恕宽平。私家注律家还通儒明经,有刚正不阿的性格。正是私家注律家之品德、素养及在司法实践中既公正执法,又兼顾情理,才有赫赫声名。

一、公正明允

诸私家注律家在法司或州县等从事具体的司法工作时,多公正执法,又恤刑,行仁政,不为鄙俗所影响。张楷在宣德年间任监察御史时,

"刑部狱系巨盗,赂椽诈死,出复为盗。楷劾罢尚书以下十数人,连冤摘奸,风振朝宁久之"①。应槚任刑部主事时,"惠安张某以赃败,下部,客有为张私谒者,夜遗金七百,峻拒之,严驳如法"②。陈器任淮安推官时,"持法不畏权贵"③。王樵"执法明允,鞏笑无所狥"④。黄承昊在万历年间任大理寺评事时,"尽心平反,无微不察"⑤。严本更是公正明允的典范,曾有人叹言:"吾守此郡,阅贵人多矣! 清白有持,唯严公一人焉。"⑥

二、 明恕宽平

诸私家注律家多科举出身,常在州县任职,亦常为按察司官员,纠举不法。他们还常在中央三法司任职,亲自审断、复审案件,亦常代天子巡按地方,查举罪案。私家注律家常与法律打交道,那么,他们对待案件和世事的态度,所秉持的治世理念对其有重大影响。众私家注律家往往有一颗仁恕之心,恤刑宽正,不严苛。比如:何广在陕西按察副使任时"宽厚有容"⑦,王樵"为人恬默静慎,所至以宽简称"⑧,胡琼为慈溪令时"立心公恕,断狱明审"⑨。正是他们有宽厚、平直之心,在审

---

① 　[明]何乔远:《名山藏》卷十二《典谟记》,明崇祯刻本。
② 　[清]李卫、嵇曾筠等修、[清]沈翼机、傅王露等纂 :《(雍正)浙江通志》卷一百六十二。
③ 　[清]李卫、嵇曾筠等修、[清]沈翼机、傅王露等纂 :《(雍正)浙江通志》卷一百六十一。
④ 　[明]陆应阳撰,[清]蔡方炳增辑:《广舆记》卷三,清康熙五十六年聚锦堂刻本。
⑤ 　[明]金日升辑:《颂天胪笔》卷十四下《起用》,"黄给谏"。
⑥ 　[明]焦竑辑:《国朝献征录》卷六十八《大理寺·大理寺左寺正严公本传》。
⑦ 　[明]施沛:《南京都察院志》卷三十九《人物三》。
⑧ 　[明]过庭训:《本朝分省人物考》卷二十九《南直隶镇江府》。
⑨ 　[明]周希哲修,[明]张时彻纂:《(嘉靖)宁波府志》卷二十五《名宦传》,明嘉靖三十九年刻本。

断案件时才能宽刑仁恕。应槚曾恤刑江南,"平反狱囚,全活者众"①。王樵"既精于律,比晚致通显,不离法曹,益治狱不懈。尝一当热审,两虑重囚,皆多所平反"②。众私家注律家在审断狱讼时,公正执法,还兼顾人情。给事中张养蒙曾言:"狱贵初情,自古记之。诸臣奉命审谳,据原招以别矜疑,允驳听之部议,法司奉旨议覆,据原奏以定允驳可否,请自上裁。倘有原招未应辨放而任意改定,则是初情不足贵,而重犯可故出也。"③唐枢亦曾言执法者在定罪量刑时要"情罪允当"④,正是他们在重人情的基础上公正执法,才使受刑者无冤,甘愿受罚。郑汝璧任刑部郎中时,"京师人颂其明断,咸愿就质,爰书成于手,受罚者自以不冤"⑤。

三、 刚正不阿

明代诸私家注律家在仕宦中,尤其在法司或风宪衙门,多坚持原则,刚正不阿,不为时俗所趋。胡琼为慈溪令时,"廉隅自持,棘棘不阿,而立心公恕,断狱明审"⑥。应槚不畏权势,《古今谭概》载:"应槚守常州,偕他郡守谒御史。槚居中,独遵宪纲不跪。他日御史见之,指曰:'此山字太守也!'"⑦应槚拒绝私谒,严驳如法。⑧ 陈器任淮安推官

---

① 徐象梅《两浙名贤录》卷二十九《吏治》载,"常州府知府应子材槚"。
② [清]万斯同:《明史》卷三百一十八《王樵传》。
③ [清]嵇璜纂:《钦定续文献通考》卷一百三十八《刑考》,清光绪八年浙江书局刻本。
④ [明]过庭训:《本朝分省人物考》卷四十六《浙江湖州府·唐枢》。
⑤ [明]过庭训:《本朝分省人物考》卷五十六《处州府·郑汝璧》。
⑥ [明]周希哲修,[明]张时彻纂:《(嘉靖)宁波府志》卷二十五《名宦传·胡琼传》。
⑦ [明]冯梦龙:《古今谭概》卷十《越情部·不畏势》,明刻本。
⑧ [清]李卫、嵇曾筠等修,[清]沈翼机、傅王露等纂的《(雍正)浙江通志》卷一百六十二《名臣五·应槚》载:应槚在任刑部主事时"惠安张某以赃败下部,客有为张私谒者,夜遗金七百,峻拒之,严驳如法"。万斯同《明史》卷二百九十一《应槚传》亦载:"应槚,字子材,遂昌人,嘉靖五年进士,授刑部主事,有贵人下狱,使人以七百金行馈,槚峻却之,论如律。"

时，"持法不畏权贵"①。黄承昊任吏科给事中时，"中立不倚，勿逐时趋，及逆珰弄权，虐焰熏天，公秉正不阿，一时称为中流砥柱"②。姚思仁公正执法，不通融。③ 诸私家注律家在仕宦中，刚正不阿，秉公执法，即使在皇帝面前，为了坚持原则，也常忤旨，甚至有人还为此丢掉了性命。应廷育，争大礼而忤旨。④ 唐枢"嘉靖丙戌（五年，1526 年）进士，授刑部主事，会议大礼，继议大狱，抗疏忤旨，廷杖罢归"⑤。黄承昊，"疏谏追夺诰命，忤珰几不免"⑥，而胡琼，"哭谏，受杖卒"⑦。

四、　通儒明经

诸私家注律家多科举出身。他们为了科举中第，多精读四书五经，精通经学。其经学素养为以后注律提供了便利条件。因《大明律》承唐律之余绪，礼、律紧密结合，故能通经，才能更好理解律意，加深对律意的理解。比如：严本"自少喜读书，通儒术"⑧。胡琼"幼习儒"⑨。唐

---

① ［清］李卫、嵇曾筠等修，［清］沈翼机、傅王露等纂：《（雍正）浙江通志》卷一百六十一《名臣四·陈器》。

② ［明］金日升辑：《颂天胪笔》卷十四下《起用》，"黄给谏"。

③ "秀水姚思仁，万历巡按山东、河南，杀贼颇多，忽病中被摄入冥司，主者诘曰：'尔为御史，何好杀如此？'姚曰：'某为天子执法耳，非好杀也。'主者曰：'此言过矣，凡为官当体上天好生恶杀之心，先王刑期无刑之意，今尔不以哀矜，勿喜自省，理应受罪。'姚曰：'固也，当两省凶荒，某曾上疏请赈，所活不下数千万，独不可相准乎？'主者曰：'此尔幕宾贺，灿然之所为也，已注其中年富贵矣！'姚曰：'稿虽贺，作疏由某，上独不可分其半乎？'主者乃令其生还。"［清］黄叔璥辑：《南台旧闻》卷十六《杂录下》，清刻本。

④ ［清］李卫、嵇曾筠等修，［清］沈翼机、傅王露等纂：《（雍正）浙江通志》卷一百八十一《文苑四》。

⑤ ［明］管绍宁：《赐诚堂文集》卷八《奏疏》，清道光十一年读雪山房刻本。

⑥ ［明］金日升辑：《颂天胪笔》卷十四下《起用》，"黄给谏"。

⑦ ［清］张廷玉等：《明史》卷一百九十二《胡琼传》，第 5101 页。

⑧ ［明］缪昌期：《从野堂存稿》卷五《传·严寺正传》。

⑨ ［明］冒日乾：《存笥小草》卷五，清康熙六十年昌春溶刻本。

枢"自少有志于理学"①,曾师从著名理学家湛若水学习深造。② 王肯堂"博览群籍"③,"生平好读书,著述甚富,于经传多所发明,有《论语义府》《尚书要旨》《律例笺释》《郁冈斋法帖》,尤精医理,著《医科证治准绳》等书,盛行于世"④。而蔡懋德"七岁读大学,便立志学为圣贤。长,能文雅,不欲以文名,日读先儒语录,得王文成书,叹曰:'圣学渊源在是,吾今知所宗矣'"⑤。"(王樵)嗜书,尤邃经学,《易书》《春秋》皆有纂述。"⑥除了精通经学,还有人经、律兼通,为其更好地注律打下坚实基础。比如:应廷育除著《刑部志》《读律》外,还注《中庸本义》⑦《周礼辑说》⑧等书。范永銮撰《明儒警语》一卷。⑨ 卢廷选撰《尚书雅言》六卷。⑩ 孙存对律和经之间的关系作了很好的阐发,并且以此理论注律。其在《大明律读法书》"自序"中认为:

> 大明律读法者,读大明律法也。律与经配,读经者必穷之。六经以通其理,必考之传,注以疏,其义必验之诸史,以论其世,读律于御制诸书,犹六经也,解疏诸家,犹传也。诸条例犹吏也,庸可以不知乎。⑪

① [明]过庭训:《本朝分省人物考》卷四十六《浙江湖州府·唐枢》。
② [清]万斯同:《明史》卷二百八十《唐枢传》。
③ [清]万斯同:《明史》卷三百一十八《干樵传附干肯堂传》。
④ [清]尹继善修,[清]黄之隽纂:《(乾隆)江南通志》卷一百六十三《人物志》,清乾隆刻本。
⑤ [清]陈鼎:《东林列传》卷七《蔡懋德传》,清康熙五十年刻本。
⑥ [清]万斯同:《明史》卷三百一十八《王樵传》。
⑦ [清]李卫、稽曾筠等修,[清]沈翼机、傅王露等纂:《(雍正)浙江通志》卷一百八十一《文苑四》。
⑧ [清]黄虞稷:《千顷堂书目》卷二。
⑨ [清]万斯同:《明史》卷一百三十五《艺文志三》。
⑩ [清]张廷玉等:《明史》卷九十六《艺文一》,第2353页。
⑪ [明]张萱:《西园闻见录》卷八十四。

王樵亦认为"治律如儒生,治经字比句栉,贯串折衷"①。通过以上记载,众私家注律家多科举出身,通晓经学,又潜心研读律例,在重人情的基础上公正执法。

五、 卓有异政

诸私家注律家以宽仁的性格,公正执法,多卓有政绩。《(正德)松江府志》载:"(何广)居乡里则称学者,任郡邑则为循吏,在风宪有澄清志,位藩垣得大臣体。"②胡琼任御史时历巡按贵州、浙江有声。③ 应槚虽"贞介自持,不随人俯仰",但"居守务实,政虽与时多忤,然所至,民咸称之"。④ 应槚"守济南,历常州、宝庆、辰州,卓有异政……天官尚书许瓒尝宣言于朝,称其为天下知府第一"⑤。绍兴府知府熊鸣岐,"节爱出于精诚,先劳殚其经略,功高东海,名满稽山"⑥。蔡懋德在万历年间任杭州府推官时"有治行"。⑦

小　结

通过对上述问题的探究,了解到众私家注律家多成长于健讼之地,耳濡目染,对律例产生兴趣并有所了解,以后通过潜心自学、他人教授

---

① ［明］过庭训:《本朝分省人物考》卷二十九《南直隶镇江府》。
② ［明］陈威修,［明］顾清纂:《(正德)松江府志》卷二十九《人物三·名臣》。
③ ［清］穆彰阿修,［清］潘锡恩纂:《(嘉庆)大清一统志》卷四百三十《延平府》。
④ ［明］吴瑞登:《两朝宪章录》卷十四,明万历刻本。
⑤ ［明］徐象梅:《两浙名贤录》卷二十九《吏治》。
⑥ ［明］李邦华:《李忠肃先生集》卷二《按浙疏略》,清乾隆七年徐大坤刻本。
⑦ ［清］陈鼎:《东林列传》卷七《蔡懋德传》。

等途径，提高其律学素养。众注律家及第任官后，其专业特长大多得到发挥。众私家注律家针对律例解释的驳杂、错乱和司法应用的弊端，本着使官员、胥吏和百姓知法、守法，在法律的框架内，各安其分、各司其职的目标和最终达到刑措而不用的理想注解《大明律》。科举出身者，既通经又明律，所著之律多为系统性的考据类、辑注类著作，但到了明代中后期，非科举出身之私家注律家人数增多，司法实用类、歌诀类等私家律著明显增多。

第四章　明代私家律学著作的传播与研读

明代官员,除刑部、大理寺等法司机关人员外,大多缺乏法律知识。这与汉代以降中国政治多受道德主义意识形态的影响有关,也与明代科举取士的制度安排有关。明代官员入仕之前以学习经学为主,没有系统接受过法律训练,虽国家大力宣传和普及法律,但官员在入仕之前对法律不够重视。在及第任官后,其才认识到法律是治理社会所不可或缺的。虽官吏在入仕前没有系统学习过法律,但不意味着其没有学习法律的能力和动力,且针对礼律结合的法典,其理论学习本身有着得天独厚的条件,只是这些官员缺少基本的律例规则知识。官员虽在司法实践过程中可以通过刑名师爷等的帮助处理司法案件,但有些官员为了尽快适应行政与司法工作,还是注重律例的研习。官方公布的《大明律》等法律书籍,晦涩难懂,不易研读,而私家律学著作等资料成为其学律的重要参考。

第一节　官方的法律普及与宣传

明代私家律学著作成果丰硕,与明代统治者重视法律紧密相关。朱元璋认为,小民犯法是由于不懂法律所致,故在开国初,朱元璋与大臣认为应制定简明易晓①的法律。为了更好地进行法律宣传,官方将

① ［清］陈其元:《庸闲斋笔记》,中华书局 1989 年版,第 183 页。

民间所行事宜编成了通俗易懂的《律令直解》，达到"人人通晓，则犯法者自少"①的目标。在新编纂的《大明律》中，还增设了"讲读律令"专条。②"讲读律令"之设，目的是使百司官吏、百工技艺、诸色人等能通晓律意。

通过法律规定来宣传和普及法律，效果不够理想，政府为此还附以诏令等办法监督和加强法律的学习。明政府在《大明律》制定前就曾派监察御史和按察司分巡各处，监督地方官员读律、学律。据记载："洪武四年，令凡国家律令，并续降条例事理，有司官吏须要熟读详玩，明晓其意。监察御史、按察司官所至之处，令其讲读，或有不能通晓者，依律究治。"③"讲读律令，仰本府并合属官吏，须要熟读详玩，讲明律意，取依准回报。"④国家为了更好地宣传法律，还在县和里社为学律举行了专门的仪式。⑤ 此外，国家还时常发布诏令敦促和奖励官吏习律。洪武二十年（1387年），"令民间子弟读御制《大诰》，又令为师者率其徒能诵《大诰》者赴京，礼部较其所诵多寡，次第给赏，又令兼读律令"⑥。洪武二十四年（1391年），"令生员熟读《大诰》、律令，岁贡时出题试之，民间习读《大诰》，子弟亦令读律"⑦。万历二年（1574年），"给事中刘铉奏监生常课外宜讲读律令，下其议所司"⑧，但未知讨论结果。明政府一系列"普法"式的运动，虽不够理性且效果不佳，却为私家律

---

① ［明］余继登辑：《典故纪闻》，中华书局1983年版，第17页。

② 怀效锋点校：《大明律》卷三，"讲读律令"，第36页。

③ ［明］申时行修，［明］赵用贤纂：《大明会典》卷二十《户部七·读法》。

④ ［明］申时行修，［明］赵用贤纂：《大明会典》卷二百一十《都察院二·出巡事宜》。

⑤ ［明］徐一夔：《明集礼》卷二十九《县邑饮酒读律仪注》《里社饮酒读律仪》，清文渊阁四库全书本。

⑥ ［明］申时行修，［明］赵用贤纂：《大明会典》卷七十八《礼部三十六·学校·社学》。

⑦ ［明］申时行修，［明］赵用贤纂：《大明会典》卷七十八《礼部三十六·学校·儒学》。

⑧ ［明］卢上铭、冯士骅：《辟雍纪事》卷十三。

学的繁荣创造了条件。

第二节　私家注律家的注律目标

私家注律家在注释法典时就预设了目标读者群,主要包括三类人:一是地方官员,作者希望他们阅读律著,提高法律素养,秉公执法,教化吏役,使其迁善远罪;二是胥吏衙役,作者希望他们通过研读律著而奉公守法,积善行德;三是黎民百姓,作者希望他们学习一些通俗易懂的法律知识,使其知法、畏法,达到治化的目标。

一、　私家注律家的注律初衷

明代私家注律,无虑数十家,其中《律解辩疑》《解颐》《律条疏议》《管见》《大明律集说附例》《读律琐言》《律例笺释》等最称明备,且各有所长,莫之能一。此众注律家费心劳神,努力执着,究心于一律,何为?因其律例浩繁,错讹迭出,诵读不便,才有新作问世。新作问世后,基于看问题的角度及所持观点不同,又有相异的观点产生,从而有更新的律著出现。有明一代,不停循环往复,从而形成了 90 余部《大明律》的注释。这种情况在《西园闻见录》中有所反映,"(孙存)既知诸大郡历年久见世所刊《律解附例》多舛,且新故弗别,解亦繁芜"①,才动念头著《大明律读法书》。任甲第在《〈镌大明龙头律法全书〉序》中言:

但从事于法家者,以律例各成一书,苦于诵读者多谓浩瀚旨意

---

① 　[明]张萱:《西园闻见录》卷八十四。

难明者不便追求,因考《管见》《附解》《琐言》等注,言无不尽,意无不详,但书籍多而讲读厌,始见其难也。今以律刊一书,随条附例,注以诸家释意。至于假如招拟、判告体式、行移捷录,靡不备载于中,使学者随诵便观,勿劳寻究,虽不能以会其意而备其全,抑少足以省其繁,而便其读矣。①

从任甲第的角度看,众多私家律学释本都企图解决其所关注的法律问题,但对诵读者而言,释本太多,难以选择,从而有了《镌大明龙头律法全书》这样的汇编性律学著作,给诵读者提供阅读的方便。《新刻御颁新例三台明律招判正宗》亦言及此释本的优点。

众诵读者学习、研究律学,所要达到的目的为何呢?即"疑者而解之,惑者而□释之"②。众注律家注律,是为诵读者提供方便,并解其疑惑。众注家认识到了讲明律意的重要性。王之猷在《新刻〈大明律集说〉序》中言:

夫三尺法者,与田夫、野妇共将垂诸千百祀而为烈者也。虽家喻户晓,犹以为不使知,则不能使由,何至于不可读耶! 故昔人称读书不读律,虽致君尧舜犹有遗能,即《大明律》亦载"讲读律令",则读律当与读书同科哉! ……岂故哓哓然举棋聚讼不置哉! 亦惟讲解之不明,遂令失作者本旨,而无从窥圣贤之心耳。③

---

① [明]任甲第:《〈镌大明龙头律法全书〉序》,东京大学东洋文化研究所藏本,载[明]贡举:《全补傍训便读龙头律法全书》,明万历年间(1573—1620 年)闽中刘朝琯安正书院刊本。
② [明]邵敬:《〈律解辩疑〉后序》,载杨一凡、田涛主编:《中国珍稀法律典籍续编》第四册《明代法律文献(下)》,第 296 页。
③ [明]冯孜:《大明律集说附例》之王之猷《新刻〈大明律集说〉序》。

王氏言明通晓律例解释及讲读的重要性,并言明民众聚讼不已乃与法律讲解不明,不能很好地贯彻注律者的意旨有关。总之,民众不能很好地理解和掌握法律是聚讼的重要原因。

众注律家注律,除了解答民众疑惑,还为了纠正社会上毁法、坏法的不良风气,并纠正用法、执法的惨苛。万历十九年(1591 年)刘大文在《刻〈大明律集说〉序》中言冯孜写《大明律集说附例》的目的是防止官吏舞文弄法。① 万历十九年赵寿祖在《〈大明律集说〉叙》中亦言:

> 夫例已辅律,其究乃不大远于律,而法吏之巧者,往往借其文以饰喜怒而轻重于其间。即二百年来法家拂士字训句解,昭若发矇,而甲是乙非,卒无定论。司刑者将何所恃而称平哉? 余洺待罪爽鸠心窃患苦之久矣。②

万历十九年王德光在《〈律例集说〉后序》中亦言:

> 律穷而益之以例,律不悉例,例不尽变,而情法两穷,即号称喆士,不能以察微曖之涂刭浑谔易眩任率易逞淰舞者,谓齐民可掩耳,而袭从其倒持而无所顾忌,是使死不朦法者囷究于法,死未菽法者反浮于法也。③

赵寿祖与王德光针对司刑者轻重其罪、玩法于股掌的情况,注释法律,祈求司刑者更好地按律例处断案件。

---

① ［明］冯孜:《大明律集说附例》之刘大文《刻〈大明律集说〉序》。
② ［明］冯孜:《大明律集说附例》之赵寿祖《〈大明律集说〉叙》。
③ ［明］冯孜:《大明律集说附例》之王德光《〈律例集说〉后序》。

众注律家为了给诵读者提供方便,释疑解惑,并借此提高官吏的法律素养,提升其执法、用法的水平,虽有良好的愿望,但是否为时人所认可和接受呢? 实践证明,这的确为时人所急需与倚重。万历十九年(1591 年)刘大文在《刻〈大明律集说〉序》中言,冯孜写成《大明律集说》时,"书成之日,家拟玄珠,竞为摹写,岁月增积,转借益繁,以故追虫漫灭"①。刘大文此言可能有溢美之词,却说明此书之受欢迎程度。即使现在看来,此书也是明代私家律学著作中的精品。应槚在卷末之"识"亦言:"间有知此集(指《大明律释义》——笔者注)欲得之者。"②倪谦在《重刊〈律条疏议〉叙》中言,《律条疏议》重复刊刻,从而使此书"广为流布以传于世"。③ 王肯堂在《律例笺释》"自序"中言:"始发箧取律,读之《私笺》,仅存坊刻,讹不可读。"④从以上记载看,众私家律著颇受欢迎,乃是社会之所需,民众之所要。民众主动刊刻、抄录,说明了明代私家律学著作在法律传播中的重要贡献和价值。

二、 明代私家律学的注律目标

私家律著对不同人群有指导作用,主要包括三类:官员、胥吏和民众。

(一) 私家律著对官员的指导

《大明律》卷三"讲读律令"条言:"凡国家律令,……百司官吏务要

---

① [明]冯孜:《大明律集说附例》之刘大文《刻〈大明律集说〉序》。

② [明]应槚:《大明律释义》卷末作者"识",载杨一凡编:《中国律学文献》(第二辑第二册),第 523 页。

③ [明]张楷:《律条疏议》之倪谦《重刊〈律条疏议〉叙》,载杨一凡编:《中国律学文献》(第一辑第二册),第 10 页。

④ [明]王肯堂:《律例笺释》,"自序"。

熟读,讲明律意,剖决实务。"①根据《大明律》的规定,百司官吏要学习法律,而且还有专门机关考核,不合格还要受罚。官员等习律例,所用资料主要为国家所颁的律与例,但律文深奥,诵读不易,因此要搜寻辅助之书作为参考,而私家律著则是其重点关注的。私家律著是针对官员学习律例而撰写的。王之猷在《新刻〈大明律集说〉序》中总结了私家律著的"三善",其中第一善是为了官员能明晓法律。"刻成有三善焉!我辈因文以会意,披读了然,判黑白。凡昔之互相出入,互相假借,互相疑似者,断断乎知所取裁,一善也。"②用法律判黑白,这是一般官员的职责,否则事常错出,或冤案迭出。崇祯五年(1632年)潘士良在《〈临民宝镜〉序》中亦言及私家律学著作对官员的指导:

> 凡临民典则,莫不毕具,一开阅自明。如对镜自见,此书真为镜矣。官宦必镜,以断狱讼;考吏必镜,以定殿最;……业儒必备,以科命判……此镜亦宝矣!其共珍之,因端其额曰"宝镜"。③

私家律著除对一般官员进行指导外,还对司刑者尤为关注。《律条疏议》张蓥序言:"虑始学之难,明述为《疏议》,发其指归。……继自今士于入官之初,而议事之谳狱得此书而参考之。"应槚在卷末作者之"识"中言:"窃谓一得之愚,或可少为治狱之助。"倪谦在《重刊〈律条疏议〉叙》中言:"法家拂士执此而熟复之,固能使刑当其罪而无所

---

① 怀效锋点校:《大明律》卷三,"讲读律令",第36页。
② [明]冯孜:《大明律集说附例》。
③ [明]潘士良:《〈临民宝镜〉序》,载[明]苏茂相辑:《新镌官板律例临民宝镜》(上),孔庆明、宋国范整理,载杨一凡主编:《历代珍稀司法文献》(第六册),第1—2页。

失。"①从以上文献记载可知,众私家律著的重要任务就是对司刑者进行指导,以求对他们审断案件有所帮助。在私家律著中,我们还能了解问刑官渎职的情形乃是不能很好地学习律例所致。马文升曾言及问刑官不明律例的危害:

> 所以于律条多不熟读律意,亦不讲明。所问囚人,不过移人就律,将就发落,笞、杖、徒、流,纵有所枉,为害未大;至于人命,一有所冤,关系非轻。有将强盗窝主,未曾造意,同谋官吏,因公殴人致死,本无挟私,故勘而俱拟斩罪者,本系故杀,却拟斗殴杀人绞罪者,其他以是为非,以重作轻且以法司尚然则。②

私家律著的撰写,除了为一般官员学习律例提供参考,更重要的是为司刑者审断案件提供参考,或为了纠正司法的积弊。

(二) 私家律著对胥吏的指导

除官员外,众官衙的办事人员,如掾吏、书办以及仵作等检验人员,也应通晓法律。王之猷在《新刻〈大明律集说〉序》中曾言及律著刻成之第二善:"缘吏辈愚者缘之以求通,不至有误人、误出之愆;奸狡者缘之以自警,不敢为上下手,冈上笼下之故智。二善也。"③从王之猷言论看,私家注律家的注律目标是对众胥吏指导,避免其欺上瞒下,上下其手,败坏司法。王肯堂在《律例笺释》"自序"中也言:

---

① [明]张楷:《律条疏议》之倪谦《重刊〈律条疏议〉叙》,载杨一凡编:《中国律学文献》(第一辑第二册),第 10 页。
② [明]马文升:《马端肃奏议存》卷六,清刻本。
③ [明]冯孜:《大明律集说附例》。

一切倚办吏书而已，其不任吏书者，又于原籍携带讼师、罢吏，同至任所，所用为主文，招权纳贿，无所不至，已多冤民矣。又况锻炼以为能，钩距以示察。草菅千百命，以庄严一官者哉。夫小民无知而犯法，犹赤子无知而入井，不能仰体圣祖之心，教治无素。即使刑当其罪，已为不教而诛，谓之曰："虐况移情就律，枉滥实多乎。"①

在序中，王肯堂言及官员与胥吏坏法的情况。

胡琼撰《大明律解附例》的目的，可从其正德十六年（1521 年）《〈律解附例〉后序》中探知：

近时疏解律者，无虑十余家，率繁文剿说。至于隐义，则略而不明，如《辩疑》《解颐》《疏义》《集解》最称明备，又各有所长，莫之能一也。余故有此志，乃今叨按贵阳，见诸司决狱多戾；问之或人曰："律文深奥，退方乏昏佥，凡'疏解'之类皆吏胥所未见闻，有携至者，又虐况移情就律，枉滥实多乎品汇浩繁，艰于传写，欲并刊之，则财用困周，故耳。"余曰："有是哉，用于听政之暇，取诸家之说，折衷之，删繁节要，略所易知，补其未备，而以条例附焉，名曰：《律解附例》。"盖卷帙谗兴，《疏议》等而众说略备，将以资退陶吏胥传写讲读之便，非敢为大方赘言也。偶藩贰传君。江君辈欲梓，以钞余辞不获，遂书所自于未简时。②

胡琼写《大明律解附例》的目的，就是使此地的吏胥了解大明律例，增

---

① ［明］王肯堂：《律例笺释》，"自序"。
② ［明］胡琼：《大明律集解》，明正德十六年刻本。

其律学素养。正德十六年(1521 年)何孟春在《书九峰胡侍御〈律解〉后》中言胡琼著《大明律解附例》是为了"奸吏不得容情卖法"。① 薛瑄在《故奉直大夫蒲州知州张公墓志铭》中亦言,吏要学习法律,并且还采取行动学习。"予尝使川蜀道,过其州见其厅治落然无事,惟闻诵读声。问之,则曰:'课吏读律,使知畏法,且不暇游惰耳。'"②官员要求胥吏熟悉法律,有时胥吏学习律例的愿望还很强烈。明人何乔远在《书何先生刑法记后》言:"释褐后,先正以读律劝。又闻两京在官胥史开律馆,讲究意谓,既遵成宪,复多讲习,当无谬戾。"③据此材料可知,两京胥吏开律馆主动学习法律,其学习的参考文本,应有私家律学著作。

(三) 私家律著对普通百姓的指导

除官员、吏胥需学习律例外,普通老百姓亦需知法、懂法,从而避祸远罪。王之猷在《新刻〈大明律集说〉叙》中曾言及律著刊刻之第三善:"编氓辈豁然知我以为泛常无害者,而其罪如此;闾里之间可作为,而载在官府不可作、不可为者如此。鲁闻朝廷有法令,讵知法令如此乎,三善也。"④倪谦在《重刊〈律条疏议〉序》中也言:"凡民观之,亦晓然知迁善远罪之方,其为治化之助。"⑤正德十六年(1521 年)何孟春《书九峰胡侍御〈律解〉后》也言:"愚民各知所守。"⑥崇祯五年(1632 年)潘士良《〈临民宝镜〉序》亦言:"庶民必镜,以知趋避。"《昭代典则》记载老百姓知律之目的:"监察御史雒稼请命府州县长吏月朔会民读

---

① [明]胡琼:《大明律集解》,明正德十六年刻本。
② [明]薛瑄:《薛文清集》卷二十二,清雍正十二年河津薛氏刻本。
③ [明]何乔远:《名山藏》卷四十八《刑法记·书何先生刑法记后》。
④ [明]冯孜:《大明律集说附例》。
⑤ [明]张楷:《律条疏议》之倪谦《重刊〈律条疏议〉叙》,载杨一凡编:《中国律学文献》(第一辑第二册),第 10—11 页。
⑥ [明]何孟春:《书九峰胡侍御〈律解〉后》,载[明]胡琼:《大明律集解》。

律……凡遇月朔会乡之老少,令儒生读律,解析其义,使之通晓,则人皆知畏法,而犯者寡矣。"①通过以上文献确知,私家注律家注律是希望普通百姓学习法律,远罪避祸,从而有利于社会稳定。

(四)注律的终极目标

各注律家通过注律,希望官员、吏胥及百姓认真学习,达到审断有据、遵纪守法的目标,但众私家注律家注律的终极目标又为何呢? 王之猷在《新刻〈大明律集说〉序》言之:

> 三善备而律例明,明则律例行。盖其惊醒震动于人之心志者,当与六经同功效,不独行之刑辟间已也。行之久,且将刑措,且将为尧舜之世,则是书其筌蹄也哉! 至于以律例为筌蹄,而后廷评公授梓之意为快也,不然,铸刑书者何取焉。②

万历十九年(1591年),赵寿祖在《〈大明律集说〉叙》中亦言及此律著刊行所达到的目的:"凡我同志果率是编而行之,则广皇仁于环海之外,而纳斯世于刑措之风,且暮可立睹也。"③何广在《〈律解辩疑〉序》中言:"凡(莅)官君子于议刑决判之间,庶望尽(心慎求),以(辅)圣化,而至于无刑之效,斯亦是编之□。"④郤敬在《〈律解辩疑〉后序》中也言:"庶几乎官明于治,民明于守,吏明于刑,罚当于罪,则人人畏服

---

① 　[明]黄光升:《昭代典则》卷六《太祖》。
② 　[明]冯孜:《大明律集说附例》之王之猷《新刻〈大明律集说〉序》。
③ 　[明]冯孜:《大明律集说附例》之赵寿祖《〈大明律集说〉叙》。
④ 　[明]何广:《〈律解辩疑〉序》,载杨一凡、田涛主编:《中国珍稀法律典籍续编》第四册《明代法律文献(下)》,第3页。

而知禁,期保斯民不犯于有司,则刑期于无刑,复见于今日矣。"①崇祯
五年(1632年)潘士良在《〈临民宝镜〉序》中言:

> 　　特齐刑固可以防淫辅化,而操持必在习读,始可致君尧舜。律
> 例熟明,胸中冰镜,无出无入,毋枉毋纵,故刑不滥,上信守如金石,
> 下凛威如铁钺。胥无舞文之徂公,官无深文之屠伯。……天下无
> 冤屈之民,司刑无鬼哭之庭矣。②

　　通过以上文献记载可知,众注律家想通过官员、胥吏、百姓学习
法律,各知所守,达到刑措而不用的理想状态,此乃众注律家的终极
目标。

第三节　私家律学著作的传播

一、　私家律学传播的民间途径

　　私家律著的传播途径,在不同读者群体间有较大差别。一般士人
获取私家律著,可以通过朋友传阅和手抄获取,书院为了更好地使学生
学习法律,也曾自行刊印。嘉靖年间,邗江书院曾刊刻《大明律例附
解》,闽中刘朝珤安正书院也曾刊刻《新刻官板律例临民宝镜》。书院

---

① 　[明]邵敬:《〈律解辩疑〉后序》,载杨一凡、田涛主编:《中国珍稀法律典籍续编》
第四册《明代法律文献(下)》,第296页。
② 　[明]潘士良:《〈临民宝镜〉序》,载[明]苏茂相辑:《新镌官板律例临民宝镜》
(上),孔庆明、宋国范整理,载杨一凡主编:《历代珍稀司法文献》(第六册),第1页。

刊刻私家律著,很重要的一点可能是为了提高学生的律学素养,使其在以后仕宦中精通律例,处理案件得心应手。即使不能入仕,也可以凭借其所掌握的律例知识成为官员的幕宾,不仅解决谋生问题,还为官员出谋划策,实现自己的价值。

书坊曾大量刊刻私家律著,这与政府注重法律的宣传与普及,民众大量需要此类书籍有关。在明代中期以前私家律著的刊刻多为官衙刊刻,甚少见到书坊刊刻。留存于世的最早的坊刻律学著作出现在成化年间,而在嘉靖和万历年间异常繁盛,尤其在万历朝,官方刊刻有限,大量的私家律学著作由坊刻得以留存。

明代私家律学著作的私刻以南京和福建为中心。胡应麟指出:"余所见当今刻本,苏、常为上,金陵次之,杭又次之。近湖刻、歙刻骤精,遂与苏、常争价。"①胡氏所言,除杭州外,其余为南京及其所辖的南直隶地区。南京地区在明代刻书史上地位显赫。成化七年(1471年)南京史氏重刻本张楷的《律条疏议》三十卷;金陵书坊周近泉大有堂重刻《刻御制新颁大明律例注释招拟指南》十八卷;金陵书林周竹潭嘉宾堂刊《大明律例注释祥刑冰鉴》三十卷;师俭堂萧少衢刻熊鸣岐辑《昭代王章》十五卷;明金陵舒氏(名不详)刊《一王法典》二十卷(刊刻时间不详)。

自唐末,尤其是宋代以降,福建是我国的重要刻书中心。福建刻书主要集中在建宁府,建宁府又主要集中在建安、建阳两县。但明代以后,建安书坊衰落,而建阳书坊日益繁荣。福建书坊也曾刊刻张楷的《律条疏议》三十卷。据明周弘祖撰《古今书刻》记载,福建书坊曾刊刻《读律琐言》和《读律管见》。②福建刘朝琯安正堂刊印贡举撰《镌大明

---

①　[明]胡应麟:《少室山房笔丛》卷四《甲部·经籍会通四》。
②　[明]周弘祖:《古今书刻》(上编),载《百川书志·古今书刻》,第366页。

龙头便读傍训律法全书》(刊刻时间不详)。焦竑编辑的《新锲翰林标律判学详释》,在万历二十四年(1596年)由乔山堂刊刻。万历三十五年(1607年),积善堂陈奇泉刊《明律统宗》,在万历四十年(1612年)重刊,改名《全补新例明律统宗》。(建邑)潭阳熊氏种德堂在万历三十七年(1609年)刻萧近高注释的《刑台法律》。神宗万历三十四年(1606年),福建建邑书林双峰堂余象斗刊刻《三台明律招判正宗》。朱敬循汇辑《大明律例致君奇术》十二卷,则由明末(建阳)余彰德萃庆堂刊印。

明代书坊等之所以大量刊刻明代私家律著,与社会上大量需求有关。正是国家大力宣传和普及法律,加之初入仕官员研修法律的迫切需要,才致使书坊大量刊刻私家律著。书坊以谋利为目的所刊刻的私家律著,主要面向普通民众,所选择的书籍大多是司法应用型和法律宣传、普及类的律学著作,基本没有辑注与考据类律学著作,这与其所面对的阅读群体有很大关系。

二、 私家律学传播的官方途径

(一) 官员的习律需求是官府刊刻私家律著的主要动力

明代基层司法与行政不分。府、县官员除了处理日常行政工作,还有一个重要的任务就是审断案件。按察使司的官员,巡按府县,时刻驳正案件,此乃其主要工作。至于都察院、刑部、大理寺三法司官员,平时的工作就是审判、复核案件和监督案件的实施。这些官员经常处理司法案件,时常应用律例。明代的官员,同其他朝代一样,多读经,通儒术,于律例不甚精通。在其仕宦生涯中,尤其在处理司法案件时,如何提高其律学素养就显得尤为重要。虽然有些官员在仕宦时携带幕宾，或倚靠书吏，但不能从根本上解决问题。① 所以，有作为的官吏，往往自己潜心读律，努力提高自己的律学素养。

在明代，除洪武年间官方为了法律宣传而编辑的《律令直解》，万历年间舒化等领衔纂集的《大明律附例》外，几乎无其他官方法律注释。《律令直解》乃为了宣传法律而作，简单易懂，解释不够深入、透彻，司法官员以此作为学习法律的参考，价值不大。而《大明律附例》之"集解"部分，乃是对某些疑难问题的简单解释，不是整体性、体系性讲解。且《大明律附例》成书于万历十三年（1585 年），已到明晚期，影响有限。总之，此两书对问刑官员精究法律、系统研究法律帮助不够。明代不少官员想制定一部通行全国的法律解释。譬如，在嘉靖九年（1530 年）八月庚申，南京刑部主事萧樟曾言：

> 《大明律》奥旨，未易窥测，《问刑条例》类皆类节去全文，意多未备。当责所司取近时颁布《律条疏议》及《律解附例》诸书，讲求参考，务求归一，然后请自圣裁。②

萧樟的建议虽被采纳，但未见有统一的法律解释问世。总之，有明一代，官方对法律的解释远逊于唐代。既然明代官方法律解释对研究律例帮助不大，众司刑者只好求助于私家解释。比如，何广著《律解辩疑》后，"法比家宗之"③。《律条疏议》张釜序曾言："虑始学之难，明述为《疏议》，发其指归。……继自今士于入官之初，而议事之谳狱得此

① ［明］王肯堂：《律例笺释》，"自序"。
② 《明世宗实录》卷一百一十六，"嘉靖九年八月庚申"条。
③ ［明］过庭训：《本朝分省人物考》卷二十五《南直隶松江府一·何广》。

书而参考之。"周麟在序中也言:"有裨治道入官之初,得而览之,了解无疑。"陈省亦言:丰城雷梦麟氏"乃会萃诸家解,研思而融释之,著成《读律琐言》,议狱者多尚其说"。吴遵在《初仕录》中载,《律条疏义》等私家律学著作乃是其学习律例的重要参考资料。①

因官员获得私家律著的渠道并不顺畅,获取不易,加之在市场上流传的私家律著质量参差不齐,错讹百出,对官员有误导。在此种情况下,官府往往主持刊印私家律著,分发属下,方便官员研读。如隆庆二年(1568 年)钦差巡抚河南等处地方都察院右佥都御史李邦珍重刊《大明律疏附例》"告示"一道。在"告示"中,李邦珍对《大明律疏附例》倍加赞扬,要求刊刻成书,分发掌印管学习。②

在明代,官府刊刻多部私家律学著作。官府刊刻私家律著是为了国家法律宣传的回应举措,也是为了更好地提升本衙门官员法律素养的有效途径。官员有意去刊印、宣传私家律著,很重要的一点在于这些有丰富司法实践经验的注律家所撰写的私家律著,本身就是其尽心研读律例的经验所得,具有很强的操作性和实践性,可为官员学习法律提供合适的参考文本,弥补官员法律知识的不足。

(二) 官府刊刻私家律著

明代官府刊刻私家律著,主要有两个途径:一为地方府、州、县和布政使官员刊刻;一为中央、地方监察部门刊刻。

1. 地方府、州、县和布政使等刊刻私家律著

在明代,不少地方官基于提高本衙及本地区司法官员的律学素养,常刊刻私家律学著作。

---

① ［明］吴遵:《初仕录》,《立治篇·读律令》。
② 王重民:《中国善本书提要补编》,第 55 页。

县级官员刊刻私家律著不多。成化三年(1467年),江浦县知县王迪重刻《律条疏议》。嘉靖四十二年(1563年),徽州府歙县知县熊秉元重刻《读律琐言》。江浦县和徽州府歙县在历史上是著名的健讼地区,县衙要处理大量案件,两县知县为了提高本县属吏的律学素养,才刊刻《律条疏议》与《读律琐言》两部明代私家律学名著,以求方便学习和研究。私家律著的刊刻也使普通百姓有机会接触法律,从而遵纪守法,和睦相处,减轻讼累。在明代,刊刻一部数十万字的私家律著,需要不少财力和人力,由县承担这些费用,确有困难。且在一县之地,私家律著的需求不多,这些都是县级官员很少刊刻私家律著的重要因素。

府一级官员刊刻的私家律著较多。主要有:成化七年(1471年),荆门守俞诰重刊《律条疏议》;嘉靖十一年(1532年),荆州知府孙存刊刻其所著的《大明律读法书》;嘉靖二十八年(1549年),济南知府李迁校正重刻应槚的《大明律释义》;嘉靖三十六年(1557年),庐州府知府汪克用刊刻雷梦麟的《读律琐言》;隆庆二年(1568年),河南府知府遵依河南巡抚李邦珍之命重刊《律疏附例》。刊刻私家律著,知府多亲自过问。知府的重视,可能跟其执掌有关,"知府掌一府之政,宣教化,平狱讼,均赋役,以教养百姓"①。"平狱讼"是知府的重要任务,其重视私家律著的刊刻也就不难理解了。有些官员对私家律著不满意,或者对当时流行的私家律著的刊刻质量不放心,甚至自己动手撰写并刊刻《大明律》的解释。如荆州知府孙存针对"世所刊《律解附例》多舛,且新故弗别,解亦繁芜"②的情况,撰写《大明律读法书》并刊刻之。知府刊刻私家律著,多为了提高本府官员的法律素养,从而更好地审断案件,减少讼累。

---

① ［清］张廷玉等:《明史》卷七十五《职官四》,第1849页。
② ［明］张萱:《西园闻见录》卷八十四。

　　布政使司对私家律著的刊刻数量较多。主要有:正德十六年(1521年),贵州布政司于贵阳刻贵州巡按胡琼所撰的《大明律解附例》;嘉靖十二年至十三年(1533—1534年),江西等处承宣布政使左参政范永銮重刊《大明律读法书》,并改名为《大明律》;嘉靖三十一年(1552年),广东布政使司刻《大明律释义》;嘉靖三十三年(1554年),江西布政使汪宗元牵头,江西布政使司重刊《大明律例》三十一卷;嘉靖年间,河南布政使司衙门重刊王楠编集的《大明律集解》;万历三十七年(1609年),湖广按察司管司事及右布政使董汉儒等校刊应朝卿校增的《大明律》。布政司掌一省之政,对本省的诉讼尤为关注。布政司通过刊刻私家律著,使本省的司刑者和属吏更方便学习,提高其律学素养。贵州巡按胡琼在《〈律解附例〉序》中已言明写作《大明律解附例》是为吏胥传写讲读提供方便。胡琼书成后,贵州布政司基于和胡琼同样的想法刊刻之。广东布政使司刊刻应槚的《大明律释义》也是为了"或可少为治狱之助"[①]的目的。总之,各省布政使司基于提高本省司刑者的律学素养,积极刊刻了不少明代私家律著。

　　总体而言,通过府、州、县和布政使司等刊刻的私家律著,多为《读律琐言》《律条疏议》《大明律释义》等明代私家律著精品。刊刻的时间,主要集中在成化至嘉靖年间。地方官员此时重视私家律著的刊刻,跟明代《问刑条例》的行用有关。自例作为问案的依据,律例关系变得复杂。众私家律著在解释《大明律》时,在各律文后,附带与之相关的例,甚至还对例进行注解。私家律著的律例合编的体例及众私家注律家对例的注解,为学律者学习律例带来极大方便,且为司刑者审断案件提供重要参考,这些都是地方官员重视刊刻私家律著的重要原因。

───────────

① ［明］应槚:《大明律释义》之卷末作者"识",载杨一凡编:《中国律学文献》(第二辑第二册),第 523 页。

2. 中央、地方监察部门对私家律著的刊刻

无论中央的都察院、给事中还是地方的提刑按察使司,都有纠察案件、辨明冤枉的职责。中央、地方监察部门曾多次刊刻私家律学著作,提高本衙官员、胥吏的律学素养,从而更有利于巡检案件。比如:天顺五年(1461 年),佥宪宋宗鲁刊刻《律条疏议》;嘉靖二十三年(1544年),南京福建道御史黄岩符验重刊王迪本之《律条疏议》;隆庆元年(1567 年),巡按湖广监察御史陈省重刊《大明律例》;隆庆二年(1568年),河南巡抚李邦珍重刊《律疏附例》;万历七年或八年(1579 年或1580 年)①,巡按山东监察御史王藻重刊《大明律例》;万历十三年(1585 年),江西监察御史孙旬发刊《大明律例附疏》;万历二十一年(1593 年),巡按江西监察御史陈遇文发刻《大明律附解》;万历三十七年(1609 年),湖广按察司管司事右布政使董汉儒重刊应朝卿校增的《大明律》;万历三十八年(1610 年),巡按浙江等处都察院右佥都御史高举等刊刻《大明律集解附例》;山东按察司刻郑汝璧《(大明)律解附例》和《法家体要》。从以上记载看,监察部门对私家律著的刊刻,主要由都察院的监察御史和省提刑按察使司的官员完成,并且多集中在嘉靖至万历时期。

从以上论述确知,府、州、县和布政司,及中央、地方监察部门多次刊刻私家律学著作。他们对私家律著的刊刻,说明这些司刑者对私家律著的重视,使司刑者通过私家律著提高律学素养,从而间接对明代司法产生影响。通过以上分析,我们还发现:府、州、县及布政司多次刊刻明代私家律学著作,集中在嘉靖以前,在万历朝甚少见之。按察司及巡

---

① 据黄彰健介绍,国立北平图书馆藏万历(七年或八年)巡按山东察御史王藻重刊本《大明律例》三十卷。张伯元在《陆柬〈读律管见〉辑考》中认为在万历六年(1578 年)王藻校刻《大明律例》,载《律注文献丛考》,第 206 页。

按御史曾多次刊刻明代私家律著,多集中在明代后期(嘉靖至万历朝)。此可能与其职责有关,亦与明代后期地方政府的财力窘迫有关。还有一现象,即未见文献证实刑部、大理寺及都察院曾刊刻私家律著。这可能与刑部、大理寺、都察院坚持法律解释权应归中央,私人无权解释的主张有关。嘉靖年间,萧樟和应槚等都曾上言,由朝廷出面,统一注释法律,但刑部等认为可能会造成法律解释的混乱,没有认真考虑他们的见解。正是刑部、大理寺秉承这样的思想,不主张参考私家律著注释法律,更不会在本衙刊刻私家律著。不过,监察御史在地方巡察案件,需要本地方官员提高律学素养,从而减少冤假错案,减少讼累,才注意刊刻私家律著,并分发本辖区,借此提高地方官员的审断水平。

正是司刑者对私家律学的重视,私家律著才被府、县、布政使司及按察司、监察御史多次刊刻。对其重视,已说明私家律著的价值。司刑者学习律例、审断案件多从私家律著中找到依据与解释。另外,私家律学著作所反映的司法问题,以及结合私家注律家之见解和亲身实践,来阐述私家律学著作中所反映的司法问题,应该是司刑者最感兴趣的。正是私家律著中言及了众多法律适用中存在的问题及所应注意的问题,从而引起司刑者的重视。

第四节　官吏研读私家律学著作

一、　明代官吏习律

明代官员在八股取士的科举背景下,在入仕前对律例的学习不够重视,入仕后才积极读律。如冯孜在刑部任职时习律不辍。陈复,永乐末年进士,在杭州任官时,"日端坐堂皇,与曹掾讲读律令而已"①。初入仕的官员需要读律。"成化二年三月,奏准进士俱讲读法律。"②若精通法律,在任职时朝廷会考虑其专业素养,如"正统年间,刑部查得各衙门办事进士,谙晓刑名者题取与见任官金书,问刑半年之上勤慎谙练者,题送吏部,照依甲第次序,选除刑部主事"③。官员不仅自己时时研读律例,还组织吏员读律。张廉在任蒲州知州时,在闲暇之余,组织吏员读律,为了达到"使知畏法,且不暇游惰"④的目标。贾骥任官新昌县时,"暇则召诸生讲学,诸吏读律"⑤。胥吏还开馆主动学律,据《名山藏》记载:"两京在官胥史开律馆,讲究意谓,既遵成宪,复多讲习,当无谬戾。"⑥学生也需要读律。在洪武五年(1372 年),政府规定京师和及地方州县等学校,"读律期于申明朝廷之法,敦叙长幼之节,遂为定制"。读律的文本,除律例外,"以刑部所编申明戒谕书兼读之"。⑦

　　法司部门官员是习律的主体,官府对其还提出了专门要求。黄绾在《论刑狱疏》中曾对大理寺官员掌握法律有特别的要求:"法司所以专理刑名,至于大理寺职司参驳,关系尤重。凡任两寺官非精律例,见出原问官员之上,何以评其轻重,服其心乎。"⑧何宜山"自登进士,授南刑曹,昼夜读律例不辍手"⑨。嘉靖时期,杨海进士及第后在刑曹部门工作,"日读律不厌"⑩。陈有年,嘉靖进士,"初授刑部主事,慎刑狱,以

①　[清]张廷玉等:《明史》卷一百五十八《陈复传》,第 4325 页。

②　[明]张朝瑞:《皇明贡举考》卷一《进士读律》。

③　[明]张朝瑞:《皇明贡举考》卷一《进士理刑》。

④　[明]薛瑄:《薛文清集》卷二十二。

⑤　[明]萧良干修,[明]张元忭纂:《(万历)绍兴府志》卷三十八《人物志四》。

⑥　[明]何乔远:《名山藏》卷四十八《刑法记·书何先生刑法记后》。

⑦　[明]申时行修,[明]赵用贤纂:《大明会典》卷七十九《礼部三十七·乡饮酒礼》。

⑧　[明]黄训辑:《名臣经济录》卷五十三《都察院、通政司、大理寺》,明嘉靖三十年汪云程刻本。

⑨　[明]洪朝选:《洪芳洲先生归田稿》卷二《宜山何公应廷尉召北上序》。

⑩　[明]余之祯:《(万历)吉安府志》卷二十《列传三》,明万历十三年刻本。

读律为业,孜孜讨论其意,暇则仍读书"①。施雨,嘉靖进士及第,"拜刑部主事,则日夜读律书,析其意义"②。黄巩,弘治十年(1497年)进士,"推官德安府,升刑部主事,清勤读律,经义决狱,平掌十三司谳读"③。黄承昊,"万历丙辰进士,初任大理寺评事,尽心平反,无微不察,精心读律,著有《律例析微》"④。"王樵,字明逸,金坛人,任刑部主事,日读律弗辍,著有《读律私笺》,执法明允,觱笑无所狗。"⑤陆稳,嘉靖年间登进士第,"刑部陕西司主事。公为主事,以为刑官之于法律,犹匠人之于绳尺也,乃昼夜读律令。义既通,以断狱无不立剖者。每谳,上辄称允,人亦莫能难之"⑥。法司官员之所以读律,与其在法司部门工作有关。

官员以"读书、读律,终身受用"⑦为目标。通过自己精心研读律例,在以后的司法实践中更好地审断案件。若生员等不能及第,在学律后,专门教授他人词讼之学。据《庄渠遗书》记载:"南雄民风愿悫,乃有外省无籍之徒,度岭教书,专教子弟读律,因而教唆起灭词讼,大为民害。有司宜悉禁革,敢有潜住民间教书者,拿本道重治罪及其主人。"⑧

二、 官吏习律方法

明代虽不乏懈怠、应付了事的官员,但更有勤勉之人。这些官员为

---

① [明]施沛:《南京都察院志》卷三十八《人物二》。
② [明]焦竑辑:《国朝献征录》卷九十九《广东一·广东按察司金事施公雨行状》。
③ [明]焦竑:《皇明人物要考》卷六《文臣拔尤考》。
④ [明]金日升辑:《颂天胪笔》卷十四下《起用》,"黄给谏"。
⑤ [明]陆应阳撰,[清]蔡方炳增辑:《广舆记》卷三。
⑥ [清]黄宗羲辑:《明文海存》卷四百五十二。
⑦ [明]蔡献臣:《清白堂稿》卷十《与茅吉云比部》。
⑧ [明]魏校:《庄渠遗书》卷九,清文渊阁四库全书本。

了更好地处理庶务,读律不辍。如何阅读、获取法律知识,各有其方法和途径,因资料所限,虽不能窥其全貌,但主要有以下途径。

在通常情况下,州县官员重点阅读与州县司法实践紧密相关的律令,但幕友,为了更好地帮助官员处理司法实务,则要全部精心通读。这与清人汪辉祖的见解不谋而合。按照吴遵的理解,"入官之初,先将《大明律》熟读,次将《律条疏义》《行移体式》等书研心讲贯"①。吴遵认为,初仕官员学律,除研读《大明律》外,还要参考张楷的《律条疏义》等私家律著。汪天锡认为:

> 凡居官为政者,公事之余,常须看读唐律、《刑统赋》,以知立法之意。将颁降《大明律》熟读玩味,务要讲明通晓律意。遇有公事,依律施行。吏典亦合熟读,不特案引条款,更须看《牧民忠告》《吏学指南》《为政模范》《疑狱说》《宪纲洗冤录》等书,求其意,则见识必明矣。②

敖英在《论律》中曾言:

> 或问入仕途读律,当以何者为先,予曰:先读治己之律,若不能律己而遂律人,难哉! 如出入人罪、故禁故勘平人、决罚不如法、老幼不拷讯、凌辱军职之类。皆治己之律,宜书座右,奉以周旋,不然吾恐巨室或议其后矣,不然吾恐当路或殿其课矣。③

---

① ［明］吴遵:《初仕录》,《立治篇·读律令》。
② ［明］汪天锡:《官箴集要》卷下《讲读律令》,明嘉靖十四年刊本。
③ ［明］张萱:《西园闻见录》卷三。

除了读律文,例文也是其研读的对象。屈儒在正德年间南大理左评进寺副寺正,"讲读律令,增益新例,多所发明"①。官员尤其是州县牧令,在读律时,所用方法各异。为了更好地学习,官员和属吏还经常讨论。《大明律读法书》的作者孙存之父"与老吏论难律意,率至夜分,知读律之难"②。柳子器曾在学律之时,撰写《读律备忘》二卷。③

官员研习律例,《律条疏议》等私家律著是其重要的参考文本。虽文献直接记载的资料较少,但私家注律家多为官僚、主政一方,其所注之律,在本衙门得到了推广。比如胡琼之所以撰写《大明律解附例》,是为了使属下知晓律例,且其利用担当贵州布政使之便,刊印了该书。官员刊刻私家律著,为的是方便属下研习。

小　结

总括言之,明代官吏读私家律著的效果显著。明代私家律著种类多样、数量众多,注重法律知识的介绍和传授,强调可操作性和适用性,这扩大了读者群。明代私家律学著作大量出现的直接动因,是官员、胥吏等巨大的阅读群体的存在,也与明代律例条文的纷繁复杂有关,还与人口大量增加而资源有限所导致的户婚田土民事纠纷及命盗等刑事案件大量出现有关。正因需求巨大,明代私家律学才大规模传播。在传播过程中,官衙刊刻满足本部门官员、胥吏的需要,而书坊的刊刻与销售,是为了迎合众人的需求,以谋利为目的。

---

① ［明］张大复:《昆山人物传》卷三《皇明昆山人物传》,明刻清雍正二年重修本。
② ［明］张萱:《西园闻见录》卷八十四。
③ ［明］杨廉:《杨文恪公文集》卷五十二《行状碑志·右布政使柳塘杨公行状》,明刻本。

第五章　明代私家律学的法律解释①

　　明代律学是在宋元律学衰微基础上的一次中兴。明代律学的繁荣,主要基于明代私家律学的贡献。沈家本言及明代律学时,曾对明代律学做盖棺定论式的结论:"明设讲读律令之律,研究法学之书,世所知者约数十家,或传或不传。盖无人重视之故也。"②根据前贤与本论著的研究,沈氏的权威性定论颇值得商榷。本论著曾经收集到明代《大明律》的注解90余部,留存于世的有50余部。此律学著作的数量是庞大的,非唐宋所能及。明代私家律著的法律解释以固有的《大明律》"文本"为基础,在解释过程中还将律文置于明代社会特定的语境下疏解,并进一步探究律文的深意。明代私家律著的注释,与唐、宋、清等朝代相较,有其共性,也有其独特性。本论著就明代私家律学的注律思想、注释流派、注释方法、注释体例与注释特点在前贤研究的基础上进一步阐释,以求更深入了解明代私家律学。

---

　　①　该章主要参见李守良:《明代私家律学的法律解释》,载中国政法大学法律古籍整理研究所编:《中国古代法律文献研究》(第六辑),社会科学文献出版社2012年版,第400—426页。
　　②　[清]沈家本:《寄簃文存》卷三《法学盛衰说》,载《历代刑法考》,第2143页。

第一节　私家律学的注律思想

古代法律是礼与律的结合体,瞿同祖曾有过精辟的论述:

> 儒家以礼入法的企图在汉代已开始。虽因受条文的拘束,只能在解释法律及应用经义决狱方面努力,但儒家化运动的成为风气,日益根深蒂固,实胚胎蕴酿于此时,时机早已成熟,所以曹魏一旦制律,儒家化的法律便应运而生。自魏而后历晋及北魏、北齐皆可说系此一运动的连续。前一朝法律的儒家因素多为后一朝所吸收,而每一朝又加入若干新的儒家因素,所以内容愈积愈富而体系亦愈益精密。……归纳言之,中国法律之儒家化可以说是始于魏、晋,成于北魏、北齐,隋、唐采用后便成为中国法律的正统。[①]

明律承继唐律"一准乎礼"的传统,又在宋明理学的濡染下,"明刑所以弼教,凡与五伦相涉者,宜皆屈法以伸情"[②],将礼、律进一步结合,道德法律化继续深化,不仅儒家传统的道德观念进一步转化为立法原则,而且大量的道德规范在明律条文中进一步细化。明代私家律著的法律解释借鉴唐宋律的注解而有所发展,但以儒家思想为指导的格局同《唐律疏议》相比没有太多变化。《大明律》律文简约而深奥。律文文本的精英特征和适用对象的普遍大众化决定了《大明律》需要解释,而且显

---

① 瞿同祖:《中国法律与中国社会》,中华书局 2003 年版,第 373—374 页。
② [清]张廷玉等:《明史》卷九十三《刑法志一》,第 2283 页。

得尤为重要。众注律家基于自己的视角观察社会,表达心中的法律,阐述自己的见解,给习律者提供方便。虽众私家注律家对律文的理解不一,但儒家以人为本、注重教化、明德慎罚及情理法兼顾等思想被明代注律家所吸收与普遍遵守,成为注释《大明律》的指导思想。如:张楷在疏解律文后,以"谨详律意"的形式言明注律的动机,对律文制定的深意进一步探寻、挖掘,使习律者在明白律文内容的同时,探寻注律的精神,从而使习律者加深了对律文的理解。例如,"犯罪存留养亲"之"谨详律意"言:"父祖老疾,所恃以安者,子孙也。今既犯罪将刑,别无余人可托,情虽可悯,罪难擅矜。具由以请,使恩出乎上,化行于下,重名教也。"①

　　"流囚家属"之"谨详律意"言:

　　　　夫为妻天,义当随往,曰从之者,要其归义也。父祖子孙,情所至切,曰愿者,听,顺其至情也。正犯已死者,家属放还,悯其无依,不录前咎也。本犯恶极者,不在放例,惩其凶暴,不为姑息也。情义著而予夺之,权立矣。②

又如:何广在"私造斛斗秤尺"条言及"此立法之意,加不至于伤恩,减不至于害义也"。③ 冯孜在注解"居丧及僧道犯奸"时言:"此条专定违法犯奸之罪,所以维礼教也。"④

---

　　① ［明］张楷:《律条疏议》卷一,"犯罪存留养亲",载杨一凡编:《中国律学文献》(第一辑第二册),第164—165页。
　　② ［明］张楷:《律条疏议》卷一,"流囚家属",载杨一凡编:《中国律学文献》(第一辑第二册),第157页。
　　③ ［明］何广:《律解辩疑》卷一,"私造斛斗秤尺",载杨一凡、田涛主编:《中国珍稀法律典籍续编》第四册《明代法律文献(下)》,第128页。
　　④ ［明］冯孜:《大明律说附例》卷八,"居丧及僧道犯奸",嘉靖二十三年邗江书院重刊本。

明代众私家注律家在以儒家等传统思想注释法律的同时，更加关注其实用性，这可能与明代私家注律家的身份有关。明代私家注律家多科举出身，常任职地方和法司机关，但少有儒学大师。私家注律家在注律时，对儒家的思想多附带而过，不像《唐律疏议》那样连篇累牍引用儒家经典进行阐释，尤其是在对明律的具体条文进行诠释时，更加关注律学本身的技术性问题，更偏重于司法应用。明代私家律著的注释风格，可能跟《唐律疏议》的成熟有关。唐律的"律疏"，是礼、律结合的精品，达到中国古代法律解释的最高水平。明律多承继于唐律，众注律家认为，明律的注律动机、目的等在《唐律疏议》中已言之甚详，没有必要再重复阐释，所以，明代私家注律家更注重技术性问题的处理。

第二节　私家律学的注释流派

明代私家律著受继受关系、注释侧重点、注释风格等因素的影响，律学著作因注释体例、方法、风格等的差异而形成不同的流派。流派不同，注释的重点不同，注释的风格亦有异。不仅明代如此，清代律学此特征更加明显。张晋藩在《清代私家注律的解析》一文中将《大清律例》150 多种私家律著根据释本的继受关系、侧重面及著述形式大致归纳为辑注本、考证本、司法实用本、图表本、歌诀本五大系统。[①] 何敏在其博士学位论文《清代注释律学研究》中，将清代注释律学扩展为辑注派、考证派、司法实用派、案例汇编派、图表派、便览派、歌诀派、比较研究派和宣教"圣谕派"九类。[②] 何敏在《从清代私家注律看传统注释律学的

---

　　① 张晋藩：《清代私家注律的解析》，载《清律研究》，法律出版社 1992 年版，第 164—188 页。

　　② 何敏：《清代注释律学研究》，第 68—90 页。

实用价值》一文中将案例汇编派和宣教"圣谕派"排除掉,留存七派。①

张小也在《官、民与法:明清国家与基层社会》中论述了张晋藩和何敏的分类后认为:

> 图表本、歌诀本亦可以归入司法应用本系统,而比较本可以归入考证本系统,这样律学著作实际上由三个部分组成:以解释律例为特点的辑注本系统、以考证律例源流为特点的考证本系统和以方便司法实践为特点的司法应用本系统。②

前贤对清代律学流派的研究,对笔者颇有启发。明代私家律著与清代私家律著相比有不同的特点。何敏列举的九大类中,辑注派、考证派、司法实用派在明代有较明显表现;案例汇编派在明代也较发达;另外,明代私家律著出现了《大明律分类便览》等便览类著作、《新刻读律歌》等歌诀类著作和《新刻大明律图》等图表类著作,但这些类别的律著仅少量存世,更多的是在私家律著的卷首或卷尾,对某些内容用图表、歌诀表示,多未著成专书。这些派别与清代相比,仅仅处于雏形阶段,但此为清代图表、歌诀派律学的兴盛夯实了基础。根据笔者掌握的材料,拟对明代私家律学流派作如下划分。

一、　辑注派

辑注派,顾名思义,就是辑录诸家之说,间申己见。清代著名律学

---

① 何敏:《从清代私家注律看传统注释律学的实用价值》,《法学》1997 年第 5 期。
② 张小也:《官、民与法:明清国家与基层社会》,中华书局 2007 年版,第 103 页。

家万维翰曾对"辑注"做过解释:"辑:录也,注:著也。辑诸家之说,间申鄙见,疏其意,解其辞,析其同异,使断狱者准情以比例,依例以定律,互相证明,开卷了然。"①按照万维翰的解释,明代私家律学辑注派的特点就是立足于注释明代律例条文,对相同或相异的观点进行著录,并发表自己的看法。按照万维翰对"辑注"的定义,明代私家律学著作大多可归入辑注派。辑注派在洪武至宣德时期并无多大建树,因明初律学刚刚勃兴,释本较少。辑注派的特点为辑诸家之说,间申鄙见。在明初,辑注派不可能有大发展。在正统—正德时期私家律学辑注派作品丰富起来,主要代表作有杨简编辑的《(大明律)集解》(未存于世);天顺年间张楷的《律条疏议》;正德年间《大明律讲解》(佚名)和胡琼的《大明律解附例》等。此时期的辑注类律学著作的特点体现得还不明显。如:张楷所撰的《律条疏议》不是典型的辑注类著作,只是对每条律文分段解释,在每条律文后以"谨详律意"的形式将律条适用所涉及的对象和范围,律文中出现的疑难问题,以及律文的立法目的和动机等表达出来。张楷虽大量引用《唐律疏议》《律解辩疑》的内容,但多数引文未说明出处,更谈不上比较。《大明律讲解》(辑者不详)在参考《辩疑》(主要参考书)和《解颐》《律条疏议》等诸家注解的基础上,阐述自己的见解,故其成为该时期重要的辑注类私家律学著作。此时期最主要的私家律著为胡琼所撰的《大明律解附例》三十卷。胡琼在《〈律解附例〉后序》中论及其写作目的时有所言明:"听政之暇,取诸家之说,折衷之,删繁节要,略所易知,补其未备,而以条例附焉,名曰:《律解附例》。盖卷帙浸兴,《疏议》等而众说略备,将以资遐陬吏胥传写讲读之便,非敢为大方赘言也。"②胡琼在《解颐》《讲解》《律解辩疑》《律条疏

---

① ［清］万维翰:《大清律例集注》序,转引自何敏:《清代注释律学研究》,第 69 页。

② ［明］胡琼:《大明律解附例》之《〈律解附例〉后序》。

议》等律著的基础上进一步阐发和创新。

明代私家律学在嘉靖至崇祯时期有长足的发展，进入繁荣期。明代私家律学在明代中后期的繁荣主要表现为辑注类律学著作的繁荣。在此时期出现多部辑注类名著，主要有以下几种类型。

（一）直接抄录其他注律家的注释，多不阐述自己的意见

此种情况的代表作为《大明律直引》（辑者不详）。《大明律直引》之所以称为"直引"，乃是对其他注律家的观点直接摘引，不过多发表自己的见解。

（二）以"集解"命名的律学著作

从"集解"之名看，乃是各家注释的总汇。明代多部私家律著以"集解"，或以相似的名称命名。根据张伯元的研究，以"集解"命名的明律注释书最少有四种，即郑继芳（或称高举）本《大明律集解附例》、胡琼本《大明律解附例》、杨简本《大明律集解》和王楠本《大明律集解》。[1] 根据本论著的研究，有些虽没有"集解"之名，但在形式上多有共通之处，比如：《大明律读法书》（孙存撰）、《大明律附例》（佚名编）、《大明律例附解》（不著撰人）、《律疏附例》（辑者不详，李邦珍刻）、《读律琐言》（雷梦麟撰）、《大明律集说附例》（冯孜著）、《读律私笺》（王樵撰）、《律例笺释》（王肯堂撰）等。

辑注派私家律著虽有不同的表现形式，但在注律时，具有相似的特点：

辑注派私家律著特别注重对律目和律条历史因袭的阐释；注重律

---

[1]　张伯元:《〈大明律集解附例〉"集解"考》，载《律注文献丛考》，第270页。

文的逻辑与结构解释;用"集解""纂注"等形式,辑录诸家之说,间申己见,评价优劣得失;不仅注重律、例条文的疏解,亦注意词语的训诂学考释;用比较、问答、扩大、缩限等解释方法,不仅明晓律文的内容,还对新情况、新问题通过比附等形式疏解,使问刑者更好地理解律文,把握律文主旨。辑注类私家律著多对律文诸条进行注释,具有求全的特点。在注释过程中,多采用比较的方法,对于疑难问题,引用诸家,多所求证,相互影响,博采众家之长,并阐述自己的见解。此派私家律著总体质量较高,其中不乏精品。但此派私家律著,卷帙浩繁,官员们"偶一寻阅,实难记忆"①,给习律者带来不便。

二、 考据派

明代考据学虽远不及清代发达,但明代考据学在注释方法上惠及了私家律学。明代考据类律学著作,与清代相较,数目较少,经典著作更稀少。考据学在明代中后期兴起并发展,但在此时期没有纯粹的考据学著作,更多的是适用考据的方法来研究律例,将其作为一种工具来解释明律。在明代,真正称得上考据类的私家律著当推何广的《律解辩疑》。何广通过"议曰""释曰"等多样的注释方法对律文中大量的法律术语和法律规范进行考释,并通过"讲曰""解曰"及"问曰""答曰"等释注方法,对律文的适用范围及对象,以及律文中的疑难问题深究辨析,从而使习律者能对疑难问题有透彻理解。

该派著作引用广博,内容丰富,考证精详。此多用训诂学的方法对名词术语等进行考释,学术性较强但实用性较差。

---

① ［清］王祖源:《明刑弼教录》,"序",天壤阁丛书,光绪六年刻本。

三、　司法应用派

司法应用派,顾名思义,该派主要着眼于法律适用。在明代,司法应用派的著作主要集中在嘉靖之后。该派实力较强,留存的著作很多,较重要的有:《大明律例注释祥刑冰鉴》(周某辑)、《大明律例添释旁注》(徐昌祚辑)、《大明律例致君奇术》(朱敬循汇辑)、《三台明律招判正宗》(余员注招,叶侃示判)、《刑台法律》(沈应文校正,萧近高注释,曹于汴参考)、《昭代王章》(熊鸣岐辑)、《镌大明龙头便读傍训律法全书》(贡举撰)、《刻御制新颁大明律例注释招拟指南》、《鼎镌大明律例法司增补刑书据会》(彭应弼撰)、《新刻官板律例临民宝镜》(苏茂相辑)、《一王法典》(辑者不详)等。

司法应用派私家律著的作者,多在地方和司法部门工作,仕宦经历与辑注派相比,职位普遍偏低,任官履历不及辑注派注律家复杂,其注律更加关注法律如何适用,而非如辑注派更加注重鉴别各家解释的优劣得失及律文解释的透彻、深入性。

司法应用派在注释上采用不同的形式。该派律注多分为上下两栏,或上中下三栏。下栏多全文照录律文,但解释多抄录辑注派的注解,且解释多简单明了,还有的加有判语和告示;中栏多为词语的音释;上栏多为告示、判例、行移体式等实用性内容。

司法应用派注释主要的特点在于如何适用法律,注重文字的简练与生动,与辑注派相比,注释话语更加通俗、易懂。

四、 其他派别

根据张晋藩和何敏的研究,清代律学的派别还有案例汇编派、图表派、便览派、歌诀派、比较研究派和宣教"圣谕派"。案例汇编派在明代有突出的表现,笔者将其留待以后进一步研究。图表派、便览派、歌诀派、比较研究派在明代私家律著都已出现,但不够发达,没能形成流派。

明代私家律学著作中多有图表的内容,但多集中在卷首或卷末,不像清代律文以图示的形式表达。明代私家律著的图表主要有五刑之图、狱具之图、丧服总图、本宗九族五服之图、妻为夫族服图、妾为家长族服之图、出嫁女为本宗降服之图、外亲服图、妻亲服图、三父八母服图、六赃图、纳赎例图(有的还分为在京与在外)、收赎钞图、律例钱钞图(即主要有五刑、六赃、纳赎、服制、狱具)等。从诸明代私家律学著作看,只是将明代某些问题制成图表,观之一目了然,便于司法官吏对照查找。明代私家律学的做法,对清代有重要影响,图解的内容已不限于以上类别,而扩大到清律的所有律文。

在明代私家律著中,众私家注律家本着明白晓畅、便于诵记的目的,取明律中的五刑、六赃、纳赎、服制等问题,变成五言或七言韵诗,言词简约,读来朗朗上口。比如:何广在《律解辩疑》的卷首有律条目总名歌、例分八字西江月、本宗九族五服歌、妻为夫族服之歌、妾为家长族服歌、出嫁女为本宗降服歌、外亲服之歌、妻亲服之歌、三父八母服之歌、六赃总类歌等。①《律解辩疑》显然受到了《刑统赋解》的影响。胡

---

① 〔明〕何广:《律解辩疑》,载杨一凡、田涛主编:《中国珍稀法律典籍续编》第四册《明代法律文献(下)》,第5—8页。

文焕还编辑《新刻读律歌》一卷。司法应用派著作《刻精注大明律例致君奇术》有五服歌、夫族服制歌、妾为家长族服歌、出嫁本家降服歌、外亲服歌、妻亲服歌三夫八母服歌。在《法家衰集》中列有宗服歌、六赃歌、收赎纳钞赎罪歌、妇人纳钞歌、纳米赎罪歌、迁徙歌、诬告折杖歌、故出入人罪歌、杂犯歌等，内容有所扩大。但明代私家律学著作对歌诀类不太重视，《律解辩疑》的歌诀解释方法大多未被明代私家律学所继承，而多由图表的形式代替。

　　私家律著的歌诀解释被明代的讼师秘本所承继。比如：江湖醉中浪叟辑的《刻法林照天烛》五卷，有《律例总歌》等。《新镌订补释注霹雳手笔》（辑者不详）录有《律例总歌》。该种注释便于记诵，在法律的一般宣传教育中应有广阔的天地，但对司法官员学习法律来讲，不仅显得简略，更重要的是不够严谨。法律本是严谨而深奥的，正是律文的特性决定了歌诀类律学著作难以发达。

　　便览类著作在明代有：《新刻明律统宗为政便览》（陈孙贤编）、《律例便览》《大明律分类便览》（存目）、《大明律》（辑者不详，北京刑部街陈氏刻本）。北京刑部街陈氏刊刻的《大明律》，第一本封面另题作《律条便览直引》，第一卷卷首下题"刑部街陈氏校正总集"，第二十九卷题为《律例全集直引》。本书先录律文，再引各家的解释，如《律条直引》《解颐》《辩疑》《疏议》《释义》《直引》等，尤其是引《直引》居多，并列有少量的例。该种注释主要是因为各家注释，尤其是辑注类等注释旁征博引、考证细密、卷帙浩繁，习律者及查阅者不能遍读，带来不便，而《大明律分类便览》等明代便览类私家律学著作，摘取《大明律》中经常应用的部分律文，分类编集，节选各诸家的注解，汇编成简易的便于阅读的读本。该注释明白晓畅，文字简要，可作为官员学习的入门律学著作，或者成为百姓学法的普及之作。

第三节　私家律著的注律方法

《大明律》律文简约、深奥，原则性、概括性强，不能囊括社会中千差万别的情况。因之，对律文进一步解释显得尤为必要。这不仅可以准确疏解律文，还对律文深含的寓意及律文未能规定的情况进行处理；不仅补立法的不足，还加强了司法的实用性。

明代私家律学的法律解释方法在承继于唐宋解释的基础上，又有所创新。解释方法主要有以下几种。

一、　问答式解释

问答式法律解释，前贤多有研究。日本学者堀毅在《睡虎地秦墓竹简概要》中论及秦简中的《法律答问》、春秋决狱、《唐律疏议》问答文的关系。① 张伯元在《问答式律注考析》中对堀毅的观点进行驳正。② 在明代私家律著中，承唐律解释之余绪，常采用问答的方法注律。明代私家律著中问答的表达形式多样。如：《律条疏议》等大部分律者以"问曰"的形式提问，以"答曰"的形式回答。在《律解辩疑》中以"讲曰""解曰"或者以"问曰""答曰"的设问并解答的形式，对律无明文规定，或者律文中的疑难问题探讨解决的办法，并说明如此判决的理由。《律解辩疑》中的"讲曰""解曰"的形式被《大明律讲解》所承继。

①　〔日〕堀毅：《秦汉法制史论考》，萧红燕等译，法律出版社1988年版，第9页。
②　张伯元：《问答式律注考析》，载《律注文献丛考》，第56—84页。

问答解释所涉猎的情况主要包括以下方面：

（一）律无明文规定之新情况、新问题

在明代私家律学著作中，譬如《律例笺释》《律条疏议》《法家裒集》《律解辩疑》等著作，常用问答的方式解决法律无明文规定的问题。《法家裒集》中专列"律颐断法"①，用大量篇幅先以设问提出问题，后通过"答曰"的形式解决。如："骂妻之父母，律内无文，何断？""答曰：'律既无文，可引骂缌麻尊属律杖六十可也。'"②《律解辩疑》卷十二"公差人员欺凌长官"条对祗候、禁子、公差欺凌长官，杖八十，如果欺凌佐职官，律无文，如何科断呢？《律解辩疑》作了回答："欺凌长官，律已明矣。欺凌佐贰等官，律虽无文，合□依减等，杖七十。佐官遇掌印信，即与正同。"③

（二）词语区别

《律条疏议》中用大量的"问曰""答曰"的形式对不同名词进行区别。如《律条疏议》卷一"应议者犯罪"用问答的方式，区别了取旨与请旨。

> 问曰："本条既言'取旨'，下条多言'请旨'，何也？"答曰："取旨者，应八议之人，朝廷所宜优待，故其犯罪皆须取决于上以定予夺，不敢辄陈、合拿之语，故曰'取旨'。至于职官有犯，则曰'请

---

① ［明］潘智辑录，［明］陈永补辑：《法家裒集》，载杨一凡编：《中国律学文献》（第一辑第四册），第585—634页。

② ［明］潘智辑录，［明］陈永补辑：《法家裒集》，载杨一凡编：《中国律学文献》（第一辑第四册），第594页。

③ ［明］何广：《律解辩疑》卷十二，"公差人员欺凌长官"，载杨一凡、田涛主编：《中国珍稀法律典籍续编》第四册《明代法律文献（下）》，第138页。

旨'者,明开提问词语,特禀请以行之,故曰'请旨'。故下文应议者之祖父母有犯,亦曰'取旨',其余军职等项犯罪,皆曰'请旨',其理可推也。"①

又如《律解辩疑》卷十二"服舍违式"条载:"【又曰】:'违式、违禁不同,何也?'""【解曰】:'"违式"者,违其式样,造置房舍之类,犹可改也,故不入官。"违禁"者,系用龙凤纹,此非官民所用,既有而不可改正,并入官。'"②

(三) 律文的区别

问答解释多处理同条律文及不同律文间的问题。通过问答的解释方法,进一步解释律文间的不同。如《大明律》卷六"典雇妻女"条言:

> 凡将妻妾受财典雇与人为妻妾者,杖八十。典雇女者,杖六十。妇女不坐。若将妻妾妄作姊妹嫁人者,杖一百,妻妾杖八十。知而典娶者,各与同罪,并离异,财礼入官;不知者不坐,追还财礼。③

《律条疏议》卷六"典雇妻女"对本律文的上半段言典、雇、嫁妻女,而下半段只言典娶,不言雇的情况,用问答的形式作了说明。"典娶年久,有为夫妇之义;雇则雇倩而已,虽知是伊妻妾,终须不久,虽有雇价,终

---

① ［明］张楷:《律条疏议》卷一,"应议者犯罪",载杨一凡编:《中国律学文献》(第一辑第二册),第 121 页。
② ［明］何广:《律解辩疑》卷十二,"服舍违式",载杨一凡、田涛主编:《中国珍稀法律典籍续编》第四册《明代法律文献(下)》,第 138 页。
③ 怀效锋点校:《大明律》卷六,"典雇妻女",第 60 页。

非财礼,故不坐也。"①

（四）解释犯罪的原因

有些明代私家律著,在疏解律文时用问答的形式疏解律文设立的原因,此可进一步加深对律文的理解,使习律者、问刑者明晓律文设立的深意。如《律解辩疑》卷八"盐法"载:

> 【又曰】:"妇人犯私盐,何独坐其夫男? 心有疑而未明。"【解曰】:"妇人有三从之道:在家从夫,适人从夫,夫死从子。既嫁而无夫男者,坐于本妇。虽有夫之伯叔之类,律条不载。及妇人入寺观烧香,亦如之。"②

（五）通过问答,预设案例

有些私家律学著作通过问答的形式,预设案例,使习律者直观地明晓律文内容。如《刑台法律》下栏以小字双行的形式对律文注解,在律文后以问答的方式,以"问曰"设定案例,以"答曰"的形式解答律文中的问题,使人在学习时可通过案例的形式理解律文。在"妻妾殴故夫父母"条中,对"凡妻妾,夫亡改嫁,殴故夫之祖父母、父母者,并与殴舅、姑罪同"。③ 此种规定已经很明确,但在该律文后还以问答的形式,用案例更加形象地说明问题。"问曰:'如赵氏依妻妾夫亡改嫁,殴故

① ［明］张楷:《律条疏议》卷六,"典雇妻女",载杨一凡编:《中国律学文献》(第一辑第二册),第430页。

② ［明］何广:《律解辩疑》卷八,"盐法",载杨一凡、田涛主编:《中国珍稀法律典籍续编》第四册《明代法律文献(下)》,第119页。

③ 怀效锋点校:《大明律》卷二十,"妻妾殴故夫父母",第169页。

夫之祖父母、父母者,何如?'""答曰:'审得赵氏夫亡改嫁,原非弃出之类,伦理恩养又不以改嫁而更易矣。不合而殴及昔日之舅姑,其罪合与今日之舅姑等也。'"①

明代私家律学著作中经常用问答式的解释方法。各注解者通过问答的方式,使解释者和文本交流,但解释者和问者之间不是平等的对话交流关系,而是解释者布道,问者只能悉心听取。明代私家注律家在律著中通过问答的解释方法使律文的解释更加全面,从而使社会上纷繁复杂、千变万化的新情况更多地应用于法律,也通过问答的解释方法使落后于时代的问题得到修正,从而有利于将律文规定的原则性与适用法律的灵活性相结合。正如谢晖所言:

> 这种问答体的解释方式,就其功能而言,既能够在很大程度上保障成文法律的严肃性,也能够根据不同案件、不同情节、不同的时空条件作出灵活性的处理,从而使法律产生更大的实践效用。因为在此种解释中,请问者所提出的问题本身是具体的,因此,解释者既要以法律的不变以应万变,也要根据不同案件的具体情况把法律以最佳的方式适用到个案中去。②

二、 历史解释

明代私家律学的历史解释,继承唐宋的传统,即对明律的律目和律文的历史源流进行考察、梳理。通过历史解释,可从中明确明律中诸多

---

① [明]萧近高注释,[明]曹于汴参考:《刑台法律》卷十一,"妻妾殴故夫父母",中国书店 1990 年影印本。

② 谢晖:《中国古典法律解释的哲学向度》,中国政法大学出版社 2005 年版,第185 页。

法律规范的历史沿革,这可以说明立法者当时立法的因革取舍和价值判断,以此说明律文规定的合理性与合法性,借此强化法律在人心中的效力。这对习律者理解律文有很好的帮助,但对具体的定罪量刑帮助不是很大。在明代私家律学著作中,诸如《律条疏议》《读律私笺》《律例笺释》等辑注派著作多采用历史解释的方法。与清代不同,明代的考据类著作中,如《律解辩疑》等很少用历史解释的方法,司法应用派律学著作也甚少采用。在明代私家律学的历史解释中,主要关注三个方面的问题。

(一) 律目源流的历史解释

《律条疏议》《读律私笺》《律例笺释》等私家律著,在每一律目中对明律律目都进行了疏解。如《律条疏议》在《唐律疏议》的基础上对《户律》中的"户役"诸律条的变化进行说明。首先,《律条疏议》转引《唐律疏议》的内容:"《唐律疏议》云:'萧何承秦六篇,如户、兵、厩为九章,迄至后周,皆名户律。北齐以婚事附之,名为婚户。隋开皇以户在前,改为户婚,唐因其制而无所别。'"①在此基础上,《律条疏议》进一步说明明律律条在唐律基础上的变化。

> 国朝取事,系户口、差役者,别为一类,名曰"户役"。并唐律中脱户及相冒合户、里正不觉脱漏、州县不觉脱漏四条为一;立嫡子违法、养子舍去二条为一;改卑幼私辄用财为私擅,子孙不得别籍为别籍异财,其他不系户役者一切不取,又审其未备,增立人户,以籍

---

① ［明］张楷:《律条疏议》卷四,"户役",载杨一凡编:《中国律学文献》(第一辑第二册),第347页。

为定、收留迷失子女、赋役不均、隐蔽差役等条总名曰"户役"。①

《律条疏议》对明律律目"户役"的来源作了疏解,使民众对律条的来源有清楚了解。《律例笺释》对律目的变迁解释几乎全部抄录于《读律私笺》。《律例笺释》对律目的疏解要比《律条疏议》详细。如"户役"沿袭唐律。

> 国朝以户役、田宅、婚姻三事合为一类,不易混并,取唐户婚律中曰脱户,曰相冒合户,曰里正不觉脱漏,曰州县不觉脱漏,曰里正、官司妄脱漏五条合为一条,总曰脱漏户口;其私入道,即私度僧道,今于私创庵院为一条;养子舍去,即养同宗之人为子,所养父母无子而舍去,并乞养异姓等事,今与立嫡子违法为一条;余若居父母丧生子、卖口分田,养杂户为子孙,放部曲为良四条,则今之所无;别籍异财、卑幼私擅用财二条则仍其旧;丁夫差遣不平、私役部民夫匠(唐曰私使),丁夫、杂匠三条则摘诸擅兴律中,而增人户以籍为定。收留迷失子女、禁革主保里长、赋役不均、隐蔽差役、逃避差役、点差狱卒、收养孤老八条以为今篇。②

通过私家律著的历史解释,习律者对明律律文的来源有了充分理解,从而加深对律文的理解。

(二) 律文变动的考察

在众私家律著中,用历史的解释方法对明代律例条文的变化多有

---

① [明]张楷:《律条疏议》卷四,"户役",载杨一凡编:《中国律学文献》(第一辑第二册),第 347—348 页。
② [明]王肯堂:《律例笺释》卷四,"户役"。

考释,甚至对律例条文在明代的具体适用情况多有介绍。譬如,《大明律》卷一"徒流迁徙地方"条言:"徒役各照所徒年限,并以到配所之日为始,发盐场者,每日煎盐三斤。铁冶者,每日炒铁三斤。另项结课。"①《律例笺释》用历史的解释方法言:"国初徒罪俱发盐场、铁冶,今则无力者有摆站做工之例。万历八年铁冶郎中已革,则炒铁一项亦名存而实亡矣。"②通过历史解释,对明律条文在实际运作中的变化作了说明。

(三) 例文变迁的历史考察

除对律文的适用进行历史解释外,诸如《大明律附例注解》与《律例笺释》等私家律著,对律文后所附例文的变化与应用情况亦常言及。如《律例笺释》卷一"称与同罪"后引《问刑条例》:

> 凡受财故纵与囚同罪人犯,该凌迟、斩、绞,依律罪止拟绞者,俱要固监缓决,候逃囚得获审豁。其卖放充军人犯者,即抵充军役。若系永远同罪者,止终本身,仍勾原犯应替子孙补伍。③

《律例笺释》对此例之变迁作了解释:"此条系新例,又万历九年十月内刑部覆奏明旨,有'固监缓决'之文,但系例少'受财故纵'四字,又军罪不分终身、永远,似混,今酌载。"④

明代私家律学著作多采用历史解释方法说明问题。通过历史解释,对明律律目和律文的形成、发展、变化进行疏解。通过此种解释,习

---

① 怀效锋点校:《大明律》卷一,"徒流迁徙地方",第23页。
② [明]王肯堂:《律例笺释》卷一,"徒流迁徙地方"。
③ [明]王肯堂:《律例笺释》卷一,"称与同罪"。
④ [明]王肯堂:《律例笺释》卷一,"称与同罪"后所附《问刑条例》。

律者可了解律目、律文等的变化及变动原因,从而可理解立法者在不同的环境下立法的真实意图,加深对律文的理解。

三、 扩大解释

扩大解释,亦称扩张解释,是指法律条文所使用的文字由于狭隘,不足以表明法条的真实意义,于是扩张其意思,对法律条文的文义进行扩大,并使其符合法律的真实意义的解释方法。明代众私家律学著作常用扩大解释的方法,作广于字面意思的解释。通过这种解释,可弥补《大明律》律文因简约与抽象而造成的律意不明的问题。如在《大明律》卷十九"威逼人致死"对于威逼期亲尊长致死者,未言征埋葬银,则应该不征,正如雷梦麟所言:"此不追埋葬者,恐以其亲而恕之也。"①但《律例笺释》对此作了扩大解释,对威逼期亲尊长是否征埋葬银分为同居共财和非同居共财两种情况不同对待,对律文的规定作了扩大解释。"凡威逼自期以下,如非同居共财之亲,恐宜量追埋葬,故律于并追葬银之文但系于上耳。"②《大明律集说附例》卷十九"威逼人致死"亦载:"此不加埋葬者,中间恐有同居共财,难以概断,故因其亲而恕之耳。如犯者,非同居共财之亲而死者可恤,虽量追埋葬亦可。"通过《律例笺释》与《大明律集说附例》的扩大解释,对律文区分不同情况分别对待,从而使律文的规定更加彰显科学化与人性化。

总之,明代私家注律家在统治者认可、容忍的范围内对《大明律》一成不变的律文进行扩大解释,将社会上出现的律无明文规定的情况用律文加以规范,从而增强了《大明律》的适用性。扩大解释方法的应

---

① [明]雷梦麟:《读律琐言》卷十九,"威逼人致死",第362页。
② [明]王肯堂:《律例笺释》卷十九,"威逼人致死"。

用,主要在于对法律条文含义的充分正确理解上,或者对律文的立法旨趣的正确阐释上。扩大的解释方法对释律者要求相当高,若不能正确把握律文,则不能很好地处理律无规定的问题。

四、　缩限解释

缩限解释是对律文加以限制。"当某一法律规范的效力并不及于条文文字内容所包括的一切情况时即需要对法律规范的文字涵义加以限制。"①明代私家律著中经常用缩限解释的方法疏解律文。如《大明律》卷八"盐法"对卤水制盐并进行贩卖没有规定。卤可熬盐,《大明律》中无卤之禁,例中也无载,则贩卖卤水,用卤水制盐应不处罚,但应槚在《谳狱稿》中记载,在嘉靖年间,江南地区兴贩卤,还同私盐治罪。应槚言:"卤可作盐,犹铜可铸钱。钱法有铜禁,盐法无卤禁。犯铜者不可以钱治,则犯卤者不可以盐治,明矣。今则有招犯卤之情,加私盐之罪者。"②又如《大明律》卷十九"威逼人致死"条对卑幼威逼期亲尊长,律文明定无疑问。官司公使人等,因公而威逼人致死勿论,若出现卑幼系官司公使承差,而尊长有非理之事,因公威逼期亲尊长致死,如何定罪呢? 此在《律解辩疑》中用了缩限解释的方法。"此尊长有非理之事,被卑幼威逼,若卑幼系官司公使人数承差,因公威逼期亲尊长致死,难坐绞,当论有违、回避、不应,从重论。"③通过缩限解释,使律意更明,给习律者提供方便。

---

① 何敏:《清代注释律学研究》,第 107 页。
② [明]应槚:《谳狱稿》卷一《明律例以甦民命以隆圣治疏》。
③ [明]何广:《律解辩疑》卷十九,"威逼人致死",载杨一凡、田涛主编:《中国珍稀法律典籍续编》第四册《明代法律文献(下)》,第 209 页。

五、 逻辑解释

按照沈宗灵的说法:"逻辑解释是指不孤立地从个别法条的文义,而联系到这一法条与本规范性文件中其他法条,以至其他规范性文件的关系来考察这一法条的含义,也就是说从这一法律的整体来解释。"[①]即逻辑解释是通过某一法律规范与其他法律规范内在的逻辑来考察这一法律规范的具体含义。在具体的逻辑解释过程中,法律的结构、内容、适用范围和概念间的联系有所疏证,避免解释时前后矛盾,保证法律解释的一贯性。

明代私家律著经常使用逻辑的解释方法,分析律文的结构,明确律文的适用范围,以及同一律条及不同律条的含义,以求法律适用的一致性。运用逻辑的分析方法是辑注派很重要的方法,该派将律文划分为不同的层次,确定其相互关系。

如《大明律》卷二十"妻妾殴夫"条言:

> 凡妻殴夫者,杖一百,夫愿离者,听。(须夫自告乃坐。)至折伤以上,各加凡斗伤三等;至笃疾者,绞;死者,斩;故杀者,凌迟处死。若妾殴夫及正妻者,又各加一等。加者,加入于死。其夫殴妻,非折伤,勿论;至折伤以上,减凡人二等。(须妻自告乃坐。)先行审问,夫妇如愿离异者,断罪离异;不愿离异者,验罪收赎。至死者,绞。殴伤妾至折伤以上,减殴伤妻二等。至死者,杖一百,徒三年。妻殴伤妾,与夫殴妻罪同。(亦须妾自告乃坐。)过失杀者,各

---

① 　沈宗灵:《论法律解释》,《中国法学》1993 年第 6 期。

勿论。若殴妻之父母者,杖一百;折伤以上,各加凡斗伤罪一等;至
笃疾者,绞;死者,斩。①

又如《大明律集说附例》卷七"妻妾殴夫"条对此律文进行逻辑解释:

　　此条专定夫妇相殴之罪。盖既不以恩掩义,又不以法强情,而
所以正男女、辨嫡庶者,在是其系于风教,非小补矣。首节言妻殴
夫之罪;二节言妾殴夫及正妻之罪;三节就夫殴妻妾者言,而妻殴
妾之罪兼之;末节又推言殴其父母之罪。其首节不言妻过失杀夫
者,《琐言》谓:"夫妇之情甚密,不幸而过失杀伤,在所当矜。直贯
下条,过失杀者,各勿论。"此说似得律意。《管见》子孙过失杀伤
父母,流罪。虽妇人得以收赎,而尚嫌太重,似不可从。②

对律文的逻辑结构的理解不同,可影响律文的解读。如《大明律》
卷二"官员赴任过限"条言:

　　凡已除官员,在京者,以除授日为始,在外者,以领照会日为
始,各依已定程限赴任。若无故过限者,一旦笞一十,每十日加一
等,罪止杖八十。并附过还职。若代官已到,旧官各照已定限期,
交割户口、钱粮、刑名等项及应有卷宗、籍册完备,无故十日之外不
离任所者,依赴任过限论,减二等。其中途阻被盗,患病丧事,不能
前进者,听于所在官司给凭,以备照勘。若有规避、诈冒不实者,从

① 　怀效锋点校:《大明律》卷二十,"妻妾殴夫",第165—166页。
② 　[明]冯孜:《大明律集说附例》卷七,"妻妾殴夫"。

重论。当该官司,符同保勘者,罪同。①

冯孜在《大明律集说附例》卷二"官员赴任过限"对律文的逻辑理解不同于《律条疏议》,由此导致对律文的理解不同。冯孜言:

> 第二节亦兼内外官言。代官乃新来代任之官,旧官乃任满升调之官。《疏义》谓:"公差权署等项俱是。"但观已定期限之句,还主在新除官领凭赴任,旧任官交割一边。第三节一主在赴任官一边言,其得代官该别赴任者总承在内亦是。②

六、 目的解释

目的解释法,指的是法律的解释者运用法律的目的确定法律文本真实内涵的理论。在目的解释法中,解释者不仅仅关注法律文本表现出来的含义,还要点明立法者在制定法律条文时所要达到的目的。即通过目的解释,可寻求律文背后的价值所在。目的解释和历史解释有时颇难区分,"目的解释和法意解释(历史解释),同在阐明规范意旨,只不过一从整体之法律目的解释,一从个别规定之法意(历史)探求:一从法律目的着眼,一从历史沿革出发,如此而已"③。苏力曾对历史解释和目的解释加以区别,认为目的解释从根本上是向前看的,强调为适应未来而解释法律,强调法条现时所具有的合理含义;而历史解释是

---

① 怀效锋点校:《大明律》卷二,"官员赴任过限",第32—33页。
② [明]冯孜:《大明律集说附例》卷二,"官员赴任过限"。
③ 杨仁寿:《法学方法论》,中国政法大学出版社1999年版,第169页。

向后看的,强调的是忠实于过去,即立法者立法时的意图。① 根据以上两位学者的解释,目的解释侧重于立法的目的,而历史解释侧重于立法本意。在明代私家律学著作中,众私家注律家在注解《大明律》时常言及立法者在制定法律上的目的。《大明律》承唐律之余绪,是礼、律结合的法典。私家注律家在解释《大明律》时,遵循了这一原则,对《大明律》未能明言的注律的动机和目的作出说明。比如,张楷在《律条疏议》中,分条串讲、疏解律义,对未能言及的注律的动机与目的,通过在律文后专设的"谨详律意"进一步说明。"居丧嫁娶"条之"谨详律意"言:

> 丧服之内,哀痛方深,况亲与夫,其哀为甚。身自嫁娶者,固为忘孝;嫁娶为妾者,亦岂当为命妇。夫亡改嫁则是忘悖国恩。男女知而为婚,即系自己失节,或治罪而追夺,或减等以科刑。事干风化,非细故也。居丧主婚,虽若无妨,从吉忘哀,亦为悖义。服满守志,实为妇道当然,非亲强嫁,则是使之失节,亲杖八十,女仍守节,亦以敦风化也。②

明代私家注律家通过目的解释法,对天理、国法、人情的和谐统一,对儒家的仁恕等观点在私家律著中都有所体现,兹不赘述。

私家注律者法律解释的目的,有明显的个人倾向性。比如:辑注派多以注释现实法律为目的,但对司法官员的错误做法持否定态度;司法

---

① 苏力:《解释的难题:对几种法律文本解释方法的追问》,《中国社会科学》1997年第4期。
② [明]张楷:《律条疏议》卷六,"居丧嫁娶",载杨一凡编:《中国律学文献》(第一辑第二册),第437页。

应用派则更关注学习法律的方法和为习律者提供范本与借鉴,甚至通过模拟案例的方式就具体案件如何适用法律作出具体的解释。

就注律者身份而言,明代私家注律者的身份不同,解释的理念各异。解释的对象、环境不同,甚至个性、兴趣与追求的不同,都对解释的目的产生影响。

明代私家注律家的目的解释法是普遍采用的方法,此种方法还被清代律学家采用。众私家注律家通过目的解释法,进一步洞察法律的本质,深刻理解法律的立法动机和目的,从而加强了中国古代律学的理论深度。

七、 案例解释

明代私家律著的案例解释,是将律文的内容用模拟案情的形式解释,根据律文应如何审断。如《大明律》卷一"犯罪事发在逃"条言:"凡二人共犯罪,而有一人在逃,见获者称逃者为首,更无证佐,则决其从罪。后获逃者,称前人为首,鞠问是实,还依首论,通计前罪,以充后数。"①《律解辩疑》对此条用模拟案例的注释方法,通过问答的形式解释。

　　【议曰】:"假如甲乙二人为窃盗,甲为首,乙为从,盗得钞五十贯。甲犯在官,乙在逃,因无乙,甲称为从,决杖一百。已杖决讫,后获乙到官,称甲为首,鞠问是实,若何科断?"【答曰】:"甲为首,合得杖六十,徒一年;乙为从,减等,杖一百。今甲诉称乙为从,杖

---

① 　怀效锋点校:《大明律》卷一,"犯罪事发在逃",第18页。

> 一百,合该通计前罪,以充后数。杖过一百,除杖六十,剩杖四十,
> 每一十下折铜钱六百文,计二贯四百文;每一日折工六十文,准徒
> 四十日,该徒十个月零二十日。此谓'通计前罪,以充后数'。"①

何广通过模拟的案例解释,对该条的"通计前罪,以充后数"的计算情况作了说明,从而加深了对律文的理解。何广的模拟案例解释律文的方法对明代私家律著有深远影响。比如:王肯堂在《律例笺释》中经常用此种方法解释律文。《大明律直引》对此种解释更是发挥到了极致。《直引》通过在律文后设立的"新增"一览,用模拟案例的形式对律文进行解释。案例解释对司法应用派律学著作影响最大。《刑台法律》在下栏律文后,以"问曰""答曰"的形式,通过模拟案例说明律文内容。而更多的司法应用派律著则是在上栏用模拟案例说明问题。模拟案例的解释方法对清代有较大影响。但清代注释家在注释《大清律例》时,为了保证注释的准确性,援引以往审结并经过皇帝允准或刑部覆准的案件,进一步从司法应用的角度来证明这种注释的合理性和客观性。② 清代律学著作用案例解释时用的是真实案例,此与明代的案例解释不同。对案例解释的优点,清人曾言:"成案与律例相为表里,虽未经通行成案不准引用,然其衡情断狱,立议折衷,颇增学识,兹亦广为采辑,以为互证。"③虽然清代情况不同,但此评价亦可适用于明代。总之,模拟案例的解释将抽象的律文具体化,虽不具有普遍指导性和反复适用性,但其形象、生动的解释,可使习律者尤其是问刑官更直观、感性地把握律文,加深对律文的理解,同时可使问刑官对同类案件的审理起

---

① ［明］何广:《律解辩疑》卷一,"犯罪事发在逃",载杨一凡、田涛主编:《中国珍稀法律典籍续编》第四册《明代法律文献(下)》,第53页。
② 何敏:《清代注释律学研究》,第116—122页。
③ 《大清律例重订辑注通纂》胡肇楷序,清嘉庆十一年刻本。

到示范作用。正是此注释方法的直观、生动和示范性，明代私家律著尤其是司法应用派私家律著经常采用，并对清代有较大影响。

八、 文义解释

"文义"一词，指的是该用语被一般人所能了解的含义。使用文义解释时，会严格依照法律条文用语的一般字面意义、语法结构和语言规则来阐明其含义。表现在法律上，文义解释的含义指的是依照法律用语之文义及通常使用方式而为解释，据以确定法律之意义。① 因为法律条文是以语言形式存在的，所以，文义解释具有优先性。正如杨仁寿所言：

> 法学之终极目的，固在穷究法之目的，惟终不能离开法文字句，一旦离开法文字句，即无以维持法律之尊严及其适用之安定性，故法律解释之第一步系"文义解释"，而其终也，亦不能超越其可能之文义。②

法律文义的解释不同于文学的解释。波斯纳说：

> 对客观解释的追求更重要的是培养一种感受，即成文法是一种什么样的文本。如果我们认为它像一种文学作品，我们也许会举手认输，因为要发现众口称是的含义在目前看来前景暗淡；文学的解释共同体已变得非常破碎，伟大文学作品的文本含义已不可

---

① 杨仁寿：《法学方法论》，第 102 页。
② 杨仁寿：《法学方法论》，第 120—121 页。

能确定。但法律文本与文学文本之间有巨大差别,因此,律师不应
由于文学共同体的混乱而感到麻烦,但同时也不要指望从文学解
释方法得到很大帮助。①

中国古代注律家以古代法律所固有的"文本"为基础,并将其置于当时
特定社会的语境中理解,以此明晓律文的一般文义与引申意义。明代
私家律学大量采用文义解释。私家律著所为的文义解释,有现代法学
文义解释的一般特征,但也有自己的独特特点。即明代私家律著坚持
传统的训诂解释。

(一) 诂体

训诂分为诂体和训体。"诂"体主要侧重用考释的方法,显示词语
在具体语境中的具体词义。为了说明其具体词义,"诂"体主要采取了
以下解释方法:

运用义训的方法,根据具体的语境,描述义位变体。此词语在具体
语境中的含义,往往在一般辞书中不能查询。也就是说,离开了具体的
语境,该词的含义也就不复存在了。通过义训的方法,在具体的语境中
探求词语的具体意义,并注重词语的词典义与具体语境义的相互辨析
与印证。还可运用声训的方法,提示此词的语音、语源,有的还指名通
假,从这些方面间接说明词语的语义。何广在《律解辩疑》卷十九"造
畜蛊毒杀人"条对"畜"进行解释:"'畜',谓传畜蛊而皆堪以杀人。传
畜即鬼之类。《释文》下'鬼'字,于(义)不通,今转音卉,草也。"②

私家律著还采用"诂"体相互考辨的方法来确定词语的意义。如

---

① 〔美〕波斯纳:《法理学问题》,苏力译,中国政法大学出版社1994年版,第336页。
② 〔明〕何广:《律解辩疑》卷十九,"造畜蛊毒杀人"。

《唐律疏议》对"规"之解释有规利之意。《读律琐言》对此提出异议，"则增减官文书条曰'规避死罪'，死罪何利而规求之耶"。①《大明律》卷一"本条别有罪名"言："凡本条自有罪名与名例罪不同者，依本条科断。若本条虽有罪名，其有所规避罪重者，自从重论。"②按照《律解辩疑》的解释："凡律中言'有所规避'者，其'规避'字恐误矣。今依'（规）【窥】避'称之，且当。其'窥'者，窥财避罪之意也。若违其规，必有所避，故云'窥避'。"③《大明律》卷二"滥设官吏"条言："凡内外各衙门……有所规避者，从重论。"④《律解辩疑》卷二"滥设官吏"条解释："如有窥避从重论，今改为'规避'。'窥'，小视也；'规'，求也；'避'，避匿也。"⑤《读律琐言》在解释时已经不再纠缠"规"之具体训诂意思，而言："'规'者，为圆之法，'规避'者，谓圆转委屈，巧以避罪也。"⑥《明律集解附例》卷一"本条别有罪名"之"纂注"对规避二字有解释："'规避'二字见唐律，'规'与'窥'同古字，通用，'规'有求探；'避'有所回避。二字活看，不可以'规'专为求利，'避'专于脱罪。"⑦

　　在明代私家律著中，对劫囚之"囚"字理解不同，在解读律文时就有所区别。通过私家律著的训诂解释，才对"囚"字之意确定，从而给问刑者提供借鉴。《大明律》卷十八"劫囚"载：

---

　　①　[明]雷梦麟：《读律琐言》卷一，"本条别有罪名"，第56页。

　　②　怀效锋点校：《大明律》卷一，"本条别有罪名"，第20页。

　　③　[明]何广：《律解辩疑》卷一，"本条别有罪名"，载杨一凡、田涛主编：《中国珍稀法律典籍续编》第四册《明代法律文献（下）》，第56页。

　　④　怀效锋点校：《大明律》卷二，"滥设官吏"，第31页。

　　⑤　[明]何广：《律解辩疑》卷二，"滥设官吏"，载杨一凡、田涛主编：《中国珍稀法律典籍续编》第四册《明代法律文献（下）》，第65页。

　　⑥　[明]雷梦麟：《读律琐言》卷一，"本条别有罪名"，第56页。

　　⑦　[明]高举发刻：《明律集解附例》卷一，"本条别有罪名"，光绪三十四年修订法律馆重刊本。

　　　凡劫囚者,皆斩。(但劫即坐,不须得囚。)……若官司差人追

　　征钱粮,勾摄公事,及捕获罪人,聚众中途打夺者,杖一百,流三千

　　里。因而伤人者,绞。杀人及聚至十人为首者,斩;下手致命者,

　　绞;为从各减一等。其率领家人随从打夺者,止坐尊长。若家人亦

　　曾伤人者,仍以凡人首从论。①

　　律文言,凡劫囚者,皆斩。囚,按照应槚解释,指在狱之囚②,而此观点

在《谳狱稿》中得到进一步确认:"劫囚者,皆斩。盖在狱之囚,非在途

之囚也。"③而张楷则言:"拘系谓之囚,谓犯罪被拘系之人也。"④张楷

的解释笼统、不明确。其实,囚分为罪囚和狱囚。狱囚指的是"已招服

罪而锁杻拘禁者"⑤,罪囚指的是"已审供取词,未招服罪而散行拘禁

者"⑥。按照《律例笺释》与《读律琐言》的解释,劫在狱之狱囚,皆斩;

若"因解审在途而劫夺囚人者"⑦,亦应皆斩。因为"囚"不只是指拘禁

在狱之罪囚。

(二) 训体

　　"训"体注重语句表达方式和相应语义的分析。"训"体内容复杂,

内容不同,解释方法也有所不同。

　　①　怀效锋点校:《大明律》卷十八,"劫囚",第140页。
　　②　[明]应槚:《大明律释义》卷十八,"劫囚",载杨一凡编:《中国律学文献》(第二辑
第二册),第160页。
　　③　[明]应槚:《谳狱稿》卷一《明律例以甦民命以隆圣治疏》。
　　④　[明]张楷:《律条疏议》卷十八,"劫囚",载杨一凡编:《中国律学文献》(第一辑第
三册),第210页。
　　⑤　[明]王肯堂:《律例笺释》卷十八,"劫囚",《读律琐言》之解释与《律例笺释》似。
　　⑥　[明]王肯堂:《律例笺释》卷十八,"劫囚",《读律琐言》之解释与《律例笺释》似。
　　⑦　[明]雷梦麟:《读律琐言》卷十八,"劫囚",第318页。

1. 串讲语句大意

串讲语句大意，既是对"诂"（词语解释）体的总结，也是对"传"（阐发义理）体的铺垫。串讲大意可明晓律文的章节文意，并通过句读的分析，使律意更加清楚。《律条疏议》《大明律释义》等律著常串讲文义，可说明律文的一般含义，还可辨明文章的篇章结构。

2. 分析语法特征

众私家律著对律文的文句还从语法方面进行分析，从而更好地理解律意。比如：明代私家律著对"以""若""准"等词在解释上经常是通过分析句子的语法而确定其准确意思的。

总之，明代私家律著多用训诂的方法解释词语，从而探求词语的文义，并注重词语的词典义到语境义的变化，并相互比较、印证，给习律者带来方便。

九、 体系解释

体系解释是指根据法律规范在整个法律中的地位，把一项法律规范或用语作为有机的组成部分放置于更大的系统内进行，使得法律规范或用语的含义、意义相协调的解释方法。体系解释可以避免孤立地理解律文，从而更好地从整体上补足法律中的漏洞。对体系解释的理解，可从内部和外部两方面理解。就外部形式言之，指的是不同法律间语境关系和同一法律间的关系；就内部而言，指的是与之相关联的法律规范间的价值关联性。就中国古代的立法而言，多采用列举式的立法模式，具体而直观，但造成了同一类行为有不同的条文限制，或者同一类行为因情节不同，定罪各异。就明代而言，除上述情况外，明政府还用修例来补律文不足，这种立法模式使明代的法律体系中不同条文之间缺乏一贯性。

从此层面而言,明代私家律著对《大明律》的疏解可以更好地协调不同条文之间的关系,从而对我们理解律文和指导司法有更大帮助。比如《大明律》卷三"制书有违"言:"凡奉制书有所施行而违者,杖一百。违皇太子令旨者,同罪。违亲王令旨者,杖九十。失错旨意者,各减三等。"①《明律集解附例》卷三"制书有违"之"纂注"采用了体系解释的方法。

> 按:失错一也。在诈伪制书,传写失错,杖一百。此言失错旨意,减三等,杖七十者,盖传写失错是错写制书之词而误,传之所误者众,故其罪重。失错旨意是错解制书意而误用之,其解晓者自无误也,故其罪轻。②

"诈伪制书"的"传写失错"与本条的"失错旨意"所导致的结果都是制书出错,两者的区别不明显。《明律集解附例》在解释时认为诈伪制书时的传写失错,是错写制书之故,此对人的危害大。而本条的失错旨意是对制书的理解错误,解律者容易区分,所以定罪轻。对于此种情况,只有将其放在整个法律体系中比较,体现在不同语境下的含义,才能更好地理解律文。

十、 比较解释

明代私家律著通过明律与唐宋律的比较,明晓律文的变化与发展。更多的是通过不同律著的比较,甚至引用案例、儒家著述等作为佐证,评价各家的优劣得失,并提出自己的见解。通过比较解释,使原本模糊

---

① 怀效锋点校:《大明律》卷三,"制书有违",第37页。
② [明]高举发刻:《明律集解附例》卷三,"制书有违"。

的词语、律文更加明晰，解释更加合理。明代私家律著中没有《唐明律合编》等专门的比较类律学著作，但此种方法被明代私家注律家广泛采用。比较解释又分为横向比较与纵向比较。

在横向比较中，私家律著辑录诸家之说，间申己见，在比较中使问题愈辩愈明。在比较中，有些是针对律文的，有些是针对某一词语。《大明律集说附例》卷六"谋杀人"条在参考《读法》《管见》的基础上对"加功"一词提出自己的见解：

> 加功者，《读法》指是下手之人。《管见》谓："虽不曾下手，但共相推逼，或相遮阻，或相瞭望，但助一言一语，皆是。"愚谓《读法》似嫌于宽，《管见》似嫌于刻。参详律理，功者，布治之谓，但从而布治杀人之事即是。加功，原不专指下手致命者。观斗殴等条皆称"下手"而不曰"加功"，此条独曰"加功"而不曰"下手"，意自可见，但以推逼坐加功犹可，若以瞭望等项坐之，恐太重，只坐同谋可也。①

《律例笺释》卷十九"谋杀人"对《大明律集说附例》的观点加以确认："加功，谓助力下手也。旧说谓：瞭望、推拥俱为加功。夫推拥，其情较重，谓之加功犹可，若瞭望，则同谋皆有之，果坐加功，虽百十人俱坐绞矣。"②《大明律集说附例》卷六"白昼抢夺"条在引用《琐言》对"抢夺"定义的基础上进行驳正：

> 《琐言》云："人少而无凶器者，抢夺也；人多而有凶器者，强劫也。"又云："暮夜无携财外行者，故无抢夺之事，设有犯者，昏夜对

---

① ［明］冯孜：《大明律集说附例》卷六，"谋杀人"。
② ［明］王肯堂：《律例笺释》卷十九，"谋杀人"。

面不相识认,是亦潜形隐貌之意也,止以窃盗科之。"夫以凶器之有无,别强盗抢夺之罪,尚似有理。至以人多人少为言,终属未妥。假如一人,或二人执有弓矢,白昼邀劫道路者,当以强盗问拟。若虽众人混抢,止论抢夺。观例有不分人数多寡之文,自见其以昏夜不相识认为解,尤属无据。假如白昼混抢,亦有彼此不相认识者,而昏夜强夺,岂得概以潜形隐貌而论窃盗哉。盖抢夺者,谓因见人有财物可以抢取、可夺,却于人烟辏集处集众混抢,使人难以执认;或于僻静杂乱处突然夺取跑走。如此之类,方谓之"抢夺",惟白昼能见人之可抢可夺而后为之,原不制执其人而后夺取之也,故与强盗持杖行凶捉住失主,逼取财物不同,亦与窃盗潜形隐面,乘人不见而私取财物者各异。此律所以另立抢夺之条,而加以白昼二字,原有深意存焉者。此其强劫、夺抢之情迹相似而实不同,故罪之轻重异,而问刑者惟于此详辨之,斯罪无枉纵矣。①

第四节　私家律著的注释体例与方式

一、律例合编体例

关于明代律与例的关系,《明史》曾言:"洪武末,定《大明律》,后又申明《大诰》,有罪减等,累朝遵用。其法外遗奸,列圣因时推广之而有例,例以辅律,非以破律也。乃中外巧法吏或借便已私,律浸格不

---

① ［明］冯孜:《大明律集说附例》卷六,"白昼抢夺"。

用。"①明代以律为主体,例辅律而行。顾应祥在《重修问刑条例题稿》中云:"律有未该之罪,累朝节有禁例,以辅律之不及。"舒化在《重修问刑条例题稿》中强调"立例以辅律"②,明代例以破律"是因个别君臣随心所欲所导致的一种非正常现象,并非普遍的、正当的现象"③。明代私家律著的律例合编体例始于正德年间胡琼的《大明律解附例》。此书除弘治十三年(1500 年)《问刑条例》外,还混编弘治十三年后及至正德年间的例。以后的律学著作中,多在律后附例。但明代私家律著中所附例有些未必是现行例,有的律学著作在重刊时,将原例抽掉,替换为现行例,但有些替换并不彻底。虽私家律著的律例合编出现了不少问题,但此种注释体例,可方便问刑官查阅律例条文,还可进行对比研究,从而带来了极大方便。因之,终于得到官方的认可。在万历年间舒化等纂集的《大明律附例》采用了律例合编体例。这也对清代立法产生重要影响,顺治三年(1646 年)奏定的《大清律集解附例》及以后的《大清律解》《大清律例》都采用了律例合编体例。

二、 注释方式

明代私家律著对律、例采用了多种注释方式。

(一)律注

明代私家律著多在律文后注释。此分为以下几种情况:

---

① [清]张廷玉等:《明史》卷九十三《刑法一》,第 2286 页。
② [明]舒化:《重修问刑条例题稿》,载宋祥瑞主编:《北京大学图书馆藏善本丛书》之《明清史料丛编》,第 13 页。
③ 苏亦工:《明清律典与条例》,第 233 页。

第一,有些私家律著总录完律文后注释,此以《大明律释义》《读律琐言》为代表。《大明律释义》多是对律文的一般梳理,很少对其他律家进行评论。而《读律琐言》则进行选择性梳理,无疑问的甚少涉猎,对有疑问的重点解释。

第二,有些私家律著将律文分为若干节,对每节律文展开论述。如《律条疏议》在每节后对律文进行梳理,多为律文内容的直接诠释,甚少展开解释,而在每一律文后以"谨详律意"的形式,对律文制定的目的、动机及背景等加以说明,从而加深习律者对律文的理解。又如《律例笺释》在每段律文后详细解说,从律文的结构、句读解读、字词辨析、律文的内容等方面详细展开。

第三,有些私家律著受经学的影响不录律文而直接解释,此以《大明律集说附例》为代表。《大明律集说附例》在解释时,首先关注律文内容的一般解释,次及律文的结构、注律目的、司法现状和对疑难问题的解释,并间及对其他律著的评价。

第四,司法应用派私家律著多在下栏录有律例,在解释时多抄录其他诸家的解释。

第五,有些私家律著在律文内直接疏解。此以姚思仁的《大明律附例注解》为代表。姚著在律文中以双行小字,增加数个字的形式注释,此便于通读。

第六,有些律著采用旁注的注释方式。《镌大明龙头便读傍训律法全书》加注释于律例条文边旁之行间以便阅读,故名"便读傍训"。

(二) 例注

在明代前期,众私家律著只是对律的注释。从正德年间胡琼的《大明律解附例》始,在律文注释后开始附有例文。但只将例文列入,

未作解释。罗昶在其博士学位论文《明代律学研究》中曾言明代律学
著作中只有《律例笺释》对例作了注解,但据本论著考证,远不止此一
部。在嘉靖年间,雷梦麟在《读律琐言》中对附于律文后的例文以"琐
言曰"的形式有选择地加以注释,但例注的数量较少。《律例笺释》在
每条律文后疏解,此注律的方式与《琐言》似,但对例大量进行解释。
姚思仁在《大明律附例注解》中对例文采用添字以双行小字注解。《刻
精注大明律例致君奇术》例文的解释方法同姚著。而《镌大明龙头便读
傍训律法全书》的例注较有特色。其用小字在例文旁加数个字注解,此
方式与姚思仁的《大明律附例注解》相似,但姚著在例文内以双行小字注
解,而《镌大明龙头便读傍训律法全书》则以小字另起一行注解。

　　明代私家律著对例文的注解,主要关注例文的来源与变迁、例文的
适用范围、例文的实际执行情况等问题,今举一例说明:

　　《律例笺释》卷十八"劫囚"条附例文:

　　　　凡官司差人追征钱粮,勾摄公事,并捕获罪人,但聚众至十人
　　以上,中途打夺,为从者如系亲属,并同居家人,照常发落。若系异
　　姓,同恶相济,及槌师打手,俱发边卫充军。①

王肯堂所引例为万历十三年(1585 年)例。其注为"照旧例"②,指的是
《(弘治)问刑条例》③,此例文被《(嘉靖)问刑条例》承继,又被《(万
历)问刑条例》沿袭。王氏又言及此例的适用范围:"此指打夺伤人者
言。为首者已坐绞矣。故但著为从者之罪,要看'同恶相济,及槌师打

---

　　①　[明]王肯堂:《律例笺释》卷十八,"劫囚"。
　　②　[明]王肯堂:《律例笺释》卷十八,"劫囚"。
　　③　《(弘治)问刑条例》,载杨一凡、曲英杰主编:《中国珍稀法律典籍集成》乙编第二
册《明代条例》,第 252 页。

手'八字。若不曾伤人,及非行凶器杖追勘明白者,不引此例。"①王氏接着又言及"官司差人"②在明代的变化和对此例文执行的评价:"国初,所谓'官司差人、勾摄公事'等者,即老人、里长也。今皂快下乡,狐假虎威,求索少不满意即以拘捕激怒官司,使无告之民枉受荼毒,岂律例意哉。"③

(三) 特殊注释方式

在明代私家律学著作中,还有一些为明代所创造的一些特殊的注释形式,譬如"集解""谨详律意"等。

1. 集解

"集解"是训诂学术语,又可称为"集释""集注"。"集解"一词大概最早在何晏《论语集解序》中出现。在历史上比较有名的有魏何晏的《论语集解》、范宁的《谷梁传集解》、裴骃的《史记集解》、王先谦的《后汉书集解》、郭庆藩的《庄子集释》、陈奇猷的《韩非子集释》、朱熹的《论语集注》等。在古代,一些特别重要的著作,有多人进行过注释,一些人将其他各家的注解汇集在一起,并提出自己的见解和看法,这就是"集解"。正如魏何晏在《〈论语集解〉序》中言:"集诸家之说,记其姓名;有不安者,颇为改易。""集解"这一训诂体式的出现,需要多人对某部著作多次注释,这样,后人才能按照自己的见解汇编众家解释于一体。"集解"成为注释法律的一种训诂注释体式是在明代正德年间。胡琼的《大明律解附例》采用了这种注释形式,胡著是现存最早的"集解"类律学著作,但不是最早开始采用这种注释方法的。胡琼在《〈律

---

① 王肯堂:《律例笺释》卷十八,"劫囚"。
② 王肯堂:《律例笺释》卷十八,"劫囚"。
③ 王肯堂:《律例笺释》卷十八,"劫囚"。

解附例〉后序》中曾言:"近时疏解律者无虑十余家,率繁文剿说,至于隐义,则略而不明。如《辩疑》《解颐》《疏义》《集解》最称明备,又各有所长,莫之能一也。"胡琼在《后序》中曾提及《集解》,因文献阙如,不能考证此《集解》为何人所作,成书于何时,但应距正德年间不远。胡著中引用了《辩疑》《解颐》等律学著作,相互参照,相互驳正,提出自己的看法,从而使习律者学习时有所比较与鉴别,也给司刑者提供问刑的参考。

关于"集解"释文的特点,张伯元在《〈大明律集解附例〉"集解"考》中总结为四点:① 结构分析法的运用;② 集中明代前期、中期的注律经验,采用集解的方法,熔各家律注之优长于一炉;③ 容许不同意见的并存;④ 注重法律解释的综合性、一致性。① 今本论著举数例说明。在《大明律解附例》卷十八"盗贼窝主"条解曰:"此律首节言强盗窝主;次节言窃盗窝主;第三节泛言适然相遇为强窃盗者;第四节非盗分赃之事;末节言买寄盗赃之事。"在《大明律解附例》卷二十"殴受业师"条解曰:

> 此师不必专言儒者,且如木工之长亦必称师;技艺之末亦必称业者。若学而未成,或迁易别业,则虽儒者,亦不坐此。惟习业已成,固守其学以终身赡家者,不分儒者、百工皆是。观十恶条内云见受业师可知。《疏议》引学记及僧道之论,可谓泛而不切者矣。

自从"集解"作为律学解释的体式后,多家纷纷效仿,并使其成为辑注类著作最为重要的解释体式。有些直接以"集解"命名,如杨简的《大

---

① 参见张伯元:《〈大明律集解附例〉"集解"考》,载《律注文献丛考》,第 275—278 页。

明律集解》、高举刊刻的《大明律集解附例》,但更多的情况是虽书名未有"集解"之名,但注释体式是"集解"的体式。比如孙存的《大明律读法书》,佚名撰的《大明律例附解》,冯孜的《大明律集说附例》,汪宗元、陈省、王藻等刊刻的《大明律例》,陈遇文发刻的《大明律附解》,等等。可见,"集解"的注释体式在明代有重要影响。经过多位注律家的努力,"集解"的注释方法,集众家之成果,多方面、多层次展现了明代私家律学的成就,甚至对万历年间舒化等人纂集的《大明律附例》官方律学有重要影响。《大明律附例》的注释就是一种"集解"的注释体式。"集解"的注律体式在清代被广泛采用,不仅顺治三年(1646 年)奏定律题名为《大清律集解附例》,而且清代以"集解"命名的私家律著数量众多。

2. 谨详律意

倪谦在《重刊〈律条疏议〉叙》中对张楷的注释总结道:"于律篇则述其沿革之由,于各条则析其致辟之旨,事有可疑,则设问答以剖之,意有未尽,则为总说以该之。"①张楷在《律条疏议》中,在每篇的篇首述及律目的变迁,接着将律文分段注释,对有疑问而不能在先前注释中言明的疑难问题、新情况以问答的形式进行解释。对仍未能言明的,用总说的形式概括言之。倪谦所言及的总说,就是律文后的"谨详律意"。张楷针对律文的解释较为简洁,多为律文的串讲。对律文的立法目的与意图多不涉及。但律文设立的意图对习律者理解律文,司法官通晓律意与合理地适用律条审理案件尤为重要。因为有些律文,只有理解了立法意图后才能体现其立法的原则与精神,才能彰显律文以外的深意。对于律文串讲不能言明的立法目的与动机,张楷通过"谨详律意"表达,如《律条疏议》卷一"犯罪共逃"条除疏议与问答解释外,以"谨详律

① ［明］张楷:《律条疏议》之倪谦《重刊〈律条疏议〉叙》,载杨一凡编:《中国律学文献》(第一辑第二册),第 6 页。

意"补之。

> 捕首之条,所以开宥过之端而启悔过之念。轻能捕重,少能捕多,俱得全免者,既能服罪,又能除恶也。正犯既死,首恶已除,连及之刑宜有宽减。正犯减降赎免累者,准法宽宥。首恶既恕,余可类矜也。①

张楷以"谨详律意"形式,表达"犯罪共逃"律文设立的目的,既惩治了罪犯,又体现了恤刑的思想。

"谨详律意"的解释方法首次为张楷所采用,对明代的律著有所影响。对《律学集议渊海》的体例而言,先引用律文,接着以"谨详律意""疏议曰""答曰"论述,注释体例同《律条疏议》,但顺序颠倒。《律学集议渊海》"犯罪自首"条之"谨详律意"言:"犯罪之人,惟务掩饰,既能自露,是知过也。免其罪者情可容而法宜贷,犹追赃者,罪可恕而物宜还也。"②

第五节　私家律著法律解释的特点

迪过对明代私家律学指导思想、流派、注释方法、注释体例等的分析,确知明代私家律学集传统注释律学之大成,不仅是传统注释律学的集中体现,还基于本朝的政治、经济、文化等情况的变化而开拓与创新。

---

　　① ［明］张楷:《律条疏议》卷一,"犯罪共逃",载杨一凡编:《中国律学文献》(第一辑第二册),第 200—201 页。
　　② 转引自何勤华:《明代律学的珍稀作品——佚名著〈律学集议渊海〉简介》,《法学》2000 年第 2 期。

关于明代私家律学的注释特点,从外部言之,乃是明代私家律学的整体性特征;就内部言之,乃是明代私家律学本身所具有的特点。明代私家律学同其他朝代的律学相比,既有共性,又有其差异性。清代律学是在明代律学的基础上发展与繁荣起来的,清代律学的特点同明代律学有诸多相似性。何敏将清代的注释法律的特点总结为六个方面:第一,重归纳,轻演绎;第二,重考证,轻分析;第三,重实用,轻理论;第四,重刑事,轻民事;第五,重成案,轻判断;第六,重善疑以求真。① 根据徐忠明的分析,何敏的总结"包含了两个层面:一是律学注释的理论和方法,二是律学注释的制度语境"②。徐忠明分析的"重刑事,轻民事",实际上是因整个法律体系而来的特点,很难说是律学注释的特点。③ 对于"重成案,轻判断"的特点,徐忠明认为:

> 也是多少有些令人困惑的概括。根本原因在于,何敏未能揭示产生这一特点的制度原因。笔者以为,它与集权政治下的清代司法制度有关,也与司法官员自我保护的行为策略有关,并非律学注释自身的特点。④

徐忠明认为"重善疑以求真","非律学解释的固有特点"。⑤ 本论著根据何敏的总结,认真参考徐忠明的评价,梳理出明代私家律学的特点。

---

① 何敏:《清代注释律学特点》,载何勤华编:《律学考》,第 480—492 页。
② 徐忠明:《困境与出路:回望清代律学研究——以张晋藩先生的律学论著为中心》,《学术研究》2010 年第 9 期。
③ 徐忠明:《困境与出路:回望清代律学研究——以张晋藩先生的律学论著为中心》,《学术研究》2010 年第 9 期。
④ 徐忠明:《困境与出路:回望清代律学研究———以张晋藩先生的律学论著为中心》,《学术研究》2010 年第 9 期。
⑤ 徐忠明:《困境与出路:回望清代律学研究———以张晋藩先生的律学论著为中心》,《学术研究》2010 年第 9 期。

一、 重实用，轻理论

明代私家律著在注律时遵循儒家思想，但多未详细阐发，更多关注律文的技术问题，这体现了法律解释的妥协倾向。私家律著中的实用性还体现在注律家会根据社会发展中的新事物与新问题及时变通，兹举"义男"犯罪处罚的变化一例说明：

"义男"地位的变化影响到"义男"解释的变化。何为"义男"？按照雷梦麟的解释："其不从姓，不继嗣，则为义男。"①对收养"义男""义子"的情况，法律并不禁止。但在《大明律》卷二十"殴祖父母父母"条中没有对义父母殴义男妇、义男殴义父母进行规定。如何处断呢？冯孜在《大明律集说附例》中言："律虽无文，依名例，该比子妇与子之律。如义父母殴义男妇，即合依殴子妇律论；若义男殴义父母，即合依子殴父母律论。"②冯孜建议采取比附的办法来处理，义父母殴义男妇，依殴子妇处断；义男殴义父母，依子殴义父母处断。为何如此处断呢？因为两者之间有恩养之义。但后来此种情况太多，司法官在实践中对此做了变通处理。"但后来问刑者因民间多有财买，使义男等于奴仆而不列于子，行缘情拟罪。"③即：因民间义男多由买卖而来，地位有所下降，等同于奴婢，从而对"义男"的处罚有所改变。而处罚的改变，是在具体的司法实践中通过变通律文或制定新例来调整的。在弘治六年（1493 年）五月，大理寺左少卿屠勋奏："该刑部等衙门、尚书等官彭等

---

① ［明］雷梦麟：《读律琐言》卷四，"立嫡子违法"，第 123 页。
② ［明］冯孜：《大明律集说附例》卷七，"殴祖父母父母"。
③ ［明］冯孜：《大明律集说附例》卷七，"殴祖父母父母"。

题准。今后有犯该奸义子之妇者,比依奸缌麻以上亲之妻拟奏。"①即在弘治六年(1493年),通过刑部等衙门、尚书等官彭题准,对奸义子妇的情况,比照奸缌麻以上亲之妻拟奏。到了正统十一年(1446年),

> 时民有奸义男之妇未成者,法司拟强奸缌麻以上亲,斩。大理寺卿俞士悦驳奏:"义男于义与礼俱无服;于例,义男女十五岁过房,不蒙恩养,准雇工人科断。今本男十五岁,过房年已长大,若告不孝,当依雇工人论,况奸未成乎?"上诏:"本犯与义男,既恩情已疏,又强奸未成,决杖一百,口外充军。"著为令。②

从记载看,民有奸义男之妇,法司断为强奸缌麻以上亲处罚。但大理寺卿俞士悦驳奏,从义与礼的角度,此义男已过十五岁,已经长大,义父母对其又未养育,该可准雇工人科断。而此议论,乃是制定《(弘治)问刑条例》中该条例文的基础。

> 义父母殴杀故杀义子者,若过房在十五岁以下,曾蒙恩养;或十六岁以上,曾分有财产,配有室家者,依殴杀乞养异姓子孙律坐罪。若过房虽在十五岁以下,恩养未久;或十六岁以上,不曾分有财产,配有室家者,依故杀雇工人律坐罪。其告义男夫妇殴骂者,行勘明白,亦依前拟岁数。若曾蒙恩养及分有财产,配有室家者,取问如律。若恩养未久,及不曾分有财产、配有室家者,俱依雇工

---

① 《〈皇明弘治六年条例〉补遗二》载:"奸义子妇比拟奸缌麻以上亲之妻具奏附官吏隐漏过名等项并增减月日蔽匿过名俱依律断。"杨一凡、曲英杰主编:《中国珍稀法律典籍集成》乙编第二册《明代条例》,第193页。

② [明]余懋学:《仁狱类编》卷十一《断议·大理驳强奸》,明万历三十六年韩起龙直方堂刻本。

　　人殴骂家长律坐罪。①

例文对此情况做了区别处理,更加切合实际。但到了嘉靖十四年(1535
年)十一月刑部题准,对《(弘治)问刑条例》做了改动:"凡殴杀故杀义
子,若曾蒙恩养及配有家室,分有财产者,依殴杀故杀乞养子孙律;其恩
养未久,不曾配有家室,分有财产者,依殴杀故杀雇工人律。各科
断。"②对于此情况的处理,未按年龄划分。到了嘉靖二十九年(1550
年),《重修问刑条例》修订时,又进一步细化。

　　凡义子过房,在十五岁以下,恩养年久;或十六岁以上,曾分有
财产,配有室家,若于义父母,及义父之祖父母、父母,有犯殴骂侵
盗恐吓诈欺诬告等项,即同子孙取问如律。若义父母及义父之祖
父母、父母殴杀故杀者,并以殴杀故杀乞养异性子孙论。若过房虽
在十五以下,恩养未久;或在十六以上,不曾分有财产,配有室家,
及于义父之期亲,并外祖父母有违犯者,并以雇工人论。义子之
妇,亦依前拟岁数,如律科断。其义子后因本宗绝嗣,或应继军伍
等项,有故归宗,而义父母与义父之祖父母、父母,无义绝之状,原
分家产,原配妻室,不曾拘留,遇有违犯,仍以雇工人论。若犯义
绝,及夺其财产妻室,与其余亲属,不分义绝与否,并同凡人论。③

　　① 《(弘治)问刑条例》,载杨一凡、曲英杰主编:《中国珍稀法律典籍集成》乙编第二
册《明代条例》,第255—256页。
　　② 《嘉靖新例》,载杨一凡、曲英杰主编:《中国珍稀法律典籍集成》乙编第二册《明代
条例》,第417页。
　　③ 《重修问刑条例》,载杨一凡、曲英杰主编:《中国珍稀法律典籍集成》乙编第二册
《明代条例》,第492页。

此例全面规范了义子的法律关系。到了万历十三年(1585 年),重修
《(万历)问刑条例》时,完全采纳了《(嘉靖)问刑条例》。① 对此例的执
行,冯孜在《大明律集说附例》卷七"殴祖父母父母"条有所说明,"此
(指例)系见今通行",并且得到了其认可,认为"似为可从"。② 但此例
在万历十六年(1588 年)正月通过题奉钦依的形式有所改变。

> 今后官民之家……其财买义男,如恩养年久,配有室家者,照
> 例同子孙论。如恩养未久、不曾配合者,士庶之家,依雇工人论;缙
> 绅之家,比照奴婢律论。从谋故杀、殴骂凌迟、斩、绞各条下
> 科断。③

二、 归纳与演绎并举

何敏在《清代注释律学特点》一文中总结了清代律学注释"重归
纳,轻演绎"④的特点。对于这一特点,徐忠明有不同看法:

> 就清代律例而言,倘若果真"重归纳",那么它们就不至于显
> 得那么就事论事;易言之,律例应该表现得更有条理、更有逻辑、更
> 有体系。但事实上,由于追求"罪罚"之间的绝对对应的量刑效
> 果,以期达到实质正义之目的,因此不但律文的抽象程度不够,而
> 且在律文空缺的情况下,清代例文同样采取"例示主义"的方式不

---

① 怀效锋点校:《大明律》所附之《问刑条例》,第 421 页。
② [明]冯孜:《大明律集说附例》卷七,"殴祖父母父母"。
③ 《真犯死罪充军为民例·凌迟处死》,载杨一凡、曲英杰主编:《中国珍稀法律典籍
集成》乙编第二册《明代条例》,第 713 页。
④ 何敏:《清代注释律学特点》,载何勤华编:《律学考》,第 480 页。

断增加,从中,我们多少也能看出缺乏必要的逻辑归纳;又因例文不足而采取"比附""通行"和"成案"的办法,来补救和解决律例留下的空缺。笔者以为,所有这些,都是中国古人短于归纳造成的后果。实际上,从采取"比附""通行"和"成案"的办法解决律例的空缺来看,司法官员使用的是类比推理的方法。另外,从司法实践来看,清代的司法官员同样也会遵循形式逻辑的"三段论"模式,具有演绎推理的风格,只是不如我们想象的那么严格而已。①

徐忠明的评价也有商榷的余地。其所言的内容的确是客观存在的事实,但其认为清代律文缺少形式归纳,通过类比等方法,清代的演绎也有所发展。徐忠明是针对律文而言,何敏是针对注释律学而言的,两者所论问题不同。就各自的论述看,大体符合各自所言的情况。就明代律文而言,其有徐忠明所言的欠缺形式逻辑等特点。但就私家律著而言,众注律家在注律时注重克服律文具体、列举的特点,尽量将纷繁复杂的律文进行归纳。其中,考据派、辑注派私家律著的重归纳特征明显。辑注派在注释律文时,按照犯罪主体、情节、手段、侵害的客体及所造成的后果等将律文归纳为若干项,并对每一项再进行详细说明。比如:在《大明律集说附例》中,对绝大多数律条进行结构分析。在重视归纳的同时,明代私家律著还重视演绎的方法。对律文没有规定的情况,众注律家采取类推、比附等办法对新情况与新问题进行演绎研究。如:《明律集解附例》以"纂注"的形式、《律条疏议》以"谨详律意"的形式对律文进行归纳总结。

---

① 徐忠明:《困境与出路:回望清代律学研究———以张晋藩先生的律学论著为中心》,《学术研究》2010年第9期。

三、重考证，轻分析

何敏在《清代注释律学特点》一文中，总结了清代注释律学"重考证，轻分析"①的特点。明代私家律学亦符合此特点。明代私家律著，尤其是考据派、辑注派私家律著，注重考辨。如《律条疏议》《读律私笺》《律例笺释》等不仅注重对律目与律条的历史源流进行介绍与考辨，而且重视明律与唐宋律的纵向变迁，还重视律文如此设置的原因、律文中某些字词句的考证与辨析等方面。通过私家律著的考证，疑律愈辩愈明，给习律者带来了方便。

明代私家律著同其他朝代的律学著作一样，往往是注律者直观、经验式的总结，是经验的积累。私家律著缺乏思辨，缺少分析，更多偏重于实用，大多不求明晓律文的原理。正是私家律著追求实用性，决定了其轻分析的特点，它们更关注具体问题的解释和直观的列举，缺少抽象的概括与分析。

四、私著发达，官著孱弱

明代律学是在宋元律学衰微后重新兴起并发展起来的。明代律学的繁盛主要指的是私家律学的繁盛。依本论著所见，明代官方律著，在洪武年间有《律令直解》，此为宣传教育的普及律学，解释简单；在万历年间有舒化领衔纂集的《大明律附例》。除此之外，明代没有特别优秀的官方律著。而众注律家在不懈努力下，共撰写90余部私家律学著

① 何敏:《清代注释律学特点》，载何勤华编:《律学考》，第481—483页。

作。可以说,明代律学的繁荣主要指的是私家律学的繁荣。

小　结

　　明代私家注律家在注释明代律例时主要以儒家思想为指导,但其更关注律、例的实用性,更注重技术性问题的处理。明代私家律著同清代律著一样,基于律著的继受、侧重点及注释的形式等而形成一定的流派。同清代相比,明代私家律著中辑注派、考证派、司法应用派律著较丰富,便览派、图表派、歌诀派仅处于雏形阶段。明代私家律著为了更好地疏解律例条文,在唐宋等朝法律解释方法的基础上有所创新,加深了对律例的理解,从而加强了律例的适用性。明代私家律著通过律例合编等形式,对律例条文采取多样的解释方式,甚至通过独创的"集解""谨详律意"等形式,共同疏解律例,方便问刑者学习律例。明代私家律学同前代相比,在注释特点上有很强的相似性,又有其时代特色。

第六章　明代私家律学与明代立法

　　明代私家注律家对明代律例的解释,虽是无效的民间法律解释,但这些解释有些以说明现实法律为目的,有些以评判法律现实为目标,也有些为实现法律的阅读、理解和适用提供具体方法。在司法实践中,司刑者应用法律时常出现偏差或错误,跟"律文深奥,例文简略,而各该官司得以随意讲解,任情引用"①有关。针对此种情况,明政府应对律例统一解释,这对提高司刑者的律学素养尤为重要。基于此,官员恳请朝廷统一解释法律。比如应槚曾言:

　　　　臣等诸命法司大臣,假以岁月,将律例二书条为之什句,为之解,直陈其事,显明其义。推原律例之意,分附于各条之下,纂集成书。待圣心裁定之后,颁示天下。使政出画一,官有定守,一开卷而意义了然。虽有玩法之臣,不敢随意讲解,任情引用。庶几轻重出入,各当其情。而小民无知者,亦得晓知其义,易避而不敢犯矣。②

应槚的建议未能得到统治者的应允,其只好自己撰写《大明律释义》,

---

① ［明］应槚:《谳狱稿》卷一《明律例以甦民命以隆圣治疏》。
② ［明］应槚:《谳狱稿》卷一《明律例以甦民命以隆圣治疏》。

以求给司刑者提供借鉴。

因洪武三十年(1397 年)《大明律》颁行后,直至明亡,《大明律》都没有进行修改,故明代私家律学著作对明律的制定未能产生影响。但各私家注律家针对明律,通过相互辩驳,阐述自己的观点,使疑难问题愈辩愈明,从而其所反映的立法问题对问刑者有更大帮助。如《大明律例附解》后序中言:"二百年来,臣下往往以文古而衍,解之不啻十数家。丰城雷梦麟氏乃会萃诸家解,研思而融释之,著成《读律琐言》,议狱者多尚其说。"张楷的《律条疏议》,为"仕学之不可无者"①。而胡琼所撰《律条附例》"法家颇称便"②。通过众私家注律家的解释,明确律例适用的问题,还反映了律例在实践中的变通与发展。虽然私家律著对明代立法影响甚微,但私家律著所反映的明代立法相关规定的执行状况,为我们了解明代法律的制定、执行和变通发展提供了条件。

第一节　明确律例适用条件

明代众私家注律家针对明代律例模糊、不周延的相关规定,汇集众说,各抒己见,从而辨明了律例的相关规定和适用条件。

如《大明律》卷八"盐法"条载:"凡犯私盐者,杖一百,徒三年。若有军器者,加一等;诬指平人者,加三等;拒捕者,斩。"③律文规定,贩卖私盐而拒捕者处斩刑。对所有的拒捕者都处斩刑,还是按照《名例律》

---

①　[明]张楷:《律条疏议》之倪谦《重刊〈律条疏议〉叙》,载杨一凡编:《中国律学文献》(第一辑第二册),第 7 页。

②　[明]唐枢:《法缀》之"律条附例"条,载杨一凡编:《中国律学文献》(第一辑第四册),第 709 页。

③　怀效锋点校:《大明律》卷八,"盐法",第 77 页。

的规定,以首从法而有所区别。应槚曾言:"原无'皆'字之文,则为从
者,固得生也。而例称盐众拘捕杀伤,俱枭首示众者,亦必指律该处斩
之人,未有去律从例枭生人之首者。"①但"今则有泥例俱枭首之文,忘
律分首从之法,而概处以死者"②。其实,对私盐拒捕,律文中不言"皆"
者,应该分首从法,此还可从《法家裒集》中得到印证。在《法家裒集》
中曾载:

> 如犯私盐,为从者,拒捕杀人;为首者,不曾下手。何断? 答
> 曰:"《名例律》云:不言皆者,当分首从,若止拒捕,为从者,下手虽
> 伤人,为首者,坐拒捕,为从者,止坐减等流罪。今既杀人合当从
> 重,仍依首从。本罪各别者依本条,为从者,除去拒捕流罪,问以故
> 杀为首者,仍止问拒捕。"③

又如,《大明律》卷十九"斗殴及故杀人"条载:

> 凡斗殴杀人者,不问手足、他物、金刃,并绞。故杀者,斩。若
> 同谋共殴人,因而致死者,以致命伤为重。下手者,绞。原谋者,杖
> 一百,流三千里。余人各杖一百。④

此律文分上下两节。上节律文中,斗殴杀人及故杀者,不言"皆",因斗
殴乃一人对一人,是一人自作之孽,当无从者,若两人则为斗殴,非共殴

---

①　[明]应槚:《谳狱稿》卷一《明律例以甦民命以隆圣治疏》。
②　[明]应槚:《谳狱稿》卷一《明律例以甦民命以隆圣治疏》。
③　[明]潘智辑录,[明]陈永补辑:《法家裒集》,载杨一凡编:《中国律学文献》(第一
辑第四册),第623—624页。
④　怀效锋点校:《大明律》卷十九,"斗殴及故杀人",第153页。

也。斗殴故意杀人,乃意动于心中,本非他人所知,当也未有从者。在
《大明律集说附例》"斗殴及故杀人"条亦言,"斗殴杀人者,以一人而敌
一人,两相争斗,将一人殴伤致死,此之谓斗殴杀也",但针对"有殴人
而不敌,竟自殴伤致死者"。① 以上所言的新情况如何处罚呢? 按照冯
孜的解释,"但谓之殴杀人可也,不必兼斗字"②,也就是将斗与殴分开
来看,不必两者都兼而有之。根据其解释,则此情况仍按斗殴处理,但
"今之引律者俱相兼用之"③。即在司法实践中斗与殴分开的情况不算
斗殴。两人斗殴,"其有同行之人,不即阻挡救护者,止以不应事重科
断"④。即除两人斗殴外,其随从之人不助力、不阻挡者,应判为不应事
重,杖八十。下节律文中,言同谋共殴人之罪。关于"同谋共殴",有三
层意思:有同谋而不共殴者;有共殴而不同谋者;有始既同谋,终又共殴
者,此《律例笺释》曾言之。⑤ 同谋共殴人,都要以致命之伤为重,如果
不是致命伤,虽然伤重也不能以此为重,而究其下手殴伤致命之人,坐
以绞罪。对原谋之人,不论是否参与共殴,也要杖一百,徒三年,因祸端
由他而起。然而对所谋者而言,殴人之事,起初并无意杀人,但在殴击
中杀之,此为殴为重,谋为轻,所以殴人者处绞,谋者处徒刑。但原谋自
己下手造成致命重伤,或者共同殴打不知何人造成致命重伤,则问原
谋,处绞。此与唐律有所区别,此种情况,唐律以谋首及初斗者为重罪。
对于"余人",指的是所共殴之人,虽然听闻此谋,但谋不是出于自己,
或者本来并无谋,只是相随而共殴,且致命之伤不是由自己造成的,都
为"余人",或者称此为助打之人。对于"余人",处杖一百。对"余人"

---

①　[明]冯孜:《大明律集说附例》卷六,"斗殴及故杀人"。
②　[明]冯孜:《大明律集说附例》卷六,"斗殴及故杀人"。
③　[明]冯孜:《大明律集说附例》卷六,"斗殴及故杀人"。
④　[明]冯孜:《大明律集说附例》卷六,"斗殴及故杀人"。
⑤　[明]王肯堂:《律例笺释》卷十九,"斗殴及故杀人"。

之处刑,在万历十五年(1587年)和万历十六年(1588年)通过两次定例对此作了修改和补充。① 万历十五年例言:共殴者,执其凶器,亦有致命重伤,才问拟充军。二者兼犯,才可引此例处断。虽有凶器而无重伤,或者虽有重伤而无凶器,皆不得剪摘例文柱引,此在冯孜的《大明律集说附例》中有所阐述。② 冯氏还评价《读律琐言》:"执持凶器者,不必其有重伤,有致命重伤者,不必其尽凶器,皆当引例,似不可从。"③还有些新情况,非律例所及,如何科断呢?《管见》中曾言及新情况,《大明律集说附例》对此予以记载,还作了评价:

> 　　《管见》谓殴斗杀人,被杀之家亦将犯人殴死,依罪人本犯应死而擅杀,杖一百。细玩此律,乃因罪人逃走捕获而杀之者。若罪虽死而不逃者,恐不得遽用此律。且祖父母、父母为人所杀,子孙擅杀行凶人者,杖六十。其实时杀死者,勿论。明有正律,岂容别议。观擅杀行凶人,止言子孙,则子孙之外,即不得擅杀矣。④

《律例笺释》中还记载了问刑官对此律的执行状况:

> 　　今在外问刑衙门,凡问故杀与斗殴杀人者,多拟为首一人斩、绞罪名,其余助打之人,多照名例律内不言皆者依首从法,俱问流

---

① 《律例笺释》卷十九,"斗殴及故杀人"所附万历年间例:"凡同谋共殴人,除下手致命伤者,依律处绞外,其共殴之人,审系执持枪刀等项凶器,亦有致命伤痕者,发边卫充军。"万历十六年正月题奉钦依:"今后审录官员凡审共殴下手拟绞人犯,果于未结之前遇有原谋助殴重伤之人,监毙在狱,与解审中途因而病故者,准其抵命。若配发事结之后在家病亡者,不得滥改抵偿,仍将下手之人依律处决。"
② [明]冯孜:《大明律集说附例》卷六,"斗殴及故杀人"。
③ [明]冯孜:《大明律集说附例》卷六,"斗殴及故杀人"。
④ [明]冯孜:《大明律集说附例》卷六,"斗殴及故杀人"。

罪。其两京法司问助打之人，则概以不应杖罪。二者不惟轻重失
伦，抑于律意不合。①

　　问刑官在具体执行此律的过程中，京内、京外有别，且都不合律意。王
肯堂对此种情况的执行还提出了建议："今后凡问助打之人，须审系知
故杀之情者引拟，谋杀人从而加功律审，系同谋共殴者，引用余人律。
若初不知故杀之情，原无同谋之意，止是偶然随从者，问不应为
当。"②还有，"若同行之人，既不预谋，又不助力，止是不行劝阻者，只问
不应，不是余人，此弘治十七年例"③。

　　正是众私家注律家对律文的讨论与驳正，使习律者更好地了解立
法问题，从而加深对律例的理解。

第二节　探究律例的变迁

　　法律的规定应反映社会的变化与发展。在明初，经过数次修订，在
洪武三十年(1397 年)终于纂成《大明律》。朱元璋为了维护法律的权
威性，禁止子孙后代修改此律，从而导致《大明律》的相关规定滞后于
社会的发展。为此，明政府通过颁布诏令和修例等途径及时反映现状，
约束民众。当然，任何法律的修纂都不可能包罗万象，在实践中针对社
会中出现的新现象，通过对律例的重新解读，增强其适用性，也是惯常
的选择。

　　如在《大明律》卷四"立嫡子违法"条记载："若庶民之家存养奴婢

---

①　［明］王肯堂：《律例笺释》卷十九，"斗殴及故杀人"。
②　［明］王肯堂：《律例笺释》卷十九，"斗殴及故杀人"。
③　［明］王肯堂：《律例笺释》卷十九，"斗殴及故杀人"。

者,杖一百,即放从良。"①对于此律的解释,私家律学著作各异。《读律琐言》曾解释:

> 庶民之家,当自服勤劳,若有存养奴婢者,杖一百,即放从良。庶民之家不许存养奴婢,则有官者而上,皆所不禁矣,故律言"奴婢殴家长""奴婢为家长首""冒认他人奴婢",岂尽为功臣之家言哉?但功臣之家有给赐者,而有官者皆自存养耳。②

根据《读律琐言》的解释,有官者而上,可存养奴婢,而庶民之家则不能存,但在司法实践中"问刑者每于奴婢之罪,遂引雇工人科之,误矣"③。冯孜肯定了《读律琐言》的看法,认为"此说甚为有见"④。冯孜又言:"但今民家有过继义男、女婿与奴婢无异,而有官者皆不欲立存养奴婢之名,内外问行衙门凡遇义男、男妇有犯多照雇工人科断,照雇工人论者以恩养未久,及无婚配无财产是也。"⑤对于压良为贱的状况,律学家也有讨论。

在明代私家律著中我们还能窥见一些相关的法律规定因社会现状而变通执行,而买休、卖休处罚的变化就说明了这一问题。《大明律》卷二十五"纵容妻妾犯奸"条载:"若用财买休、卖休、和娶人妻者,本夫、本妇及买休人,各杖一百。"⑥买休、卖休指的是:"用财与人之夫,令

---

① 怀效锋点校:《大明律》卷四,"立嫡子违法",第 47 页。
② [明]雷梦麟:《读律琐言》卷四,"立嫡子违法",第 123 页。
③ [明]雷梦麟:《读律琐言》卷四,"立嫡子违法",第 123 页。
④ [明]冯孜:《大明律集说附例》卷三,"立嫡子违法"。
⑤ [明]冯孜:《大明律集说附例》卷三,"立嫡子违法"。
⑥ 怀效锋点校:《大明律》卷二十五,"纵容妻妾犯奸",第 198 页。

其休妻曰买休;本夫得财而休其妻,曰卖休。"①隆庆三年(1569 年)大理少卿王诤言:"所谓'买休、卖休、和娶人妻者',本指用财买求其妻,又使之休卖其妻,而因以娶之者言也。"②根据律文,若用财买休他人之妻以为妻,以及本夫受人钱财,而卖休其妻与人为妻,本夫、本妇及买休人,各杖一百。在此律文中,不言奸夫而言买休人,不言奸妇而言本妇,则买休、卖休的情况,虽不全因为奸情,但此种情况,不合礼数,因之,凡出现此种情况,都按奸罪处理,而不管此前有无奸情。在司法实践中,问刑官还将此律文扩大化,将非买休、卖休的情况,按此律处理,而错甚矣。隆庆三年(1569 年)大理少卿王诤言:"至若夫妇不合者,律应离异;妇人犯奸者,律从嫁卖;则后夫凭媒用财娶以为妻者,原非奸情,律所不禁。今则概引买休、卖休、和娶之律矣。"③皇帝肯定了大理少卿王诤的议论,下诏:"买休、卖休,本属奸条,今后有犯,非系奸情者,不得引用。"④将此条进行了缩限解释。隆庆三年正月都察院左都御史王廷的上疏也得到了肯定,皇帝下诏:贫病嫁卖,及后夫用财买娶,无奸情者,不入于此律。⑤ 此在明代私家律学著作中有所议论:"此律若无奸情而夫因贫难不能度活,将妻得受财礼,立契,卖与人为妻,则不得谓之买休、卖休之而已矣。"⑥该处理陷于两难境地。"殊不知若恤其贫,遂听废礼悖法,则不但妻可卖,而受财典雇与人为妻,或勒抑纵容与人通奸更无可禁耶,古云'饿死事小,失节事大',使徒以废礼之事为怜贫之

---

① [明]应槚:《大明律释义》卷二十五,"纵容妻妾犯奸",载杨一凡编:《中国律学文献》(第二辑第二册),第 404 页。

② [清]张廷玉等:《明史》卷九十三《刑法一》,第 2291 页。

③ [清]张廷玉等:《明史》卷九十三《刑法一》,第 2291 页。

④ [清]张廷玉等:《明史》卷九十三《刑法一》,第 2291 页。

⑤ 《明穆宗实录》卷二十八,"隆庆三年正月甲戌"条。

⑥ [明]冯孜:《大明律集说附例》卷八,"纵容妻妾与人通奸"。

典要,非立法本意也"①,问刑官也看法不一,造成"此往年掌邦宪者相持论议而不能归一"②的局面。该法律规定与司法实践不一致的现象最后通过皇帝的诏旨解决：

> 买休、卖休本属奸条,今后不系因奸,不许妄引,则凡因贫卖妻,非有先奸后娶之情,自不得以买休、卖休论矣。此律还俟再行奏请酌议之可也。但今既奉明旨,问刑者凡遇此事,惟可临时权宜,如果因贫不能度活,出于不得已而将妻嫁卖者,原情轻恕之。若先因有奸而两下私通,或逼勒而卖者,俱从买休、卖休律科断。庶可以尽法中之情而于新例亦无碍矣。③

第三节　弥补律例的漏洞

众私家注律家在注释明律时,对律例无文的特殊情况给予重点关注。明政府在制定《大明律》时,因思虑不周,导致相关规定有漏洞,明代私家注律家在其著述中有所反映。私家律著对律无明文之情况通过扩大或缩小解释等解释方法,使本来笼统的律文在众私家注律家相互印证、相互诘难下,明确内涵与外延,从而为问刑官在审断案件时提供参考和有益的借鉴。兹举数例分析。

例一：卤水制盐的处罚

卤可熬盐,《大明律》中无卤之禁,例中也无载,则贩卖卤水,用卤

---

① ［明］冯孜:《大明律集说附例》卷八,"纵容妻妾与人通奸"。
② ［明］冯孜:《大明律集说附例》卷八,"纵容妻妾与人通奸"。
③ ［明］冯孜:《大明律集说附例》卷八,"纵容妻妾与人通奸"。

水制盐不处罚,但应槚在《谳狱稿》中记载,在嘉靖年间,江南地区兴贩卤,还同私盐治罪。应槚言:"卤可作盐,犹铜可铸钱。钱法有铜禁,盐法无卤禁。犯铜者不可以钱治,则犯卤者不可以盐治,明矣! 今则有招犯卤之情,加私盐之罪者。"①对于通过晒制海盐,还是晒制井盐,抑或卤水制盐,只是途径不同,但达到的目标是一致的。在律例无文的情况下,在司法实践中变通适用,从而补足法律漏洞。

例二:殴受业师

《大明律》卷二十"殴受业师"载:"凡殴受业师者,加凡人二等。死者,斩。"②此律承继于唐律。在《唐律疏议》卷二十三"斗讼"载:"即殴伤见受业师,加凡人二等。死者,各斩。(谓伏膺儒业,而非私学者。)"③按照唐律的规定,学生殴受业师罪名的成立,要以师生都在诸如弘文、崇文、国子及州县等官学为条件,如家塾等私学相犯,以凡人斗殴律科罪。在明律中,律文同唐律,但在明律中对此律没有明确注释。在应用时是否与唐律相同呢? 我们根据众私家律著及其他文献的记载加以考释。在明代,在官学中学生殴受业师的处罚,应当适用此条。但对私学,甚至对百工技艺之人,是否有此约束呢? 在明代私家律学著作中,观点各异。现留存最早的明代私家律学著作——洪武年间何广的《律解辩疑》卷二十"殴受业师"以问答的方式对百工技艺是否受此律文约束作了回答。

　　　　问:"曾受学技艺,得殴师罪否?"解曰:"教学之道,言师为难,师严道尊,方知敬学。如有亲承儒教服应函杖而殴师者,加凡斗二

---

①　[明]应槚:《谳狱稿》卷一《明律例以甦民命以隆圣治疏》。
②　怀效锋点校:《大明律》卷二十,"殴受业师",第 163 页。
③　刘俊文点校:《唐律疏议》卷二十三,"斗殴",法律出版社 1999 年版,第 453 页。

等,死者斩,比崇□□□故也。技艺者,不入此条。"①

何广认为受学技艺的殴师情况,不算殴师,不入此条,不加重处罚。此条何广又问:"受业师儒、术、医、卜、工、艺,传受之□。"②

但可惜的是,《律解辩疑》为残本,未能留存该问题的回答。天顺年间张楷在《律条疏议》卷二十"殴受业师"亦以问答形式言:"问曰:'百工技艺之受学者得为殴师否?'答曰:'技艺末事,何足道哉!……技艺不入此律,明矣。'"③在天顺以前,众私家律著对百工技艺行业中学生殴打老师的情况不用此律文规范。

到嘉靖年间,私家律学的解释已将技艺入此律。应槚在《大明律释义》卷二十"殴受业师"之"释义"言:"儒与艺皆有师,《疏议》专指儒者,非也。"④《大明律释义》通过对《律条疏议》的否定解释,从而将技艺纳入此条。雷梦麟在《读律琐言》卷二十"殴受业师"之"琐言"曰:"受业师者,吾儒亲承诗书之教,与工匠得受艺能之传者,皆是。"⑤《琐言》将工匠亦纳入此条。在嘉靖年间,陆柬在《读律管见》中曾言:

　　　《琐言》说是,然《辨疑》《疏义》皆谓工艺不入此条。夫彼既师
　　之矣,若习成其业,足以赡家,则终身享其教授之恩,乃至有犯,以

　　　①　[明]何广:《律解辩疑》卷二十,"殴受业师",载杨一凡、田涛主编:《中国珍稀法律典籍续编》第四册《明代法律文献(下)》,第 222 页。
　　　②　[明]何广:《律解辩疑》卷二十,"殴受业师",载杨一凡、田涛主编:《中国珍稀法律典籍续编》第四册《明代法律文献(下)》,第 222 页。
　　　③　[明]张楷:《律条疏议》卷二十,"殴受业师",载杨一凡编:《中国律学文献》(第一辑第三册),第 363 页。
　　　④　[明]应槚:《大明律释义》卷二十,"殴受业师",载杨一凡编:《中国律学文献》(第二辑第二册),第 259 页。
　　　⑤　[明]雷梦麟:《读律琐言》卷二十,"殴受业师",第 379 页。

凡人论,可乎? 使吾儒教中未尝以礼义训诲,徒使能文章,亦艺而
已。至殴业师与工艺不学礼义者,何殊? 是不当偏重于师儒,而轻
忽于工艺也。①

陆柬亦肯定了《琐言》的观点。万历年间高举发刻的《明律集解附例》
卷二十"殴受业师"之"纂注"亦认同技艺入律。②《明律集解附例》还
通过"备考"进一步加以说明:"儒师终身如一,艺者据见受业并详
之。"③关于技艺入律,在明代后期还有不同的声音。在隆庆年间成书,
刻于万历年间的《大明律集说附例》"殴受业师"言:"此条专定犯殴业
师之罪⋯⋯本条只就吾儒讲为当。"④冯孜所关注的问题,尤其对那些
技艺之人,应不包括在此条内。其解释原因:

　　工艺泛杂,且习业易成,初时不过同伴,做工言定帮助,几年或
将工钱听与教师自取,俟后习成其业,两不相顾,原不以礼相授受,
亦不以礼相往来,较之吾儒受业者不同。⑤

冯孜之言确有一定道理。冯孜还举例说明了当时官吏所通行的做法。
"及查《为政规模》云:百工之师同于凡人,虽非正律,而近来法家胥崇
尚之故。"⑥根据冯孜的解释,百工技艺不入此律,而且这亦是近来司刑
者的一贯做法。但随着时间的推移,明代私家律学著作的讨论终于通
过官方的表态而定性。舒化在《大明律附例》卷二十"殴受业师"之"集

①　[清]薛允升:《唐明律合编》卷二十三上,"殴受业师",第 621 页。
②　[明]高举发刻:《明律集解附例》卷二十,"殴受业师"。
③　[明]高举发刻:《明律集解附例》卷二十,"殴受业师"。
④　[明]冯孜:《大明律集说附例》卷七,"殴受业师"。
⑤　[明]冯孜:《大明律集说附例》卷七,"殴受业师"。
⑥　[明]冯孜:《大明律集说附例》卷七,"殴受业师"。

解"言："儒艺皆有师,若学未成,或易别业,则不坐。惟习业已,或固守其学以终身赡家者,友是观十恶条内可知。"①而《大明律附例》的解释源自范永銮重刻的《大明律》的解释。② 从中可知私家律学对官方律学的影响。《大明律附例》的解释乃是官方的解释,从而百工技艺入律得到了官方的认可。此后也有不同的声音,比如姚思仁在《大明律附例注解》"殴受业师"之上栏说明:受业师专指儒者言之,而百工之师同于凡人。③ 根据以上私家律学及官方律学的解释,百工技艺入于此条已无疑问。但技艺者同儒者不同,是否所有的技艺者都算在内呢? 此问题还有进一步讨论的必要。对于习业未成,或中途改业者是否适用此律呢?《大明律附例》卷二十"殴受业师"之"集解"对习业未成及改易其业的不能用此条规范。④《律例笺释》卷二十"殴受业师"言:

> 儒与百工技艺,皆有所从受业之师,若学未成或易别业则不坐。但习业已成,固守其学,以终身赡家者,则皆有在三之义焉,岂可日:"技艺末事何足道哉。"⑤

通过官方律学《大明律附例》及明代后期经典律学著作《律例笺释》的解释,我们明白,对儒与百工技艺,习业未成,或易别业,此种情况的相犯,则以凡人论。对于习业已成,并固守其学,用之终身养赡其家的相

<hr>

① ［明］舒化纂:《大明律附例》卷二十,"殴受业师",明嘉靖范永銮刻本。
② ［明］范永銮重刊:《大明律》卷二十,"殴受业师",载《续修四库全书》(第862册),第566页。
③ ［明］姚思仁:《大明律附例注解》卷二十,"殴受业师",载宋祥瑞主编:《北京大学图书馆藏善本丛书》之《明清史料丛编》,第739页。
④ ［明］舒化纂:《大明律附例》卷二十,"殴受业师"。此条集释之来源,乃是范永銮在嘉靖年间刊刻之《大明律》卷二十,"殴受业师",载《续修四库全书》(第862册),第566页。
⑤ ［明］王肯堂:《律例笺释》卷二十,"殴受业师"。

犯，则入于此律。诸多明代私家律学的解释，使此条律文的适用范围明确，从而在司法实践中给予问刑官以指导。而且，诸私家律学的解释，对清代法律有深远的影响。在《大清律例》卷二十七"殴受业师"所载律文同明律，但用小注对适用范围加以说明："凡者，非徒指儒言，百工技艺亦在内。儒师终身如一。其余学未成，或易别业，则不坐。如习业已成，罪亦与儒并科。"①可以这样说，《大清律例》之小注，深受明代私家律学的影响。

例三：决罚不如法致死人埋葬银的征收

《大明律》卷二十八"决罚不如法"载："凡官司决人不如法者，笞四十；因而致死者，杖一百，均征埋葬银一十两。"②因"均"字之故，此律文多有疑惑。是否主使官与行杖之人都要征埋葬银？薛允升曾言："均字便不分明。"③确实，明代私家律学著作对"均"字的解释便有不同。张楷言："主使官与行杖之人均追埋葬银一十两，给付已死之家。"④按照张楷的解释，主使官与行杖之人均追埋葬银。雷梦麟则曰："官吏均追埋葬银一十两，给付营葬。"⑤《琐言》指官吏均追埋葬银，但所指官吏，没有进一步明确解释。应槚则解释为："均追埋葬银一十两，谓同僚官吏之同署是事者也。"⑥《读律琐言》与《大明律释义》将行杖之人排除在外。舒化在《大明律附例》卷二十八"决罚不如法"之"集解"有

---

① 田涛、郑秦点校：《大清律例》卷二十七，"殴受业师"，法律出版社1999年版，第452页。

② 怀效锋点校：《大明律》卷二十八，"决罚不如法"，第220页。

③ ［清］薛允升：《唐明律合编》卷二十九，"决罚不如法"，第793页。

④ ［明］张楷：《律条疏议》卷二十八，"决罚不如法"，载杨一凡编：《中国律学文献》（第一辑第三册），第657页。

⑤ ［明］雷梦麟：《读律琐言》卷二十八，"决罚不如法"，第493页。

⑥ ［明］应槚：《大明律释义》卷二十八，"决罚不如法"，载杨一凡编：《中国律学文献》（第二辑第二册），第491页。

相似的解释:均征埋葬银,专指监临官,不得并及同僚。①《明律集解附例》"决罚不如法"之"纂注"有更详细的解释:

> 首节"均征埋葬银"谓当该官吏与同僚官同署字者。《疏议》诸书俱谓官与行杖人均征,盖泥"均"字,非也。盖"均"字义当,皆正如奸党律"均"给充赏之"均"耳。不然,后听使下手之人亦当追埋葬矣。而律何不言"均"耶?后追埋葬银专就监临官说,不得连及同僚,故不言"均"。此言凡官司决断已问结之罪人,有不如法,如小注云:应用笞而用杖之类者,当该官吏笞四十;因决不如法而致囚于死者,杖一百。官吏均征埋葬银一十两给付死者之家。②

王肯堂在《律例笺释》中亦有相似之言论。从以上私家律著的分析看,"均征埋葬银"乃是当该官吏与同僚官同署押者而言,对行杖之人则不征。

例四:伪造印信历日等

《大明律》卷二十四"伪造印信历日等"载:

> 凡伪造诸衙门印信及历日符验、夜巡铜牌、茶盐引者,斩。有能告捕者,官给赏银五十两。伪造关防印记者,杖一百,徒三年。告捕者,官给赏银三十两。为从及知情行用者,各减一等。若造而未成者,各又减一等。其当该官司知而听行,与同罪;不知者,

---

① [明]舒化纂:《大明律附例》卷二十八,"决罚不如法"。此与范永銮在嘉靖年间刊刻之《大明律》卷二十"决罚不如法"条相同,载《续修四库全书》(第862册),第618页。

② [明]高举发刻:《明律集解附例》卷二十八,"决罚不如法"。

不坐。①

在律文中,"若造而未成者,各又减一等"。伪造诸衙门印信及历日符
验、夜巡铜牌、茶盐引未成者,杖一百,流三千里;为从者,杖一百,徒三
年。若伪造关防印记未成者,杖九十,徒二年半;为从者,杖八十,徒二
年。对于伪造印信历日等未成,律文定罪量刑明确,但对造印"未成"
之判断则界限模糊。"律称伪造印信,本谓用铜私铸,形质篆文俱全者
言之也。"②从雷氏的解释看,伪造印信,要用铜私铸,并且其形、质、篆
文俱全才谓之伪造印信。但在实际操作中,伪造印信,方法多样,所用
材质众多,很难完全符合上述标准。对于用木、石、泥、蜡等材质皆可成
印,描刻篆文,其文虽印,其形质非印,此种情况作何断? 按照雷梦麟的
说法,此不是伪造,乃是描摹。③ 对于雷氏之言,冯孜认为"似误
矣"。④ 此种说法,我们可用案例来说明:应槚在嘉靖年间录囚江南时,
地方官员一般将此种情况定为伪造印信。如在嘉靖二年(1523 年),苏
州府常熟县民胡霖用蜡雕成府印一颗,苏州府以伪造诸衙门印信处斩,
应槚等会审,未提出异议。⑤ 苏州府吴县县民何清用木雕成府印一颗,
府以伪造诸衙门印信问拟斩罪,应槚等会审,未提出异议。⑥ 应天府高
淳县匠籍孙瑾在嘉靖七年(1528 年)用蜡雕成印四颗,官府以伪造诸衙

---

① 怀效锋点校:《大明律》卷二十四,"伪造印信历日等",第 192—193 页。
② [明]雷梦麟:《读律琐言》卷二十四,"伪造印信历日等",第 437 页。王肯堂的
《律例笺释》卷二十四"伪造印信历日等",与此有相似言论:"伪造印信,律意本为用铜私
铸,形、质、篆文俱真者言之。"
③ 参见[明]雷梦麟:《读律琐言》卷二十四,"伪造印信历日等",第 437 页。
④ [明]冯孜:《大明律集说附例》卷七,"伪造印信历日等"。
⑤ [明]应槚:《谳狱稿》卷二《苏松等处会审疏》。
⑥ [明]应槚:《谳狱稿》卷二《苏松等处会审疏》。

门印信问拟斩罪,应槚等会审,未提出异议。① 明人祁彪佳在《莆阳谳牍》中记载:苏德用木私雕县篆一颗,以伪造诸衙门印信处斩。② 林文英用黄蜡造假印,依伪造印信律处斩。③ 以上案件的判决说明,用木、石、泥、蜡等材质雕刻之印应属于伪造印信。按照冯氏之言,"盖印所重者,文也,非重质也。使有质无文固不能为用,若有篆文而虽非铜铸亦可以假诈行事。故形质相肖而篆文俱全者,俱谓之伪造,惟有质而文不全者,方谓之造而未成"④。根据冯孜的解释,印不一定要用铜铸。因印重文不重质,形质相肖而篆文俱全的,不管用何材质,都按伪造印信论处。

描摹印信又如何认定和处罚呢?⑤ 此问题一直困扰着明代私家注律家和明代的问刑官。依雷梦麟所言:"若今奸伪之徒,用木、石、泥、蜡等项,描刻篆文,其文虽印,其形质非印也,殆例所谓描摸者与? 非伪造也。"⑥此将木、石、泥、蜡等列入描摸。冯孜曾言:"至于全无形质而惟描之于纸者,乃谓之描摸也。"⑦祁彪佳亦曾言:"所谓描摸者必原无形质者方可。"⑧此解释与冯孜所言相合,但与王肯堂观点不同,王氏言:

---

① ［明］应槚:《谳狱稿》卷四《应天太平广德等处会审疏》。
② ［明］祁彪佳:《莆阳谳牍》卷二,"一起捉获假印事",尤韶华、才媛整理,载杨一凡、徐立志主编:《历代判例判牍》(第五册),中国社会科学出版社 2005 年版,第 462 页。
③ ［明］祁彪佳:《莆阳谳牍》卷二,"一起神棍假造印信朋奸行用等事",尤韶华、才媛整理,载杨一凡、徐立志主编:《历代判例判牍》(第五册),第 539 页。
④ ［明］冯孜:《大明律集说附例》卷七,"伪造印信历日等"。
⑤ 《大明律疏附例》所载新例记载:"在嘉靖十六年五月,刑部题准:'凡描摸印信,行使诓诈财物,但犯该徒罪以上,俱问发边卫,永远充军。'"此被《嘉靖问刑条例》与《万历问刑条例》所吸收。杨一凡、曲英杰主编:《中国珍稀法律典籍集成》乙编第二册《明代条例》,第 354 页。
⑥ ［明］雷梦麟:《读律琐言》卷二十四,"伪造印信历日等",第 437 页。
⑦ ［明］冯孜:《大明律集说附例》卷七,"伪造印信历日等"。
⑧ ［明］祁彪佳:《莆阳谳牍》卷二,"一起拿获假印事",尤韶华、才媛整理,载杨一凡、徐立志主编:《历代判例判牍》(第五册),第 491 页。

近则又有将文书上印用油纸影描,用印色拓润,覆打在所为文书之上,则宛然真印也。盖出纸影字隔见纤毫,既便于临摹而又不食水墨,同于铜石,实妙于覆打无铜石铸造之劳,得真印之用,欺人骗财无所不可一用,屡用在其笔端。若此者,近似于例之所谓描摹,而实非也。①

按王氏所言,用油纸描摹,则不算描摹。在具体的司法案件中,问刑官常将描摹作为伪造诸衙门印信处理,但毕竟与律不合。在嘉靖八年(1529年)苏州府吴县县民秦恩"用油纸覆映于上,描画篆文,将朱反画印度相像"②。苏州府以秦恩伪造诸衙门印信处斩,关府监候。应檟等会审言"原贮府库假印,止是油印一条,上描朱印一颗;白纸一条,上描墨印一颗。未见雕刻成印,问拟前罪,与律不合"③,改议得诓骗人财物者,计赃准窃盗论。苏州府常熟县民许堂"假刻花栏木一条,印成县批用朱笔于旧牌(指承差印信官牌)背面描润印信篆文用水喷湿,将白纸覆上印与旧印相同填写月日"④。府以伪造诸衙门印信问拟斩罪。应檟等会审,以此只是描摹,拟前罪,与律不合。何山在嘉靖九年(1530年)"将旧草席剪不一方,大小比印一般,用布缘裹四边,做成假印,当用土朱刷印"⑤,府以伪造诸衙门印信问拟斩罪,监候。应檟等会审言"律谓伪造诸衙门印信,必须刻有衙门字样,方可坐斩。山止将草席剪方,用布缘边,未见刻何衙门有何字样,坐以前罪,律既有碍,情实有亏"⑥,不同意此处罚。

①　[明]王肯堂:《律例笺释》卷二十四,"伪造印信历日等"。
②　[明]应檟:《谳狱稿》卷二《苏松等处会审疏》。
③　[明]应檟:《谳狱稿》卷二《苏松等处会审疏》。
④　[明]应檟:《谳狱稿》卷二《苏松等处会审疏》。
⑤　[明]应檟:《谳狱稿》卷四《应天太平广德等处会审疏》。
⑥　[明]应檟:《谳狱稿》卷四《应天太平广德等处会审疏》。

针对伪造印信纷繁的情况,在无明确官方解释的情况下,问刑官在具体的司法实践中科断不一,所以到了万历十六年(1588年)正月,都察院等衙门题称:

> 伪造印信律称:"伪造者,斩。"原未指出铜、铁、木、石、泥、蜡,明言之也。例称描摸亦未指田、木、石、泥、蜡及用纸套画者,注解互异,引用无评,惟是皇上裁决,明旨一下即为定法等因,奉圣旨伪造印信,既议论不同,只照律文拟断,不问何物成造,但伪造者,斩。钦此。①

认定某人伪造印信,在判决的过程中,还有程序性问题,即《律例笺释》所言:"但伪造,俱责令本人当官雕出方坐。"②苏德用木私雕县篆一颗,以伪造诸衙门印信处斩。在审问时,"当堂覆刻,运刀如风"③。魏耀假雕印信,依伪造律斩监候。魏耀"即当堂翻刻更相肖也"④。或者,当堂描摸出才坐。苏州府常熟县民许堂描摸印信,苏州府"令堂当官用纸照样,描润覆使假印一颗",府才以伪造诸衙门印信问拟斩罪。⑤ 何山在嘉靖九年(1530年),"将旧草席剪不一方,大小比印一般,用布缘裹四边,做成假印,当用土朱刷印",官府"令将草席布条当官做成假印一颗,比照相同",府以伪造诸衙门印信问拟斩罪,监候。⑥

---

① [明]王肯堂:《律例笺释》卷二十四,"伪造印信历日等"。
② [明]王肯堂:《律例笺释》卷二十四,"伪造印信历日等"。
③ [明]祁彪佳:《莆阳谳牍》卷二,"一起捉获假印事",尤韶华、才媛整理,载杨一凡、徐立志主编:《历代判例判牍》(第五册),第462页。
④ [明]祁彪佳:《莆阳谳牍》卷二,"一起拿获假印事",尤韶华、才媛整理,载杨一凡、徐立志主编:《历代判例判牍》(第五册),第491页。
⑤ [明]应槚:《谳狱稿》卷二《苏松等处会审疏》。
⑥ [明]应槚:《谳狱稿》卷四《应天太平广德等处会审疏》。

若出现此种情况,即尊长令卑幼造假印一颗,尊长行用,以何人为首科断? 按照王肯堂的解释:这与谋杀人造意不同,因为在科断时,必须执行当堂重新雕刻一颗,所以要以雕者为首,主使之人只是知情行用,也不可以从论。①

通过众私家注律家全面而细致的立法解释与司法实践的梳理,可使习律者更好地了解立法中的问题。

第四节　阐释律例具文

《大明律》在洪武年间经数次修订,终于在洪武三十年(1397 年)纂成。朱元璋对此颇为自负,认为此可应用于整个大明王朝,并且还发布诏旨,对变更者以变乱祖制罪论处。其后,明代诸帝谨遵教诲,几乎未对《大明律》进行修订。总之,《大明律》在明代行用不辍。有些律文在制定时基于宣扬教化及威慑使人不敢犯罪的需要,本身就不注重实际应用,从而成为具文。更多具文的出现是因为社会的变化、发展所致。明代社会在变化与发展,通过一成不变的静态的律来规范动态的社会,《大明律》的适应性已远远落后于时代。《大明律》的有些条文,基于当时的特殊环境而制定,有强烈的时代特色。在社会环境变化后,此律义不再行用,从而成为具文。从明孝宗弘治年间起,通过修例来适应社会的发展。弘治等《问刑条例》颁行后,以例辅律、以例补律、律例结合,共同规范复杂的社会。有些例文因落后于时代的发展,或者有些例文也没有很好地贯彻执行,从而成为具文。遍检明代私家律学著作,并参考其他文献,考察《大明律》及《问刑条例》应用中的具文情况,并

---

①　[明]王肯堂:《律例笺释》卷二十四,"伪造印信历日等"。

对此问题出现的原因等方面进一步探讨。

一、律之具文

《大明律》在应用时,由于社会的发展变化,有些律文落后于时代发展而置之不用,成为具文。本论著通过明代私家律著等文献,辑录出数条。

(一) 犯罪存留养亲

犯罪存留养亲,本是对犯人衰老无依亲人的照顾,并不是对犯罪之人的宽恕。正如雷梦麟在《读律琐言》卷一"犯罪存留养亲"条言:

> 死罪如律称税粮违限、从征在逃、诬告人致死,随行亲属等类皆非常赦所不原者。若人有犯而其祖父母、父母老疾应侍,家无以次人丁者,有司推勘明白,依律议拟罪名,实封奏闻取裁。若犯徒流,不问常赦所原与否,并决杖一百,余罪收赎,存留养亲。①

"犯罪存留养亲"之所以设立,乃是"立法忠厚之意"②的反映,是为了"示天下以孝道"③。雷梦麟曾言:

> 律(此指"老小废疾收赎"条)当与犯罪存留养亲并看,盖优老怜幼、矜不成人者,此条之意也;若夫念鳏恤寡,以教天下孝者,则

---

① [明]雷梦麟:《读律琐言》卷一,"犯罪存留养亲",第28页。
② [明]雷梦麟:《读律琐言》卷一,"犯罪存留养亲",第28页。
③ [明]应槚:《大明律释义》卷一,"犯罪存留养亲",载杨一凡编:《中国律学文献》(第二辑第一册),第281页。

存留养亲之意也。此皆法中之恩，义中之仁，律之精妙处。①

但此条优恤孤老之律"今（此指嘉靖年间）此律不行久矣"②。嘉靖年间，雷梦麟亦言："近时行者鲜矣。"③在隆庆年间，"近来此律不行"④。从众私家律著记载看，此律在嘉靖以前已很少行用，或不行用了。雷梦麟对此律不行还作出评论："此条当与老幼废疾收赎条并看。老幼废疾，优及其身，此条优及其亲，彼此相权，亲重身轻，今反行彼而不行此，非律意也。"⑤万历末年，王肯堂在《律例笺释》"犯罪存留养亲"中亦认为此条的废除是不仁义的。⑥ 对于如此优恤孤老的忠厚、仁义之律不行用的原因，《读律琐言》曾言："今此条（此指'老小废疾收赎'条）皆用之，独于存留养亲条，恐犯人诈冒，多不及用之，不因咽而废食乎。"⑦根据雷梦麟的解释，"存留养亲"条不行用是为了防止犯人假冒。这是因噎废食的做法，不能因为在执行中存在弊端而将此忠厚、仁义之律废止不用。针对此种情况，在隆庆年间，朝廷通过诏书的形式又行用此律：

犯罪存留养亲，备载明律例。近来此律不行，殊失朝廷优老至

---

① ［明］雷梦麟：《读律琐言》卷一，"老小废疾收赎"，第36页。
② ［明］应槚：《大明律释》卷一，"犯罪存留养亲"，载杨一凡编：《中国律学文献》（第二辑第一册），第281页。万历末年王肯堂在《律例笺释》卷一"犯罪存留养亲"条也曾有此言。
③ ［明］雷梦麟：《读律琐言》卷一，"犯罪存留养亲"，第28页。按照薛允升所言，其根据雷氏的言论，认为"可见尔时不准留养者多，故发此议论也"。参见［清］薛允升：《唐明律合编》卷三，"犯罪存留养亲"，第38页。
④ ［明］孔贞运辑：《皇明诏制》卷九，明崇祯七年刻本。
⑤ ［明］雷梦麟：《读律琐言》卷一，"犯罪存留养亲"，第28页。万历末年王肯堂在《律例笺释》卷一"犯罪存留养亲"条也言之。
⑥ ［明］王肯堂：《律例笺释》卷一，"犯罪存留养亲"。
⑦ ［明］雷梦麟：《读律琐言》卷一，"老小废疾收赎"，第36页。

意。诏书到日,凡军民罪囚,有祖父母、父母,年八十以上,老疾应侍,家无次人丁者,犯该死罪,非极恶重情,常赦所不原,若误杀、戏杀、诬告人,累死随行亲属等项,及充军并口外为民,开具所犯罪名,奏闻,取自上裁。其徒流无力赎罪,应该发配者,止杖一百,余罪收赎。俱听存留养亲,务须结勘明的,有纳贿扶同朦胧奏请,及任情施行者,以故出论。①

在隆庆年间成书,刊刻于万历年间的《大明律集说附例》"犯罪存留养亲"条言:"彼(此指'老小废疾收赎')优及其身,而此(此指'犯罪存留养亲')优及其亲,但今行彼而不行此。近颁恩诏令,有司行之。"②此所言近来所颁恩诏令,应是《皇明诏制》卷九所记之诏令,并言有司行之。从《大明律集说附例》的记载来看,此诏令得到施行。但在万历年间,王肯堂在《律例笺释》"犯罪存留养亲"中曾言:"此律不行久矣。"③王氏言:"老幼废疾收赎,优恤其身,此条优恤其亲,彼此相权,亲重身轻,今反行彼而不行,此非律意也。"④王氏所言与上述雷氏的言论几乎相同,则从中可知,王氏之言袭自雷氏,并言"此律不行久矣"。⑤ 雷氏成书于嘉靖年间,此律已久不行用,但隆庆下诏令后,此条又施行。王肯堂在万历年间写《律例笺释》时,未能注意这一变化,直接抄录雷氏,从而其言不合史实。

①　[明]孔贞运辑:《皇明诏制》卷九。
②　[明]冯孜:《大明律集说附例》卷一,"犯罪存留养亲"。
③　[明]王肯堂:《律例笺释》卷一,"犯罪存留养亲"。
④　[明]王肯堂:《律例笺释》卷一,"犯罪存留养亲"。
⑤　[明]王肯堂:《律例笺释》卷一,"犯罪存留养亲"。

（二）讲读律令

《大明律》卷三"讲读律令"条规定：

> 凡国家律令，参酌事情轻重，定立罪名，颁行天下，永为遵守。百司官吏务要熟读，讲明律意，剖决事务。每遇年终，在内从察院，在外从分巡御史、提刑按察司官，按治去处考校。若有不能讲解，不晓律意者，初犯罚俸钱一月，再犯笞四十附过，三犯于本衙门递降叙用。其百工技艺、诸免人等，有能熟读讲解，通晓律意者，若犯过失及因人连累致罪，不问轻重，并免一次。其事干谋反、逆叛者，不用此律。若官吏人等，挟诈欺公，妄生异议，擅为更改，变乱成法者，斩。①

"讲读律令"之设，目的是使百司官吏、百工技艺、诸色人等能通晓律意。此律是为了普及和宣传法律而设，但此律在嘉靖年间成为具文。《读律琐言》卷三"讲读律令"言："近亦未有用之者。"②沈家本在《明律目笺二》"讲读律令"言："此条唐律无文。盖自元废律博士之官，而讲读律令者，世遂无其人，明虽设有此律，亦具文耳。"③沈氏所言的依据，极有可能源于《读律琐言》。对于此条律文成为具文的原因，徐忠明认为法律宣传方面的废弛，使"讲读律令"条不能很好地执行，从而使此条成为具文。④ 徐忠明所言点到问题的关键。关于法律宣传方面的废弛，明人林希元曾有议论：

---

① 怀效锋点校：《大明律》卷三，"讲读律令"，第36页。
② ［明］雷梦麟：《读律琐言》卷三，"讲读律令"，第95页。
③ ［清］沈家本：《明律目笺二》，"讲读律令"，载《历代刑法考》，第1829页。
④ 徐忠明：《明清国家的法律宣传：路径与意图》，《法制与社会发展》2010年第1期。

岁时属民读法而成其德行道艺,其法可谓周且密矣。本朝立国之初,乡闾里社莫不建学,乡置老人,教民为善;又置木铎老人,徇于道路;乡饮酒酒行及里社,讲读律法;申明、旌善亭,建于邑里,彰别淑慝,与成周教民之法,虽不尽同,其意一也。今社学虽仅存,教法无取,乡饮只行郡邑,里社无闻,其余一切废弛。臣愿陛下特敕礼部,申明旧章,责令抚按监司,督率郡县,将祖宗教化规制,逐一举行。乡都老人必择有德,专司教化,毋用匪人,徒长奸利。木铎老人,务要再举;乡饮行于里社,毋得虚文;善恶别于二亭,毋得违避;社学更为定制,毋徒卤莽。若宋儒《吕氏乡约》,其间德业相规,礼俗相交,患难相恤,四者莫非化民成俗之事,比之成周属民读法,尤似详密而可补周官之缺者。若与今制并行,则条贯相通,彼此相发,国家教民之法周密详尽,于以化民成俗而致三代之治也,不难矣。今在外有司,间有好古之士,亦或举行,然未经朝廷颁定,甲可乙否,竟难成功。愿皇上特敕该部,将其意稍加润泽,责令抚按监司,督率所属,令与国朝教法宪臣得专察之,皆书其殿最,以行黜陟,则交修事功可成,唐虞三代之治不难矣。①

从以上记载看,法律宣传的废弛,使法律宣讲不再顺畅,从而影响"讲读律令"律文的行用。但明代法律宣传方面设计的弊端也是法律宣传不能很好坚持的重要原因。明代统治者为了表现出对法律宣讲足够的重视,规定繁杂的程序,从而带来不小的负面影响。地方为了避免这些繁杂的程序,经常不能按时宣讲,久而久之,此制度就废弛了,律文的宣讲不能得到很好的执行,从而使"讲读律令"成为具文。

---

① [明]林希元:《林次崖文集》卷二《疏》,清乾隆十八年陈胪声诒燕堂刻本。

（三）起除刺字

《大明律》卷十八"起除刺字"条规定："凡盗贼曾经刺字者,俱发原籍,收充警迹。该徒者,役满充警。该流者,于流所充警。若有起除原刺字样者,杖六十,补刺。"①关于"起除刺字"律条设立的目的,应槚曾言："凡此皆使人知惧,而不敢轻犯也。"②《大明律集说附例》亦言及设立此律的好处：

> 盖充警迹者,严捕盗之法也。而有除籍之令焉,则能改过而护盗者亦可免其充警矣。禁起除者,密治盗之防也。而有起刺之令焉,则能改过而护盗者,不必私自起除矣。此于惩恶之中,寓乎作新之意。③

沈家本对此律文有很高的评价,认为"五条充警之法,本于元制,开自新之路,乃法之最善者,惜后来废弛而不实行也"④。此律条的设立,乃明首创。在惩恶之余,还给改过自新者以出路,但在嘉靖年间"今久不行"。⑤"起除刺字"律之不行,阻断了部分犯人改过自新之路,由此导致"盗之日繁"。⑥

---

① 怀效锋点校:《大明律》卷十八,"起除刺字",第 148 页。
② ［明］应槚:《大明律释义》卷十八,"起除刺字",载杨一凡编:《中国律学文献》(第二辑第二册),第 198 页。
③ ［明］冯孜:《大明律集说附例》卷六,"起除刺字"。
④ ［清］沈家本:《明律目笺三》,"夜无故入人家、盗贼窝主、共谋为盗、公取窃取皆为盗、起除刺字",载《历代刑法考》,第 1865 页。
⑤ ［明］冯孜:《大明律集说附例》卷六,"起除刺字"。
⑥ ［明］冯孜:《大明律集说附例》卷六,"起除刺字"。

（四）收粮违限

《大明律》中有些律文，乃是针对明初特殊国情而制定的。这些律文只能行用于一时。在这些特殊情况消失后，律文已经不适应时代的发展而废止不用，从而成为具文。

《大明律》卷七"收粮违限"条规定：

> 凡收夏税，于五月十五日开仓，七月终齐足。秋粮，十月一日开仓，十二月终齐足。如早收去处，预先收受者，不拘此律。若夏税违限，至八月终，秋粮违限，至次年正月终，不足者，其提调部粮官吏典，分催里长、欠粮人户，各以十分为率，一分不足者，杖六十，每一分，加一等，罪止杖一百。受财者，计赃以枉法从重论。若违限，一年之上不足者，人户、里长，杖一百，迁徙。提调部粮官、吏典，处绞。①

律文对违限收粮，处罚特重。但此乃一时之法，非长行之计。《读律琐言》言及此律之设置及废止的原因："迁徙、处绞，国初时庶务草创，征输为急，故其法特重。今承平日久，藏富于民，惇厚博大，不为迫促之政，凡有违限，止照例拟断，不复用此律。"②《律例笺释》的解释与《读律琐言》相似。③ 从上述两部私家律学著作的解释看，"收粮违限"律文之设，乃是基于明初特殊国情。在国富民安、社会太平时，没有必要用此重法规范税粮的征收。迁徙、处绞的处罚，太过严酷，只能行用于一时。在和平、稳定的年代，这一严酷律文，已不适应时代发展而成为具

---

① 怀效锋点校:《大明律》卷七，"收粮违限"，第68页。
② ［明］雷梦麟:《读律琐言》卷七，"收粮违限"，第164页。
③ ［明］王肯堂:《律例笺释》卷七，"收粮违限"。

文。正如《读律琐言》所言："凡有违限，止照例拟断，不复用此律。"①在律文成为具文的情况下，可通过例来补足。《（弘治）问刑条例》例文规定："各处势豪大户无故恃顽，不纳本户秋粮五十石以上，问罪，监追完日，发附近；二百石以上，发边卫。俱充军。"②此例又被嘉靖二十九年（1550年）的《重修问刑条例》所承继。《（万历）问刑条例》还对此条律文进一步规范和细化，除了承继《重修问刑条例》，还规定：

> 各处势豪大户，敢有不行运赴官仓，逼军私兑者，比照不纳秋粮事例，问拟充军。如掌印、管粮官不即申达区处，纵容迟误一百石以上者，提问，住俸一年；二百石以上者，提问，降二级；三百石以上者，比照疲软事例罢黜。③

从《（弘治）问刑条例》始，直到《（万历）问刑条例》都对此律条进行修正。修正的重点，在于对欠粮人户中实力较强的势豪大户的规范，对普通的欠粮百姓及里长，不用这些例来规范。从此侧面看，此律用例作了部分变通，从而使例未规范的情况仍然成为具文。

（五）吏卒犯死罪

《大明律》卷一"吏卒犯死罪"条规定："凡在外各衙门吏典、祗候、禁子有犯死罪，从各衙门长官鞫问明白，不须申禀，依律处决。然后具由申报本管上司，转达刑部，奏闻知会。"④对于此律的立法理由，《大明

① ［明］雷梦麟：《读律琐言》卷七，"收粮违限"，第164页。
② 《（弘治）问刑条例》，载杨一凡、曲英杰主编：《中国珍稀法律典籍集成》乙编第二册《明代条例》，第230页。
③ 《（万历）问刑条例》，见怀效锋点校：《大明律》所附之《问刑条例》，第374页。
④ 怀效锋点校：《大明律》卷一，"吏卒犯死罪"，第19页。

律集说附例》曾言：

> 此律乃国初勘乱之后，吏卒之习于玩抗者，未有所惩，恐奸徒
> 仍踵旧风敢于恣恶，故以浔杀之权授诸长官，而以必杀之威加之吏
> 卒。然不以此概施于民者，盖法在有司，民未周知，吏卒乃朝闻而
> 夕见者，有犯则故犯矣。故特绳以严刑，将使之畏而不敢犯也。①

此律文乃时代的产物。在社会环境变化的情况下，此律文已经不能适
应社会的发展，从而成具文。明代其他私家律著中对此律亦多言及。
嘉靖年间，张楷在《律条释义》卷一"吏卒犯死罪"言："此盖国初所暂
行。"②嘉靖年间，应槚在《大明律释义》卷一"吏卒犯死罪"载："此盖国
初所暂行，今则一例奏请矣。"③要想考察此律不行用的原因，首先要明
晰此律制定的目的。

在嘉靖至隆庆年间成书的《读律管见》曾言："此条盖国初惩元之
顽民，用重典也。后此犯者不用矣。"④隆庆年间成书，刻于万历年间冯
孜的《大明律集说附例》亦言：此律国初曾暂行，但"但此法已久不行，
亦谓专擅之不可耳"。⑤ 此说与高举所刻之《明律集解附例》"吏卒犯
死罪"所言相似："此律乃国初勘乱之后，恐奸徒仍踵旧风，敢于恣恶，
故特重。其令以暂行于一时。"⑥通过私家律著的记载可知，此律是为

---

①　［明］冯孜:《大明律集说附例》卷一,"吏卒犯死罪"。
②　［明］张楷:《律条释义》卷一,"吏卒犯死罪",载杨一凡编:《中国律学文献》(第一
辑第二册),黑龙江人民出版社 2004 年版,第 217 页。
③　［明］应槚:《大明律释义》卷一,"吏卒犯死罪",载杨一凡编:《中国律学文献》(第
二辑第一册),第 308 页。
④　［明］余员注招,［明］叶仮示判:《新刻御颁新例三台明律招判正宗》卷一,"吏卒
犯死罪",万历三十四年福建建邑书林双峰堂余象斗刻本。
⑤　［明］冯孜:《大明律集说附例》卷一,"吏卒犯死罪"。
⑥　［明］高举发刻:《明律集解附例》卷一,"吏卒犯死罪"。

了在明初惩元之旧风而设,是当时特殊国情下所采取的权宜措施,但在社会安定后,此律已不合时代发展而废弃不用,从而成为虚文、具文。此律成为具文,出现此种情况又如何处理呢? 应槚在《大明律释义》曾言:"此盖国初所暂行,今则一例奏请矣。"①冯孜的《大明律集说附例》与高举所刻之《明律集解附例》"吏卒犯死罪"也认为通过例请解决。② 在万历年间成书的明代官方律著——舒化领衔纂集的《大明律附例》卷一"吏卒犯死罪"之"集解"亦言:"此盖国初暂行,后若有犯,并须奏闻。"③根据上述诸文献的记载,此律条不再应用,乃是明朝廷为了防止大臣专权,而将权力收归皇权。但朝廷何时采取"奏请"措施,废止此律,使之成为虚文,待考。

(六) 在京犯罪军民

《大明律》卷一"在京犯罪军民"条记载:"凡在京军民,若犯杖八十以上者,军发外卫充军,民发别郡为民。"④薛允升曾评价此律条:"愚按:以上数条,唐律俱无文,而于名例亦无干涉。明律增入,殊觉不伦不类。"⑤"不伦不类"的律文设立有何目的呢?《大明律集说附例》有详细说明:

> 京师为至尊所居,法令所自出之地,而四方之极也。军民日习于法,自当不犯于刑。若有犯私罪,至杖八十以上者,则其过已大,

---

① 　[明]应槚:《大明律释义》卷一,"吏卒犯死罪",载杨一凡编:《中国律学文献》(第二辑第一册),第 308 页。

② 　[明]冯孜:《大明律集说附例》卷一,"吏卒犯死罪";[明]高举发刻:《明律集解附例》卷一,"吏卒犯死罪"。

③ 　[明]舒化纂:《大明律附例》卷一,"吏卒犯死罪"。

④ 　怀效锋点校:《大明律》卷一,"在京犯罪军民",第 19 页。

⑤ 　[清]薛允升:《唐明律合编》卷六,"在京犯罪军民",第 87 页。

非国都之所宜有矣！故军发外卫充军,民发别郡为民。盖不惟使在京之人凛然其不敢犯,而外卫别郡之军民闻者,皆曰:"王居之不可有罪人也。"如此王法之不可干也。①

统治者如此定律,是为了达到"肃清京禁之事"②,"所以肃京禁而清化源者"③的目标。

此律在嘉靖年间已"不复行矣"④,在万历年间亦未实行。舒化领衔纂集的《大明律附例》卷一"在京犯罪军民"之"集解"言:"今未见行。"⑤万历年间,王肯堂在《律例笺释》中言此律不再实行,军民在京犯罪,照常律发落。⑥ 对此律何时成为具文,最早可以为嘉靖时期,依本论著之见,此律成为具文的时间应更早。

关于此律条不行的原因,《读律琐言》卷一"在京犯罪军民"条解释:"今未见有行者,恐犯罪者众,京卫空虚,势不可行也。"⑦对不行原因的分析,《大明律集说附例》"在京犯罪军民"的解释与《读律琐言》相似。⑧ 两私家律著认为此律不行,是恐怕犯罪者人数众多,若按律文规定实行迁徙,会使京城空虚。此理由可能只是表面理由,最根本的原因在于此律文设计的不合理。京城乃辐辏之地,人员众多。人多则常因

---

① ［明]冯孜:《大明律集说附例》卷一,"在京犯罪军民"。

② ［明]应槚:《大明律释义》卷一,"在京犯罪军民",载杨一凡编:《中国律学文献》(第二辑第一册),第310页。

③ ［明]冯孜:《大明律集说附例》卷一,"在京犯罪军民"。

④ ［明]应槚:《大明律释义》卷一,"在京犯罪军民",载杨一凡编:《中国律学文献》(第二辑第一册),第310页。

⑤ ［明]舒化纂:《大明律附例》卷一,"在京犯罪军民"。

⑥ 王肯堂《律例笺释》卷一"在京犯罪军民"言:"所以肃清京师也。然今在京军民犯罪俱不行此律,止照常发落而已。"

⑦ ［明]雷梦麟:《读律琐言》卷一,"在京犯罪军民",第55页。

⑧ 冯孜《大明律集说附例》卷一"在京犯罪军民"言:"以京师容民畜众,愈发则愈空虚,故止依律决罚,其亦重根本意欤?"

利益纷争发生冲突，甚至有犯罪发生，此乃正常现象。若对军民犯罪，杖八十以上处罚者，军发外卫充军，民发别郡为民，从而使京城成为清净之地。此愿望是好的，但未能考虑此律设置的不合理性。

二、 例之具文

明代之例补律文之不足，但自《（弘治）问刑条例》以来，新的条例不断出现，从而使问刑者应顾不暇。在明代私家律著中，除对律进行详细注释外，从成化开始，多数私家律著附例文。不过，除《读律琐言》《律例笺释》外，私家律著对例文很少进行注释。《读律琐言》曾对例文选择性解释，而《律例笺释》则对律文后所附之例文逐条解释，还考证例文的源流、发展及变化。明代私家律著中对例之具文现象甚少记载，仅见"把持行市"一例：

在《读律琐言》卷十"把持行市"附《问刑条例》，记载成化十四年（1478年）边境的开市情况。① 但在嘉靖年间，"开市之法，或启边衅，今已难行矣"②。在嘉靖年间，开市之法难行，则此例亦难行，从而使此例成为具文。

小　结

通过明代私家律学对《大明律》律文的全面疏解，不仅了解到明代律例的发展与变迁，而且明确了律例的适用条件，也知晓律例随社会状

---

① ［明］雷梦麟：《读律琐言》卷十，"把持行市"，第202—203页。
② ［明］雷梦麟：《读律琐言》卷十，"把持行市"，第203页。

况的变化而变通的状况,还注意到私家律著为弥补律例的漏洞所作的努力,亦通过私家律著所阐释的律例具文,探讨相关社会问题。尤其通过明代私家律学著作对明代律例具文的分析,可以看出,明代律例具文的出现有深刻的社会背景。明律中有些律文乃是针对明初特定的社会状况而设立,随着社会环境的改善,这些律文已经没有执行的社会基础。明政府通过"收粮违限"条,设置重法,征收税粮,此乃基于明初征输税粮困难而设立,随着明代的国富民安,此重法已无推行的必要与可能。"在京犯罪军民"条是为了明初"肃京禁而清化源"而设立,随着京城治安的好转,此律文没有实行的必要。"吏卒犯死罪"条乃是基于元末弊政,为了肃清贪腐、清明吏治而设。随着元末旧风的改变,此条律文也就退出了历史舞台。"把持行市"后所附例文,在明代开市之法不能推行的情况下,边境的开市之例也就无法推行了。通过私家律著的反映,明律中有些律文在制定时设计不合理,或者执行确有困难,从而使其成为具文。"在京犯罪军民"条规定,死罪处杖八十以上者,就要流于外地。京城乃辐辏之地,人数众多,常因私利起冲突,甚至犯罪。若对军民犯罪处杖八十以上者,军发外卫充军,民发别郡为民,则"犯罪者众,京卫空虚,势不可行"①。"讲读律令"条是为了宣传法律、普及法律而设,但宣讲监督不到位、宣讲程序繁琐及官员不重视导致此律文不能很好地执行。还有些律文在执行过程中出现弊端,统治者为了克服此状况而废止律文,从而使其成为具文。"犯罪存留养亲"条是为照顾犯人衰老无依亲人而设立,但在实际操作过程中,犯人时常诈冒,统治者采取因噎废食的做法,废止律文。统治者还为了加重惩治罪犯而使原律文备而不用。"起除刺字"条的设立,可在惩恶之余,给犯者改

---

① [明]雷梦麟:《读律琐言》卷一,"在京犯罪军民",第55页。

过自新的机会。明统治者为了更好地惩治盗贼，废止此条律文，却阻断了部分犯人改过自新之路，由此导致"盗之日繁"①，此乃为统治者所未预计到的。

① ［明］冯孜:《大明律集说附例》卷六，"起除刺字"。

第七章　明代私家律学与明代司法

　　明代问刑者为了提高自己的律学素养与审断水平,私家律学著作是重要的参考资料。不过,众问刑者不能将私家律著的观点作为判案的直接依据,故留存于世的明代判例、判牍文献中,很难直接寻觅到私家律著的影子。众司刑者之所以关注私家律著,除了私家注律家对明代律例的精致、简明的注释,还在于明代私家律著中特别重视律例的适用。即:有司法实践经验的私家注律家站在司法立场探究律例的实际运作,阐释抽象的律例条文在司法实践中的应用及效果,从而解释法律规则的实际运用。正如瞿同祖所言:

　　　　研究法律自离不开条文的分析,这是研究的根据。但仅仅研究条文是不够的,我们也应注意法律的实效问题。条文的规定是一回事,法律的实施又是一回事。某一法律不一定能执行,成为具文。社会现实与法律条文之间,往往存在着一定的差距。如果只注重条文,而不注意实施情况,只能说是条文的、形式的、表面的研究,而不是活动的、功能的研究。①

本论著遵从瞿同祖的思路,挖掘、爬梳相关资料,考释明代私家律学与

---

　　①　瞿同祖:《中国法律与中国社会》,"导论",第2页。

明代司法间的互动。本论著拟从司刑者根据社会的变化对律例的变通，及司刑者在司法实践中基于对律例的片面理解或因故意而错误应用情况等方面进行分析。众私家律学著作不同侧面和角度的司法问题分析，反映了明代司法的现状，亦对以后的问刑者提供了现实的借鉴。

明代私家律学著作常关注司法，讨论司法问题，这与私家注律家的身份有关系。明代私家注律家多科举出身，常在地方的府、州、县及布政使司、按察使司和中央三法司任官，还有更多的私家注律家以监察御史的身份巡察地方。他们既精通律例，又常接触司法案件，甚至有些私家注律家还亲自审理案件，他们对《大明律》的实际应用非常了解。私家注律家注律时，为了说明问题，时常以实际案例，或现实中问刑者的实际做法来说明问题，并加以剖析、解释。正是私家注律家的这种做法，为我们提供了其他文献所没有的珍贵司法资料。譬如：明代问刑官基于明代社会的发展、社会风俗的变化，在具体的法律运作过程中对《大明律》在司法应用中进行变通，以便使律例条文更好地规范社会，且这种变通得到了更多问刑官的支持，甚至朝廷还认可此变化。另外，私家律学著作还反映了问刑官在具体的司法实践中，基于对《大明律》的错误理解而错误应用，或者知而故犯，并分析此种错误的形成原因及对司法的影响。在私家律著中，还有一部分属于司法应用派的著作。这部分律学著作在《大明律》的解释上，多袭用前贤的观点，没有太多创见，但此类私家律学著作充斥着法律术语的解释，并重点关注司法审判原则、诉讼程序、犯罪心理、刑罚和法律文书的写作等方面。解释的重点在户婚和刑律的"命盗""断狱"及程序方面。此种解释有强烈的现实倾向，对问刑官有很好的指导作用。在明代众私家律著中，经常论及律例在司法实践中的运用状况，也经常评论司法实践中司法官的惯常做法。

第一节　私家律著记录司法官对明律的变通

随着明代社会的发展和社会环境的变化,《大明律》的某些规定已不合时宜,问刑者在审断案件时对《大明律》作适当变通,从而使律文更合实际而能顺利执行,此做法甚至得到了当权者的认可,虽然从《大明律》的角度看是不合法的。兹举一例说明。

"断罪无正条"律文适用的变通

《大明律》卷一"断罪无正条"规定:"凡律令该载不尽事理,若断罪而无正者,引律比附。应加应减,定拟罪名,转达刑部,议定奏闻。若辄断决,致罪有出入者,以故失论。"①《读律琐言》卷一"断罪无正条"解释:"断罪无正条,而引律比附者,转达刑部,议定奏闻。若辄决断,致罪有出入者,依故失论。盖自笞、杖、徒、流以至绞、斩,莫不皆然。"②《大明律集说附例》"断罪无正条"亦言:"此条言问罪无正条,引律比附者之通例。盖自笞、杖、徒、流、死以至绞、斩,莫不皆然。"根据两文献的记载,对断罪无正条者,自笞、杖、徒、流以至绞、斩,可引律比附,并要转达刑部议定奏闻。但在嘉靖时期,"问刑者于死罪比附类,皆奏闻,流、徒以下比附鲜有奏者"③。《大明律集说附例》"断罪无正条"言论与此相似。那么,出现此种情况,"恐非立法之初意"④。此律不能充分适用,

---

① 怀效锋点校:《大明律》卷一,"断罪无正条",第60页。
② ［明］雷梦麟:《读律琐言》卷一,"断罪无正条",第61页。
③ ［明］雷梦麟:《读律琐言》卷一,"断罪无正条",第61页。
④ ［明］冯孜:《大明律集说附例》卷一,"断罪无正条"。

"安得罪无出入也哉"①。实际上,对于此律的制定,死刑犯的议定奏闻,防止问刑官专断,确有必要,但对于笞、杖、徒、流罪的情况,议定奏闻则不切实际。明代疆域广阔,人口繁盛,社会情况复杂多变,经常出现律例无文、断罪无据的情况。若按照《大明律》"断罪无正条"的规定,自笞、杖、徒、流及绞、斩都议定奏闻,不具有操作性,不可能得到贯彻执行。问刑官在具体的司法实践中变通,对死刑犯按《大明律》的规定,议定奏闻。而对很多轻罪,在律文无据的情况下可以通过比附等办法解决,可不议定奏闻,或可通过"不应为"之规定判决。

第二节 私家律著指陈司法官对律例的错误应用

明代问刑官在审断案件时,对疑难之律例或律例无文的情况,在理解时有时会出现偏差或错误,从而在应用律例时,错讹频现,冤案迭出。针对此情况,私家注律家从问刑官错误做法的表现、原因及解决办法提出见解,从而对学律者、问刑官起到很好的借鉴作用。还有,《大明律》有明确的规定,或《问刑条例》有明确的记载,问刑官在理解时没有多大障碍,但众问刑者却未能按照律例处理。针对这些情况,本论著考述之,并借此考察明代司法应用的状况。

一、 司法官不执行律例的明确规定

在司法实践中,司法官不按照法律的明确规定对相关案件进行裁

---

① [明]雷梦麟:《读律琐言》卷一,"断罪无正条",第61页。

断,从而使冤案迭出。例如《大明律》卷一"常赦所不原"条对赦后的钱粮、婚姻、田土等民事情况的处理未作规定,但根据《大明令》的规定:"凡以赦前事告言人罪者,以其罪罪之。若系干钱粮、婚姻、田土事须追究,虽已经赦,必合改正征收者,不拘此例。"①《读律琐言》卷一"常赦所不原"亦言:"若系干钱粮、婚姻、田土,事须追究,虽已经赦必合改正征收者,亦须首告改正征收。"②对不首告者,"坐以不应杖罪,余勿论"③。不仅私家律著言明,明代官方律学著作《大明律附例》亦有相同的见解。④ 即若系干钱粮、婚姻、田土,事须追究,虽已经赦必合改正征收者,还需征收。若不征收,相关人员还会受到责罚。该规定明确而具体,但在司法实践中"今问刑者不论所犯事情,概以革后不行首正科之,亦过矣"⑤。王肯堂在《律例笺释》中也表达了相似观点。⑥

二、 问刑官对律例的错误理解而导致的错判

问刑官在具体的司法过程中,对疑难之律例,或者律例条文没有明确规定的新问题,根据自己的理解审断案件,但不少问刑官因对律例条文的理解不够透彻,或理解有偏差,甚至理解错误,导致了对律例条文的错误应用。兹举数例说明:

---

① ［明］王肯堂:《律例笺释》卷一,"常赦所不原"条所征引的《大明令》。
② ［明］雷梦麟:《读律琐言》卷一,"常赦所不原",第 27 页。
③ ［明］雷梦麟:《读律琐言》卷一,"常赦所不原",第 27 页。
④ ［明］舒化:《大明律附例》卷一,"常赦所不原"。
⑤ ［明］雷梦麟:《读律琐言》卷一,"常赦所不原",第 27 页。
⑥ ［明］王肯堂:《律例笺释》卷一,"常赦所不原"。

（一）律文的错误行用

例一：强盗得财而不分赃之处罚

《大明律》卷十八"强盗"规定："凡强盗已行，而不得财者，皆杖一百，流三千里。但得财者，不分首从，皆斩。"①明律对强盗的处罚较唐宋加重。强盗已行而不得主家财物，杖一百，流三千里。此处罚无疑问。但对于强盗已行而得财者的理解，在具体的司法实践中，有些问刑官有不同看法。对此律文之理解，首先要明白"已行"与"得财"。对于"已行"之解释，《读律琐言》曾言："强盗已至主家，是谓已行。"②只要强盗已至主家，不论得财与否，都谓之"已行"。即使"为事主所拒，邻保所援，不得主家财物，虽其家之无损"③，也应为"已行"，强盗已行，皆杖一百，流三千里。强盗已行得财后分赃，根据律文规定，处斩刑。但有一种情况，即得财但不分赃的情况如何处罚呢？对于此律文的理解，关键在于对"得财"的理解。所谓"得财"，是指得主家财物，还是强盗之人分得赃物呢？对此理解不同，将导致对此部分人的处罚不同。嘉靖年间，应槚曾言："迩来问刑者率以不分赃为不得财，则误甚矣。"④问刑官对强盗已得主家财物，但对没有分得赃物的人按照强盗不得财处刑，杖一百，流三千里。对于问刑官的判决，应槚持否定态度。"'盗贼窝主'条云：'共谋者，行而不分赃，分赃而不行，皆斩。'虽专为窝主设，而其情亦何所异？岂有以其不分赃为不得财，而止于流三千里哉？"⑤其他律

① 怀效锋点校：《大明律》卷十八，"强盗"，第 140 页。
② ［明］雷梦麟：《读律琐言》卷十八，"强盗"，第 317 页。
③ ［明］雷梦麟：《读律琐言》卷十八，"强盗"，第 317 页。
④ ［明］应槚：《大明律释义》卷十八，"强盗"，载杨一凡编：《中国律学文献》（第二辑第二册），第 158 页。
⑤ ［明］应槚：《大明律释义》卷十八，"强盗"，载杨一凡编：《中国律学文献》（第二辑第二册），第 158 页。

学著作观点大多与应槚一致。《读律琐言》言"虽不分赃,亦坐"①,并给出解释:

> 盖强盗之罪,本以强论,不以赃论,故不问分赃与不分赃也。观下条窝主共谋者,行而不分赃,皆斩,况共事者乎? 况自失者而言,谓之财,自得者而言,谓之赃。律言不得财,与不分赃异矣。②

《律例笺释》卷十八"强盗"言:"但系劫出财物,纵未曾分受,皆为得财,不待其各分入己,而后谓之得财也。"王肯堂还进一步解释:"不观窃盗尚且并赃,则强盗岂止科入己? 律意晓然,人自不察耳。"③通过众私家律学著作的解释,对强盗得财但不分赃,应处斩刑,而非由问刑官按照不得财处流刑。

例二: 家长奸奴及雇工人之妻的处罚

《大明律》卷二十五"奴及雇工人奸家长妻"条规定:

> 凡奴及雇工人奸家长妻、女者,各斩。若奸家长之期亲,若期亲之妻者,绞;妇女减一等。若奸家长之缌麻以上亲及缌麻以上亲之妻者,各杖一百,流二千里;强者,斩。妾,各减一等;强者,亦斩。④

律文未言及家长奸奴及雇工人之妻的处罚。对于明律不对此种情况规

---

① 〔明〕雷梦麟:《读律琐言》卷十八,"强盗",第 317 页。
② 〔明〕雷梦麟:《读律琐言》卷十八,"强盗",第 317 页。
③ 〔明〕王肯堂:《律例笺释》卷十八,"强盗"。
④ 怀效锋点校:《大明律》卷二十五,"奴及雇工人奸家长妻",第 199 页。

定的原因,私家律著曾有说明。《读律琐言》卷二十五"奴及雇工人奸家长妻"曾言:

> 盖家长之于奴及雇工人,本无伦理,徒以良贱尊卑相事,使若家长及家长之期亲以下,奸奴及雇工人之妻者,是尊者降而自卑,良者降而自贱,其辱身已甚矣。在婢又服役家长之人,势有所制,情非得已,故律不著罪。①

冯孜在《大明律集说附例》卷八"奴及雇工人奸家长妻"又进一步解释:

> 此言奴及雇工人奸家长妻,而不及家长奸奴婢及雇工人妻之罪者,何也? 盖家长虽有制驭之权,而殴杀亦人命所系,故著杖徒之罪以防之。若以家长而奸奴婢及雇工人妻,则以尊从卑,以良从贱,不过失身于卑贱之人,而所系匪重,故不定其罪。且奴及雇工人妻出入于家长之家,纵奸其妻,亦难指问。设使重其奸罪,或奴及雇工人有不愿役其家者,即可以乘机诬赖其主,而人不敢用奴及雇工人矣。然则律无家长奸婢及雇工人妻之文者,未必非此意也。②

关于家长奸奴及雇工人之妻,律无文,"今问刑者多比附奸同母异父姊妹,徒罪"③。对于问刑官的比附奸同母异父姊妹,处以徒罪,雷梦麟则持否定态度,雷氏言:"非律意矣。夫同母异父姊妹,皆为良人,与己同

① [明]雷梦麟:《读律琐言》卷二十五,"奴及雇工人奸家长妻",第452页。
② [明]冯孜:《大明律集说附例》卷八,"奴及雇工人奸家长妻"。
③ [明]雷梦麟:《读律琐言》卷二十五,"奴及雇工人奸家长妻",第452页。

辈,婢下贱者,安可比哉? 又律言奸亲属妾者,减妻一等,以其贱,故杀之也,婢尤贱者,不尤当杀乎? 若比徒罪,是与妾无异矣,岂其平哉。"①对此种情况的处罚,雷梦麟认为:"各问不应杖罪为当。"②冯孜认为"设有犯者,《琐言》谓'问不应杖罪',不可比奸同母异父姊妹,似为得之",认可了雷氏所言。③

例三：守掌在官财物

《大明律》卷七"守掌在官财物"条规定:

> 凡官物,当应给付与人,已出仓库而未给付;若私物,当供官用,已送在官而未入仓库,但有人守掌在官,若有侵欺、借贷者,并计赃,以监守自盗论。④

对此律的理解,关键在于"守掌"与"守掌在官"。"守掌",按照《律例笺释》的解释为"暂时之主守也"⑤。"守掌在官"指的是官员已暂时掌管,"若应给付之物已领出外,及当充官用之物犹未送官,即不系守掌在官财物,只依诈欺官私取财坐之,不用此律"⑥。守掌与主守、雇役相对。主守,指的是"常川之守掌也"⑦,比如主守自盗见盗律。雇役,指的是"主守之代替者也"⑧。从此律文看,非守掌之人借者,依私借钱粮条,依常人盗官物论。但在司法实践中,有的问刑官"今则有经收粮里

---

① ［明］雷梦麟:《读律琐言》卷二十五,"奴及雇工人奸家长妻",第 452 页。
② ［明］雷梦麟:《读律琐言》卷二十五,"奴及雇工人奸家长妻",第 452 页。
③ ［明］冯孜:《大明律集说附例》卷八,"奴及雇工人奸家长妻"。
④ 怀效锋点校:《大明律》卷七,"守掌在官财物",第 76 页。
⑤ ［明］王肯堂:《律例笺释》卷七,"守掌在官财物"。
⑥ ［明］王肯堂:《律例笺释》卷七,"守掌在官财物"。
⑦ ［明］王肯堂:《律例笺释》卷七,"守掌在官财物"。
⑧ ［明］王肯堂:《律例笺释》卷七,"守掌在官财物"。

诓自民间亦引前例①治罪"②。按照上述解释,里长在收粮时用欺骗手段,从民间多收粮食,此乃雇役所为,非守掌之官所为,不能按此律问罪。

例四:工乐户及妇人犯罪

《大明律》卷一"工乐户及妇人犯罪"条规定:

> 凡工匠、乐户犯流罪者,三流并决杖一百,留住拘役四年。若钦天监天文生习业已成,能专其事,犯流及徒者,各决杖一百,余罪收赎。其妇人犯罪应决杖者,奸罪去衣受刑,余罪单衣决罚,皆免刺字。若犯徒流者,决杖一百,余罪收赎。③

律文言决杖一百,余罪收赎者,如何执行呢?《读律琐言》曾言:"皆先依本律议其所犯徒流之罪,以诰减之,至发落处,某系天文生,某系妇人,依律决杖一百,余罪收赎。所决之杖,并须一百,庶包五徒之数。"④从《读律琐言》的解释看,律文言决杖一百,余罪收赎者,必先决杖一百后,余罪才收赎。此不同于收赎之律,收赎之律先于诰减,之后才执行。但近来问刑官"今或先引收赎之律,却以诰减杖九十,误矣"⑤。

例五:盐法

《大明律》卷八"盐法"条规定:

---

① 此指的是"守掌在官财物"。
② [明]应槚:《谳狱稿》卷一《明律例以甦民命以隆圣治疏》。
③ 怀效锋点校:《大明律》卷一,"工乐户及妇人犯罪",第 10 页。
④ [明]雷梦麟:《读律琐言》卷一,"工乐户及妇人犯罪",第 30 页。
⑤ [明]雷梦麟:《读律琐言》卷一,"工乐户及妇人犯罪",第 30 页。此观点还与《大明律集说附例》《律例笺释》记载相似。

凡犯私盐者,杖一百,徒三年。若有军器者,加一等;诬指平人者,加三等;拒捕者,斩;盐货、车船、头匹,并入官。……挑担、驮载者,杖八十,徒二年。①

挑担、驮载者,是受贩盐之人雇用,而代其挑担、驮载。其雇用之人,以力而取佣,非以盐而获利,然恶其为从犯,故杖八十,徒二年。对于雇用之人所驮载之车船头匹,若是贩卖私盐者所有,雇用之人只是代为管理车船头匹,而此车船头匹入官应无疑问。但若车船头匹为雇用之人的,则不应没官。应槚对此有所解释:"车船头匹并入官,见于拘捕之下,不见于挑担驮载之后,则挑担驮载之车船头匹不入官也,明矣。"②但在嘉靖时期,江南官员将其没入官。

　　问刑官对疑难之律的理解出现偏差与错误之情况还有不少,限于篇幅,不再赘述。总之,问刑官在具体的司法案件中,因本身的律学素养不高,对律文的理解不透彻,从而出现偏差与错误,由此造成不少冤假错案。私家律著对这些疑难之律进行系统剖解与诠释,解答疑难问题,为习律者及问刑官在以后的仕宦或问刑时提供了借鉴与帮助。

(二) 例文的错误应用

　　私家注律家在注释例文时,对律例适用也多有论述,甚至部分注律家还言及在司法实践中问刑官错误应用例文的情况。明代私家律学著作多采用律例合编的形式,在律后附例文。譬如,《律例笺释》等还对例文进行注解,并言及例文的应用状况。本论著对问刑官错误行用例文举数例探讨之。

---

① 怀效锋点校:《大明律》卷八,"盐法",第77页。
② [明]应槚:《谳狱稿》卷一《明律例以甦民命以隆圣治疏》。

例一：滥设官吏后所附之例文

《律例笺释》卷二"滥设官吏"后附有《万历问刑条例》第五条例文：

> 各处司、府、州、县、卫所等衙门主文、书算、快手、皂隶、总甲、门禁、库子人等，久恋衙门，说事过钱，把持官府，飞诡税粮，起灭词讼，陷害良善及卖放强盗，诬执平民，为从，事发有显迹，情重者，旗军问发边卫，民并军丁发附近，俱充军。情轻者，问罪，枷号一个月。纵容官员，作罢软黜退。失觉察者，照常发落。若各乡里书飞诡税粮二百石以上者，亦问发边卫充军。①

此例文有明确规定，但在司法实践中，

> 今问刑者但系衙门之人索财等项，即概以陷害良善引拟充军，更不论其所犯有例内数事与否。虽惩奸之意殊失例指，又巡司驿递自有包揽之例。此条不及者，亦以其无说事过钱、起灭词讼等事也。今以"等衙门"三字贯之，于抄关点簿之人，亦引主文之例，亦过矣。②

应榰在《谳狱稿》亦言及此例的执行状况：

> 例称府州县卫所主文书等、快手、皂隶、总甲、门禁、库子人等久恋衙门者，亦必有说事过钱、把持飞诡、起灭陷害等事，方发附近充军，然又必待其事发有显迹，情重者，则充军；情轻者，则枷号。

---

① ［明］王肯堂：《律例笺释》卷二，"滥设官吏"。
② ［明］王肯堂：《律例笺释》卷二，"滥设官吏"条后所附例文之解释。

未尝泛以加诸人,立例之意甚厚也。今则止摘"久恋衙门"四字,或泛加害民二字,而遂问以充军者。①

例二：越境兴贩私盐所附例文

《大明律》卷八"盐法"规定："凡将有引官盐,不于拘该行盐地面发卖,转于别境犯界货卖者,杖一百。知而买食者,杖六十;不知者,不坐。其盐入官。"②越境贩卖有引官盐的情况,律文没有规定,而在《(弘治)问刑条例》中有所规定："越境兴贩官私引盐至二千斤以上者,问发附近卫所充军。原系腹里卫所者,发边卫充军。"③越境兴贩官私盐引致二千斤以上者,越境与兴贩,两者兼而有之。若只是兴贩官私盐引致二千斤以上者,则只能按律处罚,杖一百。在例文出台后,越境兴贩官私盐引致二千斤以上者,才按例文处理。必须越境和兴贩官私盐引两者同时具备,才按例处理。但在司法实践中,问刑官则将两者割裂开来。《谳狱稿》载：

> 初者,越境兴贩私盐二千斤以上,发附近或边卫充军,恶其越境也。今则有摘去"越境"二字,但至二千斤遂至充军,不知其几者,凡此数者,皆民所易犯。法家所常用之文,而谬戾舛错如此,其它又岂臣等所能尽述哉!④

---

①　[明]应槚:《谳狱稿》卷一《明律例以甦民命以隆圣治疏》。

②　怀效锋点校:《大明律》卷八,"盐法",第79页。

③　此例乃成化三年奏准实行的。"(成化)三年奏准:'凡越境夹带兴贩官私盐至二千斤以上者,不拘军民,舍余俱充军;舍余系腹里者,发边卫;系边卫者,发铁岭卫。其经过官司及四邻里老俱照例问罪。"[明]申时行修,[明]赵用贤纂:《大明会典》卷三十四《户部二十一》。后被收入弘治十三年《问刑条例》,并有所改正。

④　[明]应槚:《谳狱稿》卷一《明律例以甦民命以隆圣治疏》。

问刑官的错误,乃是应用此例文之误。

例三:"劫囚"所附例文

《大明律》卷十八"劫囚"所附例文中对"若官司①差人……捕获罪人,聚众中途打夺者"②按照主从、人数、是否伤人及身份不同进行处罚,此为《大明律》明确规定。在弘治年间,用例进一步规范:"凡官司差人追征钱粮,勾摄公事,并捕获罪人,但聚众至十人以上,中途打夺,为从者如系亲属,并同居家人,照常发落。若系异姓,同恶相济,及槌师打手,俱发边卫充军。"③但在嘉靖年间,江南地区"则有中途打夺徒犯而拟以劫囚皆斩者"④的处罚,与律、例皆相背。

明代私家律学著作反映的问刑官对例文的错误应用,有些是基于问刑官的错误理解,但更多的是因为问刑官割裂例文而故意错断。譬如:越境兴贩私盐所附例文规定越境与兴贩,两者同时具备才用例文处罚,但在司法实践中,摘去越境之文,对非越境兴贩私盐者用此例文处理,加重了对非越境兴贩私盐者的处罚。

三、 问刑官基于陋习的错判

问刑官所面对的部分案例,在《大明律》《大明令》及《问刑条例》等中都有明确的规定,依此断案应无多大困难,但众问刑官在具体的司法实践中由于陈规陋习,或不愿承担更大责任,或为了更好地获得好处而

---

① 在此律文中还有疑问,官司差人,所差为皂、快,当合此律。但此律文在明初还指老人、里长,王肯堂《律例笺释》卷十八"劫囚"条认为,此乃明初国情所致,不能不顾及其时代性,不能只指官府所差皂、快。

② 怀效锋点校:《大明律》卷十八,"劫囚",第140页。

③ 《(弘治)问刑条例》,载杨一凡、曲英杰主编:《中国珍稀法律典籍集成》乙编第二册《明代条例》,第252页。

④ [明]应槚:《谳狱稿》卷一《明律例以甦民命以隆圣治疏》。

故意错判。此种情况在私家律著中有所反映。兹举数例说明。

例一："罪人拘捕"之奉提不到的处罚

《大明律》卷二十七"罪人拘捕"条规定：

> 凡犯罪逃走拒捕者，各于本罪上加二等。罪止杖一百，流三千里。殴人至折伤以上者，绞；杀人者，斩。为从者，各减一等。若罪人持仗拒捕，其捕者格杀之，及囚逃走，捕者逐而杀之，若囚窘迫而自杀者，皆勿论。若已就拘执及不拒捕而杀，或折伤者，各以斗杀论。罪人本犯应死，而擅杀者，杖一百。①

对于囚犯"因走须事发应该问罪，而逃者方坐"②，但"今一奉提不到，即招逃走，不论本罪之有无，获日，一概加二等，非律意矣"③。官府对待小民，不是本着为民谋利的目的，而是为了更快处理案件而草率判决；也为了牵涉更多的人，从而更多地榨取小民的财产。

例二："官员赴任过限"的处罚

《大明律》卷二"官员赴任过限"条规定："凡已除官员，在京者，以除授日为始，在外者以领照会日为始。"④根据《大明律》的规定，凡已经除授的官员，如果是京官，以除授日为始，在外衙门官，则自领照会日算起，各以吏部规定的程限赴任。没有疾病等特殊原因而违限不到者才受处罚。此律文规定明确，但"近来多出给照会之日算起，辄问违限，遂有照会未领而限期已过者，殊失律意，且非人情"⑤。对此种情况，

---

① 怀效锋点校：《大明律》卷二十七，"罪人拘捕"，第 207 页。
② ［明］高举发刻：《明律集解附例》卷二十七，"罪人拘捕"。
③ ［明］高举发刻：《明律集解附例》卷二十七，"罪人拘捕"。
④ 怀效锋点校：《大明律》卷二，"官员赴任过限"，第 32 页。
⑤ ［明］雷梦麟：《读律琐言》卷二，"官员赴任过限"，第 84 页。

《律例笺释》亦有相似的记载。①

例三：多收税粮斛面的执行

依据《大明律》《问刑条例》，官员在收税粮时，可以折除损耗，这在《大明令》中也有规定。嘉靖时期，查盘时很少有折除损耗的。《读律琐言》言："今查盘鲜有照例开耗者，夫米粮积久，安得无耗折也？甚有因其折耗而坐以侵盗，辄拟永远充军。例以其耗而开之，今以其耗而罪之，民安得以无冤也哉。"②在嘉靖时期，官员盘查税粮时，未照例开耗，但粮食不可能无折耗，官员只能通过多收税粮来补足亏空，从而加重了百姓负担。

例四：制书有违的处罚

《大明律》卷三"制书有违"条对制书有违有明确的界定，必须是制命之辞出自宸衷者才根据此律执行。

> 若出自臣下，裁定奏准通行者，不得谓之制书，观弃毁制书条可见。今问刑者于违例之人，皆问违制，误矣。若以违条例为违制，则所谓稽缓制书者为稽缓条例，说不通矣。③

违制、违例本有明确的区分，但问刑官在具体的司法实践中，加重对违例者的处罚，将其等同于违制。

例五：盐法

《大明律》卷八"盐法"条规定："若事发，止理现获人盐。"④在小注

---

① ［明］王肯堂：《律例笺释》卷二，"官员赴任过限"。
② ［明］雷梦麟：《读律琐言》卷七，"多收税粮斛面"，第165页。
③ ［明］雷梦麟：《读律琐言》卷三，"制书有违"，第96页。
④ 怀效锋点校：《大明律》卷八，"盐法"，第77页。

中还说明："人盐同获,止理见发。有确货,无犯人者,其盐没官,不须追究。"①从注文看,人盐同获,才为"见发",获人不获盐,获盐不获人不问。目的是"不许听其展转攀指,滥及无辜"②。官员若违反,"官吏以故入人罪论"③。但问刑官在执行过程中没能很好地执行之。在嘉靖年间,"今则有论于二三年之后,而监追其余利于三四年者"④。在万历年间,"今勘问盐犯,常于招后照捕,殊非律意"⑤。

在《大明律》中有明确的规定,但在司法实践中,问刑官错断者还有很多。比如应槚在《谳狱稿》中载:

> 律凡准窃盗贼,止并论一主之重,余弗记也。今则有通计其各主之数而并论之,出杖入徒而追赃三四年者。枉法不枉法赃止计入己之数,不入己者,弗论也。今则有通计其不入己之赃而并论之,由笞入徒而追赎于一二年者。准枉法、不枉法赃罪止杖一百,流三千里而已。今则有加至绞,准徒五年者。受财枉法,谓受有事人之财,而曲法以断其事。盖法枉于受财之后,非枉于受财之前也。今则有以不当受而受,遂谓之枉,而辄加以徒五年者。⑥

《明史》亦言:

> 仁宗立,以刑部尚书金纯及虞谦荐,改大理寺正。断狱者多以

---

①　怀效锋点校:《大明律》卷八,"盐法",第77页。
②　[明]王肯堂:《律例笺释》卷八,"盐法"。
③　[明]王肯堂:《律例笺释》卷八,"盐法"。
④　[明]应槚:《谳狱稿》卷一《明律例以甦民命以隆圣治疏》。
⑤　[明]王肯堂:《律例笺释》卷八,"盐法"。
⑥　[明]应槚:《谳狱稿》卷一《明律例以甦民命以隆圣治疏》。

"知情故纵"及"大不敬"论罪。本争之日:"律自叛逆数条外,无'故纵'之文。即'不敬',情有重轻,岂可概入重比。"谦题之,悉为驳正。①

根据《明史》的记载,在仁宗时期,问刑官将"知情故纵"和"大不敬"扩大化,将非属此两种情况的按此处理,问刑官并非理解律文有误,而是有重刑主义的倾向,将本不属于该情况的按此处理。

以上所列的情形,在《大明律》中有明确的规定,但在司法实践中,问刑官却基于私利的考虑,或基于陋习的判断,往往曲法裁断,造成大量冤假错案,此比因对律文理解错误而审断有误危害尤大。私家律著对此情形的讨论,对问刑官起到一定的警示作用。

小　结

明代私家注律家对《大明律》的解释,虽无法律效力,但在司法实践中,得到了司刑者的认可与青睐。众司刑者在审断案件时受到私家律著的影响,但留存下来的大量明代案例中未能觅见私家律著的影子,这为我们研究明代私家律学与明代司法带来极大困难。我们只能通过私家律著所反映的司法问题入手考察明代司法。私家律学著作所反映的明代律例条文,有些是针对明初特定的社会状况而设立,随着社会环境的改善,这些律例已经没有执行的社会基础。有些律例在制定时设计不合理,或者执行确有难度,从而在司法实践中运行困难。还有些律文在执行过程中出现弊端,统治者因之废止了律文。明代私家律著对

---

① ［明］张廷玉等:《明史》卷一百五十《严本传》,第 4169—4170 页。

明代律例适用的分析,反映了当时的法律执行状况及社会问题。私家律著所反映的问刑官基于理解的错误而审断案件有误,体现了明代问刑者的法律素养。私家律著中还多次提及那些律例条文有明确规定,理解难度也不大,但问刑官基于陈规陋习,或不愿承担责任,或为了获得好处而故意错判的情形,这反映了明代司法的黑暗一面。总之,通过明代私家律著所反映的司法问题,我们能更加深入了解明代司法状况。

第八章　清律对明代私家律学著作的吸纳①

清律近承明律,远绍唐律,博采厚积,体精用宏,集古代律典之大成。清代律例的渊源主要是唐宋律、明代律例、明清律学著作等。学界对清律渊源的探讨,主要关注唐律与明律等律典的影响。清代著名律学家薛允升在《唐明律合编》中将唐律与明律进行细致的比较分析,而《大清律例通考》《大清律例按语》《大清律例根原》《读例存疑》等律学名著全面考证了清代律例的渊源。当代学界对该主题也多有研究,取得丰硕成果。较有代表性的有:郑秦在《清代法律制度研究》中的《顺治三年律考》《康熙现行则例考》《雍正三年律考》及《乾隆五年律考》有所涉猎②,苏亦工在《明清律典与条例》中的《顺治律的颁布与实施》也有所介绍③,日本学者泷川正次郎、滋贺秀三及岛田正郎等亦有所阐释。④

律学对清代律例编纂的影响,学界关注甚微。主要表现在清代律学对清代律例的影响。何敏在《从清代私家注律看传统注释律学的实

---

① 该章部分内容采于李守良的《律典之失与律学吸纳:明清私家律学与清代的法典编纂》(《江汉论坛》2018 年第 5 期)。

② 郑秦:《清代法律制度研究》,中国政法大学出版社 2000 年版。

③ 苏亦工:《明清律典与条例》,中国政法大学出版社 2000 年版。

④ 〔日〕泷川正次郎:《清律之成立》,《法曹杂志》第六卷第四号,1939 年,后载《支那法史研究》,有斐阁 1940 年版,1979 年严南堂再版;〔日〕滋贺秀三:《清代之法制》,载〔日〕坂野正高等编:《近代中国研究入门》,1974 年东京大学出版会刊;〔日〕岛田正郎:《清律之成立》,载刘俊文主编:《日本学者研究中国史论著选译》第八卷《法律制度》。

用价值》一文中认为清代注律成果对清代立法影响的形式表现在将私注释文纂为法条和将私注释文纂为律注两方面。① 受何敏的影响，闵冬芳在《〈大清律辑注〉研究》中对雍正三年(1725 年)《大清律集解》和乾隆五年(1740 年)《大清律例》的律例及注文采自《大清律辑注》的情况进行了形式方面的专题研究。② 但学界甚少关注明代私家律学著作对清代律例的影响。

　　明代私家律学著作对清代法典编纂的影响未引起学界的重视。瞿同祖的《清律的继承和变化》③和郑定、闵冬芳的《论清代对明代条例的继承与发展》④在论述清代律例渊源时没有考虑到明清私家律学的影响，杨昂的《略论清例对明例之继受》⑤和高学强的《论清律对明律的继承和发展》⑥简要说明了《律例笺释》等明代私家律学著作是清代律例的渊源之一。李守良在《律典之失与律学吸纳：明清私家律学与清代的法典编纂》一文中对清代律例编纂过程中吸纳明清私家律学的不当之处进行了总结。其认为：明清私家律学著作是清代不同时期法典编纂时的重要参考，其对疏解律义，补律所不及，起到了积极作用。但众修律人因律学素养不足、思虑不周、理解有误及律学著作本身的缺陷等原因，在吸纳私家律著编纂法典时往往"止悉其文，不求其义"，更缺少融会贯通，从而导致法典有拖沓冗长、律意不明之失，也有律例失调、畸

　　① 何敏：《从清代私家注律看传统注释律学的实用价值》，《法学》1997 年第 5 期。

　　② 闵冬芳：《〈大清律辑注〉研究》，社会科学文献出版社 2013 年版。

　　③ 瞿同祖：《清律的继承和变化》，《历史研究》1980 年第 4 期。

　　④ 郑定、闵冬芳：《论清代对明代条例的继承与发展》，《法学家》2000 年第 6 期。

　　⑤ 杨昂：《略论清例对明例之继受》，《华南理工大学学报（社会科学版）》2004 年第 3 期。

　　⑥ 高学强：《论清律对明律的继承和发展》，《长安大学学报（社会科学版）》2006 年第 2 期。

轻畸重之弊,更有错误吸纳等问题。①

前贤多采用列举的方法从清代律学对清代立法影响的形式方面进行研究,但对于明代私家律学对清代法典编纂的影响缺乏系统的梳理与分析,从而使明代私家律学著作对清代立法的影响未能得到充分揭示与彰显。基于此,本论著在明清律学发展的视域内,在清代社会发展中,通过律学文本与清代不同时期法典的比较研究,全面了解清政府在立法中采辑明代私家律学的情况,分析其因时制宜的取舍标准,总结其作用与规律,探析其经验与教训,从而达致明代私家律学对清代立法影响的更深入理解与认识。

第一节　清代吸纳明代私家律学著作编纂法典的概况

明清两代,官方律学式微,唯有私家律学独盛于世。明清律学借助私家律学改变了宋元律学衰微的状况,走向中兴与繁荣。明清私家律学对清代不同时期的立法都有重要影响。为了维护法律的稳定性和增强适用性,清政府特别注重法典的注释,而明代众多私家律学著作是其重要的参考。

一、《大清律集解附例》对明代私家律学著作的采辑

顺治初,清政府在"详译明律,参以国制"②指导方针下由刑部尚书

---

① 李守良:《律典之失与律学吸纳:明清私家律学与清代的法典编纂》,《江汉论坛》2018年第5期。

② 《世宗章皇帝御制大清律原序(顺治三年)》,载郑秦、田涛点校:《大清律例》,第1页。

吴达海遵旨纂修《大清律集解附例》。该律典由刑部左侍郎党崇雅与吏部主事欧阳蒸、户部员外郎李果珍、礼部主事朱鼎延、兵部主事刘世杰、工部郎中朱国寿各自分工负责不同篇章，共同纂成。这种修纂形式得到了沈家本的赞赏。①

　　《大清律集解附例》基本沿袭明律，正如谈迁所言："大清律即大明律改名也。"②瞿同祖也言："律文除涉及官制职称、货币单位和徒罪科刑不同明制，以及少数律文有所修改增删外，基本上沿用明律。"③该律律文大多沿袭明律，例文也多采自明代的《问刑条例》，但注文多有发展，几乎无条不注，无句不注。明代私家律学著作对该律律文编纂的影响较小，但对律注影响巨大。就注文内容而言，明代官方律学著作主要有万历年间舒化领衔纂辑的《大明律附例》，其"集解"部分多是对律文结构的分析和对内容的简要说明，在注文方面同《大明律》的注文，没有多大发展。《大清律集解附例》纂修时没有过多关注《大明律附例》，而将注意力转向了明代私家律学著作。④根据《读例存疑》《大清律例通考》及《大清律例根原》等的考证，该律所参考的私家律学著作主要包括王肯堂的《律例笺释》、姚思仁的《大明律附例注解》、雷梦麟的《读律琐言》、陆束的《读律管见》等。就该律的小注形式而言，则大多借鉴了姚思仁的《大明律附例注解》。姚范曾言：姚思仁，"万历癸未进士，仕至工部尚书。尝以律文简而意晦，乃用小字释其下。国朝顺治初，颁行《大清律》，依其注本云"⑤。姚著借鉴经学的解释，采取双行夹注的形式注释律文，不仅疏解了律意，而且连属上下文句，成为律文不可分割的一部分。这种注释形式被《大清律集解附例》所继承。郑秦认为顺治律小注是一大创造①,此评价体现了姚著的贡献。《大清律集解附例》不仅在注释形式上承继于姚著,在注释内容上也大多采自姚著。本论著对《名例律》的48条注文进行了比对,发现五刑在明代有规定纳赎的数额,清代没有相关的规定而有所不同。十恶、八议、犯罪时未老疾、加减罪例直接采自明律的注文。吏卒犯死罪、断罪依新颁律、徒流迁徙远方在清律无注文。犯罪得累减、共犯罪分首从、亲属相为容隐、本条别有罪名、断罪无正条、以理去官注文大部分来源于姚著。其他34条注文与姚著完全相同。《大清律集解附例》是分工合作的产物,吏、户、礼、兵、刑、工六篇章分别由不同人员修纂,最后由刑部统筹编辑。各部分也大量采辑姚著,但在诸如《刑律》中,除受赃、犯奸等篇,与姚著多有不同,说明修律时此部分没有参考姚著。不同篇章对姚著的吸收有极大不同,有些全篇抄录,有些相似度较低,这可能是修律之人在其分工负责的部分抄录了不同律学文献所致。姚著是《大清律集解附例》律注的底本,清政府针对当时社会状况的发展变化,在参考《律例笺释》《读律琐言》等明代私家律学著作的基础上对姚著中不合理、思虑不周的注文进行修改,对姚著中没有言及的注文进行补充。清代诸如薛允升、吴坛、吴坤修等律学家在追溯《大清律集解附例》注文的根源时更关注《律例笺释》而非《大明律附例注解》。至于其中的缘由,可能与这些律学家不愿言及《大清律集解附例》注文大规模抄袭姚著的状况有关,也与姚著注文多采自《律例笺释》等明代私家律著,其注文非原创有关,还与这些律学家在追溯注文渊源时,在认可姚著的基础上重点关注《律例笺释》等明清律学著作对《大清律集解附例》的修

① 郑秦:《清代法律制度研究》,第10页。

订有关。

二、 康熙时期修律时采辑明代私家律著的状况

在康熙九年(1670年),刑部尚书对哈纳会同都察院、大理寺将《大清律集解附例》的满、汉文义加以矫正,并另修定《现行则例》,别自成书。根据成书于康熙五十四年(1715年)的《大清律辑注》的记载,其所注之律是康熙九年重新校订顺治时期的《大清律集解附例》。到康熙二十八年(1689年),康熙皇帝特谕刑部将《刑部现行则例》所收的条例附入本律当中。该工作在康熙三十四年(1695年)大体完成,同时张玉书在该年建议:"至于律文仿自唐律,辞简义赅,诚恐讲晰未明,易致讹舛,(臣)等汇集众说,于每篇正文后增用总注,疏解律义,期于明白晓畅,使人易知也。"①刑部先对《名例律》46条加总注,录为六本,呈览皇帝,但皇帝反应冷淡。但刑部一直坚持纂修,在康熙四十六年(1707年),用了18年时间终于对全部律文加了总注,录成42本,呈览皇帝,未蒙颁发。② 在《大清律集解附例》的基础上,众修律人员参考明清私家律学著作等文献汇集众说,终于纂修完毕,但终康熙之世,该律没有颁行。康熙朝所修之律,律文与注文仍沿袭《大清律集解附例》,并根据明代私家律学著作对其中的模糊及不周延之处进行修改。在清初,清代律学著作很少,主要有成书于康熙十三年(1674年)的《读律佩觽》,但该书是专题类律学著作,在修纂律例时不易大规模参考,而明代著名私家律著《律例笺释》在康熙三十年(1691年)由顾鼎重编后成

---

① 《张玉书等呈览名例律疏(康熙三十四年)》,载田涛、郑秦点校:《大清律例》,第10—11页。

② [清]朱轼、常鼎等纂修:《大清律集解附例》,清雍正三年内府刻本,载《四库未收书辑刊》第一辑第26册,北京出版社2000年版,第12页。

为修纂律例的重要参考。康熙朝所修之律,参考明代私家律学著作修订了《大清律集解附例》的讹舛之处,虽未颁行,但此是雍正时期修律的重要参考。

三、 雍正时期《大清律集解》对明代私家律学著作的吸纳

雍正即位伊始就更新律例馆人事,命大学士朱轼等为总裁官继续修律。"雍正元年八月乃命诸臣,将律例馆旧所纂修未毕者,遴简西曹,殚心搜辑,稿本进呈。"①在雍正三年(1725年)八月终于纂成《大清律集解》②,其是众修律人"逐条考正,重加编辑。其律后总注,会萃旧文,刊订讹误"的结果,达到了"简切著明"③的目标。《大清律集解》例文主要采自明代旧例与清代所颁条例,除了吸收私家律著中对例的释注,甚少根据私家律著创造新例。注文有律内小注与律后总注。律小注简要、精当,是众修律人集体努力的结果。正如《大清律例》的"凡例"所言,《大清律集解》"律内小字注释难明之义,解达未足之语气,句斟字酌,实足补律所未备"④。《大清律集解》的小注部分主要采自顺治时期的《大清律集解附例》。律小注在《大清律集解附例》中已基本定型,《大清律集解》沿袭之,只是对某些与律意不合、不协调甚至错误之处进行修订。小注的修改是在参考众明清私家律著的基础上完成的。律总注是在吸收康熙年间刑部所纂辑的律总注基础上修纂的。总注是

① 《世宗宪皇帝御制大清律集解序(雍正三年)》,载[清]朱轼、常鼎等纂修:《大清律集解附例》,载《四库未收书辑刊》第一辑第26册,第3页。
② 雍正时期的律典仍称为《大清律集解附例》,为了与顺治时期的《大清律集解附例》相区别,按照学界的一般做法,下文提及时统称为《大清律集解》。
③ [清]朱轼、常鼎等纂修:《大清律集解附例》,载《四库未收书辑刊》第一辑第26册,第6页。
④ 田涛、郑秦点校:《大清律例》,"凡例",第27页。

正式立法的一部分,不像私家律著,仅关注律文、律注的渊源和对律文、律注加以评说。总注注重律文的结构分析法,解释律意与律文间的关系,对律意进行概括并对律文所不及之处加以说明。如《大清律集解》"无官犯罪"条律总注言:"至无官犯罪,有官事发,照有官参提,仍以无禄人论赃;有官时犯罪,黜革后事发,不必参提,以有禄人论赃。"①《大清律例通考》考证:"此条例文本明律《琐言》,雍正三年馆修,纂入总注。"②总注吸收私家律著的解释,补律文所未备,使律文明晰而具体,有助于司法适用。至于律总注,主要依据《律例笺释》和《大清律辑注》③,而根据本论著的统计和比对,《琐言》与《管见》等明代私家律著也是重要的参考。

四、《大清律例》对明代私家律学著作的吸收

乾隆即位后也积极修律。在修律时,"律文、律注仍旧"④,"间有增损,务在理明辞顺,无取更张"⑤。清政府采纳明清私家律学著作对《大清律例》的律文与律小注进行增损。闵冬芳专文研究《大清律例》小注采自《大清律辑注》的情况,通过仔细地比对、爬梳,找到15例。⑥ 根据本论著的研究和统计,《大清律例》主要采纳《律例笺释》等作为修订律文与注文的参考。至于《大清律集解》的总注"意在敷宣,易生支蔓,又

① 　[清]朱轼、常鼎等纂修:《大清律集解附例》卷一,"无官犯罪",载《四库未收书辑刊》第一辑第26册,第55页。
② 　马建石、杨育棠主编:《大清律例通考校注》卷四,"无官犯罪",中国政法大学出版社1992年版,第226页。
③ 　田涛、郑秦点校:《大清律例》,"凡例",第27页。
④ 　《傅鼎奏请修定律例疏(乾隆元年)》,载田涛、郑秦点校:《大清律例》,第14页。
⑤ 　田涛、郑秦点校:《大清律例》,"凡例",第27页。
⑥ 　闵冬芳:《〈大清律辑注〉研究》,第119—136页。

或义本明显,无事笺疏,今皆不载"①。总注本意在于"疏解律意,期于明白晓畅,使人易知"②,但有些画蛇添足,枝蔓横生,造成歧义。比如《大清律集解》"家人求索"条规定:

> 凡监临官吏家人,于所部内取受求索、借贷财物(依不枉法。)及役使部民,若买卖多取价利之类,各减本官(吏)罪二等;(分有禄、无禄。)若本官(吏)知情,与同罪,不知者,不坐。③

律文"取受求索、借贷",原指取受所求索借贷财务而言,但总注误将其分为取受、求索、借贷三项④,所以在乾隆五年(1740年)馆修时,通过部议指明错误,因而在"部内取受"后加了"所"字。⑤ 正是基于防止歧义的目的,乾隆朝修律才删除了总注。

《大清律例》所删除的《大清律集解》的总注,"其中有于律义有所发明,实可补律之所不逮,则竟别立一条,著为成例,以便引用"⑥。乾隆朝修律,删除了总注,但对于总注中有些补律所未备的内容另纂为例。乾隆朝在"律为一定不易之成法,例为因时制宜之良规"的思想指导下,重点修例。例文主要采辑前朝与本朝之例,也有一些例采自私家律著。在采辑过程中,例文一般不会直接录自私家律著,大多采辑于

---

① 田涛、郑秦点校:《大清律例》,"凡例",第27页。
② 《张玉书等呈览名例律疏(康熙三十四年)》,载田涛、郑秦点校:《大清律例》,第11页。
③ [清]朱轼、常鼎等纂修:《大清律集解附例》卷二十三,"家人求索",载《四库未收书辑刊》第一辑第26册,第390页。
④ [清]朱轼、常鼎等纂修:《大清律集解附例》卷二十三,"家人求索",载《四库未收书辑刊》第一辑第26册,第390页。
⑤ 马建石、杨育堂主编:《大清律例通考校注》卷三十一,"家人求索",第921页。
⑥ 田涛、郑秦点校:《大清律例》,"凡例",第27页。

《大清律集解附例》与《大清律集解》小注及《大清律集解》总注,后转化为《大清律例》的例文。比如《大清律集解》卷一"无官犯罪"条律总注:"至无官犯罪,有官事发,照有官参提,仍以无禄人论赃;有官时犯罪,黜革后事发,不必参提,以有禄人论赃。"①该律总注内容录自《读律琐言》,乾隆五年(1740年)馆修时因其补律所不及而奏准纂为例。②　又譬如,在《大清律集解》卷十九"夫殴死有罪妻妾"条曾规定殴伤有罪妻妾,致令自尽而勿论的情况,但律文没有言明殴伤无罪妻妾,尤其是致折伤以上的状况如何科罪。总注中补充了律文规定的不足:"至妻妾无罪而殴至折伤以上者,虽有自尽实迹,仍依夫殴妻妾致折伤本律科断。"③根据薛允升的考证,此总注来自《律例笺释》,到了乾隆五年编纂《大清律例》时另纂为例。④

　　乾隆朝修律所删除的《大清律集解》总注,一些纂成例文,还有一部分因其补充作用而成为《大清律例》的注文,但这并没有引起学界的注意。比如"老小废疾收赎"条规定:"八十以上、十岁以下,及笃疾,(瞎两目、折两肢之类。)犯杀人应死者,议拟奏闻,取自上裁。"⑤此律文袭自《大清律集解附例》。关于总注中"杀人谓谋、故及斗殴杀人应抵偿之罪。应死谓一切应斩、应绞之死罪"⑥的规定,遍检明清私家律学,只有《律例笺释》和《大明律附例注解》与之解释相似。《大明律附例注

　　①　[清]朱轼、常鼎等纂修:《大清律集解附例》卷一,"无官犯罪",载《四库未收书辑刊》第一辑第26册,第55页。
　　②　马建石、杨育堂主编:《大清律例通考校注》卷四,"无官犯罪",第226页。
　　③　[清]朱轼、常鼎等纂修:《大清律集解附例》卷十九,"夫殴死有罪妻妾",载《四库未收书辑刊》第一辑第26册,第328页。
　　④　胡星桥、邓又天主编:《读例存疑点注》卷三十四,"夫殴死有罪妻妾",中国人民公安大学出版社1994年版,第602页。
　　⑤　[清]朱轼、常鼎等纂修:《大清律集解附例》卷一,"老小废疾收赎",载《四库未收书辑刊》第一辑第26册,第64页。
　　⑥　[清]朱轼、常鼎等纂修:《大清律集解附例》卷一,"老小废疾收赎",载《四库未收书辑刊》第一辑第26册,第64页。

解》在律上注解释杀人时没有言及斗殴①,而《律例笺释》与总注的解释同②。总注吸收《律例笺释》的解释,补律文所未备,使律文明晰而具体,有助于司法适用。正是总注的精当解释,在乾隆五年(1740 年)纂修《大清律例》时被吸收到律注中。③

又如,《大清律例》"直行御道"条规定:

> 凡午门外御道至御桥,除侍卫官军导从车驾出入,许于东西两旁行走外,其余文武百官军民人等,(非侍卫导从。)无故于上直行,及辄度御桥者,杖八十。若于宫殿中直行御道者,杖一百。守卫官故纵者,各与犯人同罪。失觉察者,减三等。若于御道上横过,系一时经行者,不在禁限。(在外衙门龙亭仪仗已设而直行者,亦准此律科断。)④

"其条末小注,系乾隆五年馆修,以总注内曾采《笺释》语:'在外衙门,龙亭仪仗已设而直行者,亦准此条科断'等语,足补律所未备,因增辑入注,以便引用。"⑤

综上所述,清代立法过程中律文主要采辑于明律与唐律,注文主要采自明代私家律学著作。《大清律集解附例》认可了姚思仁的《大明律附例注解》双行夹注的形式,小注大多采自姚著,《大清律集解》与《大清律例》小注的底本即本于此,只是针对注文不合理和未及之处借鉴

---

① [明]姚思仁:《大明律附例注解》卷一,"老小废疾收赎",载宋祥瑞主编:《北京大学图书馆藏善本丛书》之《明清史料丛编》,第 190 页。

② [明]王肯堂:《律例笺释》卷一,"老小废疾收赎"。

③ 田涛、郑秦点校:《大清律例》卷五,"老小废疾收赎",第 106 页。

④ 田涛、郑秦点校:《大清律例》卷十八,"直行御道",第 300 页。

⑤ 马建石、杨育堂主编:《大清律例通考校注》卷十八,"直行御道",第 574 页。

其他私家律著进行修改。私家律著也是《大清律集解》总注与《大清律例》例文等的重要来源。因清初私家律学文本较少,律学的内容也基本袭自明代私家律学,故在《大清律集解附例》纂修时所参考的是明代私家律学。在康熙五十四年(1715 年)随着《大清律辑注》的问世,此也成了清代律例修订的重要参考,但小注在顺治年间已基本定型,所以,清代私家律著对清代立法,尤其是注文纂修的影响远没有明代私家律学大。清代诸如《大清律辑注》等私家律学与明代私家律学精品《律例笺释》《读律琐言》《读律管见》等一道,为修订律例作出了贡献。清代立法中对明清私家律学著作的吸纳,有些是基于原注文的本身问题所在,有些是律学本身发展与认识的提高所致,也与当时随着社会的发展所出现的新情况、新问题有关。明清私家律学在社会发展中针对律例进行了适应社会的解释,并且改正了律文与注文的错误之处,疏解了律意,补律所未备,对清代立法产生了重要影响。

第二节　清代编纂法典时吸纳明代
私家律学著作的形式

　　明清私家律学对清代法典编纂的影响形式多样,前贤对此有所研究与总结。何敏在《清代注释律学研究》①《从清代私家注律看传统注释律学的实用价值》②中认为清代律学对清代立法的影响表现在纂为法条和律注两方面。闵冬芳在《〈大清律辑注〉研究》中对《大清律集

---

① 何敏:《清代注释律学研究》,中国政法大学法学院博士学位论文,1994 年。
② 何敏:《从清代私家注律看传统注释律学的实用价值》,《法学》1997 年第 5 期。

解》和《大清律例》采自《大清律辑注》的情况进行了形式等方面的研
究。① 前贤多采用列举的方法从明清私家律学对清代立法影响的形式
方面进行研究，缺少全面的梳理。基于此，本论著在全面整理文献的基
础上，在清代不同时期对明清律学文献吸收的基础上，在社会发展的进
程中系统梳理，细致分析吸纳的成就与失误，总结明清私家律学对清代
立法影响的特点和规律，探究经验与教训。

　　明代私家律著对清律的律注及例文、例注都有重要影响，但对律文
影响甚微。《大清律集解附例》在修纂时，近沿明律，远绍唐律。顺治
朝的《大清律集解附例》吸收唐、明律文，还大量吸收明代私家律学著
作纂为律注。在雍正朝与乾隆朝修律时主要针对注文模糊、不周严之
处进行修改。雍正朝的《大清律集解》将大量的明清私家律著纂为总
注。私家律著纂为例文与例注的状况也经常出现。对于例文，有些直
接由明代私家律著转化而来，也有些是在《大清律集解附例》中先变为
注文，后变为《大清律集解》的小注或总注，在乾隆年间删除《大清律集
解》总注的情况下，将私家律著中补律所不及的注文变为例文。

一、 明代私家律著纂为律文

　　注释法律是对法律本身及法律运行过程中不足之处的补充。通过
补充或说明，法律条文更周延，更明确，更容易理解，具有更强的操作性
和社会适应性。清代在立法时特别注重吸纳明清私家律学著作作为修
律的参考。《大清律例》"凡例"中言明，《大清律集解》的注释，尤其是

① 闵冬芳:《〈大清律辑注〉研究》，社会科学文献出版社 2013 年版。

律后总注,多采辑《笺释》和《辑注》等书纂定。① 明清私家律著本是学理上的阐释,不具有法律效力,但通过国家在修律中的吸收,得到了国家的认可,具有了法律效力。

清代立法大多参考明律和唐律。学者关注到了律学对清代立法的影响,但甚少关注律学对清代律文的影响。实际上,明清律学对清律律文的纂修影响相对较小。这说明,清代修律,尤其是顺治时期的《大清律集解附例》律文的纂修,明代私家律著不是最重要参考。但清代在纂修律典时,因发现原来因袭的律文本身有不周延之处,或者因社会的变化需要对律文进行调整,在调整中,借鉴私家律著,从而影响到了律文的纂修。例如《大清律集解附例》"断罪无正条"载:"凡律令该载不尽事理,若断罪无正条者,(援)引(他)律比附,应加、应减,定拟罪名,(申该上司。)转达刑部,议定奏闻。若辄断决,致罪有出入,以故失论。"②该律文直接承袭《大明律》,注文录自姚思仁的《大明律附例注解》③。针对律例无文、断罪无正条的情况,需要定拟罪名,但该行为超出律例的规定,需要层层上报,并通过刑部奏报皇帝,由皇帝决断。相关程序涉及不同层级的多个部门,但律文只言刑部,未能说明该程序的运转过程。基于此,姚思仁在注律时在"转达刑部"前加了"申该上司"小注,言明了审转的程序,是通过层层上报后达于皇帝的。姚思仁的注释导致了该处律文与注文的不协调,有重复、拖沓之嫌,但姚思仁作为明代之臣,不敢私自改律,否则会受到惩处。顺治朝修律时,没有仔细思考,将姚思仁的注释原封不动地照搬。雍正朝纂修《大清律集解》时

①　田涛、郑秦点校:《大清律例》,"凡例",第 27 页。

②　《顺治三年奏定律》卷一"断罪无正条",王宏治、李建渝点校,载杨一凡、田涛主编:《中国珍稀法律典籍续编》(第五册),黑龙江人民出版社 2002 年版,第 151 页。

③　[明]姚思仁:《大明律附例注解》卷一,"断罪无正条",载宋祥瑞主编:《北京大学图书馆藏善本丛书》之《明清史料丛编》,第 229 页。

对此进行了修改。① 总之,顺治朝纂修《大清律集解附例》时,基本上依据唐律和明律,明代私家律著不是律文纂修的重要参考。

二、 清律的小注与总注对明代私家律学著作的吸收

（一）私家律著纂为清律的律小注

顺治朝的《大清律集解附例》是分工合作的产物,由六部大臣分别纂修各自内容,最后统筹编辑。在修律时,就律文而言,主要参考明律与唐律。明律缺少注文,而《大清律集解附例》几乎无条不注,无句不注,由此明代律学著作就成为纂修律注的重要参考。明代官方律学著作《大明律附例》的"集解"部分,主要是对律文的总括说明或对律文结构等内容的梳理,缺少细致分析,所以《大清律集解附例》的纂修主要参考明代私家律学著作。根据《读例存疑》《大清律例通考》及《大清律例根原》等的考证,顺治时期的《大清律集解附例》所参考的私家律学著作主要包括姚思仁的《大明律附例注解》、王肯堂的《律例笺释》、雷梦麟的《读律琐言》及陆柬的《读律管见》等,而姚思仁的《大明律附例注解》成为《大清律集解附例》律小注的主要来源,但没有引起学界的注意。姚范在《援鹑堂笔记》言:"姚思仁,万历癸未进士,仕至工部尚书。尝以律文简而意晦,乃用小字释其下。国朝顺治初,颁行《大清律》,依其注本云。"沈家本也曾言:"据此,是顺治中所增小注,本于姚思仁也。"②根据本论著的统计,《大清律集解附例》大量采用姚著。郑

---

① ［清］朱轼、常鼎等纂修:《大清律集解附例》卷一,"断罪无正条",载《四库未收书辑刊》第一辑第 26 册,第 86 页。

② 沈家本:《明律目笺》卷一,"断罪无正条",载《历代刑法考》,第 1816 页。

秦言：

> 清律小注在唐、明基础上发展,使用更加广泛,变得几乎无条
> 不注,无句不注。明律小注主要是疏解律义,清律小注进而连属上
> 下文句,成为律文不可分割的一部分,这是顺治律的一大创造。①

若只针对《大明律》原注文而言,郑秦所言确实如此,但《大清律集解附例》的注释形式借鉴了姚思仁的《大明律附例注解》。在姚著中,姚氏借鉴经学的解释形式与方法,采取双行夹注的形式进行注解,不仅起到了连缀上下文的作用,还成为律文的组成部分。这种注释形式是姚思仁的创造,《大清律集解附例》是对姚著的继承与发展。

本论著在参考其他律学文献的基础上对《大清律集解附例》与《大明律附例注解》进行了逐条逐句比对,发现《大清律集解附例》的注文多采自姚著。《大清律集解附例》中《名例律》的律小注绝大部分录自姚著。不同篇章对姚著的吸收有极大不同,有些全篇抄录,有些相似度较低,这可能是修律之人在其分工负责的部分抄录了不同律学文献所致。至于原因,可能是众修律人在时间仓促的情况下,对相关律文及注文未能统筹协调、详细考释和慎重选择,采取了急就章式的做法。注文直接抄袭明代私家律学著作,尤其是姚思仁的《大明律附例注解》。不同纂修者各自分工负责,缺少沟通与协调,导致律例间、律文间产生冲突,给司刑者带来困难和困惑。

针对上一次律注所出现的问题,下一次纂修法典时进行修订。《大清律集解附例》的注文是《大清律集解》和《大清律例》注文的基础。

---

① 　郑秦:《清代法律制度研究》,第10页。

如：犯罪事发在逃应否加罪，在"犯罪自首"律已经有所说明，但犯罪事发，在官府知晓前逃亡，是否按照加等处罚，原无明确的规定，故《大清律例》"犯罪事发在逃"律文末增加"逃在未经到官之先者，不坐"①的小注。该小注采辑于《读律琐言》和《律例笺释》。②

又如，《大清律例》"老小废疾受赎"条规定：

> 凡年七十以上，十五以下，及废疾，（瞎一目，折一肢之类。）犯流罪以下，收赎。（其犯死罪，及犯谋反、叛逆缘坐应流，若造畜蛊毒、采生折割人、杀一家三人、家口会赦犹流者、不用此律。其余侵损于人一应罪名，并听收赎。犯该充军者，亦照流罪收赎。）八十以上，十岁以下，及笃疾，（瞎两目、折两肢之类。）犯杀人（谋、故、斗殴。）应死（一应斩、绞。）者，议拟奏闻，（犯反逆者，不用此律。）取自上裁；盗及伤人（罪不至死）者，亦收赎；（谓既侵损于人，故不许全免，亦令其收赎。）余皆勿论。③

该"罪不至死"的小注，是《大清律例》在纂修时根据《律例笺释》新加的。因为"强盗及杀伤亲属应问死罪，还当奏请，则死罪不应在收赎之限，因于'盗及伤人'句下，又增注'罪不至死'四字"④。此在乾隆五年（1740年）修律时所加，顺治、雍正律无此四字。

在注释中，部分修律者虽以姚思仁的《大明律附例注解》为底本，但针对姚著中不甚合理及思虑不周的释注，参考其他相关私家律著进行改定。明清私家律著对清代法典律注吸收情况的考察，虽依赖于

---

① 田涛、郑秦点校：《大清律例》卷五，"犯罪事发在逃"，第119页。
② 胡星桥、邓又天主编：《读律存疑点注》卷五，"犯罪事发在逃"，第81页。
③ 田涛、郑秦点校：《大清律例》卷五，"老小废疾收赎"，第106页。
④ 马建石、杨育堂主编：《大清律例通考校注》卷五，"老小废疾收赎"，第265页。

《大清律例通考》《读例存疑》及《大清律例根原》等清代律学文献等的记载，但更依赖于我们的系统爬梳与比对。譬如清律注文主要受到明代私家律学著作，尤其是姚著的影响，受到清代私家律学著作的影响较小。这主要是因为在《大清律集解附例》的修纂过程中，该律的注文大多采辑于明代私家律学著作，雍正时期的《大清律集解》注文修纂时，主要参考《律例笺释》及《大清律辑注》等明清律著，对《大清律集解附例》注文的问题进行改正。虽《大清律辑注》在清代律学史上有划时代的意义，使清代律学摆脱了明代律学的附庸地位，走向了独立的道路，但《大清律辑注》对《大清律集解》律小注的影响较小。① 这与《大清律集解》的律小注主要采辑于《大清律集解附例》有关，而《大清律集解附例》的律小注主要采辑于姚思仁的《大明律附例注解》。到乾隆修律时，因乾隆刚刚即位，不便过多改变《大清律集解》的律文与注文。在《大清律例》的"凡例"中曾有所说明："律内小字注释难明之义，解达未足之语气，句斟字酌，实足补律所未备，今皆照旧详载，间有增损，务在理明辞顺，无取更张。"②《大清律例》基本采纳了《大清律集解》的注文，但也有所删改。闵冬芳专文研究《大清律例》小注采自《大清律辑注》的情况，③本论著也进行过统计，补闵文的不足，今举数例："老小废疾收赎"条"罪不至死"的注文依据《律例笺释》所加；④"犯罪事发在逃"条的"仍加逃罪二等。逃在未经到官之先者，不坐"的注文，是依据《律例笺释》与《读律琐言》所加。⑤

————————

　　① 根据闵东芳的研究，《大清律辑注》对《大清律集解》注文的影响较小。其仅举一例，即"徒流人又犯罪"条末小注于雍正三年增入的"天文生"三字。参见闵冬芳：《〈大清律辑注〉研究》，第119页。

　　② 田涛、郑秦点校：《大清律例》，"凡例"，第27页。

　　③ 闵东芳：《〈大清律辑注〉研究》，第119—136页。

　　④ 马建石、杨育棠主编：《大清律例通考校注》卷五，"老小废疾收赎"，第265页。

　　⑤ 胡星桥、邓又天主编：《读例存疑点注》卷五，"犯罪事发在逃"，第81页。

综上所述,清政府在修纂律文时,顺治朝的《大清律集解附例》律小注受明代私家律学著作的影响最大,到了雍正与乾隆朝修律只是改变原来注文不周与模糊之处。清政府在吸收明代私家律学著作作为律小注时,大多是起到连通上下文,疏解律意的作用,但也有解释或进一步说明律文字面意义的情况,也有因本条没有规定,需联系其他律文以解释该条律意之作用,也有些是为了避免律文中刑法适用的情况而加以解释或说明,避免出现轻重失衡的状况等等。清代立法时吸纳明代私家律学著作纂成律小注,不仅理顺了律文的结构,协调了律例间的关系,疏解了律意,还有补律所未备的积极作用。

(二)《大清律集解》总注对明代私家律学著作的吸收

康熙朝对《大清律集解附例》进行修订,且在刑部的主持下还编纂了总注。虽未颁行,但此为雍正时期的《大清律集解》总注的重要参考。总注是正式立法的一部分,注重律文的结构分析和对律意的概括,并对律文所不及之处加以说明。众修律人在纂修总注的过程中汇集众说,注重立法意图、量刑原则、法理精神、执行要点等方面的阐释。在雍正部颁本《大清律集解附例》朱轼上书言:"臣等奉命遴选纂修臣纳海、金瑛等,逐条考正,重加编辑。其律后总注,会萃旧文,刊订讹误,期于简切著明。"①雍正时期的《大清律集解附例》卷首有世宗的《御制序》(雍正三年岁次乙巳九月初九日):

> 雍正元年八月乃命诸臣,将律例馆旧所纂修未毕者,遴简西曹,殚心搜辑,稿本进呈。朕以是书民命攸关,一字一句必亲加省

---

① [清]朱轼、常鼎等纂修:《大清律集解附例》,载《四库未收书辑刊》第一辑第26册,第6页。

　　览,每与诸臣辩论商榷,折中裁定,或析异以同归,或删繁而就约,
　　务期求造律之意,轻重有权;尽谳狱之情,宽严得体。①

《大清律集解》总注主要沿袭了康熙朝刑部纂辑的总注内容,并借鉴
《律例笺释》《大清律辑注》等明清私家律学著作进行修改②,不仅修改
了某些错讹之处,也改变了一些与时不符的内容。根据本论著的考证,
除上述两部律学著作外,《读律管见》《读律琐言》等也是重要的参考。
《大清律集解》之所以选择上述诸书,与这些私家律著所共有的风格有
一定关系。以上诸书,除逐句疏解律意外,还对律文结构进行分析,并
对律文中所未备及不周严之处进行细致疏解。诸如应槚的《大明律释
义》等只注重对律意逐句说明的律学著作及姚思仁的《大明律附例注
解》等连缀上下文句的注解方式不是总注所重点关注的。在我们考察
《大清律解》的总注时,总注未明确指出何处文字来源于何种律学著
作,而是将诸私家律著融为一体,成为总注的重要组成部分。各私家律
著承继性较强,趋同性明显,这更为我们的研究带来困难。我们可以通
过清代诸如《读例存疑》《大清律例通考》及《大清律例根原》等文献进
行统计分析,而更重要的是采取系统分析、比对,找到总注中较为明显
采自某部私家律著的情况进行分析。关于《大清律集解》总注对《大清
律辑注》律注的采录情况,闵东芳曾举 10 例加以说明。③

　　《大清律集解》的总注部分,经常吸纳明清私家律著尤其是明代私
家律著作为修律的参考,对律文起到补充作用,补律所不及。如"老小
废疾收赎"条总注记载:"教七岁小儿殴打父母者,坐教令者以殴凡人

---

　　① 《世宗宪皇帝御制大清律集解序(雍正三年)》,载田涛、郑秦点校:《大清律例》,
第3—4页。
　　② 田涛、郑秦点校:《大清律例》,"凡例",第27页。
　　③ 闵东芳:《〈大清律辑注〉研究》,第108—119页。

之罪。有教九十老人故杀子孙者,亦坐教令者以杀凡人之罪。"①该总注针对律文中没有涉及的教令七岁以下小孩和九十以上的老人殴打父母或杀人的状况进行规定,补律文所不及。该注释来自《明律笺释》的释文。②

又如,《大清律集解》卷十三"直行御道"条规定宫殿中违反直行御道的处罚,维护皇帝的安全与尊严,但在律文中对皇帝外出时在外衙门所设置的龙亭仪仗而直行的情况没有规定,为此,总注对该情况加以补充和规范,补律所未备。③ 在乾隆年间纂修《大清律例》时,删除了《大清律集解》的总注,但对于补律所未及的总注内容,部分变为例文,部分变为律小注。"直行御道"律末注文"在外衙门龙亭仪仗已设而直行者,亦准此律科断"④来源于《大清律集解》的总注。

> 谨按:此条系仍原律。其小注"非侍卫导从"五字,系顺治初年律内集入。其条末小注,系乾隆五年馆修,以总注内曾采《笺释》语:"在外衙门,龙亭仪仗已设而直行者,亦准此条科断"等语,足补律所未备,因增辑入注,以便引用。⑤

《大清律集解》总注吸纳了《律例笺释》的解释,补律所未备,而此内容又被《大清律例》纳为律小注。

---

① ［清］朱轼、常鼎等纂修:《大清律集解附例》卷一,"老小废疾收赎",载《四库未收书辑刊》第一辑第 26 册,第 65 页。
② 胡星桥、邓又天主编:《读例存疑点注》卷四,"老小废疾收赎"之例文后,第 62 页;马建石、杨育棠主编:《大清律例通考校注》卷五之上,"老小废疾收赎",第 266 页。
③ ［清］朱轼、常鼎等纂修:《大清律集解附例》卷十三,"直行御道",载《四库未收书辑刊》第一辑第 26 册,第 222 页。
④ 田涛、郑秦点校:《大清律例》卷十八,"直行御道",第 300 页。
⑤ 马建石、杨育棠主编:《大清律例通考校注》卷十八,"直行御道",第 574 页。

再如,《大清律集解》卷六"娶亲属妻妾"条规定了娶外姻亲的处罚,但律文没有规定妻妾错位迎娶的情况,为此在总注中进行了补充:"若原系妻而娶为妾,仍以妻论;原系妾而娶为妻,仍以妾论。"①该观点采辑于《律例笺释》。②

乾隆年间纂修《大清律例》时认为《大清律集解》的总注虽"疏解律意,明白晓畅",但有"意在敷宣,易生支蔓"③的弊端,有些画蛇添足,枝蔓横生,造成歧义。因之,乾隆朝修律,对于总注中"有于律义有所发明,实可补律之所不逮,则竟别立一条,著为成例,以便引用"④。除纂为例文外,还有部分总注的内容变为律小注。而这些内容,有不少采辑于明代私家律学著作。

三、 明代私家律著纂为例文与例注的状况

(一) 纂为例文

1. 清代立法中直接采辑明代私家律著纂成例文

清代例文主要来源于明代旧例和清代之例,直接吸纳明代私家律学纂定为例的较少,本论著仅收集到数例:

《大清律集解附例》卷十九"杀子孙及奴婢图赖人"后所附第二条与第三条条例:"有服亲属互相以尸图赖者,依干名犯义律。""妻将夫尸图赖人,比依卑幼将期亲尊长图赖人律。若夫将妻尸图赖人者,依不

---

① ［清］朱轼、常鼎等纂修:《大清律集解附例》卷六,"娶亲属妻妾",载《四库未收书辑刊》第一辑第 26 册,第 148 页。

② ［清］吴坤修等编撰:《大清律例根原》卷三,"以理去官",郭成伟主编,上海辞书出版社 2012 年版,第 464 页。

③ 田涛、郑秦点校:《大清律例》,"凡例",第 27 页。

④ 田涛、郑秦点校:《大清律例》,"凡例",第 27 页。

应重律。其告官司诈财、抢夺者,依本律科断。"①例文针对律文所未规定的情况进行规范,该例在《大明律集解》和《大清律例》中仍之。② 该例依据《律例笺释》制定③,《大清律例通考》对此有所说明④。

《大清律集解附例》"威逼人致死"条后所附第三条例文:"凡因事威逼人致死一家二命,及非一家但至三命以上者,发边卫充军。若一家三命以上,发边卫永远充军,仍依律各追给埋葬银两。"⑤该律文只言威逼一人致死的情况,例文针对威逼一家二命以上的情况依据《律例笺释》进行补充。薛允升在《读例存疑》中言明:

> 《笺释》:有犯逼死一家二命者,法司问拟,为首本律,为从俱不应重议者,以情重律轻,仍令追给埋葬银两,连当房家小,押发边远卫充军,此例之所由始也。⑥

该例被《大清律集解》⑦及《大清律例》⑧沿袭。

2. 明代私家律著被清律的小注或总注吸收,后纂成为例

清代吸纳明代私家律著直接纂成例文的状况较少,更多的是通过

---

① 《顺治三年奏定律》卷十九,"杀子孙及奴婢图赖人",王宏治、李建渝点校,载杨一凡、田涛主编:《中国珍稀法律典籍续编》(第五册),第330页。

② [清]朱轼、常鼎等纂修:《大清律集解附例》卷十九,"杀子孙及奴婢图赖人",载《四库未收书辑刊》第一辑第26册,第329页;田涛、郑秦点校:《大清律例》卷二十六,"杀子孙及奴婢图赖人",第436页。

③ [明]王肯堂:《律例笺释》卷十九,"杀子孙及奴婢图赖人"。

④ 马建石、杨育堂主编:《大清律例通考校注》卷二十六,"杀子孙及奴婢图赖人",第806页。

⑤ 《顺治三年奏定律》卷十九,"威逼人致死",王宏治、李建渝点校,载杨一凡、田涛主编:《中国珍稀法律典籍续编》(第五册),第332页。

⑥ 胡星桥、邓又天主编:《读例存疑点注》卷三十四,"威逼人致死",第607页。

⑦ [清]朱轼、常鼎等纂修:《大清律集解附例》卷十九,"威逼人致死",载《四库未收书辑刊》第一辑第26册,第333页。

⑧ 田涛、郑秦点校:《大清律例》卷二十六,"威逼人致死",第440—441页。

律典吸纳私家律著纂为律小注与律总注后,再过渡为例文。

如《大清律例》卷四"无官犯罪"条所附例文:"无官犯赃,有官事发,照有官参提,以无禄人科断。有官时犯赃,黜革后事发,不必参提,以有禄人科断。"①该例文录自《读律琐言》:

> 其无官犯罪,有官事发,照有官参提,仍以无禄人拟断;有官犯罪,为事黜革,事发,不必参提,仍以有禄人拟断,故曰"并论如律"。此一句兼上两节言之也,盖罪本属私,不以官之有无、迁转而有间也。若内外军民衙门吏典,其考满革役之前,有犯公罪,亦照上职官纪录勿论,私罪照常发落。②

《读律琐言》的释注被《大清律集解》卷一"无官犯罪"条总注所吸收:"至无官犯罪,有官事发,照有官参提,仍以无禄人论赃;有官时犯罪,黜革后事发,不必参提,以有禄人论赃。"③《大清律例通考》言明了此例的纂修过程:"此条例文本明律《琐言》,雍正三年馆修,纂入总注。乾隆五年馆修,奏准纂为专条。"④

又如,《大清律例》"老小废疾收赎"条第三条例文:"教令七岁小儿殴打父母者,坐教令者以殴凡人之罪。教令九十老人故杀子孙者,亦坐教令者以杀凡人之罪。"⑤《大清律例通考》记载:"谨按:此条系雍正三年律总注内纂辑《明律笺释》之语。乾隆五年馆修,另纂为例,以补律

① 田涛、郑秦点校:《大清律例》卷四,"无官犯罪",第94页。
② [明]雷梦麟:《读律琐言》卷一,"无官犯罪",第25页。
③ [清]朱轼、常鼐等纂修:《大清律集解附例》卷一,"无官犯罪",载《四库未收书辑刊》第一辑第26册,第55页。
④ 马建石、杨育堂主编:《大清律例通考校注》卷四,"无官犯罪",第226页。
⑤ 田涛、郑秦点校:《大清律例》卷五,"老小废疾收赎",第107页。

之所不及者。"①

再如,《大清律例》卷二十六"夫殴死有罪妻妾"条所附第二条例
文:"凡妻妾无罪被殴,致折伤以上者,虽有自尽实迹,仍依夫殴妻妾致
折伤本律科断。"②该例采辑于《大清律集解》总注,而总注源于《律例
笺释》。③

综上所述,明代私家律著不是例文重要的直接来源,大多通过法典
的律小注或律总注的过渡而纂成例文。

(二)纂为例注

清代编纂法典时吸收大量明代私家律著纂为例注。通过吸收,说
明例文的适用条件,补例所未备。如《大清律集解附例》"强盗"条所附
第四条例文:"响马强盗,执有弓矢、军器,白日邀劫道路,赃证明白,俱
不分人数多寡,曾否伤人,依律处决于行劫去处,枭首示众。(如伤人
不得财,依白昼抢夺伤人,斩。)"④"此条'响马强盗'一节,系仍《明律》
旧例,其小注系顺治初年律内采《笺释》语集入。"⑤

又如,《大清律集解》"盗贼窝主"所附第五条例文:

> 知强、窃盗贼,而接买受寄,若马、骡等畜至二头匹以上,银货
> 坐赃至满数者,俱问罪。不分初犯、再犯,枷号一个月,发落。若三
> 犯以上,不拘赃数多寡,与知强盗后而分赃至满数者,俱免枷号,发

---

① 马建石、杨育堂主编:《大清律例通考校注》卷五之上,"老小废疾收赎",第
266 页。
② 田涛、郑秦点校:《大清律例》卷二十六,"夫殴死有罪妻妾",第 435 页。
③ 胡星桥、邓又天主编:《读例存疑点注》卷三十四,"夫殴死有罪妻妾",第 602 页。
④ 《顺治三年奏定律》卷十八,"强盗",王宏治、李建渝点校,载杨一凡、田涛主编:
《中国珍稀法律典籍续编》(第五册),第 307 页。
⑤ 马建石、杨育堂主编:《大清律例通考校注》卷二十三,"强盗",第 685 页。

边卫充军。(接买盗赃至八十两为满数,受寄盗赃至一百两为满数,盗后分赃至一百二十两以上为满数。)①

该注对"满数"做了说明,有利于定罪量刑的判定。"此条亦仍《明规》旧例,其小注系采《笺释》语酌定纂入。"②

又如,《大清律集解附例》"诈欺官私取财"所附第二条例文:

凡指称内外大小官员名头,并各衙门打点使用名色,诓骗财物,计赃犯该徒罪以上者,俱不分首从,发边卫充军。情重者,仍枷号二个月,发遣。(如亲属指官诓骗,止依期亲以下诈欺律,不可引例。)③

"此条系《明律》旧例,至今仍之。其小注系顺治初年律内采《笺释》语集入。"④

再如,《大清律例》"威力制缚人"所附第一条例文:

在京在外无籍之徒,投托势要,作为心腹,诱引生事,绑缚平民,在于私家拷打,胁骗财物者,枷号一个月,发烟瘴地面充军;势要知情,并坐。(诱引依教诱,绑缚拷打依威力,胁骗财物依恐吓,

---

① ［清］朱轼、常鼎等纂修:《大清律集解附例》卷十八,"盗贼窝主",载《四库未收书辑刊》第一辑第 26 册,第 312 页。
② "规"乃"律"之误。马建石、杨育堂主编:《大清律例通考校注》卷二十五,"盗贼窝主",第 761 页。
③ 《顺治三年奏定律》卷十八,"诈欺官私取财"所附第二条例,王宏治、李建渝点校,载杨一凡、田涛主编:《中国珍稀法律典籍续编》(第五册),第 315 页。
④ 马建石、杨育堂主编:《大清律例通考校注》卷二十五,"诈欺官私财物",第 747 页。

从重科罪。须四事俱全,方引此例。)①

《读例存疑》言明:"此条系前明问刑条例,乾隆五年,采《笺释》语增入小注。《辑注》云,此例本文内无及字,须各项俱全,方可引用。"②《大清律例通考》亦言:"此条系仍《明律》旧例,其小注系乾隆五年馆修采《笺释》语增入。"③

清政府吸收明代私家律学著作的相关内容,针对那些能补律、例所不及的内容,将其转化为例文,也注重原来例文之注文的采辑。清政府在吸收明代私家律学著作时,改变原来例文中不准确之处,增强例文的准确性与实用性。清政府采纳明代私家律学著作制定例文时,甚少直接采辑私家律著撰为例文,往往先将其纳入《大清律集解附例》的小注及《大清律集解》的小注和总注中。到了乾隆年间修律时,将那些能补律所未及的注文,尤其是《大清律集解》总注的注文变为《大清律例》的例文。

总之,清政府大量吸纳明代私家律学著作编纂法典。在顺治朝纂修《大清律集解附例》时主要吸纳《律例笺释》《读律琐言》《读律管见》《大明律附例注解》等明代私家律学著作编纂律小注。在吸纳时重点参考了姚思仁的《大明律附例注解》。该著受到青睐,是因为其采用双行夹注的注解形式,不仅疏解了律意,还起到连缀上下文的作用,受到了修律者的普遍认可。康熙朝刑部主持纂修的律例虽未颁行,但明代私家律著是其注文与总注的重要参考,而这对《大清律集解》又有重要影响。到了雍正时期,随着社会新状况的出现,需要对律文进行新的解

---

① 田涛、郑秦点校:《大清律例》卷二十七,"威力制缚人"第一条例文,第453页。
② 胡星桥、邓又天主编:《读例存疑点注》卷三十五,"威力制缚人",第634页。
③ 马建石、杨育堂主编:《大清律例通考校注》卷二十七,"威力制缚人",第833页。

释以适应社会的发展,以及《大清律集解附例》出现的错讹、重出等情况,在借鉴明清私家律学的基础上,对《大清律集解附例》的律文等进行了新的修改。因清初清代的律学著作甚少,明代私家律学著作修律的重要参考。在康熙五十四年(1715年)随着《大清律辑注》的问世,清代私家律学也成了纂修律例的重要参考,但清代律学对雍正时期法典编纂,尤其是注文纂修的影响远没有明代私家律学大。乾隆朝修律,基本保留了《大清律集解》的律文与注文,只是将某些内容在借鉴《律例笺释》《大清律辑注》等明清私家律学文献的基础上进行了修改,并注重吸纳明清律学著作编纂例和例注。清代诸如《大清律辑注》等私家律著与明代私家律著精品《律例笺释》《读律琐言》《读律管见》等一道,为清代法典的纂修作出了积极贡献。

第三节　律典之得:明代私家律学著作与清代法典的编纂

清政府在制定法典时强调用精练和简洁的语言制定"简约"的法律,而简洁概括性的法律语言和表达方式使法律条文言愈简而意愈费解,辞愈简而理愈难明。这种简约概括性的法律条文给司刑者理解带来了困难。对于清政府而言,要积极吸收明代私家律学著作对法典作出尽可能准确的解释,以求在法律实施过程中对司刑者进行规范性指导,防止其理解的偏差与歧义。清政府虽制定了详尽而完备的法典,但在司法实践中仍会暴露出其不周延与律文模糊的缺陷。从法律适用的角度理解,一个典型的法典中几乎没有一条法规不需要解释。明代的众私家注律家大多有丰富的司法经验,又有精深的律学功底,其在注重司法经验的基础上,对律例条文进行详细注释。其所注之律强调统一理解,消除歧义,帮助司刑者准确把握律意,增强司法适用性。正是基于这一目的,众私家注律家对具体的法律概念进行确定性的界定与解释,而且对律文逐字逐句解释,注重律文间、律例间的关联和逻辑结构,并对律例条文不周延之处进行说明,对容易混淆的律文进行比较分析,消除可能存在的歧义,从而有利于司法适用。

一、 连缀上下文,疏解律意

在《大清律集解附例》修纂时,几乎是无条不注,无句不注,但明律的注文甚少,相关注文主要参考姚思仁的《大明律附例注解》。姚著采取双行夹注的形式,不仅连缀上下文,还起到疏解律意的作用。《大清律集解附例》纂修时,在注意鉴别和选择性吸纳的基础上大规模吸收姚著。如《大清律集解附例》卷十四"激变良民"条规定:

> 凡(有司)牧民之官,(平日)失于抚字,(又)非法行事,(使之不堪。)激变良民,因而聚众反叛,失陷城池者,斩。(监候。止反叛而城池未陷者,依守御官抚绥无方致军人反叛,按充军律,奏请。)①

姚思仁的《大明律附例注解》与《大清律集解附例》相吻合,只是律末小注来自姚著的律上注。姚著的注释采于《律例笺释》。《律例笺释》在疏解良民时加了"无罪"两字,这被姚著继承,但《大清律集解附例》舍

① 《顺治三年奏定律》卷十四,"激变良民",王宏治、李建渝点校,载杨一凡、田涛主编:《中国珍稀法律典籍续编》(第五册),第270页。

弃了《律例笺释》中"激变无罪良民"的表述①。因既然成为良民，自然就是无罪的，若再加以"无罪良民"的注解，有些重复，并使律意不明。

众纂修者在疏解律意时，注重修改律注重复的地方，使注文简洁而顺畅，从而起到更好地连缀上下文的作用。众纂修者还对注文不够连贯和顺畅的内容加以修改，从而使上下一致和连贯。

《大清律集解附例》大规模吸纳姚著，但姚著在注释时也有不周延之处和未及之处，清政府在修纂律例时依据其他律学著作进行修改。在《大清律集解》卷二"官员袭荫"条后附例文："世职有犯人命、失机、强盗，实犯死罪，及免死充军，不分已决、已遣、监故，并强盗脱逃、自缢，子孙俱不准承袭。"②此例吸收了嘉靖三十三年(1554年)定例。③

　　　　例内人命、失机、强盗以分三项，末二句单指强盗脱逃自缢。其人命、失机未必无脱逃之犯，例内未能包举。查《笺释》：此系前代旧例，偶因遇有强盗脱逃一事，遂着(著)为令，附此例后，应将"强盗"二字删去，则上下文义相贯，以上三项悉皆包举在内矣。④

基于此，乾隆五年(1740年)修律时将"强盗"二字删除。⑤

总而言之，清代法典编纂时，小注受影响最大的是顺治朝，到了雍正与乾隆朝修律，只是改变原来注文不周之处。清政府在吸收明代私

---

　　①　[明]王肯堂：《律例笺释》卷十四，"激变良民"。关于激变(无罪)良民，姚思仁在《大明律附例注解》中也有同样注释。参见[明]姚思仁：《大明律附例注解》卷十四，"激变良民"，载宋祥瑞主编：《北京大学图书馆藏善本丛书》之《明清史料丛编》，第548页。

　　②　[清]朱轼、常鼎等纂修：《大清律集解附例》卷二，"官员袭荫"所附例文，载《四库未收书辑刊》第一辑第26册，第94页。

　　③　胡星桥、邓又天主编：《读例存疑点注》卷七，"官员袭荫"，第126页。

　　④　[清]吴坤修等编撰：《大清律例根原》卷二十一，"官员袭荫"条所附例，第319页。

　　⑤　胡星桥、邓又天主编：《读例存疑点注》卷七，"官员袭荫"，第126页。

家律学著作纂为注文时,大多起到连通上下文,疏解律意之用,但也有解释或进一步说明律文字面意义的情况,也有因本条没有规定,需联系其他律文以解释该条律意的作用,也有些是为了避免律文中刑法适用的情况而加以解释或说明,避免出现轻重失衡的状况。

二、 明确概念,确定与区分罪名

明代众私家注律家在注释律例时,注重不同概念的区分、相关罪名间的区别与联系,针对律例修纂出现的问题进行释注,从而明确了罪名,分清了此罪与彼罪。私家律著的成果被清政府认可并大量吸收到律例修订中。

清代众法典纂修者针对清代律例的模糊规定,借鉴明代私家律学著作确定明确的罪名。如《大清律例》"官员赴任过限"所附第一条例文规定。"升除出外,文职已经领敕、领凭,若无故迁延至半年之上不辞朝出城者,参提依违制律问罪。若已辞出城复入城潜住者,交部议处。"①此例文来源于嘉靖年间的《重修问刑条例》,《(万历)问刑条例》仍之,《大清律集解附例》纳入律中,《大清律集解》沿袭之。在例文"参提"下为"问罪"二字。"乾隆五年馆修,以参提问罪并无指定罪名,查《笺释》,依违制律,应于'参提'下,增入'以违制律'四字。"②

又如,《大清律例》"滥设官吏"所附第一条例文规定:"内外大小衙门考取吏典照缺补用,若旧吏索顶头钱者,事发计赃,准不枉法论,革役为民。"③此例来源于嘉靖年间的《重修问刑条例》:"内外大小衙门,拨

① 田涛、郑秦点校:《大清律例》卷六,"官员赴任过限",第152页。
② 马建石、杨育堂主编:《大清律例通考校注》卷六,"官员赴任过限",第364页。
③ 田涛、郑秦点校:《大清律例》卷六,"滥设官吏",第144页。

到吏典,照缺收参。若旧吏索要顶头钱者,事发问罪,不分己未得财,俱照行止有亏事例,革职为民。"①《(万历)问刑条例》仍之,《大清律集解附例》吸收入律。到雍正年间进行了修改:"内外大小衙门考取吏典照缺补用,若旧吏索要顶头钱者,事发问罪,不分得财多寡,俱照行止有亏事例,革役为民。"②至于修改的状况,《读例存疑》曾言:"此条系前明问刑条例,雍正三年修改,乾隆五年改定。""《笺释》云:得财依求索计赃准不枉法论,罪止满流,若上手吏无求索之意,而下手吏自愿出钱者,止问不应。"③《大清律例通考》也载:

> 谨按:此条系仍《明律》旧例。查旧例内开:"内外大小衙门,拨到吏典,照缺收参。若旧吏索要顶头钱者,事发问罪,不分得财多寡,俱照行止有亏事例革役为民。"顺治、康熙年间律内仍之,……乾隆五年馆修,又以"事发问罪",未经指出定何罪名,查《笺释》,准不枉法计赃论,应改增。④

再如,《大清律例》卷二十九"骂制使及本管长官"所附第一条例文:"凡毁骂公、侯、驸马、伯,及京省文职三品以上,武职二品以上官者,杖一百,枷号一个月发落。"⑤"条内'杖一百'三字,原系'问罪'二字,乾隆五年馆修,以'问罪'二字未经指定罪名,查照《笺释》,依违制

---

①　《重修问刑条例》,载杨一凡、曲英杰主编:《中国珍稀法律典籍集成》乙编第二册《明代条例》,第 456 页。
②　[清]朱轼、常鼐等纂修:《大清律集解附例》卷二,"滥设官吏",载《四库未收书辑刊》第一辑第 26 册,第 98 页。
③　胡星桥、邓又天主编:《读例存疑点注》卷七,"滥设官吏",第 130 页。
④　马建石、杨育堂主编:《大清律例通考校注》卷六,"滥设官吏",第 350 页。
⑤　田涛、郑秦点校:《大清律例》卷二十九,"骂制使及本管长官",第 470 页。

律增入。"①

三、 明确律例适用条件，补律所不及

清代编纂法典时注重吸收明代私家律学著作说明律例的适用条件。

如《大清律集解附例》"毁弃军器"条规定：

> 凡将帅关拨一应军器，(出)征守(御)事讫，停留不(收)回纳还官者，(以事讫之日为始。)十日杖六十，每十日加一等，罪止杖一百。若(将帅征守事讫，将军器)辄弃毁者，一件杖八十，每一件加一等，二十件以上斩。(监候。)遗失及误毁者，各减三等；军人各又减一等。并验(毁失之)数追赔。(还官。)其曾经战阵而有损失者，不坐不赔。②

《大清律集解附例》的律文采于《大明律》，注文除因清代刑制的改变而增加了"监候"的注解外，其余源自姚思仁的《大明律附例注解》。③ 对注文"军人各又减一等"的理解有所不同，以至于影响了司法适用。《大清律辑注》认为减三等，专指遗、误二项④，但王肯堂则认为兼承以

---

① 马建石、杨育堂主编：《大清律例通考校注》卷二十九，"骂制使及本管长官"，第865页。
② 《顺治三年奏定律》卷十四，"毁弃军器"，王宏治、李建渝点校，载杨一凡、田涛主编：《中国珍稀法律典籍续编》(第五册)，第271页。
③ [明]姚思仁：《大明律附例注解》卷十四，"毁弃军器"，载宋祥瑞主编：《北京大学图书馆藏善本丛书》之《明清史料丛编》，第548页。
④ [清]沈之奇：《大清律辑注》卷十四，"毁弃军器"，法律出版社2000年版，第468页。

上弃毁①而言。到了乾隆五年(1740年)馆修时,接受了《律例笺释》的观点,在军人后又增注"弃毁遗误"四字②,使律意更加明晰。

总注对律文未论及之处参考明代私家律著加以补充说明。

如《大清律集解》卷一"无官犯罪"条律总注记载:"至无官犯罪,有官事发,照有官参提,仍以无禄人论赃;有官时犯罪,黜革后事发,不必参提,以有禄人论赃。"③《大清律例通考》言:"谨按:此条例文本明律《琐言》,雍正三年馆修,纂入总注。乾隆五年馆修,奏准纂为专条。"④

又如,《大清律集解》卷一"老小废疾收赎"规定:"八十以上、十岁以下,及笃疾,(瞎两目、折两肢之类。)犯杀人应死者,议拟奏闻,取自上裁。"⑤此律文承自《大清律集解附例》。总注中"杀人谓谋、故及斗殴杀人应抵偿之罪。应死谓一切应斩、应绞之死罪"⑥的论述,遍检明清私家律学,只有《律例笺释》《大明律附例注解》与其解释相似。《大明律附例注解》在律上注解释杀人时没有言及斗殴⑦,而《律例笺释》与总注的解释相同。⑧ 总注吸收《律例笺释》的解释,补律文所未备,使律文明晰而具体,有助于司法适用。正是总注的精当解释,在乾隆五年纂修《大清律例》时被吸收到律注中。⑨

---

① ［明］王肯堂:《律例笺释》卷十四,"毁弃军器"。
② 胡星桥、邓又天主编:《读例存疑点注》卷二十一,"毁弃军器",第340页。
③ ［清］朱轼、常鼎等纂修:《大清律集解附例》卷一,"无官犯罪",载《四库未收书辑刊》第一辑第26册,第55页。
④ 马建石、杨育堂主编:《大清律例通考校注》卷四,"无官犯罪",第226页。
⑤ ［清］朱轼、常鼎等纂修:《大清律集解附例》卷一,"老小废疾收赎",载《四库未收书辑刊》第一辑第26册,第64页。
⑥ ［清］朱轼、常鼎等纂修:《大清律集解附例》卷一,"老小废疾收赎",载《四库未收书辑刊》第一辑第26册,第64页。
⑦ ［明］姚思仁:《大明律附例注解》卷一,"老小废疾收赎",载宋祥瑞主编:《北京大学图书馆藏善本丛书》之《明清史料丛编》,第190页。
⑧ ［明］王肯堂:《律例笺释》卷一,"老小废疾收赎"。
⑨ 田涛、郑秦点校:《大清律例》卷五,"老小废疾收赎",第106页。

再如,《大清律例》卷十八"直行御道"条规定:

> 凡午门外御道至御桥,除侍卫官军导从车驾出入,许于东西两旁行走外,其余文武百官军民人等,(非侍卫导从。)无故于上直行,及辄度御桥者,杖八十。若于宫殿中直行御道者,杖一百。守卫官故纵者,各与犯人同罪。失觉察者,减三等。若于御道上横过,系一时经行者,不在禁限。(在外衙门龙亭仪仗已设而直行者,亦准此律科断。)①

"其条末小注,系乾隆五年馆修,以总注内曾采《笺释》语:'在外衙门,龙亭仪仗已设而直行者,亦准此条科断'等语,足补律所未备,因增辑入注,以便引用。"②

还如,在《大清律集解》卷十九"夫殴死有罪妻妾"条曾规定殴伤有罪妻妾,致令自尽,勿论。但律文没有言明殴伤无罪妻妾,尤其是致折伤以上的情况。《大清律集解》总注为此专门进行了补充:"妻妾无罪而殴至折伤以上者,虽有自尽实迹,仍依夫殴妻妾致折伤本律科断。"③根据薛允升的考证,此总注源于《律例笺释》,到了乾隆五年(1740年)另纂为例。④

---

① 田涛、郑秦点校:《大清律例》卷十八,"直行御道",第300页。
② 马建石、杨育堂主编:《大清律例通考校注》卷十八,"直行御道",第574页。
③ [清]朱轼、常鼎等纂修:《大清律集解附例》卷十九,"夫殴死有罪妻妾",载《四库未收书辑刊》第一辑第26册,第328页。
④ 胡星桥、邓又天主编:《读例存疑点注》卷三十四,"夫殴死有罪妻妾",第602页。

四、 改变律文失轻失重的状况

众修律人通过吸收明代私家律著编纂法典,从而改变了律文失轻失重的状况。如《大清律集解附例》卷七"私借官物"条规定:

> 凡监临主守将系官什物、衣服、毡褥、器玩之类,私自借用或转借与人及借之者,各笞五十。过十日,各(计借物)坐赃论,减二等。(罪止杖八十、徒二年,各追所借还官。)若有损失者,依毁失官物律坐罪,追赔。(损以弃毁官物论,加窃盗二等,罪止杖一百、流三千里;失以遗失官物论,减弃毁三等,罪止杖八十、徒二年,俱追赔。)①

注文"损以弃毁官物论,加窃盗二等,罪止杖一百、流三千里;失以遗失官物论,减弃毁三等,罪止杖八十、徒二年"吸纳于姚思仁的《大明律附例注解》②。损罪较失罪自应稍轻,而律注内损罪加窃盗二等,失罪减弃毁三等,似未允协。查《笺释》"误毁及遗失者,减弃毁之罪三等"的释注,则所为"损以弃毁官物论加窃盗二等"者,"乃有心之弃毁,其无心之误毁,仍与失罪同。注中不为分析,以致轻重失衡,应改"。③ 乾隆朝纂修《大清律例》时接受了《律例笺释》的观点,改为:"有心致损,依弃毁官物计赃准窃盗论,加二等,罪止杖一百、流三千里。误毁及遗失者,减

---

① 《顺治三年奏定律》卷七,"私借官物",王宏治、李建渝点校,载杨一凡、田涛主编:《中国珍稀法律典籍续编》(第五册),第213页。

② [明]姚思仁:《大明律附例注解》卷七,"私借官物",载宋祥瑞主编:《北京大学图书馆藏善本丛书》之《明清史料丛编》,第396页。

③ [清]吴坤修等编撰:《大清律例根原》卷三十二,"私借官物",第513页。

弃毁之罪三等,杖八十、徒二年。"①

五、 理顺律例关系

随着社会的发展和社会关系的复杂化,简约的律文不能更好地规
范社会,从而通过大规模修例补充。律文相对抽象,而例文繁琐而具
体,例以补律,共同规范社会的发展。为了更好地行用律例,明代私家
注律家注重阐述律例间的区别与联系,注重两者间的协调,而不少观点
在清代法典中有所借鉴与吸收。除此之外,明代私家律学著作被法典
吸收后转化为例文,从而起到补充律文的作用。

如《大清律例》卷四"以理去官"条附例文:"子孙缘事革职,其父祖
诰敕不追夺者,仍与正官同。若致仕及封赠官犯赃,与无禄人同
科。"②该例文是乾隆五年(1740 年)所加,内容采于《律例笺释》③的解
释。该解释针对律文中的封赠官而言,乃因其子孙而获得,虽非正官,
但因皇帝的诰敕而获得才与正官同,在律文中有明确的规定,但因子孙
因事革职,在父祖诰敕不追夺的情况下,对于父祖的封赠官的处理问题
律文没有规定。《大清律集解附例》没有对此加以说明,但到了《大清
律集解》时,在总注中加以说明,补律所未备。例文中的"若致仕及封
赠官犯赃,与无禄人同科"也源自《律例笺释》的解释。该解释针对律
所言的与正官同者,但针对致仕及封赠官这些不食禄之人犯赃的特殊
情况要区别对待。《大清律集解附例》已经通过注文说明了此情况,
《大清律集解》注文沿袭之。到了《大清律例》,为了使注文更加简洁及

---

① 田涛、郑秦点校:《大清律例》卷十一,"私借官物",第 229 页。
② 田涛、郑秦点校:《大清律例》卷四,"以理去官",第 93 页。
③ [明]王肯堂:《律例笺释》卷一,"以理去官"。

进一步区分致仕官与封赠官的特殊情况,在乾隆五年(1740年)馆修时,奏准纂为专条,以补律文之所不及。①

　　清代法典编纂时积极吸收明代私家律学著作,不仅连缀上下文,疏解了律意,也补足了律例不及之处,起到了积极作用。

第四节　律典之失:明代私家律学著作与清代法典的编纂

　　明代私家律学著作对清代律例的纂修,尤其是对律小注、律总注及例文与例注都有重要影响,起到了积极作用,有诸多值得总结的经验。但私家注律家以个人之力注释律例,在注释过程中因思虑不周、理解有误或司法经验不足而导致部分释注出现了不周延,乃至模糊与错误之处。清政府大量吸纳私家律著编纂法典时没有仔细甄别,从而导致律例条文出现律意不明、拖沓冗长及律例失调等情况。尤其是《大清律集解附例》的修纂,因时间仓促,众修律人在修律过程中吸纳私家律著时出现了许多问题,到了雍正与乾隆朝修律,借鉴明代和清代私家律著对先前所修之律进行了修订。考察清代立法时吸收明代私家律著的状况及吸纳时所出现的问题,需要对顺治、雍正与乾隆等时期的律例进行逐条核对,还要参考《大清律例根原》《读例存疑》《大清律例通考》等考据类律学著作所反映的清代律例纂修的问题,并在关注律著传承的基础上将明代和清代私家律著与清代律例仔细比对。只有这样,才能全面发现清代编纂法典时吸纳私家律著所产生的问题。

---

　　①　马建石、杨育堂主编:《大清律例通考校注》卷四,"以理去官",第225页。

一、 律例条文及注文的拖沓与冗长

中国古代制定了简约的法律,相关的解释也非常简洁。过于简约的法律给司刑者适用法律带来困惑,清政府因之吸收明代私家律著对律例条文进行释注,但注释时因未能很好地斟酌损益,融会贯通,出现了重复、拖沓及冗长的律例条文及注文,并由此导致了语意不明、律意不顺等状况。譬如,《大清律集解附例》"起解金银足色"条规定:

> 凡收受(纳官)诸色课程、变卖货物,起解金银须要足色。如成色不及分数,提调官吏,(及估计煎销。)人匠,各笞四十,着落均赔还官。(如通同作弊,以致亏损侵盗,计赃以侵盗律论。)①

律文沿袭明律,注文系顺治初年采自姚思仁的《大明律附例注解》,句末注文"如通同作弊,以致亏损侵盗,计赃以侵盗律论"采自姚著的律上注。② 该注在乾隆五年(1740年)馆修时,"以通同作弊即系侵盗,又云'以致亏损侵盗'文义不顺"③,根据《笺释》改为"官有侵欺,问监守盗。知情通同,故不收足色,坐赃论"④。《大清律集解附例》的重复解释,导致了拖沓状况的出现,根据《律例笺释》修改后使语义更加明顺。

雍正三年(1725年)修律时纂辑了总注,该总注多参考康熙时期刑

---

① 《顺治三年奏定律》卷七,"起解金银足色",王宏治、李建渝点校,载杨一凡、田涛主编:《中国珍稀法律典籍续编》(第五册),第217页。

② [明]姚思仁:《大明律附例注解》卷七,"起解金银足色",载宋祥瑞主编:《北京大学图书馆藏善本丛书》之《明清史料丛编》,第407页。

③ 马建石、杨育堂主编:《大清律例通考校注》卷十二,"起解金银足色",第491页。

④ 田涛、郑秦点校:《大清律例》卷十二,"起解金银足色",第241页。

部所纂辑的总注。总注主要荟萃《律例笺释》《大清律辑注》等私家律
著①而成，虽想达到"简切著明"②的目标，但实际上有"易生支蔓"③的
弊端。总注主要是关于立法意图、律文结构、量刑原则等方面的内容介
绍与分析，是补律所不及或对律文的进一步说明，但有些总注的内容字
数太多，甚至超过正文。有些律文，正文有二百字，但总注超过了二千
字。总注本要达到"疏解律议，期于明白晓畅，使人易知"④的目的，这
样反而有画蛇添足之嫌，甚至造成律文与总注的矛盾，给司刑者适用法
律造成困难。

二、 律例条文及注文的逻辑混乱

清政府在编纂法典时注重律文间及律例间的关联与逻辑，制定了
明顺而清晰的法典，但众修律人在吸纳私家律著修订律例时也因理解
有误等原因致使所定之律出现逻辑混乱等问题。

如《大清律集解附例》卷十九"夫殴死有罪妻妾"条载：

> 凡妻妾因殴骂夫之祖父母、父母，而夫（不告官。）擅杀死者，
> 杖一百。若夫殴骂妻妾因而自尽身死者，勿论。（祖父母、父母亲
> 告乃坐。若已亡，止科骂夫。或妻有他罪不至死，而夫擅杀，

---

① 田涛、郑秦点校：《大清律例》，"凡例"，第27页。
② ［清］朱轼、常鼎等纂修：《大清律集解附例》，载《四库未收书辑刊》第一辑第26
册，第6页。
③ 田涛、郑秦点校：《大清律例》，"凡例"，第27页。
④ 《张玉书等呈览名例律疏（康熙三十四年）》，载田涛、郑秦点校：《大清律例》，第
11页。

仍绞。)①

此注文中的"祖父母、父母亲告乃坐"放在"勿论"之后。既然律文规定"夫殴骂妻妾因而自尽身死者,勿论",则不会处罚,也就不会有"祖父母、父母亲告乃坐"情况的发生。乾隆五年(1740年)馆修时意识到了该问题,将其移于"杖一百"句下,从而使语句明顺。②

三、 律例条文及注文的错误

清代立法者因对私家律著错误的理解或对私家律著中的错误没有很好地甄别,因而在吸收私家律著编纂法典时出现了错误。这些错误,有些是因为对名词术语的错误理解,有些是因为对律文的逻辑结构未能准确地把握,也有些是因为没有注重律例间的协调。这些错误导致了一系列法律规范的矛盾,所涉及的法律规范互相废止,属于不可化解的规范矛盾。这些律例制定时所出现的错误对司刑者理解和适用法律造成了极大的困难。

明代私家注律家以一人之力注释明代法典,因思虑不周或理解有误导致了一些错误解释,清代编纂法典时没有对其仔细甄别而草率吸纳,从而导致了错误。

如《大清律集解附例》卷一"以理去官"言:

---

① 《顺治三年奏定律》卷十九,"夫殴死有罪妻妾",王宏治、李建渝点校,载杨一凡、田涛主编:《中国珍稀法律典籍续编》(第五册),第329页。
② 马建石、杨育堂主编:《大清律例通考校注》卷二十六,"夫殴死有罪妻妾",第805页。

　　由(凡)任满得代、改除、致仕等官,(其品制服饰并)与现任
同。(谓不因犯罪而解任者,若沙汰冗员,裁革衙门之类,虽为事
解任、降等、不追诰命者,并与现任同。)封赠官与(其子孙)正官
同。其妇人犯夫(不改嫁的)及义绝者,(亲子有官一体封赠。)得
与其子之官品同。(谓妇人虽与夫家义绝及夫在被出,其子有官
者,得与子之官品同。为母子无绝道故也。此等之人)犯罪者,并
依职官犯罪律拟断。(应请旨者请旨,应径问者径问,一如职官之
法。惟致仕、封赠官犯赃,并与无禄人同科。)①

该注文采自姚思仁的《大明律附例注解》②。"律内所称'与见任同'
者,盖谓'诸事相同',直贯至'犯罪并依'之句,不专指品制服饰而言,
注内'品制服饰'等字,应删。"③《大清律集解附例》在采辑姚著时没有
对"品制服饰"所导致的混乱逻辑关系进行仔细思考,从而导致了
错误。

　　清代编纂法典时因思虑不周,对私家律著的错误缺少甄别而导致
吸纳错误,也有些私家律著本身释注准确,但修律人编纂法典时因增减
私家律著内容不当而导致错误。

　　如《大清律集解附例》卷七"出纳官物有违"条规定:

　　　　凡仓库出纳官物,当出陈物而出新物,(则价有多余。)应受上
　　物而受下物(则价有亏欠。)之类,及有司(以公用)和雇、和买不即

---

　　①　《顺治三年奏定律》卷一,"以理去官",王宏治、李建渝点校,载杨一凡、田涛主编:
《中国珍稀法律典籍续编》(第五册),第 132 页。
　　②　[明]姚思仁:《大明律附例注解》卷一,"以理去官",载宋祥瑞主编:《北京大学图
书馆藏善本丛书》之《明清史料丛编》,第 168 页。
　　③　[清]吴坤修等编撰:《大清律例根原》卷三,"以理去官",第 49 页。

给价,若给价有增减,不(如价值之)实者,计(通上言。)所亏欠(当
受上物而受下物,及雇买不即给价,即给价减不以实,各有亏欠之
利。)及多余(当出陈物而出新物,及雇买不即给价,即给价增不以
实,各有多余之利。)之价,(如雇买新物而用陈物之价。)坐赃论。①

律文录自《大明律》,除律末"如雇买新物而用陈物之价"注文外,其他
注文源于《律例笺释》。② "坐赃论"所针对的是亏欠与多余之价,这在
《大明律》律文及《律例笺释》的解释中有明确的说明,但《大清律集解
附例》所加的"如雇买新物而用陈物之价"注文,导致了只针对亏欠的
坐赃论处罚。此错误的出现是修律者对律文结构的错误理解而导致
的。该错误到雍正三年(1725年)纂修《大清律集解》时仍未改正,直到
乾隆朝修律时才改为"并计所亏欠、所多余"③的注文,这理顺了律文与
注文的关系。这种错误在清律修纂中还多次出现。

又如,《大清律集解附例》"强盗"条所附例文:

> 强盗杀伤人,放火烧人房屋,奸污人妻女,打劫牢狱、仓库,及
> 干系城池衙门,并积至百人以上,不分曾否得财,俱照得财律,斩;
> 随即奏请,审决枭示。若止伤人而未得财,比照抢夺伤人律科断。
> (六项有一于此,即引枭示,随犯摘引所犯之事。)④

此例来源于《(弘治)问刑条例》,《重修问刑条例》同,《(万历)问刑条

---

①　《顺治三年奏定律》卷七,"出纳官物有违",王宏治、李建渝点校,载杨一凡、田涛
主编:《中国珍稀法律典籍续编》(第五册),第215—216页。

②　[明]王肯堂:《律例笺释》卷七,"出纳官物有违"。

③　田涛、郑秦点校:《大清律例》卷十二,"出纳官物有违",第238页。

④　《顺治三年奏定律》卷十八,"强盗"所附例文,王宏治、李建渝点校,载杨一凡、田
涛主编:《中国珍稀法律典籍续编》(第五册),第307页。

例》将"强盗杀伤人"之"伤"字删除。例内注文是顺治三年(1646 年)
采自《律例笺释》。① 在例文中,"强盗杀伤人"之"伤"字的出现,导致
例文出现错误。强盗伤杀人与其他五种情况一道,"分曾否得财,俱照
得财律,斩;随即奏请,审决枭示",但例文又规定"若止伤人而未得财"
时"比照抢夺伤人律科断",出现了冲突。该问题导致了碰撞式的不可
调和的法律漏洞。这种情况其实在万历修例时已经被意识到而加以修
改,但《大清律集解附例》修纂时还是犯了错误。雍正三年(1725 年)纂
修《大清律集解》时才删除了"伤"字,理顺了例文。②

　　清政府在吸纳明代私家律著纂修律例时所导致的错误,属于立法
者的疏忽和错误,给司刑者理解和适用法律带来极大困难。只有再次
立法时,立法者消除立法的漏洞,才能弥补之。

四、　畸轻畸重之弊

　　清代吸纳明代私家律著编纂法典时虽关注到法律的构成要件与犯
罪结果间的关联,但对律文、律文间及律例间的内容缺少整体的理解而
导致了轻重失衡的状况发生。

　　如《大清律例》卷二十六"夫殴死有罪妻妾"条规定:"若夫殴骂妻
妾因而自尽身死者,勿论。"③律文承自《大明律》,规定笼统而模糊,立
法者为了防止丈夫滥用权利,还制定了两条例文。第一条例文:"妻与
夫角口,以致妻自缢,无伤痕者,无庸议。若殴有重伤缢死者,其夫,杖

---

　　① 　胡星桥、邓又天主编:《读例存疑点注》二十六,"强盗",第 417 页。
　　② 　[清]朱轼、常鼐等纂修:《大清律集解附例》卷十八,"强盗"所附例文,载《四库未
收书辑刊》第一辑第 26 册,第 288 页。
　　③ 　田涛、郑秦点校:《大清律例》卷二十六,"夫殴死有罪妻妾",第 435 页。

八十。"①该例文承自雍正三年（1725 年）《大清律集解》的定例。根据
薛允升的考证，可能来源于沈之奇的《大清律辑注》。② 第二条例文：
"凡妻妾无罪被殴，致折伤以上者，虽有自尽实迹，仍依夫殴妻妾至折
伤本律科断。"③该例文来源于《大清律集解》的总注，而总注可能沿袭
于《律例笺释》。④ 通过律文及例文的相互补充，对丈夫殴骂妻妾自尽
身死的不同情况进行了规范，但该规定间出现冲突。薛允升认为：

> 此条仍依夫殴妻妾，至折伤本律科断。如殴至残废、笃疾，则
> 应分别问拟徒罪。上条殴有重伤，止杖八十，彼此相较，殊不画一，
> 有犯碍难援引。究竟何项方为重伤之处，例未指明，设如与妻因事
> 口角，用刀将其砍伤，或用他物及手足殴伤，致妻自缢身死，依上条
> 定拟，则俱应杖八十，照此条科断，则刃伤应拟徒一年，他物手足
> 伤，则勿论矣。再，如殴折一指一齿，二条均无窒碍；殴折二指二
> 齿，则不免参差矣。又按：下威逼人致死条例云，尊长犯卑幼，各按
> 服制照例科其伤罪，盖科以折伤以上之本罪也。与此处总注亦属
> 相同。彼处《辑注》谓期亲可以弗论，大功以下似宜分别科以不
> 应。此例之杖八十，或即本于《辑注》之说，然究不免互相参差。⑤

又如，《大清律集解附例》"杀子孙及奴婢图赖人"条所附第二条例

---

① 田涛、郑秦点校：《大清律例》卷二十六，"夫殴死有罪妻妾"，第 435 页。
② 胡星桥、邓又天主编：《读例存疑点注》卷三十四，"夫殴死有罪妻妾"，第 603 页。
③ 田涛、郑秦点校：《大清律例》卷二十六，"夫殴死有罪妻妾"，第 435 页。
④ 胡星桥、邓又天主编：《读例存疑点注》卷三十四，"夫殴死有罪妻妾"，第 603 页。
⑤ 胡星桥、邓又天主编：《读例存疑点注》卷三十四，"夫殴死有罪妻妾"，第 602—
603 页。

文规定:"有服亲属互相以尸图赖者,依干名犯义律。"①律只言将尊卑死尸图赖旁人之罪,其亲属图赖,并无明文,在顺治三年(1646年),以《笺释》之语纂定此例。② 此例顺治定之,雍正、乾隆仍之。此例导致了律例的逻辑混乱,造成了律例冲突:

> 律只言将尊卑死尸图赖旁人之罪,其亲属图赖,并无明文,故纂定此例。惟律系分别已、未告官,例统言干名犯义,如未告到官,碍(确)难援引。盖未经告官,在凡人,既不科以诬告之罪,在亲属,亦难科以干名犯义之条。以尊长死尸赖人,较之以卑幼死尸赖人为重,而以祖父母、父母尸身赖人,较之期功、缌麻尊长为尤重。诬告亲属尊长较卑幼为重。期亲较功、缌为更重,两律各不相侔。如以尊长之尸图赖尊长,卑幼之尸图赖卑幼,尚可照此律比附定拟。若以尊长之尸图赖卑幼,或以卑幼之尸图赖尊长,科罪必多参差。盖以尊长之尸为重而图赖者,究系卑幼,以卑幼之尸为轻,而图赖者究系尊长。且下条杀子孙等图敕(赖)人者,无论凡人尊卑亲属,具(俱)拟军罪,已不照干名犯义律科罪矣。与此条亦属参差。③

清代立法者在吸纳明代私家律著纂修律例时因思虑不周而经常导致律文内、律文间及律例间轻重失衡,给司刑者理解与适用法律带来困难。

---

① [清]朱轼、常鼎等纂修:《大清律集解附例》卷十九,"杀子孙及奴婢图赖人",载《四库未收书辑刊》第一辑第26册,第329页。

② 胡星桥、邓又天主编:《读例存疑点注》卷三十四,"杀子孙及奴婢图赖人",第603页。

③ 胡星桥、邓又天主编:《读例存疑点注》卷三十四,"杀子孙及奴婢图赖人",第603页。

　　清代编纂法典时所导致的轻重失衡状况,有些是与对律例条文理解不够准确有关,也有些是与律例规定不能及时反映社会现状有关,亦有些是与对人际间的亲疏贵贱没有在律例中准确反映有关。

　　如《大清律集解附例》"杀一家三人"条载:

> 　　凡杀一家(谓同居,虽奴婢、雇工人皆是。或不同居,果系父子、兄弟至亲,亦是。)非(真犯)死罪三人及支解(活)人(但一人即坐,虽有罪亦坐,不必非死罪三人也。)者,(首)凌迟处死。财产断付死者之家,妻、子(不言女,不在缘坐之限。)流二千里。为从(加功)者,斩。(财产、妻、子,不在断付、应流之限。不加功者,依谋杀人律减等。若将一家三人先后杀死,则通论。若本谋杀一人,而行者杀三人,不行之人,造意者,斩;非造意者,以从者不行,减行者一等论,仍以临时主意杀三人者为首。)①

此律文系唐律,原来列于贼盗篇中,明始改入人命篇。注文录自明代私家律著。《大清律集解》沿袭了《大清律集解附例》规定,乾隆五年(1740年)馆修将注文中的"父子、兄弟至亲"改为"本宗五服至亲"。至于更改的理由,

> 　　查《律例笺释》内称"或不同居,果系五服至亲亦是",迨本朝纂辑律文,将"五服至亲"四字改为"父子、兄弟至亲"六字,推原从前改纂之意,或因五服恐于外姻牵混,故指明父子、兄弟,以切本宗耳。盖言父子,则祖孙在内,言兄弟则伯叔在内也,但恐拘牵字义,

---

谓父子、兄弟而外不得更加旁推,则不同居之祖孙、伯叔,其分谊服制转不若同居之雇工得为一家矣,殊未允协。现经刑部奏明,将"父子兄弟"字样,改为"本宗五服至亲"六字。①

五、 律意不明之失

清代立法者在吸纳私家律著编纂法典时,因斟酌损益不精,导致了律意扩大、缩小等错误。

(一) 扩大律意

立法者在吸纳私家律著纂修律例时因对律例间的逻辑关系等方面没有准确的理解,或缺少对私家律著的鉴别吸收,导致了律例文义所涵盖的内容超过立法意旨所规范的内容,以致将不同的类型同置于一个法律规定之下,或者将同一个内容置于不同的法律规定之下,从而造成了不同内容有相同处理或相同内容有不同处理的情况。这是清代吸纳私家律著编纂法典时经常出现的问题。

如《大清律集解附例》"窝弓杀伤人"条规定:

> 凡打捕户于深山旷野,猛兽往来去处,穿作坑阱,及安置窝弓,不立望竿及抹眉小索者,(虽未伤人,亦)答四十;以致伤人者,减斗殴伤二等;因而致死者,杖一百、徒三年,追征埋葬银一十两。(若非深山旷野致杀伤人者,从杀伤论。)②

---

① 马建石、杨育棠主编:《大清律例通考校注》卷二十六,"杀一家三人",第788—789页。

② 《大清律集解附例》卷十九,"窝弓杀伤人",载《中国珍稀法律典籍续编》(第五册),第331页。

该律文承自《大明律》，注文"若非深山旷野致杀伤人者，从杀伤论"，来
自姚著的律上注。① 注文"从杀伤论"指代不明。"从杀伤论"的表现
内容有许多，不同情况的杀伤在惩处上有所不同。其注文到底指何种
情况的杀伤，释注并不明确。此是窝弓杀伤人的规定，在本条没有规定
的情况下，在与之相似的规定中找到弓箭杀伤人的规定，从而使相似的
状况有相似处罚的规定得到实现。立法者认识到了该注文的问题，在
雍正三年（1725 年）修律时在"杀伤论"前增加"弓箭"②二字。

（二）缩小律意

在立法解释过程中，律文文义所涵盖的内容与其立法意旨相比范
围过于狭窄，这不能涵盖该律文的意旨。为了贯彻该律文所表达的意
旨，有必要将该律文的文义扩张，将相似的应该规范的内容纳入进来。
清代立法者在纂修律例时虽注意到了这种状况，但在吸纳私家律著释
注律例时还经常出现缩小律意的问题。

如《大清律集解附例》"斗殴"条规定：

> 凡斗殴，（与人相争。）以手足殴，人不成伤者，笞二十。（但殴
> 即坐。）成伤及以他物殴人，不成伤者，笞三十。他物殴人，成伤
> 者，笞四十。（所殴之皮肤）青赤（而）肿（者），为伤。非手足者，其
> 余（所执）皆为他物，即（持）兵不用刃，（持其柄以殴人，）亦是
> （他物）。③

①　［明］姚思仁：《大明律附例注解》卷十九，"窝弓杀伤人"，载宋祥瑞主编：《北京大
学图书馆藏善本丛书》之《明清史料丛编》，第 716 页。

②　［清］朱轼、常鼎等纂修：《大清律集解附例》卷十九，"窝弓杀伤人"，载《四库未收
书辑刊》第一辑第 26 册，第 331 页。

③　《顺治三年奏定律》卷二十，"斗殴"，王宏治、李建渝点校，载杨一凡、田涛主编：
《中国珍稀法律典籍续编》（第五册），第 334 页。

注文来自《大明律》原注与姚思仁的《大明律附例注解》①。"持其柄以殴人"的小注是姚思仁录自雷梦麟的《读律琐言》②。

> 乾隆五年馆修,以律文"兵不用刃亦是他物",是"凡属金器不用刃者,皆不作金刃伤"一语,已足该括无遗矣。小注意欲分析,特注"持其柄以殴人",是除柄以外,如刃背、斧背之类,反致科断引用不能画一。查《笺释》云:"背柄殴人亦是他物",此语更觉明显。应将"持其柄以殴人"句内添一"背"字,辑如前注。③

在乾隆五年(1740年)修律时因之增加一"背"④字。

第五节　清代吸纳明代私家律学著作
编纂法典的经验与教训

一、清代吸收明代私家律学著作编纂法典的经验

(一)清政府吸纳私家律著时注重与社会的发展相适应

清代修律,律文简约,而简洁的法律在司法实践过程中面对纷繁复杂的状况有些力不从心。清政府意识到了这一问题,在修律时注重律

---

① ［明］姚思仁:《大明律附例注解》卷二十,"斗殴",载宋祥瑞主编:《北京大学图书馆藏善本丛书》之《明清史料丛编》,第723—724页。

② 胡星桥、邓又天主编:《读例存疑点注》卷三十五,"斗殴",第618页。

③ 马建石、杨育堂主编:《大清律例通考校注》卷二十七,"斗殴",第817页。

④ 胡星桥、邓又天主编:《读例存疑点注》卷三十五,"斗殴",第618页。

文的修订,针对新问题、新情况通过注文创造新的规定与原则。即注文不单纯是律文的注释,也具有将律文规定不周延、模糊之处单独立法的功能,成为律典不可分割的组成部分,与律文有同等的法律效力。

法律的制定、解释与社会的发展相一致。清政府在历次律例修纂过程中,往往根据当时社会发展的状况有选择地吸收明代私家律学著作,也会根据社会的具体状况而对原来所吸收的私家律学著作与当时不相符合的内容进行修改。清政府在社会的发展过程中,针对社会发展的现状,对注文做了一系列的扩大、缩限等解释,使法律的应用得以更加适应社会的发展。

如《大清律集解附例》"称与同罪"条规定:

> 称"以枉法论"及"以盗论"之类(事相等而情并重。)皆与真犯同,刺字、绞、斩皆依本律科断。(然所得同者律耳。若律外引例,充军、为民、立功等项,则又不得而同焉。)①

律文末小注采自《律例笺释》。《大清律例通考》亦言:

> 惟条末小注系采《明律笺释》之语。"为民"下仍有"立功"二字,雍正三年馆修,以今无立功之例,故将"立功"二字删。
>
> 又按:乾隆三十六年五月内钦奉上谕:"刑部律例内有边外为民条款,与现在断狱事宜不甚允协,着该部另行定例具奏。钦此。"尊经将各律所载"边外为民"字样悉行删去。现在并无为民

---

① 《顺治三年奏定律》卷一,"称与同罪",王宏治、李建渝点校,载杨一凡、田涛主编:《中国珍稀法律典籍续编》(第五册),第149页。

例款,则此处"为民"二字亦应删,以昭画一。①

不过,在纂修过程中也有未能及时删除过时律文的情况。如《大清律例》卷二十二"乘官畜产车船附私物"所附条例:

> 沿河一带,升除外任及内外公差官员,若有乘坐在官船只,(一事,)兴贩私盐,(二事,)起拨人夫,(三事,)并带去无籍之徒,辱骂、锁绑官吏,勒要银两者,督抚、巡河、巡盐、管河、管闸等官,即便拿问。干碍应奏官员,奏请提问。其军卫有司驿递衙门,若有惧势应付者,参究治罪。(三事不备,不引此例,止一事依本律论。)②

"此条系前明问刑条例,其小注系顺治三年采《笺释》语添入,雍正三年修改,乾隆五年改定。""谨按:巡河、巡盐,现无此官,似应修改。应治何罪,并未叙明。"③

(二) 吸纳私家律著编纂法典时注重立法与司法的结合

制定法律是为了适用法律,但只要存在法律适用的地方,就必然存在着对于法律的理解和说明,当然也无法完全避免出现理解上的歧义之处。正如梅丽曼所言:"一个典型的法典中,几乎没有一个条款不需要作司法解释。"④即使是详尽、完备的法典,在司法实践中仍会暴露出

---

① 马建石、杨育堂主编:《大清律例通考校注》卷五之上,"称与同罪",第302页。
② 田涛、郑秦点校:《大清律例》卷二十二,"乘官畜产车船附私物",第364页。
③ 胡星桥、邓又天主编:《读例存疑点注》卷二十四,"乘官畜产车船附私物",第389页。
④ 〔美〕约翰·亨利·梅丽曼:《大陆法系》,顾培东、禄正平译,法律出版社2004年版,第43页。

不周延和模糊、律意不明的缺陷。

清政府之所以吸收众私家律学著作,是因为众私家律学家本身就是司法官,在其长时间的司法实践中有许多经验积累,在其注律时经验往往体现在律著中。众私家注律家站在司法实践的立场上,注重法律文本在司法实践中的意义,在文本与事实的互动中释注。在具体的司法实践活动中,无法找到明显的与之对应的法条时,私家注律家会针对相关问题对律例作出解释。正是这一点,其所注之律才更有针对性和适用性。

在修律时注重对不同私家律著的借鉴与吸收。针对官方而言,官方法律注释从实质上看,企图消除法律实施过程中司刑者对法律理解可能出现的歧义,进行规范性的指导。基于此,官府才不遗余力地对律文进行注释,阐明律文的精神与立法原意,对律文适用中可能出现的不周延、概念模糊之处进行细致界定,限制司刑者理解和解释的范围,并为司刑者在同类情况下的实践解释提供思维的范式。基于此,清政府在修律时注重概念的界定、罪名的区分。在逐字逐句的疏解中对律文不周延、模糊之处进行疏解,消除歧义。对于司刑者而言,官方的律注、例注等法律解释与律例正文没有差异,都是对法典的规范性解释。因为只有规范律例条文与注释,才能有效防止司法官在司法裁判过程中可能的擅权和枉法裁判。

(三) 制定了合理的律例修纂机制

清代法典的编纂注重因袭,保持了律例的稳定性和连续性。清初《大清律集解附例》"本明律为增损"①,"大清律即大明律改名也"②。

① [清]杨景仁:《式敬编》卷一《平法》,清道光二十五年刻本。
② [清]谈迁:《北游录》之《纪闻下·大清律》,第378页。

尽管清政府修律直接以《明律》为蓝本,但同时也大量参考《唐律疏议》的内容。吉同钧曾言:"国初虽沿用明律,而修订之本仍根源于《唐律疏议》,此《大清律》所以斟酌百王,为损益尽善之书也。"①亦言:"尝考唐律所载律条与今异者八十有奇,其大同者四百一十有奇,而今之律文与唐律合者亦十居三四,盖其所从来者旧矣。"②可见,清律虽几经修订,但保持了很强的继承性,从而保持了律例的稳定性。为了保持稳定性,清政府在法典编纂时采取了以律统例的编纂方式。清代律例合编的体例是双方有效地发挥效力的最佳方式,律处于主导地位,而例处于从属地位。清代律例合编的体例借鉴了明代官方律学著作《大明律附例》,而《大明律附例》的编纂体例最早可以追溯到正统年间胡琼的《大明律解附例》。

　　清政府在纂修法典时先由皇帝发布诏敕选定领衔者,领衔者再选择合适的修律之人奏报皇帝,皇帝批准后参与到律例的修纂中,这是临时的修律机构,法典修纂完成后班子解散。顺治二年(1645年)专门在刑部成立律例馆这一临时性机构,负责律例的纂修。到了乾隆年间,随着例的定期修订,律例馆成为常设机构。清政府组织强大的修律班子,有领衔者,有各篇章的负责人,也有更多熟悉律例的吏胥负责具体律例的纂修。在编纂法典时,众修律人分工负责,统筹协调的修律机制,可以动员优秀人才参与其中,及时发现问题。对于律例不周延与模糊之处,众纂修者参考众明代与清代私家律学著作等资料进行修改,达到了律例明顺的效果。

---

　　①　[清]吉同钧:《大清现行刑律讲义》之大清现行刑律讲义原序之五,粟铭徽点校,清华大学出版社2017年版,第9页。
　　②　[清]张玉书:《张文贞集》卷四《刑书纂要序》,清乾隆五十七年丹徒张氏松荫堂刻本。

（四）注重结构分析

清政府在修律时注重注文的修订。注文有效弥补了律文规则对事实涵摄性不足的缺陷，并成为法律的一部分。注文除了连缀上下文，疏解律意，还注重律文结构的分析。其实，注重律文结构的分析，是明代私家律学尤其是辑注类私家律学的长处。这以《律例笺释》《读律琐言》《大明律集说附例》及《大清律辑注》为代表。这些辑注类的私家律著特别注重律文的结构分析，也注重律例间的协调。清政府在纂修律例时也注重结构分析，从而使律文及律例间关系更加清晰，并通过注文补充律文不周延、模糊之处。通过对结构的强调，使法典更加明晰，避免了理解上的歧义，从而更有利于司法适用。

清政府在制定法典时注重律文结构的分析。众纂修者在修律时针对原来律文、注文不协调之处，基于律文结构上的理解而积极修改，使之更加顺畅、明晰。

清政府在修律时还注重律例的协调。清代制定条例，要与律文的制定相协调，因"律为一定不易之成法，例为因时制宜之良规。故凡律所不备，必籍有例，以权其大小轻重之衡，使之织悉比附，归于至当"①。只有这样，才能改变"问刑之员援引舛错，吏胥因缘为奸"②的局面。在修例时要因时变通，斟酌损益，宽严得中。正是在这一思想的指导下，清代特别注意例文的纂修。

（五）注重律著间的借鉴与吸收

清政府对待私家律著的态度比明代开明。根据笔者的考察，明代

---

① 《傅鼎奏请修定律例疏（乾隆元年）》，载田涛、郑秦点校：《大清律例》，第14页。
② 《傅鼎奏请修定律例疏（乾隆元年）》，载田涛、郑秦点校：《大清律例》，第14页。

对例文的纂修几乎不见私家律著的影子,在司法判例判牍中也不见吸收私家律著说理、论证。清代在立法中大量吸收私家律著,在司法中也大量借鉴《律例笺释》《读律琐言》《大清律辑注》等作为说理的依据。清政府在立法中,将无法律效力的法律解释,通过官方立法活动的采辑,以律注、例注与例文的形式纳入法典中。

清政府在立法中吸收明代私家律学著作。在顺治修律时,主要以姚思仁的《大明律附例注解》为参考文本,又参考《律例笺释》《读律琐言》《管见》等明代私家律学著作。在雍正与乾隆朝修律时,主要以《大清律集解附例》为蓝本,将律文、注文等与律意不和、不协调甚至有错误之处进行改正。在修订过程中,主要参考《律例笺释》与《大清律辑注》等明清律学文献。虽《大清律辑注》在清代律学史上有划时代的意义,使清代律学摆脱了明代律学的附庸地位,走向了独立的道路,但《大清律辑注》对清代法典编纂的影响与不如明代私家律学大。这与《大清律集解》的小注主要沿袭《大清律集解附例》的小注有关,但《大清律辑注》对《大清律集解》的总注影响较大。到乾隆修律时,因乾隆刚刚即位,不便过多改变《大清律集解》的律文与注文。在《大清律例》"凡例"中曾有所说明:"律内小字注释难明之义,解达未足之语气,句斟字酌,实足补律所未备,今皆照旧详载,间有增损,务在理明辞顺,无取更张。"①《大清律例》采纳了《大清律集解》的注文。在我们的研究中,《大清律例》对《大清律集解》的注文也时有改变。如《大清律例》"除名当差"条"不该追夺诰敕者,不在此限"的注文乃是雍正五年(1727年)馆修时参考《律例笺释》所加。② "老小废疾收赎"条"罪不

①　田涛、郑秦点校:《大清律例》,"凡例",第27页。
②　马建石、杨育堂主编:《大清律例通考校注》卷四,"除名当差",第227页。

至死"的注文也是依据《律例笺释》所加。① "犯罪事发在逃"条的"仍加逃罪二等。逃在未经到官之先者,不坐"的注文,是依据《律例笺释》与《读律琐言》所加。②

　　清政府在修纂律例时受律学影响最大的是顺治朝,到雍正与乾隆朝修律时吸纳私家律著改变原来注文、例文等不周之处。总之,清代法典编纂时吸纳众私家律著,起到了疏解律意,补律所未备的作用。

二、 清代吸收明代私家律学著作编纂法典的教训

(一) 部分修律人因律学素养不高,修律时协调性差导致吸纳私家律著时问题频现

　　清代诸如《大清律集解附例》等法典是集体纂修的结果。《清通典》记载:清代在编纂法典时,"皆特简王大臣为总裁,以各部院通习法律者,为提调、纂修等官"③。《大清律集解附例》是在总裁官的领导下,由吏、户、礼、兵、刑、工六部各自负责相关内容撰写而成。在修律时,大多是胥吏操刀。④ 清政府在纂修律例时,确实集中了不同部门的优秀人才参与,他们分工负责,集体纂修。在清初,《大清律集解附例》纂修仓促,律文大多沿袭《大明律》,但注文比《大明律》的注文有大幅度增加,几乎无律不注,尤句不注。修律诸人任各自负责的领域,选择可资参考的资料作为注文的参考。有些修律人律学素养不高,在取舍过程中因理解有误或专业素养的限制,导致部分注文出现问题,加之他们之

---

① 马建石、杨育堂主编:《大清律例通考校注》卷五,"老小废疾收赎",第265页。
② 胡星桥、邓又天主编:《读例存疑点注》卷五,"犯罪事发在逃",第81页。
③ [清]嵇璜:《清通典》卷二十五《职官三》,清文渊阁四库全书本。
④ [清]谈迁:《北游录》之《纪闻下·大清律》,第378页。

间又缺少沟通与协调,导致了律文间、律例间的脱节。如"有服亲属互相以尸图赖者,依干名犯义律"①例文导致了例文与律文间的矛盾与冲突。在修律时,虽有刑部官员等统筹协调,但其面对诸法合体的法典,对有些律例理解也不够深入而不能避免错误的出现。在修律时,虽有总纂修官的领衔与监督,但其未必懂律,也未必尽心尽力去逐字逐句地探究,更难做到对律文间、律例间的融会贯通,从而没有将出现的问题改正。正是部分修律人的律学素养不高,且在修律时缺少沟通与协调,清政府虽想修一部"鲜乖牾"②的律典,但有些律文释注问题频出。

(二) 立法者缺少对私家律著整体、系统的把握

清政府对待私家律著的态度比明代开明,选择私家律著作为编纂法典的重要参考资料。明政府所纂修的例文几乎不见私家律著的影子,但在清代立法时,明代私家律著以律注、例文与例注等形式被纳入律典中。顺治时期立法者吸收明代私家律著纂修法典得到了官方的认可,康熙朝刑部所编辑的总注也是"汇集众说"③的成果,雍正朝修律也是修律人参酌《律例笺释》和《大清律辑注》④等"会萃旧文"⑤的结果。在清初法典编纂时采辑私家律著的途径及程序还不甚明确,但越到中后期程序应越严格。修律时文本材料的选择要经过某些职能部门的奏请,经皇帝同意后才能成为编纂法典的参考文本。比如刑部认为薛允

---

① 《顺治三年奏定律》卷十九,"杀子孙及奴婢图赖人",王宏治、李建渝点校,载杨一凡、田涛主编:《中国珍稀法律典籍续编》(第五册),第330页。
② 赵尔巽等:《清史稿》卷一百四十二《刑法一》,中华书局1976年版,第4186页。
③ 《张玉书等呈览名例律疏(康熙三十四年)》,载田涛、郑秦点校:《大清律例》,第11页。
④ 田涛、郑秦点校:《大清律例》,"凡例",第27页。
⑤ [清]朱轼、常鼎等纂修:《大清律集解附例》,载《四库未收书辑刊》第一辑第26册,第6页。

升的《读例存疑》"见其择精语详，洵属有裨刑政"①，奏请光绪帝和慈禧太后，批准后以备律例馆修律时采择。其之所以能作为修例的参考，乃是因为"凡例之彼此牴牾，前后歧异，或应增应减，或畸轻畸重，或分晰之未明，或罪名之杂出者，俱一一疏证而会通"②的结果，沈家本也认为"今方奏明修改律例，一笔一削，将奉此编为准绳，庶几轻重密疏罔弗当"③。

　　清代所修之律，"律文简严，意义该括"④，"读律而止悉其文，不求其义"⑤，则不能明晓，对于立法者而言，更要"深思寻绎，始能融会贯通"⑥，才能制定出诠释详明、结构谨严，又避免畸轻畸重之弊的律典。诸修律人面对数量庞大的私家律著，很难通读和整体把握，更难详细辨析各家注解的精当与谬误之处，且分工负责的情况减弱了其融通律例及私家律著的积极性。在修律过程中，诸修律人往往选取少量私家律著作为修律的参考文本。诸如姚思仁的《大明律附例注解》，因注释形式方面的原因，诸修律人多以其为底本编纂《大清律集解附例》，但他们之间缺少统一规划，不同篇章的主持者所选择的参考文本常有所不同。在雍正与乾隆朝修律时，主要以《大清律集解附例》为底本，将律意不合、不甚协调甚至错误的律例进行修订。在改正过程中，主要参考《律例笺释》与《大清律辑注》，《读律琐言》与《读律管见》等也是重要的参考。

　　清初《大清律集解附例》的纂修，是参考明代私家律著的结果，在

　　①　《刑部奏折》，载胡星桥、邓又天主编：《读例存疑点注》，第1页。
　　②　《刑部奏折》，载胡星桥、邓又天主编：《读例存疑点注》，第1页。
　　③　《沈家本序文》，载胡星桥、邓又天主编：《读例存疑点注》，第1页。
　　④　［清］沈之奇：《沈之奇自序》，载《大清律辑注》，第8页。
　　⑤　［清］沈之奇：《蒋陈锡叙》，载《大清律辑注》，第6页。
　　⑥　［清］沈之奇：《沈之奇自序》，载《大清律辑注》，第8页。

以后随着清代私家律学的发展与进步也成了修律的重要参考。在康熙十三年(1674 年)，王明德的《读律佩觽》问世，虽为律学名著，但该书为专题性律学著作，在修律时除某些专题内容外其他方面不太容易借鉴，从而没有成为修律的重要参考。在康熙五十四年(1715 年)随着《大清律辑注》的问世，清代律学开始摆脱对明代律学的依从，逐步走上独立发展的道路，此书也因之成为清代律例修订的重要参考。清代法典在顺治时已基本定型，所以清代私家律学对清代立法尤其是对注文纂修的影响不如明代私家律学大。清代诸如《大清律辑注》等私家律学与明代私家律学精品《律例笺释》《读律琐言》等一道，为清代法典编纂作出了贡献，但修律诸人在参考私家律著修纂律例时，往往以某一私家律著为根据进行修改，而没有仔细阅读更多私家律著以进行比对，从而没有发现律例制定过程中所出现的问题。

(三) 修律人对明代私家律著本身的缺陷认识不足

明清私家律著是众私家注律家多年司法实践经验与律学理论相结合的成果。明清私家注律家以个人之力评论众说，兼抒己见，难免有释注不准确甚至错误之处，且其在注律时常注重实用，强调经验，不太注重理论的概括与逻辑推理，从而使律文间、律例间缺少有效的逻辑关联。清代律例条文中不周延、模糊甚至错误之处，有些固然是部分修律者律学素养不高、认知不足的结果，但也有些是私家律著本身缺陷的体现。清代立法是简严的律文、繁琐的注文与详细而具体的例文的结合，但在结合过程中立法者在吸收私家律著时缺少严谨的辨析与取舍，没有仔细斟酌私家律著的精当与谬误，也不太注重逻辑的推演，导致了彼此间产生抵牾。譬如前文所述《大清律集解》总注中"取受求索、借贷"的错误解释乃是修律者吸纳《律例笺释》时没有理清三者间的逻辑关系所致。《大清律集解附例》"有服亲属互相以尸图赖者,依干名犯义律"例文的制定造成了律文间及律例间的冲突,这是修律者在参考私家律著时没有全面掌握,只悉其文,不知其义,不能融会贯通的结果。

清代不同时期纂修律例,后一次修律对前次修律所出现的问题进行修正,改正抵牾之处,准确疏解律意,使律例条文明顺,有利于司刑者准确适用法律。所纂修的律例,是众修律人集体编纂、分工负责、统筹协调的产物。各修律人在修律时过于重视司法应用,缺少理论方面的提升,且因其常各自为政,缺少对律例的整体把握,导致律例条文及其注解间缺少互动、协调和统筹认知,这些都导致了法典编纂时出现问题。这些问题的出现,从根本上说,大多是众修律人抄录私家律著,不注意鉴别吸收和欠缺逻辑推理的结果。

(四) 过于强调应用,缺乏理论的提升

古代立法是简约的律文与繁琐、具体的例文相结合。注文在繁琐与具体的法律规定中,通过逻辑的推演,使事实为法律规定所涵摄,从而针对律文、例文及律例的协调与应用进行解释与说明,增强其适用性。诸修律人重视经验轻视逻辑,导致众注律家借鉴司法实践经验解释律例条文时不太注重逻辑的推演,致使律例间、律文间及律文与注文间脱节。正是诸修律人缺少律文、注文、例文间的统筹认知,过于注重司法应用,缺少理论方面的提升,导致律例条文及其注解间缺少互动和沟通,造成了一系列在不同的律例条文间不协调的问题。

(五) 没有及时吸纳私家律学的优秀成果修订律例

清代立法者吸纳私家律著编纂法典,疏解了律意,改正了律例的不周延与模糊之处,但立法者经常忽视私家律著的优秀成果,从而导致律

典存在的一些问题不能及时得到修正。在纂修《大清律集解附例》的过程中,因时间仓促,加之所选拔的修律人律学素养不高,导致律文尤其是注文错误频现,到了《大清律集解》与《大清律例》纂修时,针对上一次修律时所出现的问题进行修订。除了修纂律典时大规模订正律典的错误,在司法适用过程中司刑者若发现律例存在问题,可以通过奏报,并经过严格的程序进行修改,但程序繁琐,相关官员未必都有这样的积极性。虽清代纂修法典,有完备的制定与修改制度,但在律例出现问题后修律人没有及时吸纳私家律学的优秀成果进行修正。如前文所述的《大清律集解附例》"起解金银足色"小注中的"通同作弊"与"侵盗"语意重复,直到乾隆五年(1740年)修纂《大清律例》时才依照《律例笺释》进行了修改。①还有一些律例条文,在制定时不周延,导致了律意扩大或缩小等的错误,但长时间后才依据私家律著进行修订。如《大清律例》"直行御道"条末小注"在外衙门龙亭仪仗已设而直行者,亦准此律科断","系乾隆五年馆修,以总注内曾采《笺释》语:'在外衙门,龙亭仪仗已设而直行者,亦准此条科断'等语,足补律所未备,因增辑入注,以便引用"。②还有一些罪名等在法典中规定模糊,虽私家律著有明确说明,但长时间没有引起立法者的注意。如《大清律集解附例》"官员赴任过限"所附第二条例文:"升除出外文职,已经领敕、领凭,若无故迁延至半年之上,不辞朝出城者,参提问罪;若已辞出城复入城潜住者,改降别用。"③该例文"参提"下为"问罪"二字,指代不明,直到"乾隆五年馆修,以参提问罪并无指定罪名,查《笺释》,依违制律,应

---

　　①　田涛、郑秦点校:《大清律例》卷十二,"起解金银足色",第241页。

　　②　马建石、杨育堂主编:《大清律例通考校注》卷十八,"直行御道",第574页。

　　③　《顺治三年奏定律》卷二,"官员赴任过限",王宏治、李建渝点校,载杨一凡、田涛主编:《中国珍稀法律典籍续编》(第五册),第167页。

于'参提'下,增入'以违制律'四字"①。清代编纂法典时没有及时吸
纳私家律著的优秀成果改正法典的不周延、模糊甚至错误之处,影响到
司刑者对法典的理解,进而影响了司法适用。

小　结

综上所述,清政府在没有制定统一的官方法律解释的情况下,为了
维护法律的稳定性和增强其适用性,特别注重法典的修纂。明代私家
律著与清代私家律著是清代不同时期编纂法典的重要参考,其疏解了
律意,补律所不及,起到了积极作用。在关注明清私家律学发展的基础
上了解清代编纂法典时采辑明代私家律学的状况,考察到众修律人因
律学素养不足、思虑不周、理解有误或统筹协调性差等致使其在吸纳私
家律著纂修律例时"止悉其文,不求其义",更缺少融会贯通,从而使所
编纂的法典有拖沓冗长、律意不明之失,也有律例失调、畸轻畸重之弊,
更有错误吸纳等状况。修律人律学素养的不足、律学著作本身的缺陷
和吸纳私家律著时缺少统筹协调等是造成以上问题的原因。

---

① 　马建石、杨育堂主编:《大清律例通考校注》卷六,"官员赴任过限",第364页。

结　语

明代律学承唐代律学之余绪,在宋元律学衰微后重新兴起,并逐步走向繁荣。明代私家律学是明代律学的最重要组成部分,弄清明代私家律学的内容与发展状况,不仅有助于全面了解明代律学,而且对于掌握清代律学的渊源有重要意义。

明代律学在中国古代律学史上具有承前启后的重要地位。明代律学的中兴与繁荣是建立在明代私家律学充分发展的基础上的。明代私家律学在洪武—宣德年间勃兴,正统—正德年间进一步发展,嘉靖—崇祯年间走向繁荣。凭借 90 余部私家律著,明代律学终于走出宋元律学衰微的谷底,走向中兴与繁盛。明代私家律学的繁荣,与官方对私家律著的认可、法典体例与内容的变化、民众法律意识的提高和日趋复杂的经济关系的需要有紧密联系;与注律家的努力、官吏个人需求及司法实践需要密切相关;也与明代以前的律学为明代律学奠定坚实的基础及明代印刷业的发展分不开。

在前贤研究的基础上,本论著查找、搜罗目录学、正史等文献,辑录出 90 余部明代私家律著,其中留存 50 余部,存目 40 余部。在明代诸文献中,对私家律著著者、辑者的记载错误百出,本论著通过考释,纠正史籍的错讹。通过对成书时间及版本的考证,确定私家律著的成书及抄、刊时间,并借此反映明代的法律状况。通过弄清私家律著的版本、著者、成书时间及私家律著间的关系,从中了解私家律著间的传承及相互影响,并借此发现明代私家律著在注释技术、方法等方面的发展与变化。通过对私家律著的考释,不仅对明代的私家律学有清晰了解,还展现了明代律学的昌盛与发达。

明代私家注律家在注释《大明律》时主要以儒家思想为指导,但其注律时更关注律、例的实用性及技术性问题的处理。明代私家律著同清代律著一样,基于律著的继受、侧重点及注释形式等而形成一定的流派。同清代相比,明代私家律著中的辑注派、考证派、司法应用派较丰富,便览派、图表派、歌诀派仅处于雏形阶段。明代私家律著通过律例合编等形式,以多样的注释方法和注释体例,对律例条文进行疏解,在注释特点上与其他朝代相比,有较明显的相似性,又有其时代特色。

前贤在研究明代私家律学时对著者有所介绍,但将其作为群体研究乃是本论著的创新之处。本论著考释了41位私家注律家,发现其多居于东南及沿海健讼之地,诸多私家注律家在仕宦前通晓法律,不能不说受到了当地健讼风气的影响。通过对私家注律家出身的考察,从中可探知这一群体的知识背景与素养,以及出身与私家律学著作内容间的联系。通过探求私家注律家学习律例的途径及其律学素养的养成,不仅了解注律家群体的律学基础,也知晓了其秉公执法的专业知识来源。通讨对私家注律家之任官分析,知晓注律家之仕宦经历往往跟其专业特长有关。私家注律家释疑解惑、潜心注律的目的是使官员、胥吏和百姓知法、守法,并在法律的框架内,各安其分,各司其职,最终达到刑措而不用的理想境界。

明代私家律学的法律解释,从法律效力上讲,是无效的法律解释,因之,在明代的判例、判牍中不能窥见私家律著的影子,但众私家律著还是得到司刑者的认可与青睐,多次刊刻,分发本衙官员,作为学习法律的重要参考。因明代的判例、判牍不能直接引用私家律著作为审断案件的标准,这为两者的对比研究带来了极大困难,但有司法实践经验的注律家站在司法立场探究律例的实际运作,阐释抽象的律例条文在司法实践中的应用,通过扩大或缩小解释等解释方法,使本来笼统的律文在众私家注律家相互印证下,明确内涵与外延,从而为问刑官审断案件提供参考与借鉴。私家注律家在注解律文时,记载并分析了司法实践中问刑官基于理解的错误而误判,及问刑官基于陈规陋习,或不愿承担责任,或为了获得好处而故意错判的情况,从而反映了明代司法状况。

基于明代社会的发展及社会环境的变化,《大明律》的某些规定已不合时宜,从而成为具文。本论著通过对明代私家律学等文献的分析,知晓明律中有些律文乃是针对明初特定的社会状况而设立的,随着社会环境的改善,这些律文已经没有执行的社会基础。有些律文在制定时设计不合理或执行确有困难,从而成为具文。有些律文在执行过程中出现弊端,统治者为了克服之而废止律文,从而使其成为具文。通过明代私家律著对明代律例具文现象的分析,反映了当时的法律执行状况及社会问题,有较重要的现实意义。

清政府在没有制定统一的官方法律解释的情况下,为了维护法律的稳定性和增强其适用性,特别注重法典的修纂。明代私家律著是清代不同时期编纂法典的重要参考,其疏解了律意,补律所不及,起到了积极作用。在关注明清私家律学发展的基础上了解清代编纂法典时采辑明代私家律学的状况,考察到众修律人因律学素养不足、思虑不周、理解有误或统筹协调性差等致使其在吸纳私家律著纂修律例时"止悉其文,不求其义",更缺少融会贯通,从而使所编纂的法典有拖沓冗长、律意不明之失,也有律例失调、畸轻畸重之弊,更有错误吸纳等状况。

修律人律学素养的不足、律学著作本身的缺陷和吸纳私家律著时缺少统筹协调等是造成以上问题的原因。

因笔者才疏学浅，加之时间紧迫和收集资料的困难，明代私家律学中的一些问题有待进一步研究：对于明代私家律学对唐宋律学的承继与变化没能进行专题研究；对于明代私家律学与官方律学的相互影响关注不够；对于明代私家律学、讼师秘本及日用类书中的律例内容在解释主体、解释理念与解释目的、解释对象与方法及官方对其的态度等问题上没有进一步阐释；对于明代私家律学对清代司法、律学的影响没有展开论述。以上问题只能留待以后进一步研究。

总之，通过对上述诸问题的研究，本论著展示了明代私家律学的基本状况和明代私家律学的中兴与繁荣，展现了明代私家律学的阶段性、时代性特点。

附录　明代私家律学著述表

时期	作(撰、辑、刊)者	名称	卷数	初版	再版	律学之承继	备注
洪武	何广	《律解辩疑》	三十卷	洪武年间刊印	天顺五年之后的重编本		原藏于北平图书馆,后曾被美国国会图书馆收藏,再之后又迁至台湾"中央图书馆"。中国家图书馆所藏微缩胶卷。
永乐前后	严本	《刑统辑义》	四卷	不详	不详	唐明律的比较著作	存目
永乐前后	严本	《律疑解略》	不详	不详	不详		存目
天顺	张楷	《律条疏议》	三十卷	天顺五年原刻本	成化三年王迪刻本,成化七年荆门守俞谙重刻本,成化七年南京史氏重刻本,嘉靖二十三年南京福建道御史黄岩符验重刻王迪本。		日本尊经阁文库藏明嘉靖二十三年南京福建道御史黄岩符验重刻本。台湾"中央图书馆"藏明成化刊本。

（续表）

时期	作（撰、辑、刊）者	名称	卷数	初版	再版	律著之承继	备注
天顺	张楷	《律条撮要》	不详	不详	不详	《律条疏议》删节本	存目
大约成化时期	徐舟	《律法详明》	不详	不详	不详		存目
成化	佚名	《会定见行律》	一百零八条	北京书坊刊行	不详		存目
成化至弘治	陈廷瑄	《大明律分类条目》	四卷	宪宗成化至孝宗弘治年间	不详	《律解辩疑》删节本	存目
成化、弘治年间	杨简	《（大明律）集解》	不详	不详	不详		存目
正德	佚名	《大明律讲解》	三十卷	正德五年刊刻	朝鲜光武七年法部奉旨印颁，为活字印本。	在《辩疑》（主要引用书）和《解颐》《律条疏议》等诸家的注解基础上，阐述自己的见解。	
正德十三年至正德十六年写成	胡琼	《大明律解附例》	三十卷	正德十六年贵州布政司于贵阳原刻	此书多次刊刻	此书除弘治七年《问刑条例》以外还混编有弘治七年之后及至正德年间的例。	日本尊经阁文库，中国国家图书馆藏明世宗正德十六年胡氏贵阳刊本。日本蓬左文库藏明嘉靖刊本。

（续表）

时期	作（撰、辑、刊）者	名称	卷数	初版	再版	律著之承继	备注
不详	曾思敬	《律学解颐》	一册	不详	不详	《律学解颐》乃明代私家律学著作的上乘之作，常敬其他律学著作所征引。比如《大明律直引》曾引之。	存目
正德至嘉靖年间	陈器	《读律肤见》	不详	不详	不详		存目
嘉靖	佚名	《大明律直引》	八卷	明嘉靖五年原刊	不详	《大明律直引》所附条例系《弘治问刑条例》和弘治十三年后续订的例比附律条混编而成。《弘治问刑条例》与后续增订的例加以区分，但将某条例附于某律之后，这与《律疏附例》不同。	日本尊经阁文库藏本
嘉靖	孙存	《大明律读法》	三十卷	嘉靖十一年左右原刻	嘉靖十二年七月前江西等处承宣布政使司左参政升河南按察使范永銮重刊。		范永銮重刊，改名《大明律》。
嘉靖	应槚	《大明律释义》	三十卷	嘉靖二十二年原刻	嘉靖二十八年冬十月既望济南知府李迁校正重刻。嘉靖三十一年广东布政使司重刊。	参考《疏议》《直引》等。	日本尊经阁文库藏李春芳刻本。上海图书馆藏嘉靖广东布政使司刻本。

（续表）

时期	作(撰、辑、刊)者	名称	卷数	初版	再版	律著之承继	备注
嘉靖	佚名	《大明律例附解》	残卷（存卷二、卷三及卷末附录）	不详	嘉靖二十三年邗江书院重刊	该本行款与以下四本相同，不同之处在于：蓬左文库本、日本东京大学东洋文化研究所藏本（全本），内阁文库藏本所附例为《重修问刑条例》（即《嘉靖问刑条例》），而此本所附例为《弘治问刑条例》。此本刻于嘉靖二十三年，此时所行用的例为《弘治问刑条例》，在嘉靖二十九年《重修问刑条例》颁布后，邗江书院据嘉靖二十三年原本重刊，将《弘治问刑条例》替换为《嘉靖重修条例》。从此看，此本是其他四本的底本。	日本东京大学东洋文化研究所所藏
嘉靖	佚名	《大明律例附解》	十二卷	不详	嘉靖年间邗江书院重刊	所附条例已易为《重修问刑条例》，即《嘉靖问刑条例》。	日本蓬左文库藏
嘉靖	佚名	《大明律例附解》	十二卷	不详	明嘉靖刊本	邗江书院原版重刊，所附条例为《嘉靖问刑条例》。	据蓬左文库本重刊。日本东京大学东洋文化研究所所藏。

（续表）

时期	作(撰、辑、刊)者	名称	卷数	初版	再版	律著之承继	备注
嘉靖	佚名	《大明律例附解》	十二卷	不详	嘉靖刊本	此书卷一第一页题"邢江书院原版重刊"。	北平松坡图书馆藏
嘉靖	佚名	《大明律例附解》	十二卷	不详	嘉靖池阳秋浦杜氏象山书舍重刊	此书于律后所附"重修条例"后,即附《附考直引增例》《律解附录直引增例》及《备考增例》。《律例附解》所载与胡琼集解所附"例"相同;《直引增例》与《大明律直引》所载《问刑条例》相同;而所谓《读法附考增例》则当引自孙存《大明律读法书》。孙书所收《问刑条例》应为《弘治问刑条例》。	日本内阁文库藏
嘉靖	不详	《大明律例附解》	十二卷	不详	明末龙冈龚邦录刊		日本关西大学综合图书馆藏
嘉靖	王楠	《大明律集解》	三十卷	不详	世宗嘉靖年间河南布政使司衙门重刊	此书对明律所作注完全抄袭胡琼《大明律解》中的"集解",删去了其中的例。	刻于嘉靖二十六年后,三十一年前。日本内阁文库藏。

（续表）

时期	作（撰、辑、刊）者	名称	卷数	初版	再版	律著之承继	备注
嘉靖	汪宗元重刻	《大明律例》	三十一卷	不详	嘉靖三十二年江西布政使汪宗元、潘恩重刊	汪宗元重刻本《大明律例》将所附江书院《大明律例附解》所附的《律解增例》及《直引增例》《读法增例》《备考新例》取消，这是较铨左文库本、松坡图书馆本、日本东京大学东方文化研究本、象山书舍重刊本《大明律例附解》科学，进步取的地方。	所用例为《嘉靖问刑条例》
嘉靖	雷梦麟	《读律琐言》	三十卷	不详	嘉靖三十六年庐州府知府汪克用刻本。嘉靖四十二年徽州府歙县知县熊秉元重刻本。福建书坊曾刊刻《读律琐言》，但未见留存。	中国国家图书馆善本室和日本东京大学法学部图书室所藏为汪刻本。台湾地区保存的为熊刻本。
嘉靖	陆柬	《读律管见》	二卷	不详	福建书坊曾刊刻	写作年代大致确定在"嘉靖三十六年之后，隆庆元年之前"。
嘉靖三十九年前	佚名	《律例备考》	不详	不详	不详	存目

（续表）

时期	作(撰、辑、刊)者	名称	卷数	初版	再版	律著之系继	备注
嘉靖三十九年前	佚名	《律书策要》	不详	不详	不详		存目
嘉靖三十九年前	佚名	《律条罪名图》	不详	不详	不详		存目
嘉靖三十九年前	佚名	《读律一得》	不详	不详	不详		存目
嘉靖	包大夫	《法家体要》	二卷	不详	山东按察司藏版《法家体要》为陈宪庆刻		中国国家图书馆藏
嘉靖	唐枢	《法缀》	一卷	不详	嘉靖万历同刻		介绍明代法律文献的目录学著作。
嘉靖	应廷育	《读律管窥》	十二卷	不详	不详		存目
嘉靖	潘智辑录、陈永补辑	《法家裒集》	一卷	嘉靖三十年唐尧臣刻	明钱唐胡氏重刊		《法家裒集》首先由潘智辑录，后由陈永补辑，苏佑题解。明钱唐胡氏重刊本末见留存。

（续表）

时期	作(撰、辑、刊)者	名称	卷数	初版	再版	律著之承继	备注
隆庆元年	陈省重刻	《大明律例》	三十一卷	不详	隆庆元年巡按湖广监察御史重刊	主要引用《疏言》、余姚杨简氏《集解》、陆束《释义》《管见》。	
隆庆二年	佚名	《律疏附例》	三十卷，附录一卷，朴遗一卷	不详	隆庆二年九月，河南府知府遵依河南巡抚李邦珍之命而将该书重刊。		藏于台湾"中央图书馆"
隆庆	王之垣奏请刑部编辑	《律解附例》	八卷	不详	不详	从体例上看，根据实录（《明穆宗实录》卷五十六"隆庆五年四月[辛亥]"）的记载，应该和陈省校刊的《大明律例》相同。	刑科给事中王之垣奏请刑部编辑。
万历元年	梁许	《大明律例》	三十一卷	不详	陈省本的辑刻	此为陈省本之辑刻。	中国国家图书馆藏
万历七年或八年	王藻重刊	《大明律例》	三十一卷	不详	万历（七年或八年）按山东监察御史王藻重刊	该书行款与陈省刊本相同，也征引了《读律琐言》《大明律释义》和杨简的《集解》，只是增加了嘉靖四十一年以后至万历六年所定例。	

（续表）

时期	作(撰、辑、刊)者	名称	卷数	初版	再版	律著之承继	备注
万历十三年	佚名	《大明律例附疏》	三十卷（缺卷一）	万历十三年十月江西监察御史孙旬发刊	不详	此本系据隆庆二年重刊本《大明律疏附例》重刊,而卷首"纳赎例图"则改依万历十三年舒化所进呈《大明律附例》新刻本。此本律文及所附刑条例均已改依舒化《大明律附例》,唯对明律之解释则一仍隆庆二年重刊本《大明律疏附例》之旧。	日本东京大学东洋文化研究所所藏
万历	书林叶氏作德堂编	《刻御制新颁大明律例注释招拟指南》	十八卷	万历十七叶氏作德堂刊本	金陵书坊周近泉大有堂刻本		中国国家图书馆周近泉大有堂刻本,上海图书馆,杭州市图书馆亦藏此残卷。日本蓬左文库作德堂林叶氏作德堂刊本。庆应义塾大学藏本与以上两个版本不同。

（续表）

时期	作（撰、辑、刊）者	名称	卷数	初版	再版	律著之承继	备注
万历十九年	冯孜	《大明律集说附解》	九卷 图一卷	不详	万历十九年刊刻		日本东京大学东洋文化研究所藏
万历二十年之前	考中官叔理未敬循汇辑	《大明律例致君奇术》	十二卷	明末余彰德萃庆堂刊印	不详	该书有多款例文同《嘉靖问刑条例》。该书为坊刻本、例文多误。	此书的刊行在郑汝璧的《大明律解附例》之前。日本东京大学东洋文化研究所藏。
万历二十年	陈遇文发刻	《大明律附解》	三十卷	不详	万历二十年刊	几乎被万历三十八年高举刊刻的《明律集解附例》吸收。	日本尊经阁文库有藏。吉林大学图书馆有藏残本。
万历二十一年之前	陈遇文发刻	《大明律解》	八卷	不详	万历二十一年刊		日本尊经阁文库有藏
万历	胡文焕编	《疏言摘附》	一卷	不详	不详	《疏言摘附》是在雷梦麟《读律疏言》后所附附录的律的内容，加以简化，式其将律例、改易，只取其意，以方便观览。	书前有万历二十一年自序存目

（续表）

时期	作（撰、辑、刊）者	名称	卷数	初版	再版	律著之承继	备注
万历	郑汝璧	《大明律解附例》	三十卷	不详	万历二十二年刊，山东按察司曾刊刻。	其所载"纂注""备考"文句与陈遇文所刻《大明律解》完全相同。此本已将《大明律附例》新刻本《续编同刊条例》，散附于有关律条之后，并增附新题例。	日本内阁文库藏
万历	佚名	《律学集议渊海》		不详	不详	引用《硕言》《集解》《管见》《辩疑》《哀集》《博答》。	日本东京大学法学部藏
万历	王樵	《读律私笺》	二十四卷	万历刻	多次刊刻	每篇依张氏《疏议》，备极历代沿革；唐之条目今异，因可见本朝增损精意。又总为《法原》一篇，以提其纲云。	万历二十三年资善大夫南京都察院右都御史王樵序。中国国家图书馆藏。
万历	袁贞吉等	《大明律解附例》	三十卷	不详	二十四年刊	此本内容与郑汝璧集解名例全同，仅卷首"大明律集解"记服制等陈第，系据陈遇文刊本增，为郑汝璧刊本所无。此本纂注亦抄陈遇文《大明律解》。	日本尊经阁文库有藏，东京大学东洋文化研究所藏本残本。
万历	焦竑编辑	《新锲翰林学详释》	二卷	万历二十四年乔山堂刊	不详		日本内阁文库藏
万历二十七年刊	周某辑	《大明律注释祥刑冰鉴》	三十卷	明万历二十七年金陵书林周竹潭嘉宾堂刊	不详		日本内阁文库藏

（续表）

时期	作（撰、辑、刊）者	名称	卷数	初版	再版	律著之承继	备注
万历	应朝卿等	《大明律》	三十一卷	万历二十九年扬州刻	万历三十七年董汉儒重刊		中国国家图书馆，东京大学东洋文化研究所所藏万历二十九年扬州刻本。东京大学东洋文化研究所、中山大学图书馆藏万历三十七年董汉儒重刊本。
万历	余员注招叶仅示判	《三台明律招判正宗》	十三卷	万历三十四年福建建邑书林双峰堂余象斗刊印	不详		东京大学东洋文化研究所，日本内阁文库所藏。中国吉林省图书馆和重庆市图书馆藏残本。
万历	佚名	《明律统宗》	二十卷	神宗万历三十五年积善堂陈奇泉刊	不详	《明律统宗》在征引律文后，附有《释义》《疏言》和条例、法家申拟、附录问刑条例、附录逐法增例、附录疏议、附录管见、附录考条、备考新例等项，以阐释律文。	

（续表）

时期	作（撰、辑、刊）者	名称	卷数	初版	再版	律著之承继	备注
万历	沈应文校正、萧近高注释、曹于汴参考	《刑台法律》	十八卷，目录一卷，首一卷，副一卷，附一卷。	潭阳熊氏种德堂明万历三十七年刻	不详		中国国家图书馆藏。海王邨古籍丛书所收录此书。
万历	高举刻	《大明律集解附例》	三十卷	不详	万历三十八年重修订法光绪三十四年修馆重刊。	此本与袁贞吉刻本全同，只是增附后来新定例。此本收有万历三十五年正月新颁条例。此本"篆注""备考"均抄陈遇文所刻《大明律解》。	中国国家图书馆藏
万历	佚名	《全补新例明律统宗》		不详	万历四十年建邑积善堂陈奇泉重刊本	此本为万历三十五《明律统宗》的重刊本。	
万历	熊鸣岐辑	《昭代王章》	十五卷	师俭堂萧少衢刻	福建书林萧世熙重刊		中国国家图书馆，日本宫内厅书陵部藏师俭堂萧少衢本
万历	姚思仁	《大明律附例注解》	三十卷	不详	不详		日本内阁文库、北京大学图书馆与华东师范大学图书馆有藏。

（续表）

时期	作(撰、辑、刊)者	名称	卷数	初版	再版	律著之系继	备注
万历	王肯堂	《律例笺释》	三十卷	四十四年王肯堂堂字本	清康熙三十年顾鼎刻。两刻本有较大不同。《王仪部先生笺释》未录律文，并对《律例笺释》的解释作了改动。	乃集诸家之说，舍短取长，足见行条例俱详为之释，而《会典》诸书有资互考者附焉。《私笺》之所未备，	四十四年王肯堂序本（日本宫内厅书陵部、东京大学东洋文化研究所，关西大学综合图书馆藏。此版本中国内地有四套，分别藏在中国国家图书馆、北京大学图书馆，上海社会科学院图书馆和浙江图书馆。还有清抄本一套，现保存在中国国家图书馆。）
万历四十五年	沈鼎新	《鼎镌刑台校纂律宗法家心讼》	三卷	万历四十五年丽春馆刻。	不详		吉林大学图书馆藏
万历	陈孙贤	《新刻明律统宗为政便览》	十八卷	不详	万历间重刻	此为陈孙贤对明律统宗进行改编而成。	尊经阁文库藏

（续表）

时期	作（撰、辑、刊）者	名称	卷数	初版	再版	律著之承继	备注
万历	徐昌祚辑	《大明律例添释旁注》	三十卷	不详		曾引《律条疏议》《法家要览》《祥刑冰鉴》《律例便览》《袖珍律例》《镌大明龙头便读傍训律法全书》《律解附例》等私家释本。	日本内阁文库有藏，尊经阁文库有藏，广东省立中山图书馆藏残卷。
万历	不详	《袖珍律例》	不详	不详	不详		存目
万历	不详	《律例便览》	不详	不详	不详		存目
万历	林兆珂	《注大明律例》	二十卷	不详	不详		
不详	佚名	《大明律》	三十卷	不详	北京刑部街陈氏刻	本书先录律文，再引各家的解释，如《律条直引》《解颐》《辩疑》《疏议》《释义》《直引》等，尤其是引《直引》，并列有少量的例。	中国国家图书馆藏
万历	胡文焕编	《新刻大明律图》	一卷	明万历胡氏文会堂刻	不详		中国国家图书馆，北京大学图书馆有藏
万历	胡文焕编	《新刻读律歌》	一卷	万历胡氏文会堂刻	不详		中国国家图书馆，北京大学图书馆有藏
万历	欧阳东凤	《阐律》	一卷	不详	不详		存目

（续表）

时期	作（撰、辑、刊）者	名称	卷数	初版	再版	律著之承继	备注
明末	黄承昊	《律例析微》	二十卷	不详	不详		存目
明末	黄承昊	《读律参疑》	二卷	不详	不详		存目
明末	黄承昊	《律例互考》	不详	不详	不详		存目
明末	贺万祚	《提刑通要》	一卷	不详	不详		存目
崇祯	苏茂相辑	《新刻官板律例临民宝镜》	十六卷	明思宗崇祯五年潘士良序刊本	不详		内阁文库藏明书林金同振业堂刻本，中国国家图书馆收藏此微缩胶片。内阁文库、尊经阁文库藏书林少吾张钟福刊本。东京大学东洋文化研究所所藏闽中刘朝珀安正书院刊本。
崇祯	彭应弼	《鼎镌大明律例法司增补刑书据会》	十二卷	不详	林少吾张钟福刊本、书林金同振业堂刊本		中国国家图书馆藏
崇祯	蔡懋德	《读律源头》	不详	不详	不详		存目
崇祯	蔡懋德	《辅律详节》	不详	不详	不详		存目

（续表）

时期	作（撰、辑、刊）者	名称	卷数	初版	再版	律著之承继	备注
崇祯	佚名	《大明律附例》	残卷，现存四卷（卷四至卷一），卷四缺一页。	不详	不详		中国国家图书馆藏
不详	贡举	《镂大明龙头便读傍训律法全书》	十一卷，首一卷	明福建刘朝琯管安正堂刊印，首印年份不详。	不详	本书据明万历十三年等修的大明律附例所作，在律例条文边加注解，以求方便阅读，故名"便读傍训"。	东京大学东洋文化研究所、日本内阁文库藏本、尊经阁文库藏
不详	贡举	《新刊便读龙头律例附注主意详览》	八卷	不详	不详		日本尊经阁文库藏
不详	佚名	《大明律分类便览》	不详	不详	不详		存目
不详	佚名	《大明律比例》	一卷	不详	不详		

（续表）

时期	作（撰、辑、刊）者	名称	卷数	初版	再版	律著之承继	备注
不详	辑者不详	《一王法典》	二十卷	明金陵舒氏（名不详）刊本（刊印年份不详）	不详		日本尊经阁文库藏
不详	不详	《刑书会典》	十八卷	不详	不详		
不详	佚名	《大明刑书金鉴》	不详	不详	不详		藏于中国国家图书馆、上海图书馆，为残本。
不详	林处楠纂集，林光前同辑	《新刊刑学集成》	存三至八卷	不详	不详		日本东京大学东洋文化研究所藏残本
不详	题孚惠堂编集	《新镌注释法门便览公庭约束》	存四卷（一至四）	不详	不详		中国国家图书馆藏
不详	佚名	《大明律续集》	存二十三至四十三页	不详	不详		日本东京大学东洋文化研究所藏残本
不详	佚名	《刻大明律齐世金科》	不详	不详	不详		中国国家图书馆藏

（续表）

时期	作（撰、辑、刊）者	名称	卷数	初版	再版	律著之承继	备注
不详	佚名	《重增释义大明律》	七卷	明鳌峰堂刻	不详		天一阁文物保管所藏
不详	佚名	《新刻京本大明律法增补招拟直引大全》	存四卷（五至八）	不详	不详		山东省图书馆藏
不详	佚名	《大明律简要》	不详	不详	不详		存目
不详	佚名	《大明律台文》	不详	不详	不详		存目

参考文献

一、 古籍史料

［清］蔡方炳:《广治平略》,清康熙三年刻本。

［明］蔡献臣:《清白堂稿》,明崇祯刻本。

［清］陈鼎:《东林列传》,清康熙五十年刻本。

［明］陈九德辑:《皇明名臣经济录》,明嘉靖二十八年刻本。

［清］陈其元:《庸闲斋笔记》,中华书局 1989 年版。

［明］崔铣:《洹词》,明嘉靖三十三年周镐池州刻本。

［明］邓元锡:《皇明书》,明万历三十四年刻本。

［明］范景文:《范文忠集》,清光绪五至十八年定州王氏谦德堂刻畿辅丛书汇印本。

［明］范景文:《范文忠集》,清文渊阁四库全书补配清文津阁四库全书本。

［南朝·宋］范晔:《后汉书》,中华书局 1965 年版。

［明］冯梦龙:《古今谭概》,明刻本。

［明］高拱:《高文襄公集》,明万历刻本。

［明］管绍宁:《赐诚堂文集》,清道光十一年读雪山房刻本。

［明］过庭训:《本朝分省人物考》,明天启刻本。

［明］何出光撰,［明］喻思恂续:《兰台法鉴录》,明崇祯四年续刻本。

［明］何乔新:《椒邱文集》,清文渊阁四库全书本。

［明］何三畏:《云间志略》,明天启刻本。

［明］洪朝选:《洪芳洲先生归田稿》,明刻本。

［明］胡应麟:《少室山房笔丛》,清光绪间广雅书局刻民国九年番禺徐绍棨汇编重印广雅书局丛书本。

［明］黄光升:《昭代典则》,明万历二十八年周日校万卷楼刻本。

［清］黄叔璥辑:《南台旧闻》,清刻本。

［明］黄训辑:《名臣经济录》,明嘉靖三十年汪云程刻本。

［清］黄宗羲辑:《明文海存》,清涵芬楼抄本。

［清］嵇璜:《清通典》,清文渊阁四库全书本。

［明］焦竑:《皇明人物要考》,明万历二十三年三衢舒承溪刻本。

［明］金日升辑:《颂天胪笔》,明崇祯二年刻本。

［明］孔贞运辑:《皇明诏制》,明崇祯七年刻本。

［明］雷礼辑:《国朝列卿纪》,明万历四十六年徐鉴刻本。

［明］李邦华:《李忠肃先生集》,清乾隆七年徐大坤刻本。

［明］李梦阳:《空同集》,清文渊阁四库全书补配清文津阁四库全书本。

［清］李清馥:《闽中理学渊源考》,清文渊阁四库全书本。

［明］李贤:《古穰集》,清文渊阁四库全书补配清文津阁四库全书本。

［明］廖道南:《楚纪》,明嘉靖二十五年何城李桂刻本。

［明］林希元:《林次崖文集》,清乾隆十八年陈胪声诒燕堂刻本。

［明］凌迪知:《万姓统谱》,清文渊阁四库全书本。

［后晋］刘昫:《旧唐书》,中华书局 1975 年版。

［明］卢上铭、冯士骅:《辟雍纪事》,明崇祯刻本。

［明］陆应阳:《广舆记》,清康熙五十六年聚锦堂刻本。

［明］马文升:《端肃奏议》,清刻本。

［明］毛伯温:《毛襄懋文集》,清乾隆三十七年毛仲愈等刻毛襄懋先生集本。

［明］毛宪撰,［明］吴亮增补:《毗陵人品记》,明万历刻本。

［明］冒日乾:《存笥小草》卷五,清康熙六十年昌春溶刻本。

［明］缪昌期:《从野堂存稿》,清光绪二十一至三十三年武进盛氏恩惠斋刻常州
　　先哲遗书汇印本。

［明］邱浚:《琼台会稿》,清文渊阁四库全书补配清文津阁四库全书本。

［明］沈一贯:《喙鸣文集》,明末刻本。

［明］施沛:《南京都察院志》,明天启三年刻本。

［明］孙承宗:《高阳集》,清初刻嘉庆补修本。

［清］孙之騄:《二申野录》,清初刻本。

［清］谈迁:《北游录》,汪北平点校,中华书局 1960 年版。

［清］万斯同:《明史》,清抄本。

［明］汪天锡:《官箴集要》,明嘉靖十四年刊本。

［明］王圻：《续文献通考》，清光绪八年浙江书局刻本。

［明］王直：《抑庵文后集》，清文渊阁四库全书本。

［明］魏校：《庄渠遗书》，清文渊阁四库全书本。

［唐］魏徵等：《隋书》，中华书局 1973 年版。

［明］温纯：《温恭毅集》，清文渊阁四库全书本。

［明］吴瑞登：《两朝宪章录》，明万历刻本。

［明］吴遵：《初仕录》，明崇祯金陵书坊唐氏刻官常政要本。

［梁］萧子显等：《南齐书》，中华书局 1972 年版。

［明］徐象梅：《两浙名贤录》，明天启三年光碧堂刻本。

［明］徐学聚：《国朝典汇》，明天启四年徐与参刻本。

［明］徐一夔：《明集礼》，清文渊阁四库全书本。

［明］薛瑄：《薛文清集》，清雍正十二年河津薛氏刻本。

［明］杨廉：《杨文恪公文集》，明刻本。

［明］杨枢：《淞故述》，清嘉庆间南汇吴氏听彝堂刻艺海珠尘本。

［清］姚范：《援鹑堂笔记》，清道光姚莹刻本。

［明］姚希孟：《公槐集》，明清閟全集本。

［明］叶盛：《菉竹堂稿》，清初抄本。

［明］俞汝楫编：《礼部志稿》，清文渊阁四库全书本。

［明］俞宪：《明进士登科考》，明嘉靖二十七年俞氏鹅鸣馆刻二十九年增补本。

［清］查继佐：《罪惟录》，民国二十四至二十五年上海商务印书馆四部丛刊三编景稿本。

［明］张朝瑞：《皇明贡举考》，明万历六年刻本。

［明］张大复：《昆山人物传》，明刻清雍正二年重修本。

［明］张岱：《石匮书》，稿本补配清抄本。

［明］张师绎：《月鹿堂文集》，清道光六年蝶花楼刻本。

［清］张廷玉：《明史》，中华书局 1974 年版。

［清］张夏：《洛闽源流录》，清康熙二十一年黄昌衢彝叙堂刻本。

［明］张萱：《西园闻见录》，民国二十九年哈佛燕京学社印本。

［清］张英：《渊鉴类函》，清文渊阁四库全书本。

赵尔巽等：《清史稿》，中华书局 1976 年版。

［明］郑明选：《郑侯升集》，明万历三十一年郑文震刻本。

［明］周弘祖：《古今书刻》，载《百川书志·古今书刻》，古典文学出版社 1957

年版。

[明]朱国祯:《涌幢小品》,明天启二年刻本。

[明]不著撰者:《初仕要览》,明崇祯金陵书坊唐氏刻官常政要本,载《官箴书集
   成》编纂委员会编:《官箴书集成》(第二册),黄山书社 1997 年版。

[明]不著撰者:《新官轨范》,明崇祯金陵书坊唐氏刻官常政要本,载《官箴书集
   成》编纂委员会编:《官箴书集成》(第一册),黄山书社 1997 年版。

二、 书目类

[明]晁瑮:《宝文堂书目》,明抄本。

[明]陈第:《世善堂藏书目录》,清乾隆三十七年至道光三年长塘鲍氏刻知不足
   斋丛书本。

[清]丁仁:《八千卷楼书目》,民国十二年排印本。

[清]范邦甸:《天一阁书目》,清嘉庆十三年扬州阮氏元文选楼刻本。

[清]黄虞稷:《千顷堂书目》,民国二至六年乌程张氏刻适园丛书本。

[明]焦竑辑:《国史经籍志》,清道光二十九年至光绪十一年南海伍氏刻粤雅堂
   丛书汇印本。

[明]焦竑辑:《国朝献征录》,明万历四十四年徐象橒曼山馆刻本。

[明]祁承爜:《澹生堂藏书目》,清光绪十三年至十九年会稽徐氏铸学斋刻绍兴
   先正遗书本。

[清]阮元:《文选楼藏书记》,清越缦堂抄本。

[清]盛枫:《嘉禾征献录》,清抄本。

[清]孙星衍:《平津馆鉴藏书籍记》,清光绪会稽章氏刻式训堂丛书本。

[清]徐乾学藏:《传是楼书目》,清道光八年味经书屋抄本。

[清]周中孚:《郑堂读书记》,民国吴兴刘氏嘉业堂刻吴兴丛书本;丛书集成初编
   本,商务印书馆 1939 年版。

[明]朱睦㮮:《万卷堂书目》,清宣统二年上虞罗氏刻玉简斋丛书本。

三、 方志类

[明]曹金:《(万历)开封府志》,明万历十三年刻本。

[明]曹志遇:《(万历)高州府志》,明万历刻本。

［清］陈鹏年修，［清］徐之凯等纂：《（康熙）西安县志》，清康熙三十八年刻本。

［明］陈威修，［明］顾清纂：《（正德）松江府志》，明正德七年刊本。

［明］陈道修，［明］黄仲昭纂：《（弘治）八闽通志》，明弘治刻本。

［明］陈能修，［明］郑庆云、辛绍佐纂：《（嘉靖）延平府志》，明嘉靖刻本。

［清］陈延恩修，［清］李兆洛纂：《（道光）江阴县志》，清道光二十年刻本。

［清］董天工：《武夷山志》，清乾隆刻本。

［清］鄂尔泰：《（乾隆）贵州通志》，清乾隆六年刻嘉庆修补本。

［明］黄润玉等纂：《宁波府简要志》卷四，清抄本。

［清］黄廷桂：《（雍正）四川通志》，清文渊阁四库全书本。

［清］金𬭤修，［清］钱元昌纂：《（雍正）广西通志》，清文渊阁四库全书本。

［清］李卫、嵇曾筠等修，［清］沈翼机、傅玉露等纂：《（雍正）浙江通志》，清光绪二
　　十五年浙江书局重刻本。

［明］李贤：《大明一统志》，明弘治十八年建阳慎独斋刻本。

［明］刘松：《（隆庆）临江府志》，明隆庆刻本。

［清］穆彰阿修，［清］潘锡恩纂：《（嘉庆）大清一统志》，民国二十三至二十四年上
　　海商务印书馆四部丛刊续编景旧抄本。

［明］邵时敏、王心纂修：《（嘉靖）天长县志》卷二《人事志》，明嘉靖二十九年
　　刻本。

［清］王赠芳、王镇修，［清］成瓘、冷烜纂：《（道光）济南府志》，清道光二十年
　　刻本。

［清］吴坤修、沈葆桢修，［清］何绍基、杨沂孙纂：《（光绪）安徽通志》，清光绪四年
　　刻本。

［清］谢旻等监修，［清］陶成等编纂：《（康熙）江西通志》，四库全书本。

［明］杨守礼修，［明］管律纂：《（嘉靖）宁夏新志》，明嘉靖十九年刻本。

［清］尹继善修，［清］黄之隽纂：《（乾隆）江南通志》卷一百六十三《人物志》，清
　　乾隆刻本。

［明］余之祯：《（万历）吉安府志》，明万历十三年刻本。

［明］张应武：《（万历）嘉定县志》，明万历三十三年刻本。

［明］张元忭：《（万历）绍兴府志》，明万历刻本。

［明］赵廷瑞修，［明］马理、吕柟纂：《陕西通志》卷四十《职官志》，明嘉靖二十一
　　年刻本。

［明］邹守愚修，［明］李濂纂：《河南通志》卷四十五《职官志》，明嘉靖三十四年

刻本。

四、 法律文献

［明］北京刑部街陈氏刻:《大明律》,明刊本。

［明］陈省刻:《大明律例》,隆庆年间刻本。

［明］陈孙贤编:《新刻明律统宗为政便览》,明万历刻本。

［明］陈遇文发刻:《大明律附解》,日本尊经阁文库藏明万历二十年刊本。

［明］戴金辑:《皇明条法事类纂》,载刘海年、杨一凡总主编:《中国珍稀法律典籍集成》(乙编第四、五、六册),科学出版社1994年版。

［明］范永銮重刊:《大明律》,载《续修四库全书》编委会编:《续修四库全书》(第862册),上海古籍出版社2002年版。

［明］冯孜著,刘大文编:《大明律集说附例》,万历十九年刊本。

［明］高举刻:《明律集解附例》,光绪三十四年重刊本。

［明］贡举:《镌大明龙头便读傍训律法全书》,明福建安正堂刘朝琯刊本。

［明］何广:《律解辩疑》,载杨一凡、田涛主编:《中国珍稀法律典籍续编》第四册《明代法律文献(下)》,黑龙江人民出版社2002年版。

［明］胡琼:《大明律解附例》,明正德十六年刻本。

胡星桥、邓又天主编:《读例存疑点注》,中国人民公安大学出版社1994年版。

怀效锋点校:《大明律》,法律出版社1999年版。

［明］焦竑辑:《新锲翰林标律判学详释》,明万历二十四年乔山堂刊本。

［明］雷梦麟:《读律琐言》,怀效锋、李俊点校,法律出版社2000年版。

［明］李清:《折狱新语》,载杨一凡、徐立志主编:《历代判例判牍》(第四册),中国社会科学出版社2005年版。

［明］梁许:《大明律例》,明万历元年刻本。

［明］林处楠纂集,［明］林光前同辑:《新刊刑学集成》,明刊本。

刘海年、杨一凡总主编:《中国珍稀法律典籍集成》乙编第一册《洪武法律典籍》,科学出版社1994年版。

刘俊文点校:《唐律疏议》,法律出版社1999年版。

马建石、杨育棠主编:《大清律例通考校注》,中国政法大学出版社1992年版。

［明］潘智辑录,［明］陈永补辑:《法家裒集》,载杨一凡编:《中国律学文献》(第一辑第四册),黑龙江人民出版社2004年版。

［明］彭应弼辑：《鼎镌大明律例法司增补刑书据会》，明刊本。

［明］祁彪佳：《按吴亲审檄稿》，载杨一凡、徐立志主编：《历代判例判牍》（第四册），中国社会科学出版社2005年版。

［明］祁彪佳：《莆阳谳牍》，载杨一凡、徐立志主编：《历代判例判牍》（第五册），中国社会科学出版社2005年版。

［明］申时行等修：《明会典》，中华书局1989年版。

［明］沈鼎新：《鼎镌刑宪校纂律例正宗法家心诀》，明万历四十五年有丽春馆刻本。

［清］沈之奇：《大清律辑注》，法律出版社2000年版。

［明］舒化：《大明律附例》，明嘉靖刻本。

［明］舒化等纂：《问刑条例》，万历十三年舒化本，载《大明律》，法律出版社1999年版。

［明］苏茂相辑：《新刻官板律例临民宝镜》，明书林金间振业堂刻本。

［明］苏茂相辑，郭万春注：《新镌官板律例临民宝镜》（判牍部分），载杨一凡、徐立志主编：《历代判例判牍》（第四册），中国社会科学出版社2005年版。

［明］唐枢：《法缀》，明嘉靖万历间刻本，载杨一凡编：《中国律学文献》（第一辑第四册），黑龙江人民出版社2004年版。

田涛、郑秦点校：《大清律例》，法律出版社1999年版。

［明］王肯堂：《律例笺释》，日本东京大学东洋文化研究所藏万历四十四年王肯堂自序本。

［明］王肯堂：《王仪部先生笺释》，载杨一凡编：《中国律学文献》（第二辑第三、四、五册），黑龙江人民出版社2005年版。

［清］王明德：《读律佩觿》，何勤华等点校，法律出版社2001年版。

［明］王楠：《大明律集解》，嘉靖年间河南布政使司衙门重刊本。

［明］王樵：《读律私笺》，中国国家图书馆善本室藏万历二十三年王樵序本。

［明］王藻重刊：《大明律例》，万历（七年或八年）巡按山东监察御史王藻重刊本。

［清］王祖源：《明刑弼教录》，天壤阁丛书，光绪六年刻本。

［清］吴坤修等编撰：《大清律例根原》，郭成伟主编，上海辞书出版社2012年版。

［明］萧近高注释，［明］曹于汴参考：《刑台法律》，中国书店1990年影印本。

［明］萧良泮汇编：《重刻释音参审批驳四语活套》，载杨一凡、徐立志主编：《历代判例判牍》（第四册），中国社会科学出版社2005年版。

［明］熊鸣岐：《昭代王章》，载台湾"中央图书馆"辑：《玄览堂丛书》（初辑第十

六、十七册),1981 年台北市正中书局重印本。

[明]徐昌祚辑:《大明律例添释旁注》,明刊本。

[明]徐昌祚编辑:《(新锲订补释注)萧曹遗笔》,明刊本。

[清]薛允升:《唐明律合编》,怀效锋、李鸣点校,法律出版社 1999 年版。

薛梅卿点校:《宋刑统》,法律出版社 1999 年版。

[明]颜俊彦:《盟水斋存牍》,中国政法大学法律古籍整理研究所整理标点,中国政法大学出版社 2002 年版。

杨一凡、曲英杰主编:《中国珍稀法律典籍集成》乙编第二册《明代条例》,科学出版社 1994 年版。

杨一凡、田涛主编:《中国珍稀法律典籍续编》(第三、四册),黑龙江人民出版社2002 年版。

[明]姚思仁:《大明律附例注解》,载宋祥瑞主编:《北京大学图书馆藏善本丛书》之《明清史料丛编》,北京大学出版社 1993 年版。

[明]应朝卿校增:《大明律》,明万历二十九年扬州刻本。

[明]应槚:《大明律释义》,明嘉靖二十八年济南知府李迁重刻本,载杨一凡编:《中国律学文献》(第二辑第二册),黑龙江人民出版社 2005 年版。

[明]应槚:《谳狱稿》,明崇祯抄本。

[明]余懋学:《仁狱类编》,明万历直方堂刻本。

[明]余员注招,[明]叶侪示判:《新刻御颁新例三台明律招判正宗》,万历三十四年福建建邑书林双峰堂余象斗刻本。

[明]张楷:《律条疏议》,明嘉靖二十三年黄岩符验重刊本,载杨一凡编:《中国律学文献》(第一辑第二册),黑龙江人民出版社 2004 年版。

[明]郑汝璧:《大明律解附例》,明万历二十二年刊本。

[明]袁贞吉等辑:《大明律解附例》,明万历二十四年刊本。

[清]朱轼、常鼎等纂修:《大清律集解附例》,清雍正三年内府刻本,载《四库未收书辑刊》第一辑第 26 册,北京出版社 2000 年版。

朱敬循辑:《大明律例致君奇术》,万历刻本。

[明]佚名:《大明律讲解》,载杨一凡编:《中国律学文献》(第一辑第四册),黑龙江人民出版社 2004 年版。

[明]佚名:《大明律例附解》,邗江书院重刊本、蓬左文库本、东京大学本、松坡图书馆本、池阳秋浦杜氏象山书舍本、明末龙冈龚邦录刊本。

[明]佚名:《大明律直引》,载杨一凡编:《中国律学文献》(第三辑第一册),黑龙

江人民出版社 2006 年版。

［明］佚名：《大明刑书金鉴》，明抄本。

［明］佚名：《刻大明律齐世金科》，明刊本。

［明］佚名：《刻御制新颁大明律例注释招拟指南》，金陵书坊周近泉大有堂刻本、叶氏作德堂刊本、庆应义塾大学藏本。

［清］佚名：《唐明清三律汇编》，载杨一凡、田涛主编：《中国珍稀法律典籍续编》（第八册），黑龙江人民出版社 2002 年版。

［明］佚名：《新纂四六合律语》，载杨一凡、徐立志主编：《历代判例判牍》（第四册），中国社会科学出版社 2005 年版。

［明］佚名：《新纂四六谳语》，载杨一凡、徐立志主编：《历代判例判牍》（第四册），中国社会科学出版社 2005 年版。

［明］佚名：《诸司职掌》，载杨一凡、田涛主编：《中国珍稀法律典籍续编》第三册《明代法律文献（上）》，黑龙江人民出版社 2002 年版。

［明］佚名编：《大明律附例》，中国国家图书馆藏明刊本。

［明］佚名辑，［明］陈遇文刻：《大明律解》，日本尊经阁文库藏万历二十一年巡按南直隶御史陈遇文序刻本。

［明］佚名辑，［明］李邦珍刻：《律疏附例》，隆庆二年重刊本。

［明］佚名辑，［明］孙旬发刊：《大明律例附疏》，明万历十三年十月江西监察御史孙旬发刊本。

［明］佚名辑：《全补新例明律统宗》，万历四十年建邑积善堂陈奇泉重刊本。

［明］佚名撰：《重刻律条告示活套》，载《古代榜文告示汇存》（第二册），社会科学文献出版社 2006 年版。

五、 学术著作

陈顾远：《中国法制史》，商务印书馆 1959 年版。

陈顾远：《中国法制史概要》，商务印书馆 2011 年版。

程树德：《九朝律考》，中华书局 2003 年版。

杜信孚纂辑：《明代版刻综录》，江苏广陵古籍刻印社 1983 年版。

管伟：《中国古代法律解释的学理诠释》，山东大学出版社 2009 年版。

何勤华：《中国法学史》，法律出版社 2006 年版。

何勤华编：《律学考》，商务印书馆 2004 年版。

黄彰健:《明代律例汇编》,"中央研究院"历史语言研究所 1979 年版。

李致忠:《历代刻书考述》,巴蜀书社 1990 年版。

刘俊文:《唐律疏议笺解》,中华书局 1996 年版。

马韶青:《明代注释律学研究》,中国社会科学出版社 2019 年版。

闵冬芳:《〈大清律辑注〉研究》,社会科学文献出版社 2013 年版。

瞿同祖:《瞿同祖法学论著集》,中国政法大学出版社 1998 年版。

瞿同祖:《中国法律与中国社会》,中华书局 2003 年版。

[清]沈家本:《历代刑法考》,邓经元、骈宇骞点校,中华书局 1985 年版。

苏亦工:《明清律典与条例》,中国政法大学出版社 1999 年版。

王重民:《中国善本书提要》,上海古籍出版社 1983 年版。

王重民:《中国善本书提要补编》,北京图书馆出版社 1991 年版。

谢晖:《中国古典法律解释的哲学向度》,中国政法大学出版社 2005 年版。

徐燕斌:《中国古代法律传播史稿》,中国社会科学出版社 2019 年版。

严绍璗编著:《日藏汉籍善本书录》(上册),中华书局 2007 年版。

杨仁寿:《法学方法论》,中国政法大学出版社 1999 年版。

俞荣根、龙大轩、吕志兴:《中国传统法学述论——基于国学视角》,北京大学出版
　　社 2005 年版。

张伯元:《法律文献学》,浙江人民出版社 1999 年版。

张培华:《中国明代历史文献》,学林出版社 1999 年版。

张伟仁:《中国法制史书目》,"中央研究院"历史语言研究所 1976 年版。

张显清:《明代后期社会转型研究》,中国社会科学出版社 2008 年版。

张小也:《官、民与法:明清国家与基层社会》,中华书局 2007 年版。

郑秦:《清代法律制度研究》,中国政法大学出版社 2000 年版。

《中国大百科全书·法学》,中国大百科全书出版社 1999 年版。

六、 学术论文

高恒:《论中国古代法学与名学的关系》,《中国法学》1993 年第 1 期。

高学强:《论清律对明律的继承和发展》,《长安大学学报(社会科学版)》2006 年
　　第 2 期。

龚汝富:《明清时期司法官吏的法律教育》,《江西财经大学学报》2007 年第 5 期。

何敏:《从清代私家注律看传统注释律学的实用价值》,《法学》1997 年第 5 期。

何敏:《清代注释律学研究》,中国政法大学法学院博士学位论文,1994 年。

何勤华:《明代律学的开山之作——何广撰〈律解辩疑〉简介》,《法学评论》2000
　　年第 5 期。

何勤华:《明代律学的珍稀之作——佚名著〈律学集议渊海〉简介》,《法学》2000
　　年第 2 期。

何勤华:《试论明代中国法学对周边国家的影响》,《比较法研究》2001 年第 1 期。

胡旭晟、罗昶:《试论中国律学传统》,《浙江社会科学》2000 年第 4 期。

怀效锋:《中国传统律学述要》,《华东政法学院学报》1998 年创刊号。

黄彰健:《大明律诰考》,载中华书局编辑部编:《"中研院"历史语言研究所集刊
　　论文类编》(历史编·明清卷),中华书局 2009 年版。

黄彰健:《洪武二十二年太孙改律及三十年律诰考》,载中华书局编辑部编:《"中
　　研院"历史语言研究所集刊论文类编》(历史编·明清卷),中华书局 2009
　　年版。

黄彰健:《律解辩疑、大明律直解及明律集解附例三书所载明律之比较研究》,载
　　中华书局编辑部编:《"中研院"历史语言研究所集刊论文类编》(历史编·
　　明清卷),中华书局 2009 年版。

黄彰健:《明洪武永乐朝的榜文峻令》,载中华书局编辑部编:《"中研院"历史语
　　言研究所集刊论文类编》(历史编·明清卷),中华书局 2009 年版。

李守良:《唐代私家律学著述考》,载中国政法大学法律古籍整理研究所编:《中
　　国古代法律文献研究》(第四辑),法律出版社 2010 年版。

李守良:《明代私家律学的法律解释》,载中国政法大学法律古籍整理研究所编:
　　《中国古代法律文献研究》(第六辑),社会科学文献出版社 2012 年版。

李守良:《明代私家注律家管见》,载中国政法大学法律古籍整理研究所编:《中
　　国古代法律文献研究》(第十辑),社会科学文献出版社 2016 年版。

李守良:《律典之失与律学吸纳:明清私家律学与清代的法典编纂》,《江汉论坛》
　　2018 年第 5 期。

刘笃才:《〈法缀〉——一份可贵的明代法律文献目录》,载何勤华编:《律学考》,
　　商务印书馆 2004 年版。

罗昶:《明代律学研究》,北京大学法学院博士学位论文,1997 年。

马韶青:《论明代注释律学的新发展及其原因》,《柳州师专学报》2010 年第 4 期。

邱澎生:《明清时代影响司法审判的三类法学》,"审判:理论与实践"研读会学术
　　论文。

瞿同祖:《清律的继承和变化》,《历史研究》1980 年第 4 期。

沈宗灵:《论法律解释》,《中国法学》1993 年第 6 期。

苏力:《解释的难题:对几种法律文本解释方法的追问》,《中国社会科学》1997 年第 4 期。

武树臣:《中国古代的法学、律学、吏学和谳学》,《中央政法管理干部学院学报》1996 年第 5 期。

徐世虹:《日本内阁文库及其所藏明律书籍》,载韩延龙主编:《法律史论集》(第三卷),法律出版社 2001 年版。

徐忠明:《困境与出路:回望清代律学研究——以张晋藩先生的律学论著为中心》,《学术研究》2010 年第 9 期。

徐忠明:《明清国家的法律宣传:路径与意图》,《法律文化研究》2010 年第 1 期。

杨昂:《略论清例对明例之继受》,《华南理工大学学报(社会科学版)》2004 年第 3 期。

杨一凡:《明代中后期重要条例版本略述》,《法学研究》1994 年第 3 期。

杨一凡:《明代稀见法律典籍版本略》,载杨一凡主编:《中国法制史考证》甲编第六卷《历代法制考·明代法制考》,中国社会科学出版社 2003 年版。

尤陈俊:《明清日用类书中的律学知识及其变迁》,载《法律文化研究》(第三辑),中国人民大学出版社 2007 年版。

张伯元:《〈律解辩疑〉版刻考》,《上海师范大学学报(哲学社会科学版)》2008 年第 5 期。

张伯元:《〈大明律集解附例〉"集解"考》,载《律注文献丛考》,社会科学文献出版社 2009 年版。

张伯元:《〈大明律例〉考略》,载《律注文献丛考》,社会科学文献出版社 2009 年版。

张伯元:《〈明史·艺文志〉"刑法类"书目考异》,载《律注文献丛考》,社会科学文献出版社 2009 年版。

张伯元:《陆柬〈读律管见〉辑考》,载《律注文献丛考》,社会科学文献出版社 2009 年版。

张伯元:《明代司法解释书——〈大明刑书金鉴〉》,载《律注文献丛考》,社会科学文献出版社 2009 年版。

张伯元:《问答式律注考析》,载《律注文献丛考》,社会科学文献出版社 2009 年版。

张伯元:《张楷〈律条疏议〉考》,载《律注文献丛考》,社会科学文献出版社 2009
　　年版。

张晋藩:《清代私家注律的解析》,载《清律研究》,法律出版社 1992 年版。

张晋藩:《清代律学及其转型》,载《张晋藩文选》,中华书局 2007 年版。

张中秋:《传统中国律学论辩——兼论传统中国法学的难生》,《法律史学科发展
　　国际学术研讨会文集》,2005 年。

郑定、闵冬芳:《论清代对明代条例的继承与发展》,《法学家》2000 年第 6 期。

七、 国外学者著作与论文

〔日〕滨岛敦俊:《明代的判牍》,徐世虹、郑显文译,载中国政法大学法律古籍整
　　理研究所编:《中国古代法律文献研究》(第一辑),巴蜀书社 1999 年版。

〔美〕波斯纳:《法理学问题》,苏力译,中国政法大学出版社 1994 年版。

〔英〕崔瑞德、〔美〕牟复礼编:《剑桥中国明代史》,中国社会科学出版社 2006
　　年版。

〔日〕大庭修:《江户时代中国典籍流播日本之研究》,戚印平等译,杭州大学出版
　　社 1998 年版。

〔日〕大庭修:《正德年间以前明清法律典籍的输入》,徐世虹译,载中国政法大学
　　法律古籍整理研究所编:《中国古代法律文献研究》(第二辑),中国政法大
　　学出版社 2004 年版。

〔日〕岛田正郎:《清律之成立》,载刘俊文主编:《日本学者研究中国史论著选译》
　　第八卷《法律制度》,姚荣涛、徐世虹译,中华书局 1992 年版。

〔日〕夫马进:《讼师秘本的世界》,李力译,载《北大法律评论》(第 11 卷第 1 辑),
　　北京大学出版社 2010 年版。

〔日〕夫马进:《明清时代的讼师与诉讼制度》,王亚新等译,载王亚新、梁治平编:
　　《明清时期的民事审判与民间契约》,法律出版社 1998 年版。

〔日〕高盐博:《东京大学法学部所藏的明律注释书》,孟祥沛译,载何勤华编:《律
　　学考》,商务印书馆 2004 年版。

〔日〕花村美树:《大明律直解考》(1、2),《法学协会杂志》第 54 卷第 1、2 号,
　　1936 年。

〔日〕堀毅:《秦汉法制史论考》,萧红燕等译,法律出版社 1988 年版。

〔日〕泷川正次郎:《清律之成立》,《法曹杂志》第六卷第四号,1939 年。后载《支

那法史研究》,有斐阁 1940 年版,1979 年严南堂再版。

〔日〕浅井虎夫:《中国法典编纂沿革史》,陈重民译,李孝猛点校,中国政法大学出版社 2007 年版。

〔日〕仁井田升:《(补订)中国法制史研究》(法与习惯、法与道德),东京大学出版会 1981 年版。

〔日〕田中俊光:《日本江户时代的明律研究》,《华法系国际学术研讨会文集》,2006 年。

〔美〕约翰·亨利·梅丽曼:《大陆法系》,顾培东、禄正平译,法律出版社 2004 年版。

〔日〕滋贺秀三:《清代之法制》,载〔日〕坂野正高等编:《近代中国研究入门》,1974 年东京大学出版会刊。

图书在版编目 (CIP) 数据

明代私家律学研究 / 李守良著 . -- 北京：商务印书馆 , 2024. -- ISBN 978-7-100-24082-6

I . D929.48

中国国家版本馆 CIP 数据核字第 2024HA1802 号

明代私家律学研究

李守良　著

商　务　印　书　馆　出　版
（北京王府井大街 36 号　邮政编码 100710）
商　务　印　书　馆　发　行
南 京 鸿 图 印 务 有 限 公 司 印 刷
ISBN　978-7-100-24082-6

2024 年 10 月第 1 版　　　开本　880×1240　1/32
2024 年 10 月第 1 次印刷　　印张　12½

定价：62.00 元